Sigrid Jacobeit · Lieselotte Thoms-Heinrich

Kreuzweg Ravensbrück

Sigrid Jacobeit · Lieselotte Thoms-Heinrich

Kreuzweg Ravensbrück

Lebensbilder antifaschistischer Widerstandskämpferinnen

Röderberg

CIP-Kurztitel der Deutschen Bibliothek
Jacobeit, Sigrid:
Kreuzweg Ravensbrück:
Lebensbilder antifaschist. Widerstandskämpferinnen /
Sigrid Jacobeit, Lieselotte Thoms-Heinrich. – :
Röderberg, 1987
ISBN 3-87682-834-1
NE: Thoms-Heinrich, Lieselotte:

Röderberg im Pahl-Rugenstein Verlag GmbH, Köln 1987

Printed in the German Democratic Republic
ISBN 3-87682-834-1

Inhaltsverzeichnis

Sie sind unser aller Mütter und Schwestern. Ihr könntet heute weder frei lernen noch spielen, ja, ihr wäret vielleicht gar nicht geboren, wenn solche Frauen nicht ihre zarten, schmächtigen Körper wie stählerne Schutzschilde durch die ganze Zeit des faschistischen Terrors vor euch und eure Zukunft gestellt hätten.

ANNA SEGHERS

Vorwort

Man nennt ihn Kreuzweg, den Ort, an dem Straßen aus verschiedenen Richtungen aufeinandertreffen und dann wieder auseinandergehen. Kreuzweg, das bezeichnet aber zugleich seit altersher einen Weg des Leidens und der Qualen.

Die deutschen Antifaschistinnen, deren Lebenswege hier nachgezeichnet wurden, sind verschiedener Herkunft, unterschiedlich ist auch ihr Hinfinden zur politischen Arbeit, zum Kampf gegen den Faschismus. Im Frauenkonzentrationslager Ravensbrück kreuzten sich ihre Wege miteinander wie auch mit denen von Kameradinnen aus 20 anderen Ländern. Sie alle sind dort den Weg des Leidens und der Qualen gegangen, ebenso wie die etwa 132 000 Frauen und Kinder, die von 1939 bis 1945 der Hölle von Ravensbrück und ihren Nebenlagern ausgeliefert waren. 92 000 sind an den unmenschlichen Lagerbedingungen zugrunde gegangen oder von den Faschisten ermordet worden. Daß diese Bilanz nicht noch höher wurde, ist besonders den Antifaschistinnen aus verschiedenen Ländern zu danken, die ihren Kampf auch im Konzentrationslager ungebrochen weiterführten. Sie retteten manches Leben vor der Gaskammer, der Todesspritze und halfen solidarisch vielen, Hunger, Krankheit und schwerste Arbeit zu überstehen. Dafür setzten sie oft das eigene Leben ein, bis schließlich die sowjetischen Befreier die Mörder verjagten.

Auf diesem „Kreuzweg" wurde das Band des Internationalismus und der Völkerfreundschaft fest und dauerhaft geknüpft. Es bewährt sich bis heute – auch wenn die Überlebenden und Befreiten weit entfernt voneinander beheimatet sind – im Internationalen Ravensbrück-Komitee und in den nationalen Lager-Arbeitsgemeinschaften.

Der Rahmen des Buches begrenzt die Zahl derer, über die geschrieben werden konnte. Es sind vor allem Frauen, die sich aktiv und zielbewußt am antifaschistischen Widerstandskampf beteiligt haben. Die Auswahl war nicht leicht und mußte unvollkommen bleiben. Einige, über die bereits mehrfach publiziert wurde, sind nur kurz erwähnt, über sie, wie über viele andere, die nicht genannt sind, wäre noch zu berichten. Schließlich gab das Streben den Ausschlag, dem Leser zumindest einen Eindruck von der Verschiedenartigkeit wie von den Gemeinsamkeiten der Charaktere und Lebenswege zu vermitteln. Die siebzehn Frauen, für die das Buch Platz bot, stehen für alle, die lebten und handelten wie sie. Beim Aufspüren und Erforschen der einzelnen Biografien begegneten wir bewundernswürdigen Frauenpersönlichkeiten, Menschen, die man, wie Eva Lippold es einmal formulierte, „nicht wieder aus sich fortlassen möchte".

Sie alle sollen auch den nachfolgenden Generationen unvergessen bleiben.

Wie schon bei der Auswahl der Biografien, so kann „Kreuzweg Ravensbrück" auch im Hinblick auf das Nachzeichnen der einzelnen Lebenswege keinen Anspruch auf Vollständigkeit erheben. Zum Teil wurde der Umfang der Beiträge ebenso wie die Anzahl der Bilder von den noch vorhandenen Quellen und Unterlagen bestimmt. Autoren und Verlag werden ergänzende Auskünfte gern entgegennehmen. Viele Angaben beruhen auf persönlichen Erinnerungen der Frauen und auf Mitteilungen von Angehörigen, Mitkämpfern, Freunden. Ihnen allen möchten wir für ihre großartige Mitarbeit herzlich danken.

Besonderer Dank gebührt den Mitarbeiterinnen und Mitarbeitern der Institutionen, die unsere Forschungsarbeit wesentlich erleichterten und unterstützten, so dem Zentralen Parteiarchiv im Institut für Marxismus-Leninismus beim ZK der SED, Berlin, der Nationalen Mahn- und Gedenkstätte Ravensbrück, dem Bezirksparteiarchiv der SED Dresden, dem Archiv des Komitees der Antifaschistischen Widerstandskämpfer bei der SED-Kreisleitung Bernau, den Archiven der LDPD Berlin und Karl-Marx-Stadt, dem Union-Verlag Berlin.

Einleitung

Am 30. Januar 1933 übertrugen die aggressivsten Kräfte der deutschen Monopolbourgeoisie den Faschisten die Macht in Deutschland.

Damit begannen eine bislang niemals vorstellbare Unterdrückung und Verfolgung sowohl von politischen Gegnern als auch von Menschen, die den „Kriterien“ der vermeintlichen nordisch-deutschen „Herrenrasse“ nicht entsprachen. Die Hitlerregierung setzte daher als eine ihrer ersten Amtshandlungen die Unverletzlichkeit der persönlichen Freiheit außer Kraft, die im Artikel 114 der Weimarer Verfassung garantiert worden war, und verkündete stattdessen – bereits am 28. Februar 1933 – die „Notverordnung zum Schutze von Volk und Staat“.

Von nun an nahmen menschliche Erniedrigung, Entwürdigung und skrupellose Vernichtung von Menschenleben in einem nicht für möglich gehaltenen Umfang sowie in bisher unbekannten Formen ihren scheinbar legalen Verlauf, und sie entwickelten sich zu untrüglichen Wesensmerkmalen faschistischer Ideologie und Praxis. Das immer dichter geknüpfte Netz von Konzentrationslagern, das die Nazis über ganz Deutschland und über die später von ihnen besetzten europäischen Länder breiteten, wurde zu einer der stärksten Stützen ihres ausgeklügelten, sadistischen Terrorapparates, dem Millionen Menschen zum Opfer fielen.

Zu den ersten in sogenannte Schutzhaft Genommenen zählten die konsequentesten Gegner des deutschen Faschismus – die Kommunisten; unter ihnen nicht nur Männer, sondern auch Frauen. So entstanden neben den großen „Schutzhaftlagern“, wie Dachau oder Esterwegen-Börgermoor, auch erste Konzentrationslager für Frauen, ein solches im leerstehenden ehemaligen Kloster Gotteszell Schwäbisch Gmünd und ein weiteres in dem kleinen Ort *Moringen* bei Northeim im Hannoverschen. – Am 3. Juni 1933 – so berichtet Dr. Hannah Vogt/Göttingen – wurden die ersten beiden Frauen dorthin „überstellt“. Am 12. Oktober ordnete der preußische Minister des Inneren an, daß künftig sämtliche weiblichen „Schutzhäftlinge“ in Moringen einzuliefern seien. Am 28. November betrug die Anzahl der weiblichen Häftlinge in Moringen bereits 26. Alle dort außerdem einsitzenden Männer wurden nach und nach in andere Lager transportiert. Bis zum März 1938 befanden sich in diesem südhannoverschen KZ mehrere hundert Frauen in Haft. Die größte Gruppe bildeten die politischen Häftlinge, denen vornehmlich Verbindungen zu Kommunisten, wenn nicht gar Mitgliedschaft in der verbotenen Kommunistischen Partei Deutschlands oder der Verdacht auf illegale antifaschistische Tätigkeit überhaupt, die als Hochverrat galt, vorgeworfen wurde. Zwei weitere Häftlingskategorien stellten die Bibelforscherinnen – Angehörige der von den Nazis verbotenen Sekte „Zeugen Jehovas“ mit ausgeprägt anarchistisch-pazifistischen Positionen – und die Remigrantinnen, unter ihnen vor allem Jüdinnen, die nach Hitlerdeutschland zurückgekehrt waren, weil sie sich dennoch so etwas wie eine Perspektive versprachen, jedoch hier in „vorläufige Schutzhaft“ genommen wurden.

Dieses erste zentrale Frauenkonzentrationslager in Deutschland wurde nicht unmittelbar von der SS bzw. SA verwaltet, sondern es stand unter Aufsicht der Provinzialverwaltung Hannover, die als Direktor einen gewissen Hugo Krack eingesetzt hatte. Die Lebensbedingungen in Moringen sind nicht mit jenen im späteren Frauen-KZ Ravensbrück zu vergleichen; sie entsprachen eher denen der sonstigen weiblichen Strafvollzugsanstalten. Als Bewacherinnen kamen auch noch keine SS-Angehörigen zum Einsatz, wohl aber Mitglieder der NS-Frauenschaft, die in den Moringer Häftlingsfrauen nichts weiter als „marxistische Untermenschen“ sahen und „von Haß gegen sie erfüllt“ waren, wie es in einem Bericht aus dem Jahre 1936 an die Exil-Leitung der SPD heißt.

Zum Ende des Jahres 1937 reichte die Lagerkapazität für die wachsende Zahl von „Zugängen“ nicht mehr aus, so daß die Frauen in die *Lichtenburg*, ein wettinisches Schloß in Prettin, Kreis Torgau, verlegt wurden. Dieses, von den Häftlingen als „Lichte“ bezeichnete baufällige Schloß, hatten die Nazis bereits seit Juni 1933 als Konzentrationslager für Männer genutzt. Mit der Errichtung des Lagers Buchenwald im Juni 1937 wurden diese zum Ettersberg gebracht. Ab 15. Dezember 1937 kamen nun Frauen aus den verschiedensten Gegenden des Reichs in die „Lichte“, die von Anbeginn der SS unterstellt war. Bereits am 21. Dezember meldete der Torgauer Landrat dem Präsidenten des Regierungsbezirks Merseburg: „Nachdem ... das frühere Konzentrationslager im Schloß Lichtenburg in Prettin aufgelöst worden ist ..., ist nunmehr dortselbst ein Frauen-Konzentrationslager eingerichtet worden. Die Belegung des Lagers ist in diesen Tagen erfolgt. Es sollen vorläufig 600 Frauen untergebracht werden.“

In den folgenden Monaten – vor allem nach der Annexion Österreichs und großer Teile der Tschechoslowakei – stieg die Anzahl der Häftlinge auf mehr als 800 Frauen. Neben Antifaschistinnen aus politischer Überzeugung saßen hier zahlreiche Bibelforscherinnen, Jüdinnen sowie kriminelle und asoziale Häftlinge tage-, wochen- und monatelang ein, in völliger Ungewißheit über ihr Schicksal gehalten, drangsaliert und gequält. Die genaue Zahl der inhaftierten Frauen ist nach dem bisherigen Forschungsstand nicht auszumachen. Aber nach einer erhalten gebliebenen Liste der Häftlingsnummer-Zuteilung müssen bis zum Zeitpunkt der Verlegung nach Ravensbrück mindestens 1415 Häftlingsfrauen das Lagertor der „Lichte“ passiert haben.

Die Lichtenburg war für solche Frauen, die schon von Moringen kamen, „nur“ eine Zwischenstation auf dem Wege nach Ravensbrück, für andere die unmittelbare Einmündung in den „Kreuzweg“. Hier, in der „Vorhölle von Ravensbrück“, fanden die Praktiken des faschistischen Terrors erstmals für weibliche KZ-Häftlinge Anwendung, so wie sie bisher in den großen Männer-Lagern gehandhabt wurden.

Doch den nun unter der SS wesentlich verschärften Haftbedingungen wirkte sogleich die gegenseitige moralische Unterstützung und die vielfache kameradschaftliche Hilfe der inhaftierten Antifaschistinnen entgegen. Dabei war es „von lebenswichtiger Bedeutung, die SS nicht sinnlos zu provozieren und die Aktivitäten der Solidarität und des Widerstands vor ihr klug zu verbergen".

Im Verlauf der Kriegsvorbereitungen plante die faschistische Führung auch den künftigen Einsatz von KZ-Häftlingen, und so war es der SS bald offenkundig, daß die Kapazität der Lichtenburg für die kommende Zeit wiederum nicht ausreichen würde. In *Ravensbrück*, einem kleinen Ort neben dem mecklenburgischen Fürstenberg, begannen deshalb ab November 1938 die Bauarbeiten für ein weit größeres Frauen-Konzentrationslager. Männer aus dem KZ Sachsenhausen, aber auch aus entfernter gelegenen Lagern eigens hierher gebrachte, errichteten die ersten Baracken – die späteren Unterkünfte der weiblichen „Schutzhäftlinge". Nach einer Anweisung der Gestapo-Zentrale vom 2. Mai 1939, daß ab 15. Mai die Verlegung der Frauen von der Lichtenburg nach Ravensbrück zu erfolgen habe, trafen an den darauffolgenden Tagen 860 deutsche und 7 österreichische „Lichte"-Frauen in Ravensbrück ein. Unter ihnen befanden sich annähernd 150 „Politische".

Im Lager angekommen, begann die Neuaufnahme: Manche behielten die Häftlingsnummer von der Lichtenburg, andere bekamen eine neue entwürdigend-anonyme Nummer. Einheitlich war die Kleidung, die noch in der „Lichte" – unmittelbar vor dem Transport nach Ravensbrück – verteilt worden war und die sich dann in der Regel aus einem blau-grau gestreiften Kleid, einer Jacke, Hemd, Schlüpfer, Unterrock, langen Strümpfen, Schuhen oder Holzpantoffeln und einem Kopftuch zusammensetzte, wobei das Binden desselben in militärischer Weise folgendermaßen vorgeschrieben war: „April bis September: hinten im Nacken; Oktober bis März: vorn unter dem Kinn". Nur für manche Arbeiten gab es zusätzlich eine Schürze und Handschuhe. Zur weiteren Kennzeichnung wurden außerdem dreieckige Winkel verwendet, die in verschiedenen Farben die jeweiligen Kategorien von Gefangenen sofort erkennen ließen. So vergab die Lagerleitung rote Winkel gewöhnlich für „Politische", blaue für Emigranten und Staatenlose, violette für Bibelforscherinnen; grüne erhielten die sogenannten Berufsverbrecherinnen bzw. Kriminelle, und mit schwarzen Winkeln wurden „Asoziale" markiert. Jüdinnen bekamen zu ihrem Winkel noch einen gelben hinzu, der mit der Spitze nach oben unter den anderen genäht werden mußte, so daß beide zusammen die Form des „Davidsterns" ergaben, wobei der gelbe Winkel zuunterst anzubringen war. Ausländerinnen mußten zusätzlich den Anfangsbuchstaben ihres Landes auf den Winkel aufnähen. Dennoch ermöglichte die unterschiedliche Farbe der Winkel nicht in jedem Fall eine Charakterisierung der Häftlinge. Sinti- und Roma-Frauen erhielten beispielsweise ausschließlich schwarze Winkel und wurden damit als „Asoziale" abgestempelt, nur weil sie keinen festen Wohnsitz hatten. – Diese „Gruppierungen" der Frauen mit Hilfe kleinster Stoffetzen diente keineswegs nur der Lagerführung zur schnelleren Übersicht. Sie war auch den Häftlingen nützlich, weil sie schon von weitem erkannten, mit wem sie es jeweils zu tun hatten. Zudem ermöglichte das Selbstaufnähen-Müssen manche Gelegenheit des Vertauschens oder bewußten Veränderns.

Über die völlig unzureichende Ernährung in Ravensbrück ist viel geschrieben worden. Zweihundert Gramm Brot am Tag, morgens ein Becher kaffeeähnlicher Flüssigkeit, mittags eine Kelle Wassersuppe von Kohl, Steckrüben oder getrocknetem Gemüse und mitunter zwei oder drei zusätzliche Pellkartoffeln; abends gab es nach dem Ausbruch des zweiten Weltkrieges und mit der zunehmenden Überfüllung des Lagers in der Woche abermals eine Kelle Suppe, und nur samstags und sonntags wurde diese durch 20 bis 50 Gramm Margarine, seltener eine Scheibe Wurst oder ein Häppchen Käse ersetzt.

Bei der vor allem in den Wintermonaten nicht warmhaltenden Kleidung sowie bei den niemals befriedigenden Essenrationen zeigte sich immer mehr, daß die Arbeitskraft der Frauen sehr schnell nachließ. Andererseits rechneten die Nazis bei Ausweitung ihrer Kriegsführung zunehmend mit diesen „konzentrierten" Arbeitskräften; wohl ein Grund dafür, daß ab Oktober 1942 den Häftlingen der Empfang von Paketen mit Kleidung und Lebensmitteln erlaubt wurde. Inwieweit sich die SS an solchen Sendungen bereicherte, ist hier nicht zu erörtern.

Das Frauen-KZ Ravensbrück war von vornherein als großes Wirtschaftsunternehmen angelegt worden. Nach der Gründung der Deutschen Ausrüstungswerke GmbH (DAW) am 3. Mai 1939 entstand zunächst die Rohrmattenflechterei in Ravensbrück. Mit der nachfolgenden Etablierung der Gesellschaft für Textil- und Lederverwertung GmbH (Texled) wurden Häftlingsfrauen in der Schneiderei, Strickerei, Strohschuhflechterei und ab 1943 auch in einer Weberei sowie Kürschnerei beschäftigt. – Von den Häftlingsfrauen versprachen sich aber auch die Rüstungsmonopole vor allem dann große Vorteile, wenn diese an Industriebetriebe der Kriegswirtschaft „vermietet" würden. Mädchen und Frauen aus Ravensbrück wurden an mehr als 70 Betriebe mit „kriegswichtiger" Erzeugung vermietet, so u. a. an die Heinkel-Flugzeugwerke GmbH, die HASAG Hugo Schneider AG, Auer-Werke AG, Siemens AG.

Gleich unmittelbar nach dem Einmarsch Hitlerdeutschlands in Polen wurden polnische Frauen nach Ravensbrück verschleppt. Nach dem Überfall auf die Sowjetunion trafen schon im Oktober 1941 sowjetische Frauen ein. 1944 aber nahmen die Masseneinlieferungen ein übergroßes Ausmaß an, weil zum einen die Konzentrationslager auf polnischem Gebiet vor der heranrückenden Front geräumt wurden, und zum anderen sah man in den polnischen, sowjetischen, tschechischen, slowenischen, französischen, jugoslawischen und Frauen anderer Nationen eine letztlich unerschöpflich scheinende Reserve der Kriegsproduktion.

Je nach Lage der Produktionsstätten kamen die Frauen in eigens neben dem KZ errichteten Werkstätten zum Einsatz oder in verschiedenen Orten zwischen Barth und Dresden. Somit entstand insbesondere auf dem Territorium der heutigen DDR ein umfangreiches Netz von Außenlagern des KZ Ravensbrück. Waren die Frauen aber nicht mehr arbeitsfähig, drohte ihnen die Vernichtung in den Gaskammern von Bernburg, Auschwitz oder Lublin oder – ab Dezember 1944 – in Ravensbrück selbst.

Die genaue Zahl der auf diese Weise ermordeten Frauen wird niemals herauszufinden sein, da die SS kurz vor der Befreiung des Lagers durch die Rote Armee die Unterlagen vernichtete. Nach Schätzungen ehemaliger Häftlingsfrauen, die in der Verwaltung des Lagers arbeiten mußten, sollen zwischen dem Ende des Jahres 1944 und dem Befreiungstag am 30. April 1945 allein in Ravensbrück etwa 6 000 Frauen vergast worden sein.

Aber nicht alle Opfer sind so systematisch umgebracht worden. Schon mit Kriegsbeginn war die Häftlingsanzahl sprunghaft angestiegen. Betrug sie im September 1939 ca. 2 500 Frauen, waren es zwei Jahre später schon 5 746 (Stand vom 17. September 1941). Mit den verstärkten Massen-„Einlieferungen" im Jahr 1944 verschlechterten sich fast automatisch die Lagerbedingungen von Tag zu Tag, stieg die Zahl der Kranken und Sterbenden rapide an; herrschte u. a. eine Fleck-Typhus-Epidemie, die ab Dezember 1944 monatlich mehr als 1 000 Tote forderte. „Viele starben an Unterernährung, schlechter Behandlung, Mangel an Krankenpflege und Medikamenten, an Kummer und Herzeleid", schrieb die Dresdnerin Elisabeth Lynhard, die als „Schutzhäftling 8119" vom 1. Oktober 1941 bis 27. April 1945 in Ravensbrück einsaß, in ihrem Bericht 1946, um den sie die sowjetischen Befreier gebeten hatten. – Die Ursachen der Masseneinlieferungen sind auch im Zusammenhang mit der Unterdrückung der wachsenden Widerstandsbewegung in den von den Faschisten okkupierten Ländern zu sehen, d. h. mit der „Ausmerzung" der politischen Gegner.

Insgesamt waren 132 000 Frauen aus 20 Ländern in Ravensbrück inhaftiert, wurden hier 870 Kinder geboren, von denen nur ganz wenige überlebten. Das Frauen-Konzentrationslager Ravensbrück unter Leitung des Direktors SS-Sturmbannführer Max Koegel und nachfolgend Fritz Suhren nahm sehr bald nach seiner Errichtung „die Form einer organisierten Hölle an, in der planmäßig getötet und vernichtet, aber auch seitens der Monopole profitiert und ausgebeutet wurde".

Dennoch konnte es der ganzen Hierarchie von Peinigern und Mördern – vom Kommandanten bis zu den SS-Aufseherinnen und -Wachmannschaften – mit all ihren menschenverachtenden Methoden nicht überall gelingen, die Widerstandskraft vieler antifaschistischer Frauen zu brechen. So vermochten sie es nicht, gegenseitige Hilfsaktionen und Solidaritätsbeweise, selbst durchgeführte Sabotagen zu unterbinden. Daß mitunter unscheinbarste Gesten eines gegenseitigen Gebens und Nehmens Freundschaften unter den Häftlingen begründeten, die nach der Befreiung bis in die Familien hinein fortwährten, kann vielfach bezeugt werden. Und dabei sind keineswegs nur die Verbindungen zwischen deutschen Antifaschistinnen gemeint. Vielmehr reichen die freundschaftlichen Bande bis nach Moskau, Leningrad und Kiew, Warschau, Paris und Luxemburg, in kleinere und größere Orte Norwegens, in die Niederlande, die BRD oder Westberlin usw.

Das Frauen-Konzentrationslager Ravensbrück war eine immer größer werdende, streng bewachte und streng reglementierte Gefangenenstadt für sich, ein Ort des gezielten und bewußt durchgeführten Verbrechens an unschuldigen Mädchen und Frauen, ein Martyrium für Kinder. Ein Ort, an dem beinahe alles Menschliche unmöglich und doch so vieles wiederum möglich war.

Unmittelbar vor der Befreiung des Lagers konnten noch einige Frauen die Hölle von Ravensbrück verlassen: Fahrzeuge des Schwedischen Roten Kreuzes sollten vor allem skandinavische Häftlinge, aber auch Gefangene anderer Nationen nach Schweden bringen. Graf Bernadotte, ein einflußreicher schwedischer Politiker, hatte diese Rettungsaktion ab 17. Februar 1945 mit führenden Nazis ausgehandelt. Bis zum 5. Mai 1945 wurden so etwa 19 000 Frauen und Männer aus den verschiedensten Konzentrationslagern und Gefängnissen in Sicherheit gebracht. Am 25. April verließen die schwedischen „weißen Busse", gekennzeichnet mit einem roten Kreuz, in ihnen Frauen unterschiedlichster Nationalitäten, Ravensbrück. Als „Aktion Bernadotte" gingen diese Transporte in die Geschichte ein.

Der siegreiche Vormarsch der Roten Armee blieb vor allem den „Politischen" nicht verborgen. Während bei ihnen Hoffnung und Gewißheit neue Kräfte mobilisierten, geriet die SS in den letzten Apriltagen in panische Angst. Sie setzte die ausgehungerten, schwachen Frauen in Richtung Westen in Marsch, um so selbst mit ihnen vor der heranrückenden sowjetischen Armee zu entkommen. Von Flüchtlingstrecks und Wehrmacht verstopfte Straßen führten in der sich dahinschleppenden Häftlingskolonne zu bisweilen chaotischen Verhältnissen. Hier gab es noch Erschießungen, aber auch Gelegenheiten zur Flucht. – Nur die gehunfähigen, schwerkranken Frauen blieben mit etwa 40 betreuenden Kameradinnen am 28. April im Lager zurück.

Am Mittag des 30. April 1945 erreichten zwei Rotarmisten das Frauen-KZ. Kurz danach folgte ihnen ein Schützenbataillon der 2. Belorussischen Front.

Viele Frauen konnten diese Stunden der Befreiung nicht mehr erleben. Aber die sie erlebt haben, waren gerührt, mehr noch, überwältigt von der Tatsache, daß dieses „Tausendjährige Reich" des deutschen Faschismus endlich zerschlagen und daß ihr Einsatz nicht umsonst gewesen war. Wie vielen Hoffnungen, Wünschen, ernstem Wollen, daß so etwas nie wieder geschehen dürfe, daß wirkliche Humanität und gegenseitiges Verstehen in den grundsätzlichen Fragen des Zusammenlebens über Grenzen und Anschauungen hinweg walten müsse, wurde da hundert- und tausendfach Ausdruck gegeben! Wieviele Schwüre wurden feierlich deklamiert oder auch leise vor sich hin gesprochen! Was aber gab es auch mancherorts an Enttäuschungen nach dieser Zeit, die so viel Furchtbares über die Menschheit gebracht und doch auch so viele Hoffnungen geweckt hatte. In diesem Sinne war und ist Ravensbrück ein Symbol; Symbol für den Beitrag der Frauen, aus dem Chaos zu neuen Ufern zu finden. Darum mag der Satz von Eva Lippold am Ende dieser Betrachtung über das Frauen-KZ Ravensbrück stehen, dessen befreiendes Ende gleichzeitig den Neubeginn unser aller Leben bedeutete: „Erreichte doch die Epoche nie geahnter menschlicher Niederungen auch nie geahnte menschliche Höhen."

Das Ziel des vernünftigen Lebens

Charlotte Eisenblätter

Denken, was wahr ist,
und fühlen, was schön
und wollen, was gut ist.
Darin erkennt der Geist das Ziel
des vernünftigen Lebens.

PLATO

Am 12. Juli 1944 nahm sich Marie Herrmann, 54 Jahre alt und Invalidenrentnerin, in ihrer Berliner Hinterhauswohnung das Leben. Es geschah einen Tag nachdem sie erfuhr, daß ihre Schwester Lotte zum Tode verurteilt worden war. „Das kann doch nicht sein, das ist doch nicht möglich", murmelte sie verstört, „sie hat doch immer nur Gutes getan ...". Und sie dachte zurück an die schweren Jahre ihres eigenen Lebens.

Als 1921 Marie Herrmanns Mann starb und sie mit den beiden Jungen allein blieb, war sie gerade 31. Mit Mühe und Not verdiente sie als Arbeiterin im Siemens-Konzern den Lebensunterhalt für sich und die Kinder. Doch 1933 wurde sie nervenkrank und arbeitsunfähig. Wenn Lotte nicht gewesen wäre, sie hätte nicht gewußt, wie sie weiterleben sollte. Die Schwester, obwohl 13 Jahre jünger als Marie, verstand in ihrer ruhigen und liebevollen Art, Trost und neuen Lebensmut zu geben, wenn die Verzweiflung sie packen wollte. Für Herbert, den jüngsten Sohn Maries, übernahm Charlotte fast den ganzen Unterhalt und ermöglichte damit, daß er seine Schlosserlehre beenden konnte. Doch dann holte der Krieg beide Söhne. Von Franz war seit einem Jahr keine Nachricht gekommen. Ihre Feldpostbriefe an ihn erhielt sie zurück mit dem Vermerk „Vermißt". Herbert war 1942 im Kaukasus verwundet worden. Und nun trug er schon wieder seinen Marschbefehl an die Front in der Tasche. Ob er jemals wiederkommen würde, oder ob ihn das gleiche Schicksal träfe wie ihren Neffen Gert, den Sohn ihrer Schwester Emma Laski? Der hatte sich als Kriegsfreiwilliger gemeldet und war im Kaukasus gefallen – noch nicht einmal 19 Jahre alt. Und jetzt sollte auch noch Lotte sterben. Alles, was sie liebte – verloren, alles hoffnungslos ... mit diesem Gedanken drehte Marie Herrmann den Gashahn auf.

Zwei Tage später richteten die übrigen fünf Geschwister von Charlotte Eisenblätter für sie ein Gnadengesuch an den faschistischen „Volksgerichtshof". Es ist ein erschütterndes Dokument über das Leben einer Berliner Arbeiterfamilie. „Wir Geschwister", so heißt es darin, „sind bisher alle pflichttreu und ehrlich gewesen, und von unseren Eltern, welche sehr fromm waren, christlich erzogen worden. Wir haben alle eine harte Jugendzeit durchgemacht, weil wir 10 Geschwister waren und unser Vater schon am 9.8.1907 starb. Drei Geschwister starben im vorschulpflichtigen Alter, und beim Tode unseres Vaters waren von den sieben noch fünf minderjährig. Da wegen der großen Kinderzahl der Verdienst unseres Vaters nicht ausreichte, mußten die älteren Geschwister schon als Schulkinder durch Arbeit zu unserem Lebensunterhalt beitragen. Dasselbe Los blieb uns jüngeren Geschwistern durch den frühen Tod des Vaters nicht erspart. Trotzdem sind wir alle ordentliche Menschen geworden."

Dann zählt der Schreiber einzeln die Geschwister auf, zwei Brüder, fünf Schwestern, fast alle Arbeiter, bei der Firma Siemens, bei der Reichsbahn, bei der Post. Und für Charlotte, die Jüngste, findet er besonders liebevolle Worte.

Auch sie begann nach der Schulzeit mit 14 Jahren im Siemens-Konzern zu arbeiten, als Laufmädchen. Doch das wollte sie nicht bleiben. In Abendkursen lernte sie vor allem Stenographie und Schreibmaschine, so fleißig und erfolgreich, daß sie schon zwei Jahre später im Patentanwaltsbüro Dr. Sell und Dr. Schlumberger – gerade sechzehnjährig – als Stenotypistin beginnen konnte. Mit ihrer ruhigen und freundlichen Zuverlässigkeit erwarb sie sich hier bald eine Vertrauensstellung, in der sie 23 Jahre blieb, bis zu dem Tage, an dem sie von der Gestapo verhaftet wurde.

Von Anfang an hatte sie, gemeinsam mit ihren Brüdern und Schwestern, die Mutter unterstützt, die nicht mehr arbeiten konnte. Charlotte war gerade zwanzig, als sie ihren Geschwistern bei einer Familienzusammenkunft, wie sie besonders am Geburtstag der Mutter üblich war, erklärte: „Ihr habt mit euch und euren Familien selber genug Sorgen. Ich verdiene jetzt soviel, daß es für Mutter und mich reicht. Ihr braucht nichts mehr dazuzugeben." Dabei blieb es, bis die Mutter 1930 starb. Dann, wie schon berichtet, unterstützte sie auf ähnliche Weise ihre Schwester Marie. Doch neben der Arbeit und der Familie lebte Charlotte ein eigenes Leben, das ihr viel Freude brachte. Im Touristenverein „Naturfreunde" lernte sie auf vielen Fahrten ihre Heimat kennen und lieben, freute sich an der Schönheit der Landschaft, an Sonne und frischem Wind. Manchmal wurde an einem See Rast gemacht und geschwommen, manchmal saß man abends am Lagerfeuer bei Gesang und Gitarrenmusik. Charlotte genoß solche Stunden, und sie gewann viele Freunde. Es waren junge Menschen, die oft heiß miteinander diskutierten. Charlotte hörte vom Klassenkampf, von einer besseren Zukunft der arbeitenden Menschen, einer neuen Gesellschaftsordnung. Gerade dieser revolutionären Gruppe fühlte sie sich verbunden, mit ihr zusammen ging sie in den Berliner Arbeitersportverein Fichte; andere traf sie im Arbeitergesangverein Groß-Berlin.

Es war eine gute und dauerhafte Freundschaft, die Charlotte mit diesen jungen Menschen verband, und manchmal war auch Liebe dabei. Die Arbeit machte ihr Freude und brachte Anerkennung. Glückliche Tage, glückliche Jahre – Charlotte erlebte sie bewußt. In dieser Zeit fand sie das eingangs zitierte Wort von Plato, das ganz und gar ihrem Lebensgefühl und ihrer Lebensauffassung entsprach: Das Wahre denken, das Schöne fühlen, das Gute wollen – es wurde zum Leitspruch ihres Lebens.

Bei aller Freude am Dasein, Charlotte sah aber auch die heraufziehende Gefahr des Faschismus, wußte, daß er diesem Ziel entgegenstand und ihr Glück zerstören würde. So schloß sie, die keiner Partei angehörte, sich 1932 mit anderen Freunden und Sportkameraden der Antifaschistischen Aktion an, einer breiten überparteilichen Massenbewegung, nahm teil an deren großen Demonstrationen. Die Freundschaft der jungen Sportler und Gesinnungsgenossen überdauerte Verbot und Verfolgung. Einige mußten emigrieren, unter ihnen auch der Mann, den Charlotte liebte. Andere wurden verhaftet, eingekerkert oder gingen in die Illegalität. Doch es blieb eine zunächst weniger gefährdete Gruppe, die weiter ihrer Arbeit nachging, sich an den Sommerwochenenden an einem See der Berliner Umgebung unter andere Erholungssuchende mischte, gemeinsam Wanderungen oder Urlaubsreisen unternahm. Zu ihnen gehörte auch Charlotte.

Wann sie mit illegaler Arbeit begann, läßt sich heute schwer sagen. Ganz gewiß aber früher als im September 1941, wie es im Prozeß gegen sie und andere „nachgewiesen“ wurde. Da wird schon weit eher bei ihr im Büro gelegentlich ein Anruf gekommen sein, bei dem ein Freund verschlüsselt fragte: „Bist du heute abend allein?“ Dann wußte sie, es würde Besuch kommen, einer, den sie kannte, oder ein Unbekannter in Begleitung eines Freundes. Das waren Illegale, von der Polizei Gesuchte, die für eine Nacht Unterkunft brauchten oder auch nur zu einer Beratung in ihre Wohnung kamen. Sie zog sich dann in das andere Zimmer zurück. Ihr Bruder Max Eisenblätter bezeugte nach 1945, daß Charlotte oft solche Gäste beherbergte.

Für sie waren das unruhige Nächte. Sie konnte lange nicht einschlafen, horchte auf jedes Geräusch im Treppenflur, ging am anderen Morgen müde und zerschlagen zur Arbeit – doch dort merkte man ihr nichts an. „… wollen, was gut ist“, leise sagte sie das manchmal zur eigenen Ermutigung vor sich hin. Sie wußte: Alle, die ihre Hilfe in Anspruch nahmen, wollten das Gute wie sie selbst, bekämpften das Schlechte, den Faschismus, der zuerst das eigene Land in den Krallen hielt und dann ganz Europa in den Krieg gestürzt hatte.

Charlotte gehörte zu der von Robert Uhrig geleiteten Widerstandsgruppe, deren Kern die illegale Berliner Bezirksparteiorganisation war. Doch die Verbindungen der Antifaschisten reichten weit über die Grenzen der Stadt hinaus, waren über ganz Deutschland verbreitet, führten zum Teil auch in die Tschechoslowakei und nach Österreich. In engem Kontakt arbeitete die Organisation z. B. mit der von Hauptmann a. D. Josef Römer gebildeten illegalen Kampfgemeinschaft, wenig später auch mit Anton Saefkow und seinen Genossen. Nach dem faschistischen Überfall auf die Sowjetunion wurde dieses Bündnis immer fester und aktiver.

Wann und ob Charlotte über das Ausmaß dieser Beziehungen Kenntnis erhielt, ist gleichfalls nicht mehr festzustellen. Doch daß sie sich großes Vertrauen erworben hatte, davon gibt es viele Zeugnisse.

Im Sommer 1941 kam auf einem Schiff aus Schweden eine zierliche Frau, als Matrose verkleidet und trotzdem von den schwedischen Seeleuten besser verborgen als ein blinder Passagier, in Deutschland an und fuhr sofort nach Berlin. Es war Charlotte Bischoff, vom ZK der KPD beauftragt, führende Funktionäre in Berlin aufzuspüren und ihnen zu sagen, daß in Kürze weitere Genossen zur Unterstützung der illegalen Arbeit aus dem Ausland eintreffen würden. Die Materialien und Direktiven, die Robert Uhrig zugedacht waren, übergab sie an Charlotte Eisenblätter.

Als Alfred Kowalke, auch er Beauftragter des ZK der KPD, kurze Zeit später unter dem Decknamen Walter in Berlin eingetroffen war, wandte man sich an Charlotte mit der Bitte, für ihn ein illegales Quartier zu besorgen. Sie vermittelte eine Begegnung Alfred Kowalkes mit Werner Seelenbinder, der ihn mit Robert Uhrig in Verbindung brachte.

Werner Seelenbinder – mit ihm verband Charlotte mehr als Freundschaft. Er, der erfolgreiche Sportler, der mit dem offiziellen Erwerb von sechs deutschen Meistertiteln im Ringen und zahlreichen Siegen in ausländischen Wettkämpfen stets die illegale Arbeit für seine Partei, die KPD, verband, war ein führendes Mitglied der Berliner KPD und Widerstandsorganisation.

Von Erich Kurz, den Charlotte seit Jahren aus der Sportbewegung kannte, hatte sie eine Schreibmaschine erhalten, auf der sie mehrere Ausgaben des von den Widerstandskämpfern herausgegebenen „Informationsdienstes" mit vielen Durchschlägen abschrieb. Oft saß Werner Seelenbinder mit ihr zusammen, um Flugschriften zu verfassen und zu diktieren, die in Feldpostbriefen an Soldaten der Ostfront gesandt wurden und sie aufforderten, Schluß zu machen mit dem verbrecherischen Krieg. Flugschriften auch an die Arbeiter in den Rüstungsbetrieben, die zur Sabotage aufriefen. Wie es kam – heute weiß es niemand mehr zu sagen. Vielleicht war es so ähnlich, wie später Ilse Hunger, Mithäftling im Konzentrationslager Ravensbrück, über Charlotte schrieb: „Du warst nicht ein Mensch, der sofort auffiel. So ganz allmählich, ruhig, drangst du in mich ein ...". Jetzt nun, mitten in der gefahrvollen, Mut und Kraft und Vorsicht erfordernden Arbeit mit Werner Seelenbinder wuchs eine tiefe Liebe, für die es nie wirklich Zeit und Ruhe gab, die sich nie frei entfalten konnte und deren Dauer nur kurz bemessen war.

Dabei war es gut und ermutigend zu erfahren, daß Hitlers „Blitzkriegsstrategie" in diesem Winter 1941 durch die Sowjetarmee zunichte gemacht wurde. Begierig verfolgten sie die Nachrichten, lernten die in den „Wehrmachtsberichten" noch immer als Erfolgsmeldungen getarnten Niederlagen vor Moskau und anderswo zu entschlüsseln, suchten im Radio die Wahrheit beim Sender Moskau und bei der englischen BBC. Hoffnung keimte auf – und wurde jäh zerschlagen, nachdem am 4. Februar 1942 Robert Uhrig, Josef Römer, Werner Seelenbinder, Erich Kurz und viele andere von der Gestapo verhaftet worden waren.

Als Charlotte davon erfuhr, zerriß es ihr fast das Herz. Dich finden sie auch bald, dachte sie angstvoll. Sofort brachte sie die Schreibmaschine aus ihrer

Wohnung zu Bekannten, prüfte, ob sich noch irgendwelches Material fände, das vernichtet werden mußte. Ging dabei zur Arbeit wie jeden Tag und hatte doch nicht einmal eine Woche, bis am 10. Februar auch bei ihr die Gestapo erschien und sie abführte. In diesen Tagen wurden etwa 200 Mitglieder der Uhrig-Organisation verhaftet. 16 von ihnen ermordeten die Folterer schon während der Voruntersuchungen. Charlotte Eisenblätter hatte noch zwei Jahre zu leben, wenn man Leben nennen kann, was im Konzentrationslager Ravensbrück ertragen werden mußte. Doch Charlotte ebenso wie die anderen Frauen aus ihrer Widerstandsorganisation – Cilly Bode, Elfriede Tygör, Helene Beling, Marta Naas, später Charlotte Uhrig, Anna Reinicke und Sophie Klopsch – gehörten zu den Häftlingen, die aus ihrer Überzeugung Kraft und Mut schöpften. Bald waren sie und die anderen eingereiht in die geheime Front der Antifaschistinnen im Lager.

Aus Briefen von Verwandten und Freunden, wenn sie auch spärlich und zensiert eintrafen, aus ihren Päckchen, sofern der Empfang erlaubt war, spürte Charlotte die Liebe und Treue derer, die den Häschern entgangen waren.

Die Worte, die Ilse Hunger später zum Gedenken an Charlotte Eisenblätter niederschrieb, geben ein Bild vom Charakter und Lebensmut dieser Frau. „Wenn du nicht am Tisch saßest, fehlte etwas“, schrieb Ilse Hunger. „Immer freundlich, immer bereit, ein wertvoller Mensch, der mir viel geben konnte, den nicht nur ich, sondern viele andere schätzten und liebten. – Lotte Eisenblätter verfolgte aufmerksam die Front, beschaffte Zeitungsausschnitte mit Karten der Frontlinie, begrüßte jeden Rückzug der deutschen Armee, jede Niederlage. Wenn wir etwas über die Lage wissen wollten, gingen wir zu Lotte.“

Es gab viel und Hoffnungsvolles zu berichten im Verlauf und besonders gegen Ende dieser zwei Jahre. Die Sowjetarmee schlug siegreich die Schlacht an der Wolga und im Kursker Bogen, befreite Leningrad und setzte ihren Vormarsch gegen die Hitlerarmeen zügig fort. Immer wieder verglich Charlotte Entfernungen, suchte zu berechnen, wann die Front Deutschland erreichen, die Befreiung kommen könnte. „Mit ihren Rechnungen und Überlegungen, wann die Front ‚bei uns‘ sein würde, steckte sie uns an. Wir ahnten nicht, Lotte, daß dies für dich ein Wettlauf mit dem Tode war.“

Doch dann kam die Nachricht, daß Charlotte Eisenblätter, Elfriede Tygör und einige andere sich auf den Transport nach Berlin vorzubereiten hatten. Die Prozesse gegen die Mitglieder der von Robert Uhrig geleiteten Widerstandsorganisation standen bevor.

Und noch einmal Ilse Hunger: „Zum letzten Male saßen wir zusammen. Da erst hast du genauer deine illegale Arbeit geschildert. In diesen letzten Minuten erfuhr ich, daß du jede einzelne Tat immer mit großer Angst im Herzen durchführtest, daß du es aber tatest, weil du an dieser guten, gerechten Sache hingst, weil du den Frieden wolltest, weil du den Faschismus aus tiefstem Herzen gehaßt hast.“

Angst im Herzen – äußerlich merkte man sie ihr nicht an, nicht bei der illegalen Arbeit, nicht beim Prozeß. Gemeinsam mit zehn anderen Freunden und Genossen stand sie vor den Richtern. Aufrecht nahm sie die Anklage zur Kenntnis, in der es hieß: „Die Angeschuldigten … haben durch ihre Betätigung für eine staatsfeindliche und im wesentlichen kommunistische Organisation die Umsturzbewegungen der KPD und anderer dem Nationalsozialismus feindlich gegenüberstehender Kreise gefördert und damit Vorbereitung zum Hochverrat begangen, sich gleichzeitig aber auch durch ihre die Heimatfront während des Krieges zersetzende Tätigkeit der landesverräterischen Feindbegünstigung schuldig gemacht." Wie immer sie es nennen mochten, Charlotte war nun erst recht überzeugt, daß sie für eine gute, für die beste Sache der Welt gekämpft hatte.

Im Frauengefängnis Barnimstraße schrieb sie ihren letzten, ihren Abschiedsbrief:

„Meine lieben Freunde und Bekannten!

Am Vortag zu meinem Prozeß – heute ist Sonntag – drängt es mich, Euch allen noch einmal zu danken für Eure Güte und Liebe, mit welcher Ihr mich in der Freiheit und besonders in den zwei Jahren meiner Inhaftierung beglückt habt. Diese Liebe und Güte wird mich das Schwerste ertragen lassen, denn es besteht kein Zweifel, daß ich ein Todesurteil erhalte.

Ihr sollt deshalb aber nicht trauern. Ich habe ein reiches Leben gehabt, wie es viele nicht haben, die 60 Jahre oder noch älter werden. Ich habe soviel glückliche Stunden genossen bei der Arbeit, im Freundeskreis und auf meinen Reisen. So ging mein Kampf letzten Endes nur dahin, allen Menschen zu solchen glücklichen Stunden zu verhelfen. Diese Erkenntnis gewann ich auf meinen vielen Wanderungen und Reisen, und glaubt mir, so sehr ich das Leben liebe, so gern sterbe ich für diese meine Idee."

Noch einmal zitierte sie in diesem Brief das Plato-Wort vom Ziel des vernünftigen Lebens, und sie schloß:

„Nun geht mein Leben zu Ende. Es ist Schicksal, man entgeht ihm nicht. Darum denkt meiner in Liebe und trauert nicht. Ich wünsche Euch Gesundheit, damit Ihr einst am Aufbau unseres Vaterlandes mithelfen könnt. Es umarmt Euch in Liebe und Dankbarkeit

Eure Lotte"

Das Todesurteil wurde ausgesprochen, das Gnadengesuch der Geschwister zu den Akten gelegt, in denen sich auch ein Papier findet mit der Überschrift „Vollstreckungsformular". Es heißt da: „Die Verurteilte, die ruhig und gefaßt war, ließ sich ohne Widerstreben auf das Fallbeil legen, worauf der Scharfrichter die Enthauptung mit dem Fallbeil ausführte und sodann meldete, daß das Urteil vollstreckt sei."

L. T.-H.

Zehn Jahre als Marie Felten

Elsa Fugger

Keine Erfahrung sollte vergebens gewesen sein.

GRETA KUCKHOFF

Als Elsa Fugger trotz schwerer Krankheit im Konzentrationslager Ravensbrück überlebt hatte, in Schweden ihr Gesundheitszustand wieder stabilisiert werden konnte, und sie auch wußte, daß ihr Mann, Carl Fugger, am Leben war, gab sie nicht nur ihrer Freude über den besiegten Faschismus Ausdruck. Sie war glücklich, nun am Aufbau eines neuen deutschen Staates teilhaben zu können. So schrieb sie zu Beginn des Jahres 1946 – unmittelbar nach ihrer Rückkehr aus Schweden – in einem Brief an ihre Eltern, Geschwister, Nichten und Neffen: „Wir haben allen Grund, zuversichtlich in die Zukunft zu blicken, haben wir doch jetzt endlich die Hände frei, um in unserem Sinne mitzuarbeiten an der Verwirklichung des Ideals, das wir uns schon als junge Menschen gesteckt haben; zwar haben wir uns niemals träumen lassen, daß wir einstmals vor solchen Trümmerhaufen stehen würden, aber daß es nicht ohne kämpfen und vor allem nicht ohne Opfer möglich sein würde, diesen Banditen die Zügel aus den Händen zu reißen, war allen klar. Und ich bin glücklich, daß ich zusammen mit meinem lieben Lebensgefährten die Möglichkeit habe, am Neuaufbau mitzuhelfen."

Elsa Fuggers Weg nach Ravensbrück war weiter als der vieler deutscher antifaschistischer Frauen. Sie kam nicht aus deutschen Zuchthäusern oder Konzentrationslagern nach Ravensbrück. Elsa Fugger wurde zusammen mit etwa 500 Französinnen im August 1944 von Paris nach Fürstenberg deportiert, in einem Güterzug, der acht Tage unterwegs war, und in dessen dreckigen Waggons jeweils siebzig Frauen zusammengepfercht waren. Nur selten konnte sie während der Fahrt die Gegend erkennen, in der sie früher oft und gern wanderte. Wie aber konnte sie in diesen Transport geraten?

Elsa – so lautet zwar ihr Name auf der Geburtsurkunde vom 9. Februar 1903, doch genauso oft wurde sie Else genannt – arbeitete nur kurze Zeit in Deutschland gegen die faschistischen Machthaber. Ihre illegale Tätigkeit konzentrierte sich 1933/34 auf Berlin, die Zentrale der faschistischen Machtausübung. Eine gefährliche Zeit, in der sie vor allem im Auftrag der von den Nazis verbotenen „Roten Hilfe Deutschlands" (RHD) eingesetzt war. – Carl

Fugger, Elsas Mann, bis zu deren Verbot Redakteur der „Süddeutschen Arbeiterzeitung", in der sie auch tätig war, hatte seit dem Sommer 1933 für die illegale Leitung der RHD gearbeitet. Ostern 1934 – Elsa befand sich auf einer Kurierfahrt für die RHD in der Schweiz – geriet Carl in die Fänge der Gestapo. Nachdem dann im Juli 1934 weitere Mitarbeiter der Hilfsorganisation festgenommen und die Leitung der RHD zerschlagen werden konnte, wurde auch Elsa Fugger gesucht. Als KPD-Funktionärin stand sie ohnehin auf der Liste der Gestapo. Eine Zeitlang konnte sie ihre Verfolger abschütteln. Als es ihnen gelang, Elsa zu fotografieren, mußte sie sich sofort für vier Wochen in das kleine Dorf Kummersdorf, etwa 50 Kilometer südlich von Berlin, zurückziehen.

Die Weiterführung der illegalen Arbeit in Berlin wäre nun zu gefährlich gewesen. So erhielt sie von der Partei den Auftrag, ins Saargebiet zu gehen. „Als ich dort ankam, sagten die Genossen, ‚du kannst gleich weiterfahren, du bist schon in Paris avisiert'. – Ich konnte kein Wort Französisch. Man gab mir eine Adresse, und ich kam zu einem Hausmeisterehepaar, Mitglied der ‚Roten Hilfe!'", berichtete sie später „Jungen Historikern" der Bernauer Carl-Fugger-Oberschule. Dieses Ehepaar verstand kein Wort Deutsch, doch dessen Tochter. Sie nahm die angekommene Fremde in ihre Wohnung mit und brachte ihr Vertrauen und Gastfreundschaft entgegen, die Elsa tief beeindruckten. Von deutschen Genossen erhielt sie bald genauere Informationen für den Aufenthalt in Frankreich. Es boten sich zwei Möglichkeiten: entweder sich als Emigrantin bei der Polizei registrieren zu lassen, damit ein begrenztes Asylrecht und eine geringe Unterstützung zu erhalten, aber eine ständige Polizeikontrolle in Kauf zu nehmen, was mit dem Verzicht auf eine Arbeit verbunden war, oder – als zweite Variante – sich nicht zu melden, also „unterzutauchen" und damit einer Arbeit nachgehen zu können. Elsa Fugger entschied sich für die Arbeit und das illegale Leben. Sie ließ sich also nicht als deutsche Emigrantin registrieren, und – so konnte sie in späteren Jahren erklären: „Ich habe niemals legal als Deutsche in Frankreich gelebt".

Es war der faschistischen Polizei natürlich nicht verborgen geblieben, daß Elsa Fugger „verschwunden" war. Vergeblich versuchte sie vom Vater den Aufenthaltsort der Tochter zu erfahren. Aber der Vater wußte wirklich nichts. Die Familie, vor allem aber die Mutter, hatte jede Hoffnung aufgegeben, ihre „Große" jemals wiederzusehen. Um so glücklicher waren alle, als von Elsa nach fünf Jahren das erste Lebenszeichen bei der Schwester Gerda in Jeßnitz bei Bitterfeld eintraf. Der Brief kam aus Paris mit dem Absender: Marie Felten. Gerda erkannte sofort Elsas Schrift. Elsa Fugger hieß mit dem Beginn ihrer Widerstandsarbeit in Frankreich Marie Felten (Marie lautet Elsas zweiter Vorname auf der Geburtsurkunde vom Standesamt in Leipzig-Kleinzschocher). Marie arbeitete hart. Sie lernte sehr schnell Französisch und zählte schon im Januar 1935 zu den Mitarbeitern der illegalen Leitung der Roten Hilfe Deutschlands. Ab 1936 übernahm sie Aufgaben im „Westeuropäischen Büro" der Internationalen Roten Hilfe, deren Präsident in jener Zeit Wilhelm Pieck war. „Wir hatten die Aufträge, den Familien zu helfen, deren Männer in Deutschland im Gefängnis waren, die keinerlei Unterstützung bekamen ..., große Kampagnen zu organisieren zur Befreiung von Ernst Thälmann – wir haben Rechtsanwälte zu Ernst Thälmann geschickt, zu Lilo Herrmann. Olga Benario-Prestes wollte man das Baby wegnehmen. Wir haben organisiert, daß die Mutter von Carlos Prestes aus Brasilien geholt und der Großmutter das Kind ausgehändigt wurde." – Zur Durchführung dieser streng illegalen Aufgaben und zur Wahrung der eigenen illegalen Identität hatte Elsa Fugger nicht nur einen neuen Namen angenommen; ihre „Carte d'identité" wies sie als Luxemburgerin aus. Da ja in Luxemburg auch Deutsch gesprochen wird, ließen sich so ihre Deutsch-Kenntnisse leicht erklären.

Doch Elsa blieb nicht ständig Marie Felten. Mehrfach erhielt sie den Auftrag, Kurierfahrten zu übernehmen, die mit vielen Ängsten und Entbehrungen verbunden waren. Hierfür mußte sie sich oft genug kurzfristig in eine neue Identität einleben; sei es für Fahrten nach Moskau, nach Dänemark oder auch zu näher liegenden Zielen.

Fast bis zum Einmarsch der Hitlertruppen in Paris am 14. Juni 1940 arbeitete Elsa für die Internationale Rote Hilfe. Ihre Französisch-Kenntnisse waren inzwischen so gut, daß sie erwachsenen Franzosen morgens oder abends – bzw. vor oder nach deren Arbeitszeit – Deutsch-Unterricht erteilen konnte. Diese Tätigkeit trug nicht nur zur Sicherung des Lebensunterhalts bei, sondern ermöglichte ihr, bei der späteren Verhaftung eine feste Anstellung an einer Fremdsprachenschule nachweisen zu können. Doch vor ihrer Verhaftung im November 1943 befand sich Elsa Fugger in einer ähnlichen Lage wie viele deutsche Antifaschisten in Frankreich, und dennoch gehörte sie aufgrund ihrer guten französischen Papiere zu den wenigen Kommunisten, die sich so lange einer Internierung zu entziehen vermochten. – Schon seit dem Frühjahr 1939 waren die südfranzösischen Internierungslager Saint-Cyprien, Gurs, Argelês, Le Vernet u.a. gefüllt mit Zehntausenden spanischer Flüchtlinge und Kämpfer der Internationalen Brigaden, darunter auch Deutsche. Bei Kriegsausbruch bemühte sich die französische Polizei, nicht nur alle Männer „deutschen Ursprungs zwischen 16 und 65 Jahren" zu internieren; im Mai machte sie eine Jagd auf deutsche Frauen, um auch sie in die provisorisch errichteten Lager einzusperren. Als am 22. Juni 1940 die Hitler ergebene französische Regierung um Marschall Pétain mit der faschistischen „Reichsregierung" einen Waffenstillstand schloß und sich damit u.a. verpflichtete, in Frankreich lebende Deutsche auszuliefern, war das Bündnis gegen die antifaschistischen Kräfte fast perfekt, begann sich die *Résistance* zu formieren. Deutsche Antifaschisten reihten sich in die französische Widerstandsbewegung gegen faschistischen Terror und Krieg ein. Elsa Fugger (Marie Felten) gehörte zu ihnen.

Auch sie war nach dem Einmarsch der faschistischen Wehrmacht mit anderen Landsleuten aus Paris geflohen, in das etwa 680 Kilometer entfernte Toulouse. Da nach der französischen Kapitulation am 22. Juni 1940 eine Demarkationslinie zwischen dem von den Hitlerfaschisten besetzten und dem unbesetzten Teil des Landes gezogen wurde, blieb die im Süden Frankreichs gelegene Stadt unbesetzt. „Toulouse glich zu dieser Zeit einem Ameisenhaufen. Hunderttausend Flüchtlinge und Evakuierte aus dem von den Nazitruppen besetzten Nordfrankreich waren in der südfranzösischen Stadt untergeschlüpft", schrieb Otto Niebergall, der langjährige Vorsitzende der Interessengemeinschaft ehemaliger Widerstandskämpfer in den faschistisch okkupierten Ländern, rückblickend.

Nachdem unter Alexander Abusch im Juni 1940 die erste illegale Leitung der KPD-Organisation in Toulouse zu arbeiten begann, interessierten wir uns „für diejenigen deutscher Abkunft, dazu eine Reihe Österreicher und Staatenloser deutscher Sprache. In fünf Wochen sprach ich jeden Tag mit etwa zehn Ankömmlingen", heißt es in den Erinnerungen Alexander Abuschs. Diese Leitung, die tatkräftig von Käthe Dahlem, Elsa Fugger, Luise Kraushaar, Willi Knigge, Thea Beling u.a. unterstützt wurde, hatte sich als vordringlichste Aufgabe das Ziel gestellt, Kontakte zur FKP herzustellen. „Elsa Fugger, die eine einigermaßen sichere Wohnung in Paris besaß, war (deshalb, S.J.) über die Demarkationslinie nach Paris gefahren, um Verbindung mit dort befindlichen deutschen Genossen und auch möglichst mit der Führung der verbotenen Französischen Kommunistischen Partei aufzunehmen. Sie kam glücklich zurück und hatte verschiedene Missionen erfüllt. Mit der Parteigruppe von deutschen Genossen in Paris war sie in Kontakt getreten und hatte durch sie auch die Verbindung mit dem Zentralkomitee der FKP angebahnt", schreibt Alexander Abusch. Einer Einladung der illegalen FKP folgend, fuhren anschließend Otto Niebergall und Elsa Fugger nach Paris, wo eine ständige Verbindung zwischen den illegalen Leitungen der FKP und KPD vereinbart sowie im Herbst 1940 auf Initiative der FKP innerhalb der französischen Widerstandsbewegung ein Sektor für die deutsche Arbeit, abgekürzt TA, geschaffen wurde.

„Die Reise verlief ohne besondere Zwischenfälle", schreibt Otto Niebergall, „wir hatten beide sehr gute französische Papiere. Ich starrte die ganze Fahrt schweigsam aus dem Fenster, und wenn mich jemand ansprach, beantwortete Elsa zuvorkommend alle an mich gerichteten Fragen (Otto Niebergall konnte kein Französisch, S.J.). Eine Station vor der Demarkationslinie stiegen wir aus, marschierten mehrere Stunden durch Wälder und Buschwerk, und eine Station hinter der Kontrolle stiegen wir von neuem in einen Zug nach Paris." Jenen schwierigen Weg aus dem unbesetzten in das besetzte Frankreich nahm Elsa Fugger bis zum Jahr 1942 noch weitere Male. Die Schwere der Aufgabe, die sie begleitende Angst, in eine Kontrolle geraten zu können, aber auch die rein physischen Belastungen, faßte sie einmal so zusammen: „Diese Kundschaftertätigkeit im besetzten Gebiet war eine sehr schwierige Aufgabe. Man durfte sich nicht erwischen lassen. Die 680 Kilometer zurückzulegen, war auch nicht ganz einfach. Ich stieg immer eine Bahnstation vor der Grenzstation (unbesetztes/besetztes Gebiet) aus und marschierte dann bis zur Bahnstation hinter der Grenze, um den Kontrollen zu entgehen. Das waren manchmal Nachtmärsche bis zu 30 Kilometer. Da ich aber gut zu Fuß war, ging das ganz gut."

„Travail Allemand" (TA) hatte sich also das Ziel gesetzt, die faschistische Ideologie, insbesondere unter den deutschen Soldaten zu bekämpfen, sie von der Sinnlosigkeit des Krieges zu überzeugen. Auch Elsa Fugger erhielt deshalb den Auftrag, ab Mitte 1942 als TA-Mitarbeiterin in Paris zu bleiben und die Agitation unter den deutschen Soldaten zu verstärken. Wie erfolgte das aber im okkupierten Paris, mit den „Ordnungshütern" des Vichy-Regimes, dazu Spitzel, Denunzianten usw.? „Wir Frauen vor allen Dingen waren bemüht, Bekanntschaften mit Soldaten anzuknüpfen. Das war nicht ganz ungefährlich, und mehr als einmal wollte man uns denunzieren oder gleich verhaften lassen. Wir haben sie einfach in den Warenhäusern oder in der Metro angesprochen und waren bereit, uns als Dolmetscher zur Verfügung zu stellen ... Bei dieser Tätigkeit war es natürlich wichtig, daß man nach außen ein völlig gutes Gesicht wahrte und daß man völlig harmlos erschien", berichtete Elsa Fugger später.

Die Mitarbeiterinnen der TA waren auf solche Gespräche mit deutschen Soldaten gut vorbereitet. Elsa hatte in ihrer Pariser Wohnung nicht nur ein Radiogerät, mit dem sie u. a. Radio Moskau und den Londoner Rundfunk hören konnte, somit über den wirklichen Stand der Kriegshandlungen an den Fronten, aber ebenso über die Lage in der Heimat gut informiert war; in ihrem Zimmer standen auch eine Schreibmaschine und ein Abziehapparat. Die aufgenommenen Nachrichten wurden einerseits mündlich an Soldaten weitergegeben. Paula Nuding, Elsas Mitkämpferin im Sektor TA, stenografierte sie täglich mit, so daß sie andererseits z. T. in die illegalen Agitationsmaterialien einflossen, zu denen mit recht primitiven Mitteln hergestellte Flugblätter gehörten sowie die Zeitung „Soldat im Westen", an deren Herausgabe Elsa Fugger wesentlichen Anteil hatte. „So gelang es uns, einer ganzen Reihe von Soldaten klarzumachen, was Hitlerkrieg ist; manche Soldaten nahmen Materialien mit ... Wir wünschten, daß sie diese an Kameraden weitergäben, daß sie Material mit nach Deutschland nähmen", wenn sie auf Urlaub führen. Natürlich bargen solche „Transporte" große Gefahren in sich, Vergehen, die bei ihrer Entdeckung als „Wehrkraftzersetzung" eingestuft und mit dem Tode bestraft worden wären. Der kaum weniger gefährliche Weg war das Verschicken dieser Flugblätter und der Zeitung in einer Vielzahl von Briefen, wie es Paula Nuding, eine Genossin, die Elsa schon aus der gemeinsamen Arbeit in der Redaktion der Süddeutschen Arbeiterzeitung gut kannte, übernommen hatte, die Woche für Woche annähernd 100 Briefe nach Deutschland absandte, dabei die Anschriften z. T. den Adreßbüchern, auch deutschen Telefonverzeichnissen, entnahm, welche in den Pariser Postämtern, Bahnhöfen und großen Kaffeehäusern auslagen.

Mit der zunehmenden Bewachung und Bespitzelung wurde die illegale Arbeit immer komplizierter. Dennoch sind Elsa Fuggers Tage und Wochen in Paris, dieses nicht private Leben, nur schwer vorstellbar. Bei der immer gegenwärtigen Gefahr, den allgemein im besetzten Paris schwierigen Lebensbedingungen, all der mühevollen Vorbereitung der illegalen Arbeit, der intensiven

Agitations- und Aufklärungsarbeit unter den deutschen Soldaten etc. steht die hohe physische und psychische Belastung für die Frauen außer Frage. Illegale Tätigkeit in einem fremden, von den Nazis okkupierten Land, verlangte aber auch eine hohe körperliche Disziplin. Weshalb aber ist hiervon in den späteren Aussagen Elsa Fuggers niemals die Rede? Und dennoch ist sie keineswegs eine Ausnahme – im Gegenteil: Keine der deutschen Antifaschistinnen, die im französischen Widerstand gearbeitet haben, schreibt von den Härten, die sie ganz persönlich betroffen haben, gegen die sie aber auch ankämpfen mußten. Es ist bestenfalls von vieler Arbeit, von den Gefahren die Rede, aber nicht davon, woher sie immer wieder auch die körperliche Kraft nahmen, gegen das verhaßte Naziregime mit hohem Einsatz aktiv zu sein. Aktivitäten im Sinne der Partei mögen selbstverständlich gewesen sein – konnte sich Elsa Fugger schon in ganz jungen Jahren das Leben ohne Funktion gar nicht vorstellen –, aber hier im okkupierten Frankreich, wo tagtäglich ein Höchstmaß an menschlichem Engagement verlangt wurde, reichte hier für jede selbstverständliche Pflicht auch in jedem Falle die Kraft? Die Aufgaben in der „Travail Allemand" – einem Glied in den Reihen der Main-d'Oeuvre Immigrée (MOI), eine von der FKP im Jahre 1924 geschaffene Organisation, in der alle in Frankreich lebenden eingewanderten Ausländer gewerkschaftlich und nach verschiedenen Sprachgruppen untergliedert erfaßt wurden – erforderten einen so hohen menschlichen Einsatz, daß für anderes eigentlich kaum Zeit blieb. Dennoch übernahm Elsa eine Anstellung in der „Berlitz"-Schule, jener Fremdsprachenschule, an der sie Franzosen Deutsch-Unterricht erteilte. Wer die Unterrichtsstunden nicht mit seiner Arbeitszeit vereinbaren konnte, dem gab sie in ihrer Wohnung Privatstunden. So konnte Elsa bei ihrer späteren Verhaftung alle Genossen, die sie besuchten, als ihre Schüler ausgeben.

Eines Tages geriet auch Elsa Fugger in das dichte Netz, das die Gestapo und der Sicherheitsdienst der SS (SD) über ganz Paris ausgebreitet hatten. Deutsche Spitzel und Agenten arbeiteten mit französischen Kollaborateuren eng zusammen, um jeden Widerstand gegen den Faschismus und Krieg abzuwürgen. Elsa alias Marie war während des Treffens mit einem französischen Kameraden, der überwacht wurde, beobachtet worden, wodurch nun auch sie zum Kreis der Verdächtigen zählte. Manchmal kam es ihr in jenen Wochen fast wie ein Wunder vor, daß sie noch frei herumlief, wo doch der größte Teil ihrer Mitstreiter schon hinter Kerkermauern saß. Doch jetzt war auch sie an der Reihe: Als sie eines Tages im November 1943 mittags nach Hause kam, warteten schon zwei französische Polizisten auf Elsa. Sie durchwühlten die ganze Wohnung, fanden aber nichts. Die bevorstehende Verhaftung beinahe ahnend, hatte Elsa kurz zuvor ihre Schreibmaschine und den Abziehapparat aus der Wohnung geschafft. Dennoch befanden sich noch streng verbotene Materialien, wie falsche Wehrmachtspapiere für geflüchtete Kameraden, Urlaubsscheine und dergleichen im Zimmer, die aber ordentlich versteckt waren. Obwohl also nichts Verdächtiges entdeckt werden konnte, wurde Elsa verhaftet und auf das Polizeipräsidium mitgenommen. Daran erinnerte sie sich immer sehr genau: „Ich habe gefragt, weshalb ich da bin. Man sagte mir, weil ich in der deutschen Armee antifaschistische Propaganda betrieben hätte. Da habe ich sie ganz dumm angeschaut und habe gesagt: ‚Wieso? Wer will mir das beweisen?' Sie wollten wissen, für wen ich arbeite. ‚Wir arbeiten zuerst für Frankreich und dann für die Besatzungsbehörden.' – So haben sie mich auch an die Besatzungsbehörden, an die Gestapo, ausgeliefert."

Elsa kam – wie auch andere ihrer Kameradinnen – in das Wehrmachtsgefängnis Fresnes bei Paris. Diese Zeit der zehnmonatigen Untersuchungshaft war von zahlreichen Verhören durch Gestapo und Sicherheitsdienst der SS begleitet; Verhöre, in denen Elsa Fugger auch eine sogenannte Sonderbehandlung ertragen mußte, d. h. geschlagen und getreten wurde. Aber niemals konnte festgestellt werden, daß sie eine Deutsche war. – Beinahe zehn Jahre hatte Elsa als Luxemburgerin Marie Felten in Paris und Toulouse gelebt, hatte sie auch unter anderen Namen illegal gearbeitet. Der Gestapo gelang es nicht herauszufinden, wer Marie Felten wirklich war. Zu einem Prozeß kam es nicht mehr. Die Truppen der Alliierten näherten sich Paris. Gestapo und SD stellten einen Gefangenentransport zusammen, um diesen in KZ nach Deutschland zu deportieren. Zusammen mit ihrer Verbündeten Paula Nuding kam Elsa Fugger als Marie Felten mit dem schon eingangs erwähnten Güterzug nach Ravensbrück, entkräftet und krank.

Hier im Konzentrationslager Ravensbrück liefen die Wege zahlreicher Frauen wieder zusammen: „Ich fand dort viele meiner ehemaligen Genossinnen, die ich von vor 1933 schon kannte, und sie sagten mir, ‚wenn du nicht als Deutsche im Lager bist, darfst du auch hier nicht mit uns Kontakte halten, dann mußt du für dich bleiben.'" Solche Hinweise sollten noch eine entscheidende Bedeutung in Ravensbrück erhalten.

Elsa Fugger war bei ihrer Ankunft im August 1944 unter der Häftlings-Nummer 57668 als Luxemburgerin registriert worden (Paula Nudings Nummer lautete 57895!). Sehr bald hatte es sich bei den luxemburgischen Häftlingen herumgesprochen, daß eine „Landsmännin" mit dem letzten Transport aus Frankreich angekommen sei. Elsa war sehr krank und mußte ins Krankenrevier, wo die Luxemburgerinnen sie auf ihre Weise begrüßten, über die sie begeistert erzählte: „Da kriegte ich ein Päckchen mit ein paar Scheiben Zwieback, ein paar Stückchen Zucker und eine Liste mit etwa 40 Unterschriften Luxemburger Frauen."

Gerda in Jeßnitz hatte Monate von der Schwester keine Post bekommen. Jetzt – im September 1944 – war selbst die Briefträgerin erschrocken, einen Brief zu bringen, der den Absender Frauen-Konzentrationslager Ravensbrück Fürstenberg/Mecklbg. trug. Elsa schrieb immer noch als Marie Felten. „Im März 1945 brachte die Briefträgerin den letzten Brief", weiß sich Elsas jüngere Schwester genau zu erinnern, „und beinahe jedes Mal wollte die Briefträgerin von mir wissen, wen ich denn im KZ habe". – Keiner dieser Briefe blieb erhalten. Aus Furcht vor den sich nähernden amerikanischen Truppen verbrannte Gerda Hoffmann all diese Briefe aus Frankreich und aus Ravensbrück.

Aber einem Brief von Paula Nuding an Carl Fugger vom 31. Juli 1945 ist zu entnehmen, daß Elsa in Ravensbrück vom ersten Tage ihres Aufenthaltes an dort immer kränklich war, daß sie auch von Typhus nicht verschont blieb. Doch Elsa hatte einen ganz festen Lebenswillen, denn sie wußte: „Im Lager war unsere hauptsächlichste Aufgabe zu überleben, und wer nicht den ganz festen Willen hatte, hat das auch nicht geschafft." – Unter all den Lagerumständen – den ständig anwachsenden Belegungszahlen, der katastrophalen hygienischen Situation, einer völlig ungenügenden Ernährung, nicht zuletzt der absolut unzureichenden medizinischen Betreuung durch die SS-Ärzte, deren Grundsatz es vor allem in den letzten Monaten des „Dritten Reichs" zu sein schien: eine tote Frau im Lager ist besser als eine kranke, arbeitsunfähige – ist es aus heutiger Sicht oft schwer vorstellbar, daß sogar Frauen mit schweren Krankheiten diese Verhältnisse überlebt haben. Trotz dieses unbeugsamen Willens starben zahlreiche Häftlinge noch kurz vor der Befreiung des Lagers.

Ende 1944 war in dem total überbelegten Lager eine sich schnell ausbreitende Flecktyphus-Epidemie ausgebrochen, der zahlreiche Frauen zum Opfer fielen. Ein letzter großer Solidaritätsbeweis rettete Elsa Fugger, die seit Februar in der Typhusbaracke lag, das Leben: Ihre Genossinnen sorgten dafür, daß sie aus der Typhusbaracke rausgeschleust wurde und mit dem Schwedischen Roten Kreuz das Lager verlassen konnte.

Wieder ist es die langjährige Freundin Paula, die im September 1946 aus Heidelberg an Elsa in Berlin einen Brief schreibt. Paula muß sich im KZ bei jeder sich bietenden Gelegenheit um die fast immer kranke Elsa gekümmert haben; wie sonst wären ihre Worte nachvollziehbar. Sie hatte den Tag der Befreiung durch die Rote Armee in Ravensbrück erlebt, dank „der Solidarität und des eisernen Zusammenhalts aller Kameradinnen". Sie schreibt: „Es ist halt doch schön, daß wir nicht draufgegangen sind. Wenn wir nicht so zäh wären, was? Oft und gerne denke ich an unsere Lagerstunden. Man wächst doch nie enger zusammen als in Zeiten der Not. Und manchmal denke ich mit Wehmut an unser schönes Zusammenleben, das wir hatten. So etwas Tiefes findet man draußen nicht mehr ...".

Paula Nuding, verheiratete Ruess, lebte nach 1945 in der BRD, arbeitete für die KPD und den DFD sowie für die VVN; sie baute ebenfalls die Lagergemeinschaft Ravensbrück in Baden-Württemberg auf – Arbeiten, bei denen sie von Anbeginn starke Behinderungen und große Enttäuschungen erleben mußte. Paula Nuding, am 3. Mai 1902 geboren, hatte schon in ihrem Elternhaus sozialistisches Gedankengut mitbekommen, denn ihr Vater, ein Goldschmied, war Sozialdemokrat. 1917 schloß sie sich der Sozialistischen Arbeiterjugend (SAJ) an. 1923 war sie Mitglied der KPD geworden. Während ihrer langjährigen Tätigkeit bei der „Süddeutschen Arbeiterzeitung" bis zu deren Verbot durch die Nazis hatte sie Elsa und Carl Fugger kennengelernt. Paula Nuding war 1933 in die Illegalität nach Dänemark, später nach Frankreich gegangen, um von hier aus gegen die Faschisten zu kämpfen. Sie starb 1980.

Elsa Fugger hatte vor ihrem Transport nach Schweden keinerlei Informationen erhalten. Als sie schwerkrank, mit einem Gewicht von 37 kg in ein Ambulanzauto gebracht wurde, glaubte sie, es ginge in die Vernichtung. Das war am 25. April 1945. Noch war der Krieg nicht zu Ende. Die Kolonne der bekannten „weißen Busse“ des Schwedischen Roten Kreuzes erlebte einen Angriff durch britische Tiefflieger. Elsa kam ohne Verletzungen davon, erreichte Schweden und fand zunächst mit zahlreichen Kameradinnen in einem Seuchen-Lazarett der südschwedischen Stadt Hälsingborg Aufnahme. Dieses Seuchen-Lazarett bot nach Jahren etwas ganz Besonderes: ein weißes Nachthemd und ein weißbezogenes Bett. Nach langer Zeit empfand sie wieder ein Wohlbefinden, aber sie war sehr krank und auch mutlos. Typhus und eine beginnende Rippenfellentzündung machten eine sofortige ärztliche Behandlung erforderlich. Mit großer Dankbarkeit dachte sie in den folgenden Jahren an einen jungen schwedischen Arzt, der ihr verordnet hatte, täglich 3 Liter Milch zu trinken, von denen sie aber anfänglich nichts bei sich behielt. Erst ganz allmählich nahm der geschwächte Organismus 10 Gramm an, dann mehr und mehr. Nach einem viermonatigen Krankenhausaufenthalt in Hälsingborg und Landskrona ist Elsa gesundheitlich wieder einigermaßen stabilisiert, und so wird sie in das Ausländerlager (Statens Utlänningsläger Hjälmareds) von Alingsas gebracht. Dem Anliegen der schwedischen Behörden entsprechend waren diese Utlänningsläger Erholungslager bis zur Rückkehr ins jeweilige Heimatland. In einem „Blatt für Deutsche, die vor dem 8. Mai 1945 nach Schweden gekommen sind“, heißt es ausdrücklich: „Versuchen Sie daher die eventuelle Wartezeit zur Erholung auszunutzen, und machen Sie von der Gelegenheit Gebrauch, psychische und physische Kräfte zu sammeln, ehe Sie zu den schweren Aufgaben zurückkehren, die Ihrer im Heimatland warten.“ – In Alingsas fühlt sich Elsa recht wohl, es geht ihr wieder gut, aber sie möchte jetzt auch rasch nach Deutschland zurück, um am Aufbau einer neuen Gesellschaft mitwirken zu können. Da hört sie an einem Oktobertag im Radio ihren Mann sprechen, den sie beinahe zwölf Jahre nicht gesehen hat: „Er hielt einen Vortrag in der ‚Tribüne der Demokratie‘, und ich wußte auf diese Weise, daß er lebt, gesund ist und in Berlin bei den Gewerkschaften arbeitet.“

1929 hatten Elsa Vierling und Carl Fugger in Stuttgart geheiratet. Sie wohnten in einem möblierten Zimmer zur Untermiete und waren in diesen ersten Ehejahren durch die Parteiarbeit sehr beschäftigt, zumal Versammlungen, Konferenzen u. a. zumeist an den Wochenenden stattfanden und die offizielle Arbeitszeit fast täglich überschritten werden mußte, um die Vielzahl der Aufgaben zu bewältigen. Die wenigen Stunden ihrer Freizeit verbrachten Elsa und Carl wandernd oder auf Skiern in den Bergen als sogenannten konzentrierten Lebensgenuß. – Von Stuttgart werden sie zur illegalen Arbeit nach Berlin gerufen. Die Verhaftung Carl Fuggers 1934 bedeutete eine Trennung für zwölf Jahre!

Nach der Befreiung von Flossenbürg, in dessen KZ Carl bis zum Kriegsschluß schmachtete, fährt er mit einem Fahrrad zuerst nach Leipzig zu seinen Schwiegereltern, weil er hofft, hier Elsa zu finden. Aber noch im Oktober 1945 wissen weder die Eltern noch Carl, wo sich Elsa befindet. Doch bald erfährt er, daß seine Frau in Schweden ist, was er am 23. Oktober aus Berlin den Eltern in einem Brief mitteilt. Fast am gleichen Tag hört Elsa ihn im Radio. Zu diesem Zeitpunkt ist sie immer noch Marie Felten, und als solche schreibt sie am 5. November 1945 an die „Utlänningskommission" in Stockholm, um zum einen ihren Wunsch nach einer baldigen Ausreise nach Berlin mitzuteilen und zum anderen zu erklären, weshalb Marie Felten *nicht* Marie Felten, sondern Elsa Fugger ist.

Auf einem Formular des Schwedischen Roten Kreuzes schickt Elsa Fugger am 29. November 1945 an ihren Ehemann Carl nach Berlin ins Haus der Freien Deutschen Gewerkschaften, Insel-, Ecke Wallstraße, folgende Nachricht: „Bin wieder gesund und arbeitsfähig. Erwarte ungeduldig Heimreise. Höre Deine Radiovorträge. Habe mit unseren und hiesigen Freunden Verbindung. Viele Grüße an alle Bekannten. Else."

Als Elsa Fugger darf sie zwar nach den langen Jahren der Anonymität am 25. Januar 1946 von Trelleborg aus über Lübeck, Schwerin die Heimreise nach Berlin antreten, aber sie hat keine ausreichenden Papiere. Ihr alter Vater muß sie auf das Standesamt in Leipzig-Plagwitz zum Empfang einer Geburtsurkunde begleiten, um belegen zu können, daß sie die hier gebürtige Deutsche Elsa Vierling ist. Einen Monat später verschicken Elsa und Carl Függer folgende „Vermählungs-Anzeige": „Allen Angehörigen, Verwandten und Bekannten teilen wir hierdurch mit, daß nach zwölfjähriger Trennung Carl und Else Fugger, geb. Vierling, sich am 22. Februar 1946 neu vermählt haben zu gemeinsamem Leben und gemeinsamer Arbeit am Neuaufbau eines freien demokratischen Deutschlands." Diesem so schweren Anfang auf dem Trümmerfeld Deutschlands stellte sich Elsa sofort zur Verfügung. Ihre Kenntnisse und Erfahrungen waren im höchsten Gremium der Partei gefragt. So ist sie Gast des gemeinsamen Parteitages der SPD und KPD von Berlin am 14. April 1946, nimmt sie am 15. Parteitag der KPD am 19. und 20. April im Deutschen Theater teil und ist sie Delegierte des Vereinigungsparteitages am 21./22. April 1946 im Admiralspalast. Seit März 1946 persönliche Referentin von Walter Ulbricht, ist sie an der Realisierung der ersten grundlegenden Maßnahmen des antifaschistisch-demokratischen Neuaufbaus in der sowjetischen Besatzungszone beteiligt. In einem Brief vom 14. April 1947 an Lisa Ganerič in Wien faßt Elsa Fugger u. a. auch die Situation der allseitig problembelasteten, aber erfolgreichen Arbeit in einer so bildhaften Sprache zusammen, daß diese Zeilen zugleich eine großartige Vorstellung des Alltags jener Monate vermitteln: „Mein Mann und ich haben wieder einmal ganz von vorn anfangen müssen und standen und stehen noch immer manchmal vor unlösbaren wirtschaftlichen Schwierigkeiten, die noch dadurch vergrößert werden, daß wir eine Wohnung im amerikanischen Sektor von Berlin zugewiesen erhielten. Ihr könnt Euch keine Vorstellung machen von der Härte des Existenzkampfes der Bevölkerung und von der Arbeitsintensität unserer Genossen. Wir haben die Bodenreform – zumindest in der Ostzone – durchgeführt, eine Schulreform erreicht, die Enteignung der Konzerne und Betriebe der Kriegsverbrecher, haben die Selbstverwaltungsorgane aufgebaut und sind dabei, die Wirtschaftsplanung durchzuführen. Das sind keine kleinen Aufgaben, wenn man sich recht überlegt, was hinter diesen nüchternen Zeilen steckt. Und das alles bei ungenügender Ernährung, bei absolut mangelhafter Versorgung mit Textilien – jeder Strumpf, ja sogar Stopfgarn und Nähgarn ist ein Problem für sich." Elsa Fugger schließt: „Ich möchte Dir mit diesem Brief ... nur zeigen, daß ich noch da bin und – wie immer – mit in den vordersten Reihen stehe, um für eine bessere Zukunft zu kämpfen." Diese letzte Passage ist keinesfalls eine übertriebene, gar überhebliche Selbsteinschätzung; sie steht vielmehr als Hinweis auf ein konsequentes Eintreten „für eine bessere Zukunft" in einem Zeitraum von über drei Jahrzehnten.

Der Wunsch, an einer von Ausbeutung und Unterdrückung freien Gesellschaft für den Fortschritt zu arbeiten, wurde bereits im Leipziger Elternhaus geweckt. Elsas Vater, Otto Vierling, ein oft arbeitsloser Maurer, war seit 1893 in der Sozialdemokratischen Partei und Gewerkschaftsmitglied; 1905 trat er aus der Kirche aus, um Mitglied der sogenannten Freireligiösen Gemeinde zu werden. Elsa nahm deshalb – wie auch ihre Brüder Kurt und Willi sowie die jüngeren Schwestern Gerda und Gretel – an der Jugendweihe teil, obwohl sie während eines Ferienaufenthalts 1917 bei einem kinderlosen Onkel in Dresden auf dessen Wunsch konfirmiert worden war. – Die politische Haltung des Vaters hatte auf Elsas Weg einen entscheidenden Einfluß. Noch während der Schulzeit, wenn sie der Mutter bei textiler Heimarbeit helfen mußte, las der Vater dabei häufig aus dem „Kosmos", „Der Wahre Jacob" oder aus „Die Gleichheit" vor. Er versuchte überhaupt, das Interesse seiner Kinder auf all das zu lenken, was um sie vorging. So erinnert sich Gretel Kramer, die jüngste Schwester Elsa Fuggers, sehr genau daran, daß sie manchmal in der Nacht geweckt wurden, weil der Vater ihnen den besonders schönen Sternenhimmel erklären wollte. „Und Vater ist mit uns auch fast an jedem Sonntag gewandert, weit raus aus Leipzig ging's dann, und heimwärts fuhren wir oft mit der Bahn."

Durch die Vermittlung politischen Wissens, damit von mannigfachen Hinweisen auf die erreichbaren Möglichkeiten zur Verbesserung der konkreten Lebenswelt der Menschen, aber auch von naturwissenschaftlichen Kenntnissen, sollte den Vierling-Kindern nahegebracht werden, daß ihre spätere Aufgabe darin bestehen müsse, an einer besseren Gesellschaft mitzubauen. – Als Elsa jedoch nach einigen Jahren von ihrem Vater Vorwürfe erhielt, weil sie sich den Kommunisten angeschlossen hatte, konnte sie ihm antworten: „Ich gehe nur den Weg weiter, den du uns gezeigt hast."

Das wißbegierige intelligente Mädchen wäre nach dem Schulabschluß gern Lehrerin geworden. Mit dem Beginn des ersten Weltkrieges wird jedoch der Vater eingezogen, verschlechtert sich die materielle Situation der Familie so, daß Hunger häufig zum Alltag gehört. Um sich satt essen zu können, geht Elsa nach der Schulentlassung 1917 als Dienstmädchen „in Stellung". Zu Beginn des Jahres 1918 wird sie Mitglied der Sozialistischen Arbeiterjugend (SAJ). Als

Charlotte Eisenblätter
7. August 1903 – 25. August 1944

Elsa Fugger
9. Februar 1903–13. Mai 1982

Die fünfjährige Elsa Vierling mit ihrer Mutter und Schwester Gerda

Mitte links: Elsa als Konfirmandin in Dresden 1917

Mitte rechts: Als Zwanzigjährige

Die Vierlings (2. v. rechts Elsa) 1925 in Leipzig anläßlich von drei Familienereignissen: Silberhochzeit der Eltern, 50. Geburtstag des Vaters und Gerdas Jugendweihe

Oben links: Ankunft von Häftlingsfrauen im Frühjahr 1945 in Schweden

Oben rechts: Elsa Dezember 1945 im schwedischen Alingsas

Mitte links: Elsa und Carl Fugger Anfang der 60er Jahre

Mitte rechts: Beim 60. Geburtstag der Freundin Erna Almstadt (links), 1958

Unten: Auszeichnung der Französischen Republik

Ordre Républicain du Mérite Civique et Militaire

PATRIE ET RÉPUBLIQUE

L'O.R.M.C.M.

Brevet de Chevalier

Décerné à Madame Elsa Fugger

qui ... droit aux honneurs et prérogatives attachés à son rang.

Fait à Paris, le 7 Mai 1975

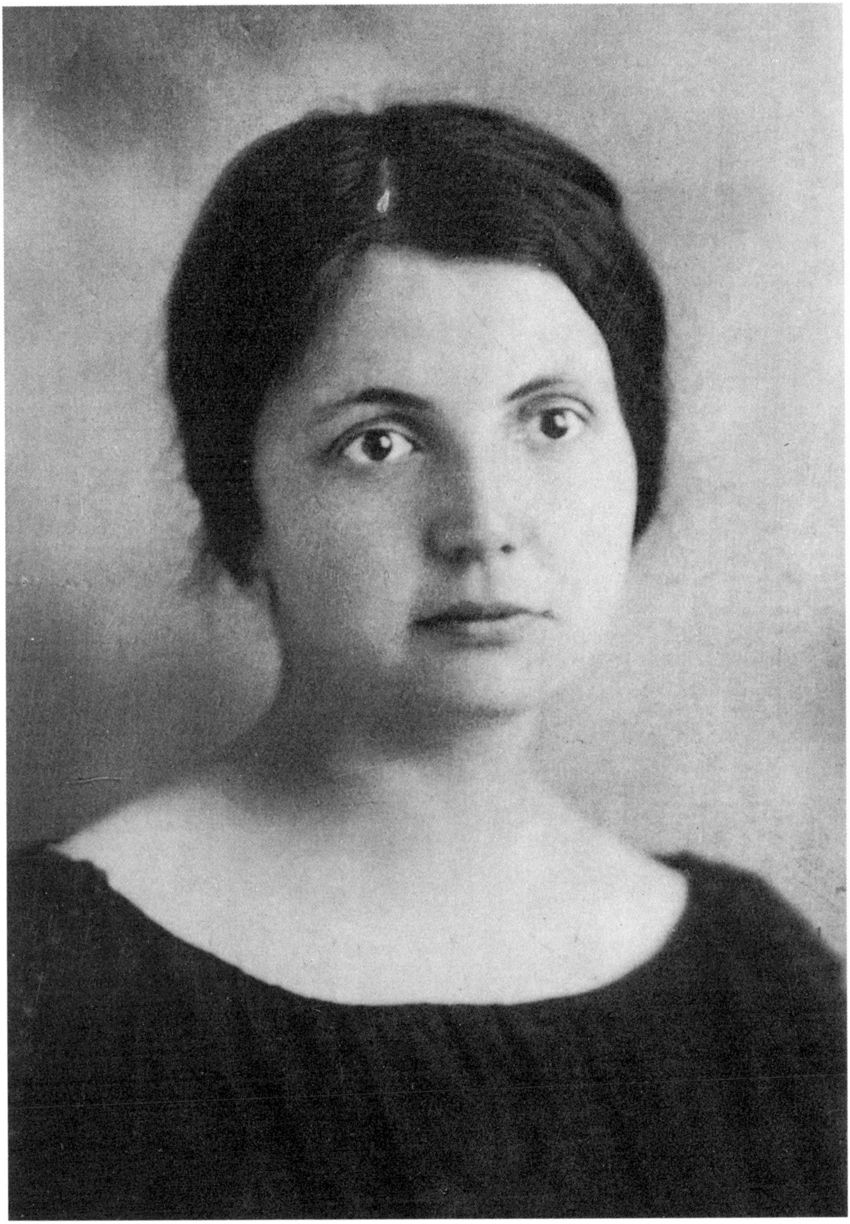

Dr. Maria Grollmuß
24. April 1896 – 6. August 1944

Die Familie:
Direktor Dr. Grollmuß mit Frau und Töchtern (Maria ganz rechts)

Eine Straße in Bautzen trägt seit 1950 in deutscher und sorbischer Sprache den Namen von Maria

Emmy Handke
30. September 1902

Emmy – Anfang Zwanzig

Mitte links: Emmy (links) im Urlaub mit ihrem Mann Georg Handke

Mitte rechts: Begegnung in Prag: Doris Maase, Ilse Dolanska und Emmy Handke (v. l. n. r.)

Unten: Eine Tagung des Internationalen Ravensbrück-Komitees. Emmy Handke (links), neben ihr Renée Laval, die erste Präsidentin des Komitees

Dienstmädchen hat Elsa kaum Freizeit und kann sich nicht an der Jugendarbeit beteiligen. Sie sieht also in der geregelten täglich zwölfstündigen Arbeitszeit einer Leipziger Kartonagenfabrik einen Vorteil, insbesondere für ihre politische Tätigkeit und Bildung. In dieser Fabrik arbeiten fast ausschließlich Frauen und Mädchen, von denen Elsa einige für die SAJ zu gewinnen versucht. Als der Meister davon erfährt, kommt es zum Streit, dem Elsas Entlassung folgt. Gleiches widerfährt ihr nach kurzer Zeit in einem Fröbel-Kindergarten.

In diesen Monaten sucht die Mutter eine Lehrstelle für Elsa, die sich auch im Pumpen- und Gebläsewerk Jaeger in Leipzig-Plagwitz findet. Am 16. Juli 1920 beendet sie diese zweijährige Lehre als Kontoristin mit einem Zeugnis, das u. a. bestätigt: „Elsa Maria ... hat stets mit Fleiß und Interesse ihre Kenntnisse erweitert, war pünktlich, flüssig und zuverlässig und hat sich in jeder Weise unsere Zufriedenheit erworben, was wir auch dadurch zum Ausdruck bringen, daß wir ihr, anschließend an ihre Lehrzeit, eine Stelle als Kontoristin in unserem Hause übertragen haben." Dieser Tätigkeit folgt für weitere Jahre die Arbeit als Lohnbuchhalterin. Elsa Vierling erreicht einen immer enger werdenden Kontakt zu der „hochqualifizierten und gut organisierten Arbeiterbelegschaft" von 350 Personen sowie zum Betriebsrat. „Meine offene Sympathie für die Arbeiter, meine Teilnahme an ihren Versammlungen und Demonstrationen trug mir unter den Angestellten den Spitznamen ‚rote Marie' ein", schreibt Elsa in einem Lebenslauf von 1950. – Eine äußerst aktive Elsa Vierling lernen wir in diesen Jahren vor dem Eintritt in die KPD kennen, eine politisch einsatzfreudige, bildungshungrige, aber auch sehr hübsche junge Frau, die an den Abenden und an den Wochenenden beinahe kaum zu Hause ist, weil eine Verpflichtung die andere ablöst: als „Jugendvertrauensmann" der Gewerkschaft „Zentralverband der Angestellten" gründet sie eine eigenständige Jugendgruppe; ihre zunehmende Unzufriedenheit mit der Arbeit der SAJ beflügelt sie, gemeinsam mit anderen Jugendlichen in Leipzig-Kleinzschocher die „Naturfreunde-Jugend" zu begründen. Elsa ist Mitglied des Arbeiter-Schwimmvereins. Sie besucht Abendkurse für Stenografie, für Englisch und für das Betriebsrätegesetz; nimmt an Veranstaltungen des Arbeiterbildungs-Vereins und den Kursen des Arbeiter-Samariterbunds teil, so daß sie u. a. im Verlauf des Kapp-Putsches in Leipzig 1920 nicht nur als Verbindungskurier eingesetzt werden konnte, sondern gleichfalls als „Arbeiter-Samariter".

In jene Zeit gehört Elsas Tätigkeit an der 56. Volksschule in Leipzig-Großzschocher. Hier bemühten sich die Pädagogen Ernst Eichler, Willi Michaelis und Fritz Stahl um eine freiere Schulart, deren Anliegen darin bestand, eine Erziehungsgemeinschaft zwischen Lehrern, Jugendlichen und Kindern zu entwickeln und diese oftmals über den ganzen Tag und auch über die Ferien zu praktizieren. Doch dieses reformpädagogische Experiment stieß in reaktionären Kreisen bald zunehmend auf Ablehnung und mußte eingestellt werden. Elsa, die am Umgang mit den Kindern sehr viel Freude hatte, ist so tief enttäuscht, daß sie am 30. April 1923 „auf ihren eigenen Antrag" aus der Firma Jaeger ausscheidet, um Leipzig verlassen zu können. Vermutlich haben auch ganz persönliche Gründe sie in ihrem Entschluß bekräftigt.

Im pommerschen Ostseebad Misdroy arbeitet sie von Mai bis Oktober (über die Saison) im „Freien Ferien- und Volkshochschulheim" ohne Bezahlung, ihr genügen freie Kost und Logis. – Für noch weitere Monate geht sie als Hausmädchen zu einer Lehrerfamilie in das sächsische Frankenberg. Als die Zwanzigjährige hier am 21. Januar 1924 vom Tod Lenins erfuhr, kehrte sie sofort nach Leipzig zurück, um ihre Aufnahme in die Kommunistische Partei Deutschlands zu beantragen. „Mein Leben hatte einen neuen Inhalt bekommen", berichtete Elsa Fugger einige Jahre später, denn von nun an fühlte sie sich als „aktive und bewußte Kämpferin für den Sozialismus".

Mit dem Eintritt in die KPD werden ihr politisches Bewußtsein und ihr Kampfwille wieder mobilisiert: „Meine Parteizugehörigkeit nahm ich sehr ernst, wurde Funktionärin meiner Wohngruppe, wo mich alle Genossen von Jugend auf kannten", schrieb sie einmal. Nach kurzer Zeit wird sie gebeten, ihre beruflichen Kenntnisse als perfekte Stenografin und ausgezeichnete Maschinen-Schreiberin der Partei zur Verfügung zu stellen. – So wird der 1. Mai 1925 zu einer wichtigen Zäsur im Leben der jungen Frau.

Nach der Tätigkeit unter der Leitung Georg Schumanns, des Mitbegründers der KPD in Leipzig, geht Elsa 1927 nach Stuttgart. Die „Süddeutsche Arbeiterzeitung" – Organ der KPD – sucht eine Redaktionssekretärin. Elsa übernimmt diese interessante Arbeit bis 1932 und resümiert später jene Stuttgarter Jahre als ihre „eigentlichen politischen Lehr- und Werdejahre". Dies wird schon allein durch die Fülle der Aktivitäten verständlich und vorstellbar, von denen sie einige in ihrem schon mehrfach zitierten Lebensbericht schildert: „Mit Roberta Gropper bauten wir die Frauendelegiertenbewegung in der württembergischen Textil- und Schuhindustrie auf. Ich wurde in die Frauen-Bezirksleitung gewählt, machte Agitprop-Arbeit, referierte in Frauen- und Wahlversammlungen, ging auf Landagitation, kämpfte mit Friedrich Wolf anläßlich seiner Verhaftung gegen den § 218, gegen die Fürstenabfindung und die Panzerkreuzer, nahm an den Wahlkampagnen aktiven Anteil …". – Auch für ihr persönliches Leben ist die Stuttgarter Zeit sehr entscheidend, denn hier heiratet sie ja am 21. Dezember 1929 Carl Fugger, der, aus Hannover stammend, dort die KPD mitbegründet hatte. Die Partei schenkt den Fuggers in diesem Lebensabschnitt Freundschaften, von denen manche jahrzehntelang währen, so unter vielen mit der ebenfalls in Hannover gebürtigen Erna Almstadt, die dort 1919 zusammen mit ihrem Mann Bernhard der KPD beigetreten war und seitdem Carl Fugger als treuen Freund und Genossen schätzen gelernt hatte. Bernhard Almstadt wurde am 6. November 1944 Opfer der faschistischen Henker. Die Freundschaft zwischen den beiden Frauen zerbrach mit Elsas Tod.

Nicht zuletzt fanden die zahlreichen freundschaftlichen Verbindungen Elsa Fuggers in einem umfangreichen privaten Schriftwechsel bis in die Jahre des fortgeschrittenen Alters und über Ländergrenzen hinaus ihren Niederschlag. So schreibt ihr Magda Schumann – eine deutsche Gefährtin in Paris, die vor

Elsa Fugger verhaftet wurde, in das Frauen-KZ Rieucros kam, und nach Monaten eine Ausreise nach Mexiko erhielt, – später: „Mädchen, wie gern denke ich an die mit Dir verbrachten Stunden. Niemals habe ich wieder eine solche Freundin gefunden. Trotz unserer entgegengesetzten Charaktere haben wir uns doch fein verstanden, nicht? Und wieviel Courage hast Du mir beim Französisch-Lernen gemacht ... Wie oft habe ich anderen von Dir erzählt." – Besonders viele Kontakte hielt Elsa Fugger zu ehemaligen Ravensbrückerinnen, wie z. B. zu der heute in Leningrad lebenden Tanja Sergejewa, die mit 16 Jahren nach Ravensbrück verschleppt worden war.

Kehren wir wieder zu jener Zeit nach der Befreiung vom Faschismus zurück, die Elsa heiß ersehnt, für die sie nicht zuletzt zwölf Jahre ihres persönlichen Lebens eingesetzt hatte. Seit ihrer Rückkehr aus Schweden im Februar 1946 hatte sich Elsa Fugger bei der Durchsetzung der ihr übertragenen Aufgaben nicht geschont. Mit hohem physischen und psychischen Einsatz versuchte sie, an der Verwirklichung des Ideals mitzuarbeiten, das sie sich seit ihrer Jugend als Ziel gesteckt hatte, den Aufbau einer sozialistischen Gesellschaft. Neben der beruflichen Tätigkeit betreute sie ab 1948 ausländische Delegationen, wurde sie Vizepräsidentin der Deutsch-Französischen Gesellschaft des Bezirks-Komitees Frankfurt/Oder u. a. m. Aber der Gesundheitszustand setzte dem Wirken Grenzen, denn die Jahre der Illegalität, KZ, die schweren Krankheiten hier und in Schweden hatten im Körper dieser so sportlich-vital wirkenden Frau Spuren hinterlassen. So muß sie dem Rat der Ärzte entsprechen und zum Beginn des Jahres 1949 ihr Arbeitsverhältnis kündigen. Erst 1951 darf sie wieder ins Berufsleben zurückkehren und im gleichen Jahr u. a. eine Regierungsdelegation der DDR zur Tagung des Politischen Ausschusses der UNO nach Paris begleiten.

Carl Fugger war inzwischen zum Direktor der Gewerkschaftshochschule „Fritz Heckert" beim Bundesvorstand des FDGB berufen, so daß die Fuggers 1954 von Berlin-Adlershof nach Bernau übersiedeln. An der Gewerkschaftshochschule übernimmt Elsa den Arbeitsplatz einer Bibliothekarin, eine Aufgabe, die sie trotz angegriffener Gesundheit erfüllen kann und die ihren Intentionen sehr entgegenkommt – Elsa war schon als Kind eine fanatische „Leseratte", liebte ihre eigenen Bücher über alles und hat dieses Lesebedürfnis bis in ihre letzten Lebensjahre nicht aufgegeben: „So war sie dann oft anzutreffen", erzählen die Schwestern, „ein Buch in der Hand und eine Zigarette rauchend – ja, sie war eine leidenschaftliche Raucherin".

Die Zeit der beruflichen Arbeit an der Gewerkschaftshochschule, die mit Elsa Fuggers frühzeitiger Invalidisierung im März 1959 endet, ist wiederum von einem hohen gesellschaftlichen Engagement des Ehepaars Fugger geprägt. Beide sind so eingespannt, haben sehr wenig Zeit für gemeinsame Stunden, daß sie sich immer ganz besonders auf einen bevorstehenden Urlaub freuen, den sie u. a. mehrmals in der Sowjetunion verbringen. – Elsa wird mehr und mehr zu einer beliebten Betreuerin ausländischer Delegationen. Doch ebenso ist sie bei Jugendlichen eine gern gesehene Gesprächspartnerin, so u. a. in der nahegelegenen Jugendhochschule „Wilhelm Pieck“ am Bogensee im Kreis Bernau. Ihre Erfahrungen und Kenntnisse, pädagogisches Geschick, ihre menschliche Wärme sowie selbstverständlich die ausgezeichnete Beherrschung der französischen Sprache kamen zahlreichen Widerstandskämpfern, Studenten und sonstigen Gästen aus dem Ausland zugute. 1955 ist sie selbst Delegierte: Als einzige Vertreterin der DDR nimmt sie als Abgeordnete des DFD an der Festveranstaltung anläßlich des zehnjährigen Bestehens der IDFF (Internationale Demokratische Frauenföderation) in Paris teil. Von jedem ihrer Auslandsaufenthalte brachte sie sich ein Puppe mit, so daß im Verlauf der Jahre eine stattliche Sammlung entstand. Wenn Pioniere zu ihr kamen, stellte sie ihnen zuerst ihre internationale Gruppe vor und erzählte anhand der schönen Puppen über das Leben der Menschen der Länder, aus denen die kleinen Andenken stammten. Viele eigene Erlebnisse konnte sie damit verknüpfen.

Elsas Kinderliebe findet man vielerorts bestätigt. Schon von den drei Lehrern der 56. Volksschule in Leipzig-Großzschocher war der tatkräftige Einsatz der Zwanzigjährigen bei dem schulreformerischen Bemühen gern entgegengenommen worden. Sie bestätigten: „Die Anhänglichkeit der Kinder bewies auch, daß sie der Mensch ist, der mit Kindern zu leben weiß.“ In ihren letzten Lebensjahren pflegt sie den Kontakt zu Kindern und Jugendlichen ganz besonders, übernimmt sie für die III. Oberschule in Bernau eine Patenschaft, jene zehnklassige Oberschule, die wenige Monate später den Namen ihres 1966 verstorbenen Mannes tragen wird. Besonders zum Internationalen Frauentag und zum Geburtstag war ihr Briefkasten bis zum Rand gefüllt. Aber Elsa Fugger hielt nicht nur zu den Schülern einen guten Kontakt. Im Kreis der Pädagogen war sie manchen gewiß im stillen ein Vorbild. Gerda Dietrich von der Carl-Fugger-Oberschule Bernau, Verdiente Lehrerin des Volkes, schreibt über sie: „Mir gefiel … ihre Bescheidenheit, ihr Optimismus und ihre tiefe Liebe zu den Kindern.“

Elsa Fugger, eine bewußte, unbeirrbare, engagierte Frau, deren Haltung und Auftreten selbst die Kameradinnen aus der Lagerzeit immer wieder aufs Neue beeindruckte – sei es bei den Beratungen der Arbeitsgemeinschaft ehemaliger Ravensbrückerinnen, bei gemeinsamen Veranstaltungen oder anderswo. – Seit dem 13. Mai 1982 müssen sie Elsas Rat missen.

Die Worte Elsa Fuggers, die sie einige Jahre zuvor in einem Lebenslauf schrieb, bedürfen keiner weiteren Erläuterung: „Ich freue mich, heute sagen zu können, daß das Ziel, dem ich mein ganzes Leben gewidmet habe, bei uns verwirklicht worden ist.“

S.J.

Über allem Schmerz steht die Hoffnung wieder auf

Dr. Maria Grollmuß

„Und dann bin ich froh, daß ich draußen auf dem freien weiten Feld sein kann … Mag dies und jenes auch bitter und drückend sein, mir geht doch immer wieder das Herz auf. Immer wieder sage ich mir, den ganzen Tag draußen unter dem hohen Himmel, wo nichts beengt, nicht einmal ein Gartenzaun … Es ist eigentlich ein richtiges Farbenleben den ganzen Sommer durch. Und das tröstet über so vieles, ich glaube schon, es tröstet mehr, als eigentlich billig ist. Wenn ich nachmittags nach fünf Stunden Kriecherei aus der Furche hochspringe und nach einer Minute nichts mehr spüre von den aufgeriebenen Knien und dem krummen Rücken, ja, so leicht und wohl stehe ich dann in der Sonne … dann kann ich nicht unglücklich sein, dann kann ich nicht anders als mich freuen über den Sommer. Verstehst du das? Nicht, daß ich vergesse, aber über allem Schmerz steht dann die Hoffnung wieder auf."

Dies ist ein Brief aus dem Kerker, dem faschistischen Zuchthaus Waldheim. Er mag für manchen Leser ungewöhnlich klingen, doch an Dr. Maria Grollmuß, die ihn ihrer Schwester Cäcilia schrieb, war vieles ungewöhnlich. Aus diesem Brief spricht neben der innigen Liebe zur Natur vor allem jene wunderbare Kraft und Fähigkeit, selbst schrecklichste Lebensumstände innerlich beiseitezuschieben und sich über etwas Schönes zu freuen – „… ich glaube schon, es tröstet mehr, als eigentlich billig ist."

Freilich, hinter Dr. Maria Grollmuß lagen, bevor sie zur Arbeit auf die Felder durfte, zwei lange Jahre, in denen sie nichts anderes sah als kahle Zuchthauszellen und, beim täglichen Rundgang, den grauen Innenhof. Da gab es Augenblicke, in denen Verzagtheit sie überkam, die Hoffnung von Schmerz und Verzweiflung überdeckt wurde. Doch nun, in der freien Natur, spürte sie die Kraft zurückkehren, die sie auch in den späteren Leidensjahren, zuletzt im KZ Ravensbrück, nicht mehr verließ, bis auf ihre letzten Tage im August 1944, als eine schwere Krankheit ihr Leben auslöschte.

Woher nahm sie diese Kraft? Sie, nicht nur ein „Kind aus gutem Hause", in Wohlstand aufgewachsen, sondern noch auf besondere Weise umsorgt, überängstlich ferngehalten von jeder noch so kleinen Gefahr. Dies vor allem durch den Vater, Dr. Johannes Grollmuß, Direktor der 1. Katholischen Bürgerschule in Leipzig. Er hatte seine erste Frau durch Tuberkulose verloren und sah nun voll Angst bei seiner zweiten, der Mutter der beiden Mädchen Maria und Cäcilia, Anzeichen der gleichen Krankheit. Um ihr zu wehren und die Kinder davor zu bewahren, ließ er in seinem sorbischen Heimatdorf Radibor ein Haus bauen, das vom Frühling bis in den Herbst hinein das Domizil der Mutter und der Mädchen wurde. Hier waren Sonne, Wald und Feld, frische Luft, ein großer Garten. Hier erwanderten und erlebten sie die Schönheit der Umgebung, und Maria, die lebhaftere der Schwestern, konnte nach Herzenslust herumtollen. Nur eines fehlte: Sie hätte so gern mit den Dorfkindern gespielt. Doch jene durften die beiden weißgekleideten Mädchen nur beim regelmäßigen Kirchgang bestaunen, während diese deren kunstvolle sorbische Trachten bewunderten. Näheren Kontakt erlaubte der Vater nicht.

Auch später, als sie die von ihm geleitete Schule in Leipzig besuchten, untersagte er seinen Töchtern, die Pausen auf dem Hof mit den anderen Kindern zu verbringen – sie hätten sich ja erkälten oder anstecken können. Das war manchmal bedrückend für die beiden Schwestern, doch Maria fand in Radibor, aber auch in Leipzig immer irgendeine Gelegenheit, sich auszutoben, ihrem Temperament die Zügel schießen zu lassen.

Das Gebot des Vaters stand nicht in Frage. Auch nicht, als Maria sich wünschte: „Ich möchte gern studieren". Er betrachtete sie liebevoll und – schüttelte dennoch den Kopf. „Studierstuben taugen nicht für deine Gesundheit. Ich meine, du sollst zuerst für ein Jahr nach Belgien in ein Internat gehen, um dein Französisch zu vervollkommnen, und dann, ebenso wie deine Schwester, ein Lehrerinnenseminar besuchen. Ich wäre froh, wenn du Lehrerin würdest. Später, wenn du alles gesund überstehst, können wir auch über ein Studium reden."

Nun zeigte sich schon, von welch erstaunlicher Zähigkeit und Willenskraft dieses so verzärtelte Mädchen war. Maria absolvierte von 1912 bis 1917 das Gaudigsche Lehrerinnen-Seminar in Leipzig, stand hier die schweren Jahre des ersten Weltkrieges durch, arbeitete einige Zeit als Lehrerin und wurde endlich – mit 24 Jahren – an der Leipziger Universität immatrikuliert. Als Hauptfach wählte sie Geschichte, daneben Soziologie.

Enttäuschungen und Erkenntnisse

Man schrieb das Jahr 1920. Maria war und blieb eine gläubige Katholikin, die sich der christlichen Jugendbewegung zugehörig fühlte. Doch hier in Leipzig trat sie dem sozialistischen Studentenbund bei. Sie hatte mit wachen Sinnen die letzten Jahre erlebt, den Sturz der Monarchie in der Novemberrevolution, die Gründung der Weimarer Republik, in der sie zu dieser Zeit eine große Hoffnung sah. Demokratie – das war der Begriff, der sie nun ganz erfüllte. „Demokratie ist ein Zustand, in welchem die Volksmassen politisch etwas zu sagen haben", wird sie 15 Jahre später dem Richter des faschistischen Volksgerichtshofes aufrecht entgegnen, aber gleich hinzufügen: „Die Weimarer Verfassung war nur eine Scheindemokratie." Zwischen diesen beiden Sätzen liegt Marias Weg der Enttäuschungen und Erkenntnisse.

Zunächst war sie an der Universität eines der aktivsten Mitglieder des sozialistischen Studentenbundes. Nachdem sie ihr fünfjähriges Studium beendet hatte, reichte sie kurze Zeit darauf ihre Doktorarbeit ein. Sie trug den Titel „Joseph Görres und die Demokratie". Marias Bewunderung galt in besonderem Maße diesem leidenschaftlichen Anhänger der Französischen Revolution, dem glänzenden Publizisten und Journalisten, in der Zeit der Befreiungskriege Herausgeber des „Rheinischen Merkur", der sich für die Rechte des Volkes einsetzte.

Möglich, daß Maria die Widersprüche im Leben von Joseph von Görres nicht genügend beachtet hatte. Möglich auch, daß ihre Anschauungen über die Demokratie den Herren Professoren jener Zeit zu rigoros waren – die Arbeit wurde zurückgewiesen.

Bald danach begann Maria, selbst als Journalistin tätig zu sein. Ihren Arbeitsplatz legte sie nach Frankfurt/Main. Ihre Beiträge erschienen in der Zeitschrift „Die deutsche Republik" und in der „Rhein-Mainischen Volkszeitung". Herausgeber beider Publikationen war der ehemalige Reichskanzler Dr. Joseph Wirth, der dem linken Flügel der katholischen Zentrumspartei angehörte und mit dessen Auffassungen von Demokratie Maria übereinstimmte.

„Die Frau und die junge Demokratie" hieß einer ihrer Artikel. Überzeugend, reich an Argumenten und mit Beispielen aus Geschichte und Gegenwart, legte sie dar, daß die Frauen ebenso an der Politik teilhaben sollen und können, wie die Männer. Ein Staat, so erklärte sie, werde erst dann zur wahren Demokratie, wenn die Frauen an seiner Gestaltung mitarbeiten. So recht sie damit hatte – ihre Hoffnung, daß dies in der Weimarer Republik Wirklichkeit werden könnte, wurde immer mehr verschüttet. Schon war der ehemalige kaiserliche Generalfeldmarschall von Hindenburg zum Reichspräsidenten gewählt worden, der das Seine dazu tat, daß die Kräfte des Militarismus und der Reaktion in Deutschland weiter erstarkten. Nun setzte sie ihre Hoffnung auf die SPD, deren Mitglied sie 1927 wurde. Diese Partei, so meinte sie, sei stark genug, um eine Vereinigung aller demokratischen Kräfte gegen die zunehmende Unterdrückung des Volkes und den immer stärker vordrängenden Faschismus zu bewirken. Auch dies mußte sie wenig später als Irrtum erkennen.

Neben aller politischen und beruflichen Tätigkeit hatte Maria inzwischen an ihrer Dissertation weitergearbeitet, sie 1928 eingereicht und 1929 den Titel eines Dr. phil. erworben. Sie war stolz und froh, daß die jahrelange Arbeit nun endlich belohnt wurde. Doch zu dieser Zeit war sie schon nicht mehr in Frankfurt/Main tätig, sondern versuchte, in Berlin eine Anstellung zu bekommen. Ein befristeter Vertrag als Studienassessorin an einer höheren Schule bot für eine Weile Sicherheit. Aber als die Zeit abgelaufen war, wurde er nicht erneuert.

Arbeitslos – wie so viele. Maria vermochte, fast mittellos zu leben. Viel mehr litt sie darunter, daß besonders unter der Jugend Erwerbslosigkeit und Elend wuchsen. Ihr Drang zu helfen, führte sie schließlich als Praktikantin der Berufsberatung zum Arbeitsamt Nordost in Berlin, bis man ihr auch dort „aus Sparsamkeitsgründen" kündigte.

Umso stärker wurde ihre politische Aktivität. Sie schloß sich 1931 der in Opposition zur SPD stehenden Sozialistischen Arbeiterpartei an, die von Max Seydewitz und Dr. Kurt Rosenfeld geführt wurde. Doch dies war und blieb eine Splitterpartei voll innerer Widersprüche, auch wenn Maria wieder neue Hoffnungen in sie setzte und in der Öffentlichkeit aktiv gegen Faschismus und Kriegsgefahr auftrat. Mit der Familie Seydewitz verband sie bald eine gute Freundschaft, die noch manche Bewährungsprobe bestehen sollte.

So hart das Leben, so bitter manche Enttäuschung auch war, Maria blieb bei allem ein fröhlicher Mensch. Sie lachte gern, war allem Schönen aufgeschlossen. Sie liebte es zu reisen. An ihre Fahrt in die Schweiz, wo eine Kusine lebte, erinnerte sie sich noch viele Jahre später bis in alle Einzelheiten. Und immer wieder zog es sie ins heimatliche Radibor. Mit der Schwester Cäcilia, die als Lehrerin im damaligen Ostpreußen arbeitete und Maria in mancher Notlage unterstützte, verbrachte sie dort sonnenreiche Ferienwochen. Sie gingen die Wege ihrer Kindheit, saßen in der weinumkränzten Veranda des Hauses, das nach dem Tode der Eltern ihnen gehörte, werkten auch im Garten. Maria empfand dabei das gleiche, was sie einmal in einem früheren Artikel über eine andere Frau geschrieben hatte: „Wer einmal in den Briefen Rosa Luxemburgs geblättert hat, weiß von der Einsamkeit der sommerlichen Felder, von den leuchtenden Beeren und den sanften Augen der Tiere, von all den stillen Dingen, die die Seele dieser Frau zum Kampf stärkten."

Die Volksfront in Person

Daß der gehaßte Faschismus, den sie in seiner italienischen Variante schon 1926 in einem ihrer Artikel verurteilt hatte, nun doch und so besonders aggressiv über Deutschland gekommen war, erfüllte Maria mit Schmerz und Empörung. Schmerz vor allem auch um jene, die schon in den ersten Monaten des Jahres 1933 eingekerkert, gefoltert, gemordet wurden. Aber der Wille weiterzukämpfen, etwas gegen das Unheil zu tun, die Hoffnung, damit doch noch eine Veränderung herbeizuführen, verließen Maria nicht. Sie zog sich zunächst in das stille Radibor zurück, wo sie weniger gefährdet war als in Berlin. Das kleine sorbische Dorf war für sie Ausgangspunkt vieler Reisen, war Durchgangsstation Verfolgter auf dem Weg über die nahe tschechische Grenze, war Treffpunkt illegaler Kampfgefährten.

Für ihre antifaschistische Widerstandstätigkeit blieben Maria wenig mehr als anderthalb Jahre, bis sie am 7. November 1934 verhaftet wurde. Doch was sie in dieser kurzen Spanne leistete, zeigt, daß sie sich keinerlei Ruhe gegönnt hat. Allein die Anklageschrift des „Volksgerichtshofes" ist eine lange Liste ihrer geheimen Tätigkeit und doch nur ein Bruchteil von dem, was wirklich geschah.

Verborgen blieben die vielen Nächte, in denen sie Illegale über die Grenze brachte oder als Kurier zwischen Deutschland und der Tschechoslowakei ihr Leben aufs Spiel setzte. Das Gericht legte ihr vor allem die Verbindung mit dem nach Prag emigrierten Max Seydewitz zur Last. Man konnte ihr und ihrem Mitangeklagten Hermann Reinmuth, einem Freund aus der Studienzeit, drei Besuche bei Seydewitz nachweisen. – Verborgen blieb dem Gericht, daß Maria schon im Frühjahr 1933 zwei Söhne der Familie Seydewitz aus ihren illegalen Quartieren in Berlin geholt und zur tschechoslowakischen Grenze gebracht hatte, wo ein Genosse die Jungen in Empfang nahm und sicher zu den Eltern geleitete. „... In dieser ersten Zeit des Kampfes gegen die nazistische Herrschaft stand Maria Grollmuß so wie vor 1933 an meiner Seite", sagte Max Seydewitz 1948, zu dieser Zeit Ministerpräsident des Landes Sachsen, bei der Enthüllung einer Gedenktafel für Maria in Radibor.

Nachgewiesen wird in der Anklageschrift, daß Maria Grollmuß und Hermann Reinmuth mit Max Seydewitz politische Gespräche geführt und die Herausgabe einer illegalen Zeitschrift „Rote Blätter" beraten und geplant hätten. Das leugnete sie nicht, denn ein Teil des Materials dafür, auf illegalen Wegen über die Grenze gebracht, wurde bei Hermann Reinmuth gefunden, darunter auch Artikel von Maria. Einer davon trägt den Titel: „Die neue revolutionäre Haltung", und es heißt darin: „Die Neubildung einer revolutionären Partei ist der erste, nicht der letzte Schritt. Es genügt nicht, die Revolution zu bejahen, man muß sie durchführen, zum Siege führen ...".

Die Anklageschrift stellt fest, daß die vor Gericht Stehenden „die Bildung einer marxistischen Einheitsfront" erstrebten. Doch sie wollten mehr.

Ruth Seydewitz schreibt später in ihren Erinnerungen: „Ich sehe noch heute das runde Gesicht von Maria vor mir, als sie mich bei ihrem ersten Besuch umarmte ... Auf einem Spaziergang erzählte sie mir von ihrem kleinen sorbischen Heimatdorf Radibor nahe Bautzen: ‚In der Weimarer Republik hat man zwar nichts für uns Sorben getan, aber man ließ uns wenigstens in Ruhe. Jetzt verstecken die Sorben ihre schönen Trachten tief unten in den alten Truhen, und sie sprechen nur heimlich sorbisch. Die Nazis sind dabei, alles, was uns soviel bedeutet, unsere Sprache, unsere Kultur, auszurotten.' ... Auch später, als Funktionärin der Arbeiterbewegung, hielt sie noch Verbindung zu Zentrumskreisen und zu führenden Politikern dieser Partei. Da sie ebenso gute Verbindungen wie zu den christlichen auch zu den sozialdemokratischen und kommunistischen Arbeitern hatte, neckten wir sie oft und sagten: Du bist die Volksfront in Person!"

Das ganze Ausmaß dieser Verbindungen blieb dem faschistischen Gericht unbekannt, auch ihre Beziehungen zu dem Kommunisten Paul Neck, der in Bautzen Lehrer war, oder zu dem Gefängnisgeistlichen des Bautzener Zuchthauses, von dem sie Nachricht über die dort eingekerkerten politschen Häftlinge erhielt. Nicht ans Licht gekommen sind die zahllosen, manchmal auch vergeblichen Wege, die sie zu ehemaligen Sozialdemokraten, Gewerkschaftern und anderen Nazigegnern unternahm, um die Namen von Verhafteten und ihren Angehörigen zu erfahren, damit ihnen Hilfe und Unterstützung zuteil würde.

Einiges davon wurde freilich bekannt. In den Gerichtsakten ist verzeichnet, daß sie sich selbst an den früheren Zentrumspolitiker und Reichskanzler Brüning gewandt hatte. Weil es um die Sache ging, scheute sie sich nicht, diesen Mann, der durch seine Politik der Notverordnungen dem Faschismus mit den Weg geebnet hatte und 1933 in die USA emigriert war, um die Vermittlung einer Intervention des päpstlichen Nuntius für eingekerkerte Antifaschisten zu bitten. Auch der Name des ehemaligen sächsischen Innenministers Liebmann wird in den Akten genannt. Für ihn, so heißt es darin, reichte sie ein Gesuch an den Bischof von Meißen, Legge, ein. Und in der gleichen Akte ist, sorglich in einem Briefumschlag, eine Visitenkarte abgeheftet, gerichtet an den Generalvikar Joppa in Bautzen. Nach dem gedruckten Namen – Dr. Maria Grollmuß – ist in ihrer schönen, abgerundeten Schrift auf kleinstem Raum zu lesen: „... erlaubt sich, Ihnen, hochv. Generalvikar, zugleich im Namen von Frau L. den verbindl. Dank auszusprechen. Wir bitten auch Se. Exzellenz, dem hochv. Herrn Bischof, unseren Dank übermitteln zu wollen. Frau L. hat bereits einen Besuch in H. gemacht. D. Befinden von Herrn L. verschlechtert sich dauernd. Momentan übt man schwersten Gewissenszwang auf ihn aus. Man hat ihn in Einzelhaft genommen und zwingt ihn, 80 Druckseiten natsozial. Literatur auswendig zu lernen."

Wie diese Karte auch in die Hände der Schergen gekommen sein mag, noch heute ist sie ein Zeugnis für den Mut und den bedingungslosen Einsatz dieser Frau.

Auch um materielle Unterstützung der Opfer des Faschismus war sie beharrlich bemüht. In kirchlichen Kreisen, bis zu den Quäkern, aber auch bei ihren vielen Bekannten und Freunden ersuchte sie, die selber in Radibor in ärmlichen Verhältnissen lebte, um finanzielle Mittel für die Verfolgten. Nur einen Bruchteil dieser Arbeit konnte das Gericht nachweisen. Im Sommer 1934 wandte sich Maria, so heißt es im Gerichtsdeutsch der damaligen Zeit, „an ihre in der Schweiz lebende Kusine Eugenie Bühlmann und eine zufällig in Luzern weilende, sonst sich in Amerika aufhaltende Dr. Anna Seelig mit der Bitte, ihr für Unterstützungszwecke Geldmittel zu beschaffen."

Wie glücklich muß sie gewesen sein, als Anna Seelig im September 1934 einen größeren Geldbetrag – 200 Mark – auf Marias Konto in Bautzen überwies. Einen Teil davon sandte sie zu gleichen Zwecken an Hermann Reinmuth, der in Lüneburg lebte. So manchen Angehörigen von Häftlingen brachte sie damit neben dem guten Gefühl der Solidarität auch ein wenig Erleichterung ihrer schwierigen Lebensverhältnisse. Als nächstes wollte sie sich an ihre vor allem aus der Internatszeit bekannten belgischen Freundinnen wenden. Doch bevor dies geschehen konnte, war die Gestapo in Radibor, durchwühlte – zwar ergebnislos – ihr Haus und verhaftete Maria. Das rastlose Tätigsein war zu Ende, ihr Leidensweg begann. Ein ganzes Jahr verbrachte sie in Untersuchungshaft in verschiedenen Gefängnissen. Im November 1935 standen sie, Hermann Reinmuth und ein weiterer Kampfgefährte, Hugo Elsner aus Hamburg, wegen „Vorbereitung zum Hochverrat" vor Gericht.

Mit dem gleichen Mut, den sie in ihrer illegalen Arbeit bewiesen hatte, bekannte Maria sich vor den faschistischen Richtern zu ihren politischen Zielen und erklärte, sie sei der Überzeugung, daß die Humanität zu den wesentlichen Bestandteilen des Sozialismus gehöre und daß humanitäre Betätigung für den Sozialisten Pflicht sei.

Das Urteil für sie lautete: Sechs Jahre Zuchthaus.

Briefe an die Schwester

Von der Verhaftung ihrer Schwester erfuhr Cäcilia Grollmuß mit tiefem Schrecken. Sofort unternahm sie, was in ihren Kräften stand, um einen guten Verteidiger zu finden. Sie suchte mehrere Freunde und Bekannte Marias in Berlin auf, um Hilfe für sie zu erwirken. Als engste Vertraute Marias wußte Cäcilia manches über deren illegale Arbeit. Und in einem Schreiben des Geheimen Staatspolizeiamtes in der Prinz-Albrecht-Straße an den Oberreichsanwalt wird gegen Cäcilia tatsächlich der Verdacht der Mitwisserschaft geäußert. Doch auch Cäcilia wußte sich in acht zu nehmen, und kurze Zeit später hieß es über sie: „In politischer Hinsicht ließ sich Sachdienliches nicht ermitteln."

Dann saß Cäcilia im Gerichtssaal, hin- und hergerissen zwischen dem Stolz auf ihre mutige Schwester und der Angst um deren Leben. Die Tage des Prozesses prägten sich fest in ihr Gedächtnis ein. Nach der Verurteilung erhielt Maria von der Universität Leipzig ein Schreiben, in dem ihr kalt und lakonisch der so heiß erkämpfte Doktortitel aberkannt wurde. Aber auch ihre Schwester war nun als Lehrerin „nicht mehr tragbar". Wie es ihr erging, läßt sich erkennen aus einem Schriftwechsel der Geschäftsstelle der Staatsanwaltschaft mit dem Bürgermeister in Radibor. Es klingt wie Hohn: Unter dem Datum vom 28. Juli 1936 wird bei ihm angefragt, ob Maria Grollmuß – nun schon längst im Zuchthaus Waldheim – imstande sei, die Gerichtskosten zu bezahlen. Der Bürgermeister antwortete, wie es scheint, nicht ohne Anteilnahme: „Die Studienassessorin Dr. Maria Grollmuß hat kein Vermögen. Sie dürfte kaum in der Lage sein, die Gerichtskosten zu bezahlen. Ihre Schwester Cäcilia besitzt ein Hausgrundstück in Radibor. Sie ist erwerbslos und führt ein ärmliches Leben, so daß auch diese schwer zur Zahlung herangezogen werden kann."

Dreimal im Jahr konnte Maria im Zuchthaus Waldheim den Besuch Cäcilias empfangen, doch die Worte, die sie vor den Ohren eines Gefängnisaufsehers wechselten, mußten verschlüsselt sein und schienen ihnen immer zu wenig. Umso reicher und liebevoller sind die Briefe, die von den beiden Schwestern geschrieben wurden. In den dunklen Jahren, die Maria nur in der Zuchthauszelle verbringen mußte, erhielt Cäcilia manchen verzweifelten und zweifelnden Brief von ihr. Damit er die Zensur passiere, kleidete sie ihr Leid oft in religiöse Bilder. Auf ähnliche Weise versuchte Cäcilia sie zu trösten, auch dadurch, daß sie ihr viele Einzelheiten aus dem geliebten Radibor berichtete.

Bis dann der eingangs zitierte Brief von Marias Arbeit auf den Feldern in der freien Natur eintraf: „… über allem Schmerz steht die Hoffnung wieder auf." Als Cäcilia eine Reise in die Schweiz antrat, begleitete Maria sie in einem Brief Station für Station, so deutlich stand ihr das Land noch vor Augen. „Wo ich geh und steh, da sehe ich ein Stück vom blauen See oder die grüne Wiese am Rigi mit dem goldgelben Hahnenfuß am schneeverkrusteten Bachrand, mal tauchen die buntbemalten Bauernhäuser von Küßnacht auf und dann wieder der leuchtende Zug der Engelberger Alpen – oder die Lichter von Gütsch und Sonnenberg, die in der dunklen Nacht schweben. Die häßlichen Ziegelmauern des dunklen Gefängnishofes verschwinden … und das schöne Land da unten, das so unerreichbar und verloren schien … ist mir wieder ganz nahe."

Ein neuer Schlag für Maria wie für unzählige andere war die Nachricht, daß die Hitler-Armeen Polen überfallen und damit den lange geplanten Krieg begonnen hatten. „Je dunkler die Zeiten sind", so schrieb sie am 10. September 1939 an die Schwester, „umso mehr denke ich an den Garten. Die 15 jungen Bäumchen sollen ein Symbol der Hoffnung sein. In den jungen Bäumchen, da geht das Leben weiter. Ich weiß, wie schwer es Dir gefallen ist, die lieben alten Bäume herauszureißen und ins Feuer zu werfen. Denn sie haben Dir ja soviel von unserem gemeinsamen Leben gesagt."

Ein Jahr später, im September 1940, erhielt Cäcilia einen Brief, in dem Maria die Botschaft von ihrer Ungebrochenheit und auch von dem Kontakt, der sie jetzt mit anderen Antifaschistinnen verband, in folgende Worte kleidete: „Was ich früher nicht begriffen habe, das Ineinander, ich möchte fast sagen, das Einssein von Heiligkeit und weltgestaltender Kraft ist mir nun so einleuchtend geworden. Vor allem durch dies: Die weltgestaltende Rolle der großen mittelalterlichen Heiligen beruhte – geschichtlich und menschlich gesehen – darauf, daß sie niemals den Kopf verloren. Sie beruhte ganz entschieden auf der Unerschütterlichkeit ihres Willens und der Unbeirrbarkeit ihres Urteilsvermögens. Wenn alles ringsum in Zerrüttung und Wahnsinn versank … dann blieben die Heiligen stehen als Mahnmale und Bollwerke des festen Willens und der klaren Vernunft … So geschieht es vielleicht manchmal, daß der schöpferische Gedanke der Heiligen auf einmal wieder erscheint in einem höchst unheiligen und gewöhnlichen Menschenkind. Einverstanden? Kapiert?"

Das war schon geschrieben in der Zeit, da sie auf ihre Entlassung aus dem Zuchthaus wartete. Im November waren die sechs Jahre um, zu denen sie verurteilt war. Schon bat sie die Schwester, sich nach einem Arbeitsplatz umzusehen, schmiedete Pläne. Doch die Zeit verging, die ersehnte Freiheit unter den von der Gestapo gestellten Bedingungen schlug Maria aus.

Rastlos auch in Ravensbrück

Sie hat gelitten im Konzentrationslager, ist geschlagen, mit Hunden gehetzt, für Zuspätkommen zum Appell mit Essenentzug bestraft worden. Doch auch hier blieb gültig, was Eva Lippold, die im Zuchthaus mit Maria zusammen war, in ihrem Buch „Leben wo gestorben wird“ über sie schrieb: „Dr. phil. Maria Grollmuß verliehen Natur und tiefgegründete Bildung ein sanftmütiges Ausharrungsvermögen, behutsame Klugheit. Der Ausdruck ihrer schönen ernsten Augen gehört einem Menschen zu, weitschauend, wissend und in sich geschlossen; einem jener Menschen, die man nicht wieder aus sich fortlassen möchte.“

Die Kraft und die Fähigkeit, sich aus der Hölle herauszudenken, hat sie auch in Ravensbrück nicht verloren.

Manchmal habe sie einen Blick gehabt, als ob sie in Wirklichkeit gar nicht da war, sagen Frauen, die mit ihr in Ravensbrück zusammen waren. Ein Quell dieser Kraft war das Gefühl der Zusammengehörigkeit mit den anderen Antifaschistinnen, ihre trotz aller Erschwernisse tätige Fürsorge, mit der sie sich gegenseitig hinweghalfen über Leiden, Verzweiflung, Gefahr.

Maria kam im Winter ins Lager. Sie habe anfangs immer sehr gefroren und sich vor dem kalten Wasser zum Waschen gescheut. Deshalb habe sie sich oft nur mit der dünnen Kaffeebrühe, die es zum Frühstück gab, das Gesicht gewaschen. „Da haben wir sie eben mal ins Krankenrevier geholt und in die Badewanne gesteckt“, erinnert sich Emmy Handke.

Diese Solidarität spürte Maria auch, wenn sie sich, um in der Natur zu sein, immer wieder freiwillig zur Arbeit außerhalb des Lagers meldete. Oft waren ihre Kräfte den unmenschlichen Anforderungen beim Straßenbau, beim Bäumefällen im Wald, dem Hetztempo auf Erntefeldern nicht gewachsen. Dann griffen die anderen Kameradinnen zu, übernahmen einen Teil von Marias Arbeit, damit sie Schritt halten und den Schlägen der KZ-Aufseherinnen entgehen konnte. Maria dankte es ihnen, indem sie immer neue Erlebnisse aus ihrer Vergangenheit, Fakten und Zusammenhänge aus Geschichte, Politik und Wissenschaft ihrem schier unerschöpflichen Gedächtnis entlockte. Phänomenal nennt Dr. Rita Sprengel, Häftling gleich ihr, dieses Gedächtnis. Als sie Maria einmal bat, ihr einiges über die Zeit der Renaissance zu erzählen, erhielt sie von ihr so tiefgründige und exakte Auskünfte, daß man meinen konnte, sie habe die Lebensdaten, die wissenschaftlichen Forschungen und Entdeckungen, die Erfolge und die Bedrängnisse von Kolumbus, Kopernikus, Galilei und anderen Geistesgrößen dieser Zeit eben erst in einer Bibliothek studiert und sei nicht schon jahrelang von solchen Quellen abgeschnitten.

„Maria war unser lebendes Lexikon“, Elisabeth Lynhard, eine ihrer Leidensgenossinnen, erinnerte sich später daran ebenso wie an Marias große Liebe zur Natur. „Kam sie abends zurück ins Lager, so stöhnte sie: ‚Es ist jedesmal für mich eine neue Verhaftung. Ihr glaubt es vielleicht nicht, aber die Atmosphäre um das Lager ist eine andere, man kann gar nicht mehr atmen.‘“

Doch auch im Lager fand sie in den knapp bemessenen arbeitsfreien Stunden ein reiches Betätigungsfeld. Vor allem mit den polnischen und tschechischen Frauen verband sie bald enge Freundschaft. Auf ihren illegalen Wegen nach Prag und in andere Orte hatte sie die tschechische Sprache gelernt, um sich besser verständigen zu können und weniger aufzufallen. Mit den Polinnen unterhielt sie sich zuerst französisch, und mit der Zeit lernte sie auch noch Polnisch von ihnen. Sie erzählte ihnen dafür vom deutschen Widerstand gegen den Faschismus, sprach über deutsche Geschichte und Literatur. Mit ihren vielfältigen Sprachkenntnissen – zuletzt konnte sie auch noch ein wenig Russisch – gehörte sie zu den Mittlerinnen zwischen den Frauen aus vielen Ländern.

Als glühende Internationalistin, als überzeugte Sozialistin ist sie immer ihrem Glauben treu geblieben. Eine ihrer polnischen Freundinnen, Maria Szydlowska, berichtete später: „Sie wußte ganz genau, daß ich Atheistin bin und der materialistischen Philosophie anhänge, aber das warf nicht den geringsten Schatten auf unsere Freundschaft. Für alle hatte Maria Verständnis. Mir waren die langen Gebete meiner Landsmänninnen langweilig, aber noch sehe ich Maria vor mir, wie sie sich mitunter an den Andachtsübungen beteiligte. Ich sehe ihre glänzenden Augen, die feierliche Ruhe und beinah Freude auf ihrem gütigen Gesicht …". Und auch die Hoffnung auf eine bessere Welt verließ sie nicht. „Ich träume davon, die katholische Linke der sozialistischen Linken nahezubringen", sagte sie zu einer anderen polnischen Freundin im Lager.

Wenn sie erlebt hätte, wie sich später in der Deutschen Demokratischen Republik ihre Wünsche und Träume von der Einheit der Arbeiterklasse, von der guten Gemeinsamkeit zwischen Christen und Kommunisten, zwischen allen Parteien und Parteilosen erfüllen würden – sie wäre eine der Aktivsten dabei gewesen.

Doch die Krankheit, die sich schon jahrelang in ihr ausgebreitet hatte, überwältigte sie. Rita Sprengel berichtet, was Maria ihr im Frühjahr 1944 anvertraut hatte: „Nach Verbüßung ihrer Zuchthausstrafe habe die Gestapo von Maria verlangt, in der sorbischen Widerstandsbewegung Spitzeldienste zu leisten. Sie lehnte ab. Da erhöhte die Gestapo den Druck: Sie wisse doch, daß sie Krebs habe. Stimme sie dem Vorschlag der Gestapo zu, würde sie sofort in ein besonders gutes Krankenhaus eingewiesen. Noch verspreche eine Operation Erfolg. Bleibe Maria jedoch ‚stur', würde sie ins Frauenkonzentrationslager Ravensbrück eingewiesen. Dort müsse sie dann lebendigen Leibes verfaulen.

Sie habe damals den Tod gewählt. Und nun sei es soweit, sie könne sich nicht mehr aufrecht halten und müsse ins Revier gehen, um dort zu sterben … Dann umfaßten ihre bräunlichen, feingliedrigen Knochenhände meine Hände." Maria bedankte sich bei der erstaunten Rita Sprengel für das Glück, mit ihren Informationen über die Renaissance-Zeit ihr und anderen geholfen zu haben. Rita wehrte ab, doch Maria schüttelte ungeduldig den Kopf: „Verstehst du denn nicht, was es für mich bedeutet, wenigstens dies eine Mal noch mit meinem Wissen nützen zu können?!"

Eine Häftlingsärztin operierte Maria, aber es war zu spät. „In sechs Wochen verging sie wie eine Blume", schreibt Elisabeth Lynhard. In dieser Zeit wurde sie von den Revierhäftlingen aufs sorglichste gepflegt. Unter denen, die sie am Krankenbett besuchten, war am 6. August 1944 Rita Sprengel: „Auch das war natürlich verboten. Doch wer von den Revierhäftlingen als zuverlässig bekannt war, dem öffneten sich die Türen, wenn die Luft rein war, d. h., wenn das SS-Personal das Revier verlassen hatte. Als ich an diesem frühen Nachmittag zu Maria kam, war es für mich ... klar: Maria lag im Sterben ... Sie lag mit geschlossenen Augen da, ihr Atem ging schwer und wurde langsam, doch ohne Kampf und Krampf immer flacher, bis er schließlich aussetzte. Ich saß neben ihr und sprach leise, doch eindringlich von dem, wonach Maria sich so sehr gesehnt hatte, von Radibor, ihrem Heimatdorf, und von dem Obstgarten, von dem sie mir manchmal vorgeschwärmt hatte ... Falls Maria meine Worte noch erreichten, sollten sie ihren Übergang vom Leben zum Tod mit der Vision ihrer Heimkehr in ihr Elternhaus verbinden ...".

Auch wenn sie diese Worte nicht mehr vernommen hätte, die Hoffnung darauf muß sie in den Tod begleitet haben. Als sie starb, hielt sie in ihren Händen einen Brief von der Schwester, der sie am Vortag erreicht hatte. Cäcilia schrieb darin, sie habe die Absicht gehabt, einige Wege zu gehen, die sie in ihrer Jugend gemeinsam durchstreift hatten, aber sie warte damit, bis Maria wieder zu Hause sei ...

Die Nachricht vom Tod Marias verbreitete sich an diesem stillen Sommersonntag im Lager sehr schnell. Alle, die sie liebten – und das waren viele –, hatten ihr in den Wochen zuvor Obst, Lebensmittel, Säfte gebracht. Auch die Bibelforscherinnen schafften von den für die SS gesammelten Blaubeeren ein Glas voll für Maria beiseite. Nun brachten sie von den Wegrändern, von den Rabatten Blumen über Blumen als letzten Gruß für Maria, die sie nicht mehr vergessen würden.

L. T.-H.

Wir werden es durchstehen
Emmy Handke

Denn es ist klar, daß die Zukunft
nicht den Zaudernden gehört,
sondern denen, die, ohne schwach
zu werden, das durchstehen,
wofür sie sich einmal entschieden
haben.

ROMAIN ROLLAND

Sie saß jahrelang auf dem Platz neben mir in der Volkskammer der DDR. Wir freundeten uns schnell an, tauschten Gedanken aus über dies und jenes Gesetz, das beraten wurde, über unsere Arbeit in den Ausschüssen und manches andere. Über sich selbst sprach sie wenig. Mit einer Ausnahme.

In der Sitzung am 3. Februar 1965 ging sie nach vorn zum Rednerpult. „Kaum eine Frage", so begann sie, „hat in letzter Zeit Millionen Menschen in der Welt mit soviel Abscheu und Empörung erfüllt, wie die von der Bonner Regierung beabsichtigte Verjährung der Nazi- und Kriegsverbrechen." Aus ganzem Herzen stimmte sie im Namen von Millionen Frauen und Kindern der den Abgeordneten vorliegenden, an die Parlamente der Welt gerichteten Protesterklärung der Volkskammer zu und fuhr dann fort: „In diesen Tagen werden auch in mir Erinnerungen wach an die Verbrechen, die ich miterleben mußte. Ich denke an die Tausende von Frauen, die ich als Häftling der Konzentrationslager Ravensbrück und Auschwitz in den Tod gehen sah. Ich sehe die zahllosen Kinder, die sterben mußten, ehe sie zu leben begannen, und in deren traurigen Augen immer die Frage stand: Warum?

Als besonders verabscheuungswürdig fand ich immer das Treiben der SS-Ärzte … Nie werde ich vergessen, daß es SS-Ärzte waren, die im Konzentrationslager Ravensbrück den ersten Transport zusammenstellten, mit dem im Februar 1942 über tausend Frauen, junge und alte, nach Bernburg zur Vergasung geschickt wurden … Immer wird mir die widerliche Fratze eines SS-Arztes in Auschwitz vor Augen sein, der, eine Operettenmelodie pfeifend, aus dem Krankenzimmer kam, nachdem er einigen Frauen die Todesspritze gegeben hatte …"

Ganz still war es im Saal. Die Abgeordneten hörten tiefbewegt ihre Worte. Als Emmy Handke geendet hatte, ließ der Beifall minutenlang nicht nach.

Mit Genugtuung erfuhr sie später, daß die weltweiten Proteste die BRD-Regierung zunächst daran hinderten, das geplante Gesetz zu verabschieden. Als dann einige Jahre danach, trotz einer sehr dehnbaren Nichtverjährungsklausel, mit mancherlei juristischen Finessen, so der Änderung einiger Paragraphen, den Naziverbrechern in der BRD dennoch Möglichkeiten geschaffen wurden, sich einer gerechten Strafe zu entziehen – da sagte auch Emmy Handke mit der ihr eigenen realistischen Konsequenz: „Der Kampf geht weiter."

Der Kampf, in dem sie seit früher Jugend gemeinsam mit ihren Genossen gestanden hat, der sie durch schwere Zeiten führte. Doch Emmys Eigenart bildete sich schon früh heraus: Je schwieriger es für sie war, um so konsequenter wurde sie.

Schwierig war es schon, als sie mit 20 Jahren in ihrer Heimatstadt Breslau dem Kommunistischen Jugendverband beitrat. Ihre Familie war bestürzt. Und mit dieser Familie hatte es eine besondere Bewandtnis. Als Emmy sechs Jahre war, starb ihre Mutter. Zwei Jahre später schloß der Vater für immer die Augen – „aus Gram", wie man sagte. Acht Kinder waren elternlos. Doch da gab es zwei unverheiratete Schwestern der Mutter, die nun, zu einem unverhofften Kindersegen gekommen, die Waisen in ihre Obhut nahmen und sie aufzogen, „gut und voller Liebe", wie sich Emmy dankbar erinnert. Sie brachten die Kinder durch die Not der Kriegs- und Nachkriegsjahre, erzogen sie dazu, ehrlich und fleißig zu sein und sich mit den gegebenen Lebensumständen abzufinden. Und nun schlug eine, Emmy, aus der Reihe, schloß sich denen an, die die Welt verändern wollten und der Revolution verschworen waren. „Hoffentlich wirst du es nicht bereuen", sagten die Tanten voll Sorge um das junge Mädchen.

Die Sorge war nicht unbegründet. Emmy, Kontoristin in einer Breslauer Kunstanstalt, tippte nach Feierabend Manuskripte für einen Funktionär der KPD. 1923, die KPD war verboten, traf sie sich mit dem Genossen, für den sie geschrieben hatte, in einem Restaurant. Dort wurden beide verhaftet. Die Zeit im Gefängnis erschien ihr schrecklich. Doch als sie wieder frei war, sagte sie sich: Nun erst recht!, kehrte gar nicht mehr an ihre vorherige Arbeitsstelle zurück, sondern stellte ihre Arbeitskraft in den Dienst der KPD-Bezirksleitung Breslau. Der rastlose Einsatz dort brachte ihr Verantwortung und ein unerwartetes Glück. Als sie zum Bezirksleiter gerufen wurde, glaubte sie erst, er habe eine neue Aufgabe für sie. Doch dann verschlug es ihr fast den Atem, als er sagte: „Emmy, wir haben dich für eine Erholungsreise vorgeschlagen – du fährst mit einer Delegation von Genossen in die Sowjetunion." So lernte sie 1927 in vier langen, erlebnisreichen Wochen das Land Lenins kennen, das erste Land des Sozialismus, der auch das Ziel ihres Kampfes in der Heimat war. Das Sanatorium in Kislowodsk, die Schönheit des Kaukasus, die historischen Stätten in Moskau und Leningrad, die Freundschaft und Verbundenheit mit den sowjetischen Genossen – unverlierbar hat sich alles in ihre Seele eingegraben. Und in ihr Herz dazu. Denn mit auf der Reise war der Genosse „Ewald Blau", ein junger Hüne von mehr als 1,80 Meter, zu dem die kleine, zierliche Emmy hoch aufblicken und sich sehr recken mußte, wenn sie sich küßten. Als sie bald nach der Reise ihre Hochzeit vorbereiteten, verriet er ihr, daß er in Wirklichkeit Karl Thoma heiße, mit 17 Jahren, bei der Zerschlagung der Bayrischen Räterepublik durch reaktionäre Truppen, zum ersten Mal verhaftet gewesen, danach in die Sowjetunion emigriert sei und seit seiner Rückkehr 1922 jahrelang illegal gearbeitet habe. Im März 1928 heirateten sie. Emmy übersiedelte zu ihm nach Berlin und arbeitete dort im Zentralkomitee der KPD. Viel hat Emmy von ihrer jungen Ehe nicht gehabt. Ein Parteiauftrag führte ihren Mann für längere Zeit in eine andere Gegend Deutschlands, und sie sahen sich nur selten. Dann war Karl Thoma für ein Jahr auf der Lenin-Schule in der Sowjetunion. Doch ob getrennt oder beieinander, sie waren vereint im Kampf der Partei für die Rechte der Arbeiterklasse, die in der Zeit der Weltwirtschaftskrise am meisten zu leiden hatte, und gegen den immer stärker aufkommenden Faschismus. Der aber, schließlich an die Macht geschoben, trennte sie für immer. Karl Thoma wurde ein Opfer der mit dem Reichstagsbrand ausgelösten faschistischen Verhaftungswelle. Emmy biß die Zähne zusammen. Nun erst recht wollte sie alles tun, mit illegaler Arbeit die Partei wieder aufbauen und das braune Terrorregime stürzen zu helfen.

Das Urteil für Karl Thoma lautete: 2 ½ Jahre Kerker. Als er entlassen wurde, war Emmy schon im Zuchthaus Jauer in Einzelhaft. Dort erfuhr sie Jahre später, daß Karl in die Sowjetunion emigriert war. Als Mitglied der Internationalen Brigaden ging er von Moskau nach Spanien, kämpfte Seite an Seite mit dem spanischen Volk gegen die Franco-Faschisten und ihre deutschen Helfer, bis ihn die tödliche Kugel traf. Emmy blieb der Trost zu wissen, er ist der gemeinsamen Sache treu geblieben. So wie sie selber, so wie viele Genossen.

Nach der Verhaftung ihres Mannes hatte sich Emmy sehr schnell die Regeln der Konspiration angeeignet und erfüllte ihre Aufgabe als Verbindungsmann der illegalen KPD-Landesleitung zu den Parteikurieren aus den Bezirken Frankfurt/Main, Kassel und Mannheim mit Umsicht und Aktivität. Gemeinsam mit dem Genossen Georg Handke, ursprünglich Mitglied des ZK der KPD, nun selbst zur illegalen Landesleitung gehörend, wurde sie 1934 eines Abends am Berliner Breitenbachplatz verhaftet. Kaum zu zählen waren die Verhöre, doch wie sie es auch versuchten, ob mit Drohungen oder scheinheiligen Versprechungen – Emmy verriet keinen der Genossen. Dann kam der Prozeß. Sechs Jahre Zuchthaus für Emmy, 15 Jahre für Georg Handke – bei der Urteilsverkündung wechselten die beiden Genossen einen Blick, kurz nur, doch Gelöbnis und Hoffnung zugleich. Wir werden es durchstehen, sagte der Blick und: So lange halten die Nazis sich nicht.

Doch die Hoffnung brauchte einen langen Atem. Sechs Jahre Einzelhaft im Zuchthaus Jauer kosteten Kraft und viel Strenge gegen sich selbst. Emmy stand es durch. Bei den seltenen Besuchen, die sie erhalten durfte, sprachen die Geschwister von der Absicht, ein Gnadengesuch für sie einzureichen. „Kommt nicht in Frage“, sagte Emmy bestimmt. Bei „denen“ würde sie nie um Gnade bitten, und es sollte auch kein anderer tun. Am Ende der sechs Jahre jedoch gab es keine Entlassung, sondern neue Gestapo-Verhöre in Berlin. Sie waren wiederum vergeblich, Emmy verriet niemanden und wich kein Quentchen von ihrer Überzeugung ab. So hieß das Ergebnis „unverbesserlich“ und im Frühjahr 1941 Abtransport nach Ravensbrück.

Da war es für Emmy, von den Zuchthausjahren krank und geschwächt, freilich schon recht schwer, nicht zu verzagen. Doch der eigene Wille, alles durchzustehen, wurde hier in der Gemeinschaft der Ravensbrückerinnen gestärkt durch die Solidarität. Antifaschistischen Mithäftlingen gelang es, Emmy zur Arbeit ins Krankenrevier einzuschleusen und sie damit auch vor den täglichen stundenlangen Zählappellen und vor schwerer körperlicher Arbeit zu bewahren. Solidarität und Bestialität, nirgends erlebte man sie so nah beieinander wie im „Revier", der Krankenbaracke des Konzentrationslagers. Die Unmenschlichkeit der SS-Ärzte hat sich tief in die Seele Emmys und ihrer Kameradinnen eingebrannt. Schwerkranke Frauen wurden mit zynischer Brutalität „behandelt". Für pseudowissenschaftliche Experimente wurden Operationen an gesunden Frauen, vor allem an Polinnen, vorgenommen und die Wunden mit Bakterien infiziert, Sterilisationen durchgeführt, die zu unerträglichen Schmerzen und oft zum Tode der Opfer führten.

Zum Tod in der Gaskammer geführt wurden Tausende Frauen aus Ravensbrück. „Selektion" hieß das Schreckenswort, unter dem die SS-Ärzte Kranke, durch die Torturen des Lagers wahnsinnig Gewordene und vor allem jüdische Frauen zu den Transporten in das Vernichtungslager Bernburg auswählten.

„Eines Morgens", erinnert sich Emmy Handke, „das Lager lag noch im tiefen Dunkel, kamen große Lastautos mit dichten Verdecken, um die ausgesuchten Frauen und Mädchen abzuholen ... Ich mußte helfen, einige Schwerkranke auf Bahren an das Auto zu schaffen. Dort wurden sie uns von den SS-Männern abgenommen, und wir waren erstarrt vor Entsetzen, als wir sahen, daß sie zum Beispiel eine gelähmte Frau wie ein totes Stück Vieh auf den Wagen warfen!"

Mit einem dieser Transporte mußte auch Olga Benario-Prestes in den Gastod gehen. Sie, die junge deutsche Kommunistin, war 1933 in die Sowjetunion emigriert. Dort lernte sie Luis Carlos Prestes, den brasilianischen Arbeiterführer, kennen und ging als seine Lebensgefährtin mit ihm in seine Heimat zurück. Sie war schwanger, als sie von dem profaschistischen brasilianischen Regime an die Gestapo ausgeliefert wurde. Im Berliner Frauengefängnis brachte sie ihre Tochter Anita zur Welt. Schmerzvoll war die Trennung von ihrem Kind, tröstlich nur, daß es bei der Mutter ihres Mannes aufwachsen würde – internationale Solidarität hatte das erzwungen. Internationale Solidarität übte Olga dann auch mit ihrer ganzen Kraft im KZ Ravensbrück, wo sie Blockälteste war und sich unter den Häftlingen große Liebe und Achtung erwarb. – Durch Ruth Werner ist die Geschichte dieser ungewöhnlichen Frau in die Literatur eingegangen.

„Die kleine Tochter von Erna Pollak, einer tschechischen Kameradin, war in der Heimat bei fremden Leuten untergebracht, denn auch ihren Mann hatten die Nazis ins KZ gesperrt", berichtet Emmy Handke. „Am Abend, bevor Erna ‚auf Transport' gehen mußte, bat sie uns: ‚Wenn ihr am Leben bleibt, kümmert euch um meine Kleine, sagt ihr, daß ihre Mutter bis zum letzten Atemzug an sie gedacht hat.' Mit diesem Transport sind einige unserer besten Kameradinnen in den Tod gegangen."

Bei allen Bestialitäten, die sie mitansehen, bei aller Härte, mit der sie sich dagegen panzern mußten – immer bewahrten sich Emmy und ihre Kameradinnen Wärme und Herzensgüte, blieb der ständig drängende Wille, zu helfen, wo es nur möglich war. Sie kamen aus verschiedenen Nationen, die Häftlingsärztinnen und -pflegerinnen, zu denen Emmy gehörte: aus Frankreich, Polen, Jugoslawien, Österreich. Eng befreundet war und blieb sie mit Ilse Dolanska aus der Tschechoslowakei, die bei der berüchtigten SS-Ärztin Dr. Herta Oberheuser als Schreiberin arbeitete und alle vorhandenen Möglichkeiten nutzte, gefährdete Frauen zu schützen. „Sie lernte die Unterschrift der Ärztin fälschen, verstand sich auf Kunststücke mit dem Stempel und hat damit oft die Arbeitsbefreiung von kranken Häftlingen verlängert, Namen oder Häftlingsnummern von Selektionslisten verschwinden lassen und so manche vorm Gastod bewahrt." Emmy lächelt noch heute, wenn sie davon spricht. Mit besonderer Liebe denkt sie an die Häftlingsärztin Doris Maase. „Sie kam aus Düsseldorf, war gleichfalls jahrelang im Zuchthaus und dann nach Ravensbrück gekommen. So viele verdanken ihr das Leben! Um die Leiden einer krebskranken Frau zu lindern, hat sie unter Gefahr ihres eigenen Lebens Morphium entwendet. Und bei alldem hatte sie auch noch Humor. Ich weiß noch wie heute: Der SS-Arzt, der meist betrunken war und Doris ständig zur Hilfe heranzog, brüllte oft durch die Tür unseres Sanitätszimmers: ‚Maase!' Und Doris sagte dann jedesmal als erstes – nur für uns hörbar: ‚Ach, leck mich doch!' und im gleichen Atemzug laut: ‚Ja bitte!'" Kleine Anlässe zu verstohlenem Lächeln mitten in der Hölle … Natürlich entwendete auch Emmy Medikamente, wo immer es möglich war. Kalktabletten und andere Stärkungsmittel, Schmerz- und Fiebertabletten. Abends ging sie möglichst spät vom Krankenrevier zu ihrer Wohnbaracke, wenn die Lagerstraße nicht mehr so streng bewacht war. Denn unter ihrem Häftlingskittel hatte sie regelmäßig zwei Wärmflaschen um den Leib gebunden, mit denen sie besonders alten Frauen, die unter den dünnen Decken immer froren, zu überleben half. „Und eine unserer Ältesten, wir nannten sie Muttchen Bereiter und versuchten immer, unsere Hände schützend über sie zu halten, hat wirklich die langen Zuchthaus- und KZ-Jahre lebend überstanden."

All diese großen und kleinen Hilfeleistungen waren für Emmy und ihre Kameradinnen mit Gefahren verbunden. Wären sie entdeckt worden, drohte der Strafblock, einer der schlimmsten aller schlimmen Orte in Ravensbrück. Oder auch die Prügelstrafe. 25 oder 50 Stockschläge, die, wie der „Reichsführer SS" Heinrich Himmler persönlich verfügt hatte, „auf das unbekleidete Gesäß" erfolgen mußten, und die oft tiefe Wunden, schwere Nierenschäden oder den Tod der Bestraften herbeiführten.

Der Name Himmler weckt in Emmy Handke Erinnerungen verschiedener Art. „Dieser Oberhenker der Nazis, der Vertreter des faschistischen Herrenmenschenwahns und des ‚gesunden arischen Erbgutes', ausgerechnet er hatte einen Sohn, der in einem Heim für schwer erziehbare Kinder untergebracht werden mußte. Die Leiterin dieses Heims war befreundet mit der Mutter von

Doris Maase. Sie wollte den Himmler-Sprößling loswerden, doch der SS-Führer bat und drängte, den Knaben zu behalten. Die Heimleiterin ihrerseits erklärte, daß sie dann eine Gegenleistung erwarte: Sie hätte eine Freundin in Ravensbrück ... So unwahrscheinlich es klingt, eines Tages hieß es dort: ‚Maase, mit allen Sachen zum Tor kommen'. Und Doris war frei! Wir freuten uns mit ihr."

Emmy wußte noch nicht, wie ähnlich die Situation sein würde, als es für sie hieß: Mit allen Sachen zum Tor kommen. Doch das war mehr als ein Jahr später im Konzentrationslager Auschwitz. In Ravensbrück wurde im späten Frühjahr 1942 ein Transport von 1000 Frauen aufgestellt, unter ihnen auch Emmy. Die Oberaufseherin, die den Transport leitete, sagte ihnen, sie kämen nach Auschwitz, um dort ein Arbeitslager aufzubauen. Sie mißtrauten ihren Worten. Zu oft schon hatten sie mit angehört, wie man die Todgeweihten belog. Ob dies nun auch ihr letzter Weg sein würde?

Doch sie kamen tatsächlich nach Auschwitz, in das größte Vernichtungslager der Faschisten, in dem bis zur Befreiung über 4 Millionen Menschen vergast wurden.

Du mußt es durchstehen, mußt überleben – von diesem Gedanken unbeirrbar durchdrungen, wandte Emmy all ihre in den langen Kerkerjahren erworbenen Erfahrungen an. Und wirklich, sie kam wieder als Pflegerin ins Krankenrevier.

Hier aber herrschte der SS-Lagerarzt Baron von Bodmann, eben jener, von dem sie später in ihrer Volkskammer-Rede sprach. Während draußen die Henker täglich Hunderte und Tausende in die Gaskammern trieben, hatte er im Revier seine eigene Hinrichtungsstätte. Er war berüchtigt dafür, daß er auch Leichterkrankte, die mit Medikamenten und etwas Ruhe geheilt werden konnten, oft mit einer Giftspritze tötete.

Luise Mauer, die gleichfalls aus Ravensbrück gekommen und in Auschwitz als Lagerälteste eingesetzt war, schreibt in ihren Erinnerungen: „... Da brach im Lager Typhus aus. Auch ich wurde typhuskrank. Ganz wenige überstanden diese schauderhafte Krankheit. Entweder sie starben bald daran, oder der ‚Freiherr' kam mit der Giftspritze. Eines Tages stand er auch mit der Spritze an meiner Pritsche. Ich sah, wie er genüßlich das Gift aus einer Flasche in die Kanüle sog. Doch er stach nicht zu. In letzter Sekunde hat ihn meine Kameradin Emmy Thoma daran gehindert. Emmy war Pflegerin auf dem Revier. Sie sagte dem Lagerarzt, ich sei die Lagerälteste und stünde unter dem Schutz der Oberaufseherin Langenfeld. Er unterließ das Abspritzen. Meine Kameradin bettete mich darauf in das Pflegerinnenzimmer ... Emmy Thoma hat mir damals das Leben gerettet."

Mitten im Todeslager ein Leben zu erhalten, das war ein großes Ziel und rechtfertigte jeden Einsatz. „Die krepiert doch sowieso", hatte Bodmann gesagt, als sie sich vor die kranke Kameradin stellte und ihn mit fieberhafter Beredsamkeit an der Injektion hinderte. Schließlich hatte er sich zurückgezogen, und Emmy erfüllte großer Stolz. In ihrem Sanitätszimmer pflegte sie Liesel

Mauer aufopferungsvoll, kämpfte gegen das Fieber, „besorgte“ Medikamente und Kräftigungsmittel, kochte Schleimsüppchen – und siegte endlich über die tückische Krankheit.

Kaum war Liesel Mauer genesen, sagte Himmler sich zu einer Besichtigung des Lagers an. Großes Reinemachen begann.

Emmy berichtet: „Die Oberaufseherin Langenfeld, in der die Massenvernichtungen offenbar einige menschliche Gefühle geweckt hatten, bestellte kurz zuvor Liesel Mauer, drei andere Kameradinnen und mich in ihr Zimmer und erklärte uns, sie wolle Himmler vorschlagen, uns zu entlassen. Natürlich glaubten wir nicht daran. Als sie dann beim Appell vor dem ‚Reichsführer‘ zu Himmler sagte, wir fünf seien am längsten in Haft und eine Entlassung wäre zu empfehlen, als wir vor die Kolonne treten mußten, flüsterten wir noch: Machen wir uns keine Illusionen.“

Dann kam Himmler auf die kleine Gruppe zu. Emmy fragte er nach ihrer Meinung über den nationalsozialistischen Staat. Unerschrocken antwortete sie: „Seit 1934 habe ich nur Gefängnis und Konzentrationslager kennengelernt – was soll ich da für eine Meinung haben?“

Dennoch schien das Unglaubliche Wahrheit zu werden: Er verfügte die Entlassung der Fünf. In Emmys Kopf wirbelten die Gedanken. Schon einmal stand ihre Entlassung auf der Tagesordnung, doch statt dessen kam sie nach Ravensbrück. Und auch jetzt rückte die Freiheit wieder in weite Ferne, als ausgerechnet der verhaßte Lagerarzt sie „dienstverpflichtete“ – als Dienstmädchen in seinem Haushalt.

„Das waren noch einmal zwei Jahre Martyrium“, sagt Emmy ernst. Gleich zu Anfang hatte die Hausherrin von ihr verlangt, sie solle sie mit „Frau Baronin“ anreden. Und Emmy, mit verschlossenem Gesicht: „Ich dachte, das ist in diesem Staat vorbei!“ Sie vermied dann tunlichst jede Anrede, doch die „Baronin“ vergaß ihr das nicht. Sie schikanierte und demütigte Emmy, wann immer sie konnte. Auch ihr Mann tat das seine dazu, drohte nicht nur einmal, sie wieder ins KZ zurückzuschicken.

Daß er dazu gar nicht berechtigt, ja, daß die ganze Dienstverpflichtung nur eine Eigenmächtigkeit des Bodmann war, erkannte Emmy erst nach und nach. Heimlich sandte sie einen Brief an ihre Schwester und bat um Hilfe. Die Schwester kam sehr schnell, erklärte den Bodmanns energisch, sie werde die SS-Leitstelle benachrichtigen, daß hier der von Himmler ausgesprochenen Entlassung zuwidergehandelt werde. Ob es diese Drohung war oder die Tatsache, daß die Sowjetarmee auf ihrem unaufhaltsamen Vormarsch schon Teile Polens befreit hatte und sich auch Auschwitz immer mehr näherte – auf jeden Fall ließen sie Emmy gehen. Sie kehrte zu ihrer Familie nach Breslau zurück. Berlin war für sie verboten. Den Weg dorthin kämpfte die Sowjetarmee frei, auch für Emmy. Im Parteivorstand der KPD schloß Wilhelm Pieck sie in die Arme: „Emmy, schön, daß du wieder da bist. Wir brauchen dich.“ In der Kaderabteilung des Parteivorstandes und dann des Zentralkomitees der SED fand Emmy wichtige Aufgaben. Denn neben der Notwendigkeit, Menschen zu finden, die für die neue Zeit, die neue Gesellschaft Verantwortung übernahmen, stand die Verpflichtung, die Vergangenheit niemals vergessen zu lassen. Emmy, in ihrer Abteilung verantwortlich für den Sektor Widerstand, suchte rastlos, alle zu erreichen und zu erfassen, die aus den Konzentrationslagern und Gefängnissen zurückkehrten. Alle veranlaßte sie, Berichte über ihre Erlebnisse zu schreiben. Keiner der illegalen Kämpfe und auch keines der Nazikriegsverbrechen sollte aus der Erinnerung dieser und der kommenden Generation verschwinden.

Da war noch einer zurückgekehrt, der Emmy beim ersten Wiedersehen in die Arme schloß: Georg Handke, ihr Gefährte in der Illegalität und auf der „Anklagebank", hatte wie sie seine Zuchthausjahre – sieben davon in strenger Einzelhaft – ungebrochen durchgestanden. Und er, der von der Befreiung an in verantwortlichen Funktionen am Neuaufbau mitwirkte, ließ Emmy nun überhaupt nicht mehr los. „Du hast mir schon damals gefallen", gestand er ihr lächelnd, und sie ebenso: „Du mir auch!"

Doch vor allem erinnerte er sich, wie unbeirrbar Emmy vor dem Nazigericht abgestritten hatte, irgendetwas über seine zentralen Parteifunktionen zu wissen. „Landesleitung?", hatte sie gesagt, „ich wußte gar nicht, was das ist. Ich war ein viel zu kleines Licht, um damit in Berührung zu kommen." Am 21. September 1945 – genau elf Jahre nach ihrer gemeinsamen Verhaftung, schenkte er ihr ein Porträtfoto von sich, auf dessen Rückseite sie las: „Daß ich mich Dir heute noch mit Kopf präsentieren kann – im Bilde natürlich – verdanke ich Dir, Emmy." Dies Bild hat noch jetzt einen Ehrenplatz unter den vielen Fotos von ihm und anderen Genossen in ihrer Wohnung.

1947 heirateten sie und wurden sehr glücklich miteinander. Für Emmy waren die Jahre mit ihm eine mit Arbeit erfüllte Zeit, geprägt von voller Übereinstimmung bei jedem Schritt zum nun Wirklichkeit gewordenen, gemeinsamen Ziel. Sie nennt sie die schönste Zeit ihres Lebens.

Georg Handke, der in der jungen DDR Minister für Außenhandel, später neben anderen verantwortlichen gesellschaftlichen Funktionen erster Stellvertreter des Außenministers wurde, der sich besonders bei der Entwicklung und Festigung der Freundschaftsbeziehungen zur Sowjetunion und den anderen sozialistischen Ländern verdient machte, bestärkte seine Frau in dem Streben, auch die internationalen Verbindungen zu den Widerstandskämpferinnen festigen zu helfen.

Eine der ersten, die Emmy zu sich nach Prag einlud, war Ilse Dolanska, die ehemalige Schreiberin der SS-Ärztin in Ravensbrück. Daraus wurde eine jahrelange Freundschaft. Auch mit Antonina Nikiforowa, der sowjetischen Häftlingsärztin in Ravensbrück, ist Emmy bis heute in freundschaftlicher Verbindung. Tanja Sergejewa aus Leningrad besucht Emmy, so oft sie in der DDR ist. Tanja war in Ravensbrück noch ein Kind, das von der Genossin Maria Krüger besonders betreut wurde, so wie manch andere „Lagerkinder" ihre speziellen Beschützerinnen hatten. Sie haben ihre „Lagermütter" nicht vergessen. Fest verbunden blieben all jene, die im KZ gemeinsam oder jede an ihrem Platz Widerstand geleistet und Solidarität geübt hatten.

Noch einmal blickt Emmy auf diese Zeit zurück: „Frauen aus 20 Nationen hatten die Nazis nach Ravensbrück verschleppt. Damals war es für uns zuerst gar nicht leicht, das Vertrauen der ausländischen Kameradinnen zu erwerben – wir waren ja Deutsche ... Doch als sie spürten, daß wir Antifaschistinnen waren wie sie, daß wir halfen, wo wir konnten, standen wir bald in einer Reihe."

Da war zum Beispiel Jewgenia Klemm, eine sowjetische Hochschullehrerin, die mit ihren deutschen Sprachkenntnissen viel dazu beitrug, die Verbindungen zwischen den sowjetischen und den deutschen Genossinnen zu knüpfen. Lolja Boika, gleichfalls Lehrerin aus der Sowjetunion, gab polnischen und französischen Widerstandskämpferinnen in den knappen Freizeitstunden Russisch-Unterricht.

Auch Marie-Claude Vaillant-Couturier trug zur Verständigung bei. Sie hatte vor 1933 einige Zeit in Berlin gelebt. Ihr Mann Paul gehörte zu den Mitbegründern der FKP und war bis zu seinem Tode 1937 Chefredakteur der „Humanité". Marie-Claude arbeitete weiter in seinem Sinne, wurde aktive Kämpferin gegen die faschistischen Aggressoren. Nach der Kapitulation Frankreichs lieferte die Vichy-Regierung sie an die Nazis aus. Doch ob im KZ Auschwitz oder später in Ravensbrück, sie blieb ihrer Überzeugung treu und war eine konsequente Internationalistin. Als Generalsekretärin der Internationalen Demokratischen Frauenföderation hatte sie nach der Befreiung eine Aufgabe gefunden, der sie sich mit ganzer Kraft widmete.

„Mama Zápotocká" war der liebevolle Name, den ihre tschechischen Kameradinnen der Frau gegeben hatten, deren Mann, Antonin Zápotocký, zu gleicher Zeit im KZ Sachsenhausen eingekerkert war, und der später Ministerpräsident und Präsident der Tschechoslowakischen Republik wurde. Zahlreiche Namen wären noch zu nennen, wie die Kommunistin Mela Ernst und die Sozialdemokratin Rosl Jochmann aus Österreich. Polnische und jugoslawische Antifaschistinnen und viele andere gehörten zu der geheimen Verbindung, die sich trotz aller Bespitzelung durch die SS wie ein unsichtbares Netz über das Lager spannte.

Kameradin, halt die Augen offen,
schau dich um, du bist hier nicht allein:
Alle, die mit dir vom selben Leid betroffen
wollen mit dir kämpfen, wollen deine Schwestern sein.

So hieß es in einem Gedicht, einem der vielen, die heimlich im Lager Ravensbrück geschrieben wurden. Auf solche und andere Weise gaben sie Verzweifelnden neuen Mut, halfen sie, den Geist rege zu halten, was zum Überleben sehr wichtig war, informierten sie sich gegenseitig über politische Fragen, über den Verlauf des Krieges, das Herannahen der Befreier.

Und als der Tag gekommen, die Geretteten wieder in ihre Heimatländer zurückgekehrt waren, erwies sich dies aus gemeinsamen Kämpfen und Leiden gewebte Freundschaftsband haltbar über Ländergrenzen und Jahrzehnte.

„Seit fast 40 Jahren besteht jetzt unser Internationales Komitee ehemaliger Ravensbrückerinnen, und ihm gehören immer noch 18 nationale Lagergemeinschaften an." Emmy sagt es nicht ohne Stolz. Zu diesem festen Zusammenhalt hat auch sie ihr Teil beigetragen. 30 Jahre war sie Generalsekretärin des Komitees. Seine jährlichen Treffen, die jedes Jahr in einem anderen Land stattfinden, bereitete sie zusammen mit der Präsidentin – zuerst war es Renée Laval, eine französische Rechtsanwältin, nach deren Tod Rose Guérin, langjährige Abgeordnete in der Französischen Nationalversammlung – und mit der Lagergemeinschaft des Gastlandes sorgfältig vor.

Das fällt gewiß nicht leicht, wenn man die Achtzig schon überschritten hat. Aber Emmy stand es durch bis in ihr 85. Lebensjahr, wenn es ihr auch zunehmend schwerfiel. So hatte sie in der Vergangenheit auch andere harte Zeiten durchgestanden. Für Georg Handke, ihren geliebten Mann, war sie 1958 „Hausfrau" geworden, um ihn, der ein schweres Magenleiden hatte, besser versorgen zu können. Natürlich hörte ihre vielfältige gesellschaftliche Arbeit damit nicht auf. Mit dem Mandat des DFD, zu dessen Mitbegründerinnen sie gehörte, wurde sie 1958 als Abgeordnete der Volkskammer gewählt. 1959 sprach sie auf zahllosen Versammlungen in der Umgebung von Ravensbrück, das im gleichen Jahr als Nationale Mahn- und Gedenkstätte eingeweiht wurde. 50 000 Menschen waren aus allen Gegenden der DDR, 19 Delegationen aus dem Ausland gekommen. Bei der feierlichen Kundgebung riefen sie alle Menschen guten Willens in der Welt auf: „Hört die Mahnung der Opfer von Ravensbrück … Bannt die Gefahr eines Atomkrieges … Frieden den Völkern, Frieden der Welt!"

Emmy spürte in diesem Augenblick das gute und große Gefühl: Der Kampf und die Leiden sind nicht umsonst gewesen. Doch drei Jahre später kamen Tage, an denen sie glaubte, am Ende ihrer Kraft zu sein. Georg Handke, der Mann, mit dem sie 15 glückliche Ehejahre verbunden war, hatte seine guten Augen für immer geschlossen. Wohl erlebte sie nun, wie viele Freunde sie hatte, die mit ihr trauerten. Noch heute bewahrt sie einen Brief von Rosa Thälmann auf, die ihr, selbst schon auf dem Sterbebett, schrieb: „Bleib tapfer, Emmy!"

Tapfer ist sie geblieben, wenn sie den Verlust auch nie verwunden hat. Unermüdlich erfüllte sie ihre gesellschaftlichen Aufgaben, so in der FIR, im Präsidium des Komitees der Antifaschistischen Widerstandskämpfer der DDR. Doch am meisten am Herzen lag ihr immer das Internationale Ravensbrück-Komitee. Mit Freude spricht sie davon, daß z. B. die norwegische Professorin Henriette Bie-Lorenzen in ihrem Land 30 Ravensbrückerinnen aufgespürt und zu einer Lagergemeinschaft zusammengeschlossen hat. „Sie ist keine Kommunistin, aber mit uns und unserem Land in Freundschaft verbunden. Wie überhaupt die Zusammensetzung der Lagergemeinschaften weltanschaulich so verschieden ist, wie es auch in Ravensbrück war. Da gibt es Christinnen, Sozialdemokratinnen, Parteilose. Wissenschaftlerinnen sind dabei, ja, auch Unternehmerfrauen, z. B. aus Belgien. Einst von den Nazis enteignet und verschleppt, sind sie nun längst wieder im Besitz ihrer Fabriken und leben dementsprechend. Doch sie fühlen sich noch immer mit uns und unserem Anliegen verbunden, die Erinnerung an die faschistischen Verbrechen wachzuhalten und für den Frieden einzutreten."

Viel weiß sie noch zu erzählen von Tagungen und Begegnungen in Frankreich, Italien, in der BRD.

„Leider werden wir ja nun immer weniger ...", darin schwingt Wehmut mit, aber auch die Gewißheit, daß das Vermächtnis der Ravensbrückerinnen in guten Händen liegt. Und dann holt sie ein Schriftstück herbei, das ihr besonders lieb ist. Es ist ein Brief von Doris Maase, die nach der Befreiung vom Faschismus Ärztin in Düsseldorf und Stadtverordnete der KPD war, bis die Adenauer-Regierung die Partei wiederum in die Illegalität trieb. Auch Doris Maase hat nicht aufgegeben. Sie war gleichfalls Mitglied des Internationalen Ravensbrück-Komitees und der VVN der BRD. Sie starb 1979. Wenige Tage zuvor schrieb sie einen Brief und bat, ihn „statt der üblichen Rede an meinem Grab zu verlesen."

Das geschah. Und es war, als sei sie es selber, die da zum Schluß sagte: „Liebe Genossen und Freunde, den gemeinsamen Kampf für den Frieden nicht mehr von der Tagesordnung zu lassen, mehr Menschen zu unseren Mitkämpfern zu machen, dafür zu leben lohnt sich und darum bitte ich Euch von ganzem Herzen. Seid nicht traurig. Ganz richtig sagt Bert Brecht: ‚Besser als gerührt sein, ist sich rühren.' Also rührt Euch für den Frieden und habt mich noch ein Weilchen in guter Erinnerung – Eure Doris".

„Ja, das tun wir, uns rühren, so lange wir können." Sorgsam faltet Emmy das Blatt zusammen und verwahrt es an sicherem Ort.

L. T.-H.

Die Tochter des Malermeisters

Ilse Hunger

KZ, das war Leid, Tod,
aber auch Solidarität, Widerstand.

ILSE HUNGER

Mit diesen Worten beurteilt Ilse Hunger die von ihr durchgestandene dreijährige Haftzeit in Ravensbrück. Hier habe sie nicht nur Entbehrungen, Angst, Brutalität und Unberechenbarkeit der Häftlingsbewacher kennengelernt; hier erfuhr sie – die Parteilose – eine großartige Solidarität bewußter und geschulter Kommunistinnen und Sozialdemokratinnen verschiedener Nationen. Das war für sie selbst eine regelrechte Schulung und stärkte ihr politisches Bewußtsein. Dieses Bewußtsein, so äußerte sie sich, sei die Kraftquelle für das Durchhalten im Lager gewesen.

Ilse Hunger stammt aus einem Elternhaus, in dem es keine eindeutige politische Linie gab. Ihr Vater, der Malermeister Curt Grimm, war weder konservativ noch besonders progressiv eingestellt, wurde aber auch nicht Mitglied der NSDAP.

Als drittes Kind der Grimms wird Ilse am 22. Mai 1910 in Leipzig-Lindenau geboren. Mit ihrer um zwei Jahre älteren Schwester Melanie verbringt sie dort einen wesentlichen Teil der Kindheit, die aber durch die Krankheit des einzigen Bruders sehr getrübt wird. Gerhard, dem Ältesten der drei Geschwister, gilt in den Jahren des ersten Weltkrieges die besondere Fürsorge der Mutter. Jene Angst um den 15jährigen, er könne durch die völlig unzureichende Ernährung an Tuberkulose erkranken, und die Einberufung des Vaters zum Militär prägen die Familiensituation dieser Kriegsjahre. Ilse belastet der sich schnell verschlechternde Gesundheitszustand des acht Jahre älteren, geliebten Bruders sehr, der viel zu oft ins Krankenhaus muß, denn auch die Mutter kann die gefürchtete Krankheit nicht aufhalten, obwohl sie dem Jungen noch von ihrer winzigen Ration abgibt. Gerhard stirbt an Tuberkulose.

Der Vater gilt längere Zeit als „vermißt". Er gerät in englische Gefangenschaft und kehrt erst einige Zeit nach Kriegsende heim. Diese Jahre der Not und der Angst um die nächsten Angehörigen haben auch die Kräfte der Mutter aufgezehrt. Sie stirbt 1925 an „Herzversagen". Der Verlust der über alles geliebten, geachteten und klugen Mutter erscheint der gerade aus der Schule entlassenen fünfzehnjährigen Ilse unfaßbar.

Noch vor Beendigung der achtjährigen Volksschulzeit hatten die Eltern sich um eine Lehrstelle für sie, die gern zur Schule ging und am liebsten Lehrerin geworden wäre, bemüht. „Doch berufliche Wünsche der Töchter konnten in jenen Jahren nur in den seltensten Fällen ausschlaggebend sein", sagt Ilse Hunger. „Vielmehr orientierten auch meine Eltern auf das Naheliegendste; sie meldeten mich nämlich im Architekturbüro unseres Onkels – das war der Bruder unserer Mutter – zur Stenotypistin-Lehre an, die damals drei Jahre dauerte." Im Hause von Max Fricke wird sie nun zwar liebevoll aufgenommen, kann am Mittagstisch teilnehmen, bekommt zahlreiche Bücher zum Lesen und erhält eine so gute Ausbildung, daß sie nach der Lehre eine perfekte Stenotypistin ist. Aber in dieser recht wohlhabenden Architektenfamilie – Ilse Hunger vergleicht sie heute mit den „Buddenbrooks", da sie auf ähnliche Weise zugrunde gegangen ist – empfindet sie ganz besonders deutlich die krassen Unterschiede von arm und reich. Sie beobachtet ihre Vettern, die mit den Eltern in teure Bäder fahren, laufend neue Kleidung tragen und vor allem beneidenswert viele Bücher besitzen. – Nach der Lehrzeit wirkt Ilse noch ein Jahr für den Onkel als billige Arbeitskraft, bis sie zum Beginn des Jahres 1928 diese familiäre Abhängigkeit aufgibt und ab 1. März eine Stenotypistinnenstelle im Zieh- und Walzwerk Leipzig-Leutzsch antritt. Hier bekommt sie Kontakt zu Arbeitern in der Gießerei des Werkes, sieht sie deren schwere Arbeitsbedingungen und empfindet die Ungerechtigkeit, der diese mit ihren Familien ausgesetzt sind.

Um sich weiter zu qualifizieren, beginnt Ilse Grimm am 1. November 1929 im Betriebsamt Stadtwerke Leipzig zu arbeiten, wo sie sich vor der Einstellung noch einer Aufnahmeprüfung unterziehen muß. – In jenen Jahren verbringt sie ihre Freizeit gern mit Wanderungen in die Umgebung Leipzigs. Dabei findet sie Kontakte zu Lebensreformern, Vegetariern und ab 1929 zum „Bund freier Menschen", eine mit den Sozialdemokraten sympathisierende Vereinigung, in der Freikörperkultur getrieben wird, in der man viel und heftig diskutiert und nach einem grundlegenden Lebensziel strebt. Im „Bund freier Menschen" trifft Ilse u. a. die Mutter von Wilhelm Hunger, ihrem späteren Mann. Nachdem Angehörige dieser Leipziger Gruppe eine kommunistische Partnerverbindung in Dresden besucht hatten, wurden sie sofort aus dem „Bund" ausgeschlossen, unter ihnen auch Ilse Grimm und Willi Hunger, deren gemeinsame politische Entwicklung in diesen Wochen begann.

Der 1904 gleichfalls in Leipzig geborene Wilhelm Hunger ist Arbeiter, genauer, Eisenhobler. Als Zehnjähriger hatte er seinen Vater verloren, der Mitglied der SPD war. Willi, wie ihn seine Verwandten und Freunde nennen, mußte deshalb frühzeitig ins Berufsleben treten, wurde bereits 1920 Gewerkschaftsmitglied innerhalb des Metallarbeiterverbandes. Im „Bund für proletarische Lebensreform" schließen sich Ilse und Willi Gleichgesinnten der Fichte-Wandersparte „Rot Sport" an. Dadurch kommt Ilse immer mehr mit Genossen der KPD in Kontakt. Sie wird Mitglied der „Roten Hilfe" und tritt etwa gleichzeitig der Gewerkschaft des Zentralverbandes der Angestellten bei. Zusammen mit Willi Hunger besucht sie Kurse der Volkshochschule und der „MASCH" (Marxistische Arbeiterschule); Ilse und Willi wachsen immer mehr in die politische Arbeit hinein, doch halten sie ihr Wissen noch nicht für ausreichend, um sich an die Kommunistische Partei zu binden.

Der Machtantritt der Nazis kann beide nicht daran hindern, in der Straßenzelle der KPD in der Treitschkestraße – der heutigen John-Schehr-Straße – mitzuarbeiten. Sie übernehmen die Verteilung von Flugblättern oder das Schreiben und Kleben von Losungen z.B. an die in der Nähe gelegenen Wehrmachtskasernen. „Doch die Mitgliedschaft in der kommunistisch orientierten Sportorganisation führte dann am 7. Dezember 1933 zu meiner fristlosen Entlassung aus dem Betriebsamt Stadtwerke Leipzig, da ich hierfür in dem auszufüllenden Fragebogen absichtlich falsche Angaben eingesetzt hatte", weiß sich Ilse Hunger noch genau zu erinnern. „Ich stand ohne jede geldliche Unterstützung da." Ihr Antrag auf Arbeitslosenunterstützung wird im März 1934 von der „Berufsgemeinschaft der weiblichen Angestellten, Abteilung Unterstützung" abgelehnt. Der Grund hierfür sei die verschwiegene Mitgliedschaft im „Bund für proletarische Lebensform", da sie „den Fragebogen betr. der Durchführung des Gesetzes zur Wiederherstellung des Berufsbeamtentums wissentlich falsch ausgefüllt habe", wie es im Antwortschreiben der „Berufsgemeinschaft" heißt. Zu der Zeit aber hat sie bereits im Büro der Firma „Röchling-Stahlwerke", Leipzig-West, eine neue Anstellung, die sie mit der Heirat im März 1935 allerdings wieder aufgibt. „Damals war das anders", begründet Ilse Hunger ihren Entschluß. „Um die Arbeitslosigkeit der Männer abzubauen, sollten nach dem Willen der Nazis verheiratete Frauen aus dem Berufsleben ausscheiden. Wir mußten uns zunächst um die Einrichtung der Wohnung kümmern – wir bekamen eine Wohnung in Leipzig-Süd in der Scheffelstraße, das waren Wohnküche und ein Zimmer, und alles wurde selbst renoviert. Die Möbel kauften wir gebraucht, da wir nur wenig Geld hatten … Ich habe dann häufig aushilfsweise gearbeitet, fast immer während der Leipziger Messe für die Röchling-Stahlwerke oder anläßlich vieler Ausstellungen, die in Leipzig stattfanden, beim Städtischen Messeamt."

Durch den Umzug nach der Heirat 1935 vom Norden nach dem Süden der Stadt bricht der Kontakt mit der Straßenzelle etwas ab, aber die Verbindung zu den Genossen der ebenfalls verbotenen Gruppe für proletarische Lebensreform besteht weiter. Man sieht sich an den Lübschützer Teichen, dort, wo sich Kommunisten und Sozialdemokraten treffen, in den Wohnungen, hört gemeinsam den Sender Moskau, überlegt, wie man selbst politisch weiterarbeiten könnte, da die Verbindungen zum Erhalt von Flugblättern und Broschüren aus der Tschechoslowakei nicht mehr bestehen.

1938 etwa lernen die Hungers an den Lübschützer Teichen bei Leipzig Kurt Gittel kennen, einen führenden Vertreter des KJVD Leipzig, der nach einem Urteil des „Volksgerichtshofs" gerade zwei Jahre Zuchthaus in Waldheim hinter sich gebracht hat. Ilse und Willi unterstützen das leidenschaftliche Bemühen Kurt Gittels, die Wahrheit über das Wesen des Faschismus zu verbreiten.

Gemeinsam mit seinen Freunden erarbeitete er die Materialien für die Widerstandsorganisation, die der Aufgabenstellung des ZK der KPD entsprachen; Kurt Gittel verfaßte Aufrufe, Flugblätter und Schriften, die u. a. die verbrecherische Politik der Hitlerfaschisten entlarvten, und die Herstellung der Einheit der Arbeiterklasse forderten. Ilse Hunger tippte viele dieser Texte auf einer Maschine ins reine, die sie zum Schreiben von Rechnungen für ihren Vater in der Wohnung hatte – für eventuelle Kontrollen durch die Gestapo als gute Tarnung gedacht.

Als im Februar 1940 ihr erstes Kind geboren wird, geben beide die illegale Arbeit nicht auf. Um aber alles gut zu sichern, trifft man gemeinsam die Absprache, im Falle einer Befragung durch die Gestapo über ihre Arbeit anzugeben, Ilse habe der Bitte Kurt Gittels um Ausführung von Schreibarbeiten entsprochen, ohne sich um den Inhalt des zu Schreibenden gekümmert zu haben; sie sei also über die illegale Tätigkeit überhaupt nicht informiert gewesen. Zudem sei das Ehepaar Hunger durch sein strenges Leben als Vegetarier wohl ohnehin etwas absonderlich, sei äußerst naturverbunden und lebe der Gesundheit, würde sich also keineswegs in eine so gefährliche Tätigkeit einlassen.

Nur etwa 1½ Jahre des Zusammenlebens mit dem kleinen Sohn Werner sind Ilse und Willi Hunger vergönnt. Die Flugschriften der Gruppe Gittel geraten in die Hände der Gestapo, die daraufhin ihre Häscher in Bewegung setzt, um die Urheber und Verbreiter des antifaschistischen Materials zu ermitteln. Nach der Verhaftung von Kurt Gittel am 25. Juni 1941 folgt die Festnahme von Ilse und Willi am 17. Juli. Ilses Vater kann diese Festnahme seiner Tochter und seines Schwiegersohnes am wenigsten fassen. Er wußte nichts vom Tun der beiden, ist aber fest davon überzeugt, daß sie nichts „Böses" getan haben können, läuft deshalb zur Gestapo, um dieser seine Überzeugung und auch die Sorge um die Entwicklung des Enkels mitzuteilen. – In der Tat bereitet die Unterbringung des Kindes bei Verwandten Probleme, da Ilses Schwester Melanie den Arm gebrochen hat und das Kind der Schwägerin an Windpocken erkrankt ist. Aber die Freundin und Genossin Liesbeth Hamann, die selbst einen vierjährigen Sohn hat, nimmt Werner zu sich und will ihn dann auch bei sich behalten.

Ilse muß die ersten Wochen nach der Verhaftung allein in einer Zelle verbringen. Sie hat viel Zeit, die Gedanken schweifen zu lassen und über alles nachzudenken – was wird werden? Besonders die Sehnsucht nach dem Kind muß sie verkraften. Aber sie denkt daran, daß sie nicht allein in einer solchen Lage ist, und sie hat Widerstand leisten wollen! Schwierig wird es, als im Herbst die Tage kürzer werden und man eines Abends beginnt, das Zellenfenster mit schwarzem Papier zu verdunkeln. Sie kann die Enge und Verschlossenheit der Zelle nicht mehr ertragen, fühlt sich am Ersticken und trommelt schreiend mit den Fäusten an die Zellentür. Am nächsten Tag verlegt man eine kleine unglückliche Frau in ihre Zelle, die von ihrem eigenen Sohn wegen Erzählens eines politischen Witzes angezeigt wurde. Ein neues Schicksal dringt auf Ilse ein.

Zum 29. Dezember 1941 beruft der „Oberreichsanwalt beim Volksgerichtshof" in Berlin die Hauptverhandlung gegen die Gruppe Gittel ein; aber erst am 27. Januar 1942 findet der Prozeß statt. Hauptangeklagter ist Kurt Gittel. Außer den Hungers sind Karl Schmidt und Helmut Holtzhauer, der spätere verdienstvolle Direktor der Nationalen Forschungs- und Gedenkstätten der klassischen deutschen Literatur in Weimar, wegen „Vorbereitung zum Hochverrat" angeklagt. Kurt Gittel erhält 10 Jahre Zuchthaus, und das Urteil für Ilse und Willi Hunger lautet auf jeweils 1 Jahr Gefängnis. Ilse möchte wegen des Sohnes diese Zeit in Leipzig „absitzen".

Einer Erlaubnis, ihr Kind einmal in dieser Leipziger Gefängniszeit sehen zu dürfen, wird erst nach einigen Monaten stattgegeben. So versuchen liebe Freunde der Hungers, Liesel und Kurt Lange, die sich während der ganzen Haftzeit von Ilse laufend um Werner kümmern, eine Begegnung zwischen Mutter und Sohn zu ermöglichen, wenn auch nur auf Distanz. Ilse Hunger schreibt darüber: „Als Häftling in diesem Gefängnis (Klein-Meusdorf, S. J.) wurden wir täglich per Straßenbahn in die Maschinenfabrik Gebr. Brehmer am Plagwitzer Bahnhof gebracht. Dazu mußten wir durch die Siedlung Meusdorf laufen in geschlossener Kolonne, wobei die Aufseherinnen aufpaßten, daß wir nicht mit der Bevölkerung in Berührung kamen, und fuhren dann weiter in einer Straßenbahn. (Ilse Hunger mußte hier in der Fabrik daumennagelgroße Kupferblättchen so abfeilen, daß die Ecken rund wurden, sicher war es Kriegsmaterial, aber sie wußte damals nicht, wofür. S. J.) An einem Abend bei der Rückkehr sah ich Liesel und Kurt Lange mit Fahrrädern in der Nähe des Gefängnisses herumfahren und uns beobachten. Nur stumm, mit Blicken begrüßten wir uns. Am folgenden Tag aber stand Liesel Lange in der Nähe der Haltestelle, unseren Sohn Werner auf dem Arm, und richtete es so ein, daß sie durch die Siedlung Meusdorf neben der Kolonne in meiner Nähe ging, so daß ich heimlich meinen Jungen sehen konnte." Ein zweites Mal hat Ilse in ihrer Gefängniszeit die Möglichkeit, den zweijährigen Sohn wenigstens anzuschauen. Aber als der Kleine in dem engen Raum die schwarzgekleidete, ihm unbekannte Frau sieht, schreit er fürchterlich. Ilses Entlassungstag rückt näher. In die große Freude, die entstehen will, ihre Lieben wiederzusehen, mischt sich bereits die Angst, daß es auch ihr so gehen könnte, wie sie das bereits von anderen Häftlingen gehört hatte: Schutzhaft – KZ. Und in der Tat: Auch für die junge Mutter Ilse Hunger kennen die Nazis in Leipzig kein Erbarmen. Vom Gefängnis Klein-Meusdorf entlassen, übergibt man sie der Gestapo. „Schutzhaft" wird angeordnet. „Es war schwer, sich an den Gedanken zu gewöhnen, doch nicht nach Hause zu können", sagt sie, „niemanden aus der Familie, auch nicht meinen Mann sehen zu dürfen". – Auch Willi Hunger wird nach dem einen Jahr Gefängnis nicht entlassen, sondern ins KZ Sachsenhausen gebracht.

Am 11. August 1942 traf Ilse Hunger mit einem großen Sammeltransport von Frauen in Ravensbrück ein, verließ sie den Waggon und betrat jenen Boden, auf den vor ihr schon Tausende unschuldiger Frauen und Mädchen und einige

Hundert Männer ihre Füße gesetzt hatten. Vier Tage zuvor war Rita Sprengel hier angekommen – Häftlingsnummer 12867. Ilse Hunger erhielt die Nummer 12991. Ilse und Rita lernten sich gleich in den ersten Tagen auf dem sogenannten Zugangsblock kennen, verstanden sich sofort, die beiden „Politischen", und sie sind bis heute in enger Freundschaft verbunden. Die erste schwere Arbeit überstanden die zwei Frauen gemeinsam durch gegenseitiges Helfen. Sie wurden der Kolonne „Luftmuna" (Luftmunitionshauptanstalt Fürstenberg) zugeteilt, die außerhalb des Lagers arbeitete. Ilse und Rita hatten gebrauchte Geschoßkästen aus ankommenden Zügen oder Kähnen zu entladen, weite Strekken fortzutragen und zu stapeln. Sie verletzten sich Arme und die nackten Beine an den herabhängenden, verrosteten Stahlbändern, hatten eitrige Wunden, besaßen keinerlei Verbandszeug. Die Essenrationen waren so knapp, daß ihre körperlichen Kräfte schnell abnahmen. Hunger quälte sie. Hinzu kam Durchfall, vielleicht war es auch Ruhr. Vor allem die schmutzige Unterwäsche und die fehlende Wechselwäsche wurden immer mehr zum Problem: „Diese grauenhafte Verschmutzung bedrohte unser Selbstbewußtsein stärker als alles andere. Natürlich sagten wir uns: Wir können nichts dafür! Das aber half wenig, ekelten wir uns doch selbst vor uns. Unter solchen Bedingungen den Kopf hochzuhalten, war fast unmöglich", berichtet Rita Sprengel. „Aber wir *mußten* und *wollten* durchhalten", ergänzt Ilse Hunger. – Rita, die noch etwas Kräftigere, war bisweilen die Resolutere. Sie schildert folgende Begebenheit aus jenen schweren Tagen: „Es kam ein endloser Nachmittag. Einige Stunden trennten uns noch vom Arbeitsende. Da setzte Ilse sich hin. 'Ich kann nicht mehr', stöhnte sie. Ich redete ihr zu, nur noch heute durchzuhalten. Sie schüttelte den Kopf. 'Mach, was du willst. Ich kann nicht mehr.' Kein Zureden half. Da wurde ich grob ... Ich riß sie hoch. Dann gingen wir weiter, Schritt für Schritt. Ilse hatte sich überwunden, aber faktisch zog ich sie und die Trage, auf der die schweren, riesigen Munitionskisten lagen. Ilse war im Block nicht mehr in der Lage, sich ihr Essen zu holen. Ich mußte es ihr ans Bett bringen. Ich fütterte sie und bat sie wegen meiner Grobheit um Verzeihung. Sie erinnerte sich an nichts mehr."

Und auch heute weiß Ilse Hunger nichts mehr von diesem körperlichen Zusammenbruch und der Grobheit der Kameradin, die doch so wichtig fürs Überleben und Durchstehen dieser schlimmen Situation war.

Nach etwa einem Monat hatte die schwere Außenarbeit in diesem Kommando für Ilse und Rita ein Ende. Jetzt spürten sie die organisierte Hilfe der Genossinnen, denn die beiden „Rotwinkligen" wurden nun in den Block 1, den Block der „Politischen" geholt, in dem auch solche Häftlinge untergebracht waren, die bestimmte Funktionen im Lager ausübten. Während die Überbelegung und der Schmutz im Zugangsblock – für die Häftlinge bestand keine Möglichkeit, sich täglich zu waschen – zusätzlich an Nerven und physischen Kräften gezehrt hatten, zeichnete sich Block 1 durch eine auffallende Ordnung und Sauberkeit aus. Hierfür sorgten die Blockälteste Rosl Jochmann, eine österreichische Sozialdemokratin, die im August 1939 von der Gestapo verhaf-

Ilse Hunger
22. Mai 1910

Familie Grimm 1915, Ilse in der Mitte

Mitte links: Sie hatte die Zugehörigkeit zum „Bund freier Menschen“ verschwiegen

Mitte rechts: Die Anklage lautete: „Wegen Vorbereitung zum Hochverrat“

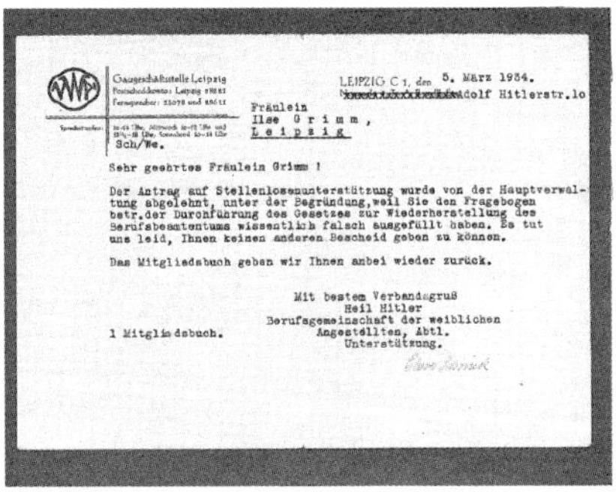

Gaugeschäftsstelle Leipzig

LEIPZIG C 1, den 5. März 1934.
Adolf Hitlerstr.lo

Fräulein
Ilse Grimm,
Leipzig

Sch/We.

Sehr geehrtes Fräulein Grimm !

Der Antrag auf Stellenlosenunterstützung wurde von der Hauptverwaltung abgelehnt, unter der Begründung, weil Sie den Fragebogen betr. der Durchführung des Gesetzes zur Wiederherstellung des Berufsbeamtentums wissentlich falsch ausgefüllt haben. Es tut uns leid, Ihnen keinen anderen Bescheid geben zu können.

Das Mitgliedsbuch geben wir Ihnen anbei wieder zurück.

Mit bestem Verbandsgruß
Heil Hitler
Berufsgemeinschaft der weiblichen
Angestellten, Abtl.
Unterstützung.

1 Mitgliedsbuch.

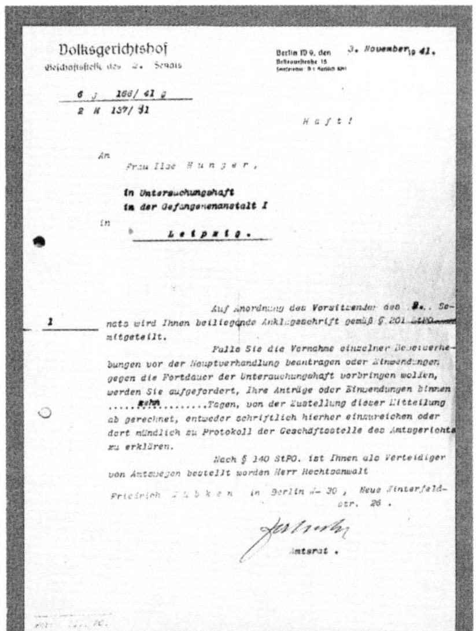

Volksgerichtshof
Geschäftsstelle des 2. Senats

Berlin W 9, den 3. November 1941.
Bellevuestraße 15

6 J 166/ 41 g
2 H 137/ 41

Haft!

An
Frau Ilse Hunger,
in Untersuchungshaft
im der Gefangenenanstalt I
in
Leipzig.

Auf Anordnung des Vorsitzenden des 2. Senats wird Ihnen beiliegende Anklageschrift gemäß § 201 StPO mitgeteilt.

Falls Sie die Vornahme einzelner Beweiserhebungen vor der Hauptverhandlung beantragen oder Einwendungen gegen die Fortdauer der Untersuchungshaft vorbringen wollen, werden Sie aufgefordert, Ihre Anträge oder Einwendungen binnen .....zehn........Tagen, von der Zustellung dieser Mitteilung ab gerechnet, entweder schriftlich hierher einzureichen oder dort mündlich zu Protokoll der Geschäftsstelle des Amtsgerichts zu erklären.

Nach § 140 StPO. ist Ihnen als Verteidiger von Amtswegen bestellt worden Herr Rechtsanwalt

Friedrich … in Berlin W 30, Neue Winterfeldstr. 26.

Amtsrat.

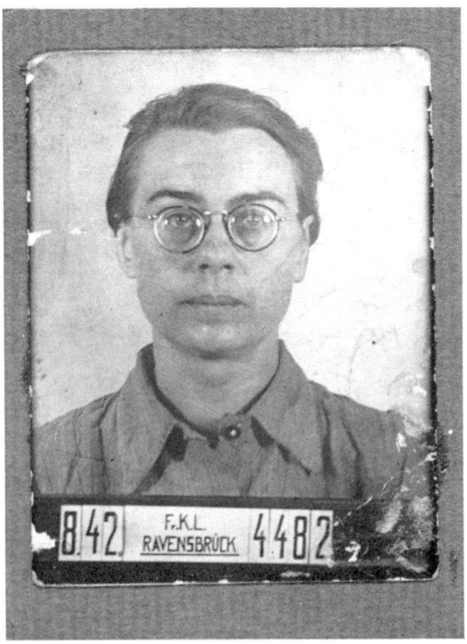

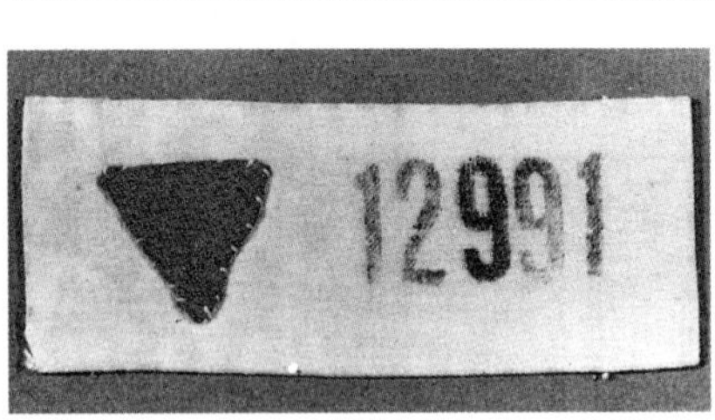

Ilse Hunger – Häftling 12991

Links: Liesel Hamann, „Ersatzmutter" für Werner Hunger, 1942 mit ihm und ihrem Sohn Ralf

Rechts: Ein Foto von Werner sollte die Mutter erfreuen. Die Aufseherin zerriß es vor Ilses Augen

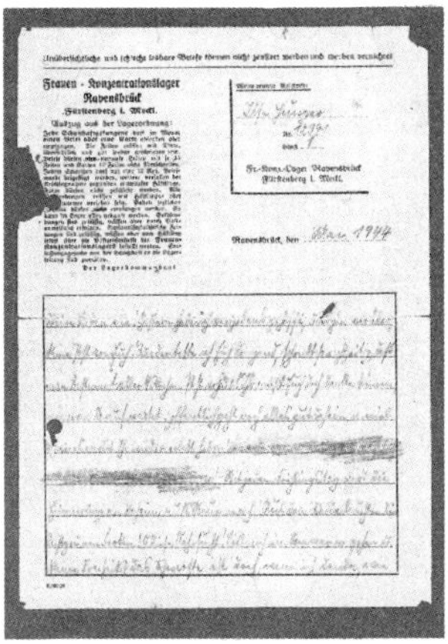

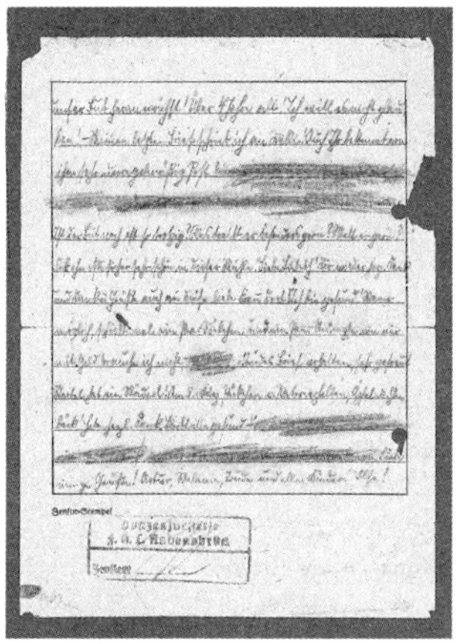

Ilse Hungers Mai-Brief des Jahres 1944, von der SS zensiert

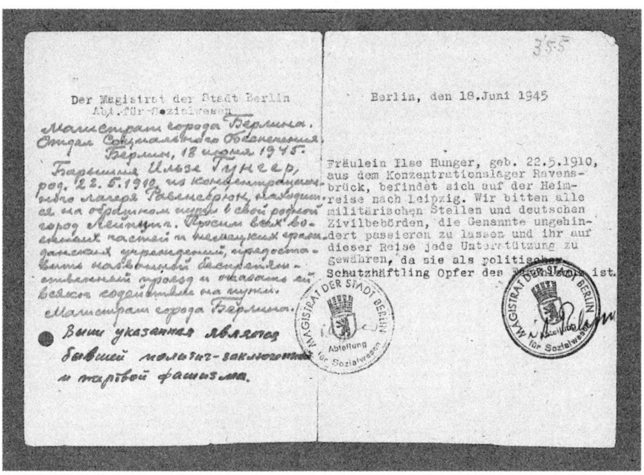

Der Magistrat der Stadt Berlin
Abt. für Sozialwesen

Магистрат города Берлина.
Отдел Социального Обеспечения.
Берлин, 18 июня 1945.
Барышня Ильзе Гунгер,
род. 22.5.1910, из концентрационного лагеря Равенсбрюк, находящаяся на обратном пути в свой родной город Лейпциг. Просим всех военных частей и немецких гражданских учреждений, предоставить названной беспрепятственный проезд и оказать ей всякое содействие на пути.
Магистрат города Берлина.
Выше указанная является бывшей политич-заключенной и жертвой фашизма.

355

Berlin, den 18. Juni 1945

Fräulein Ilse Hunger, geb. 22.5.1910, aus dem Konzentrationslager Ravensbrück, befindet sich auf der Heimreise nach Leipzig. Wir bitten alle militärischen Stellen und deutschen Zivilbehörden, die Genannte ungehindert passieren zu lassen und ihr auf dieser Reise jede Unterstützung zu gewähren, da sie als politischer Schutzhäftling Opfer des [illegible] ist.

Der Magistrat von Berlin bittet in russischer und deutscher Sprache, Ilse Hunger einen ungehinderten Heimweg nach Leipzig zu ermöglichen

Um ihr – als Opfer des Faschismus – eine weitgehende Unterstützung auf dem Weg nach Leipzig zu sichern, wurde am 22. Juni 1945 dieser Ausweis ausgestellt

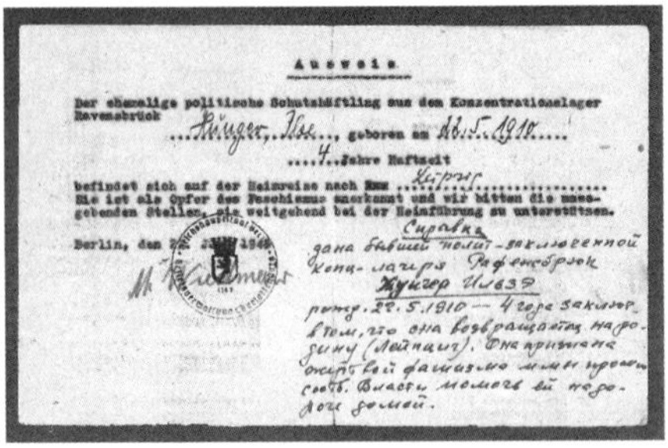

Ausweis

Der ehemalige politische Schutzhäftling aus dem Konzentrationslager Ravensbrück

...Hunger, Ilse..., geboren am [illegible]5.1910....

....4..Jahre Haftzeit

befindet sich auf der Heimreise nach Leipzig ....

Sie ist als Opfer des Faschismus anerkannt und wir bitten die massgebenden Stellen, sie weitgehend bei der Heimführung zu unterstützen.

Berlin, den [illegible]

Справка

„Wieder vereint", schrieb Ilse im Sommer 1945 auf dieses Familienbild. Auch Willi hatte die Konzentrationslager überlebt, und Werner trafen die Eltern gesund an

Die Hungers zu viert: 1950 war als zweiter Sohn Hans dazugekommen

Margarete Jung

12. Mai 1898–30. November 1979

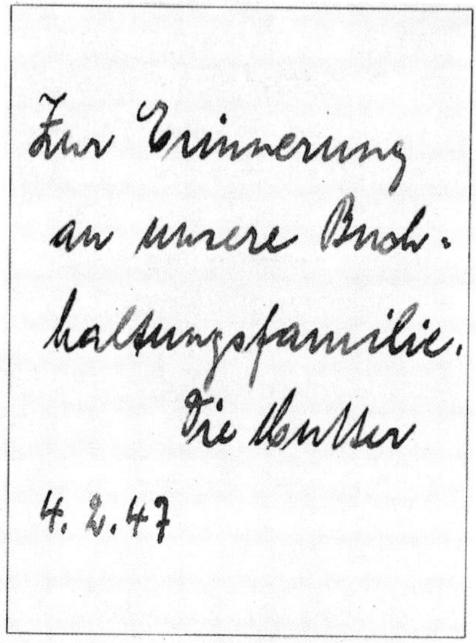
Zur Erinnerung
an unsere Buch-
haltungsfamilie.
Die Mutter
4. 2. 47

Dieses Foto mit der persönlichen Widmung auf der Rückseite sandte Marga 1947 an Friederike Furch, Wien

Brief von Marga zum 50. Geburtstag von Friederike

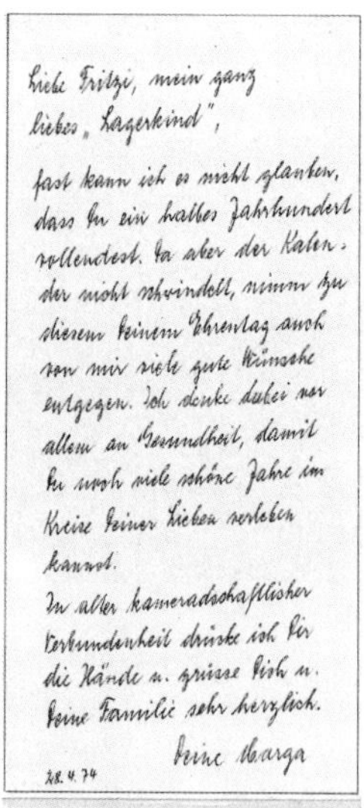
Liebe Fritzi, mein ganz
liebes „Lagerkind",

fast kann ich es nicht glauben,
dass Du ein halbes Jahrhundert
vollendest. Da aber der Kalen-
der nicht schwindelt, nimm zu
diesem Deinem Ehrentag auch
von mir viele gute Wünsche
entgegen. Ich denke dabei vor
allem an Gesundheit, damit
Du noch viele schöne Jahre im
Kreise Deiner Lieben verleben
kannst.
In alter kameradschaftlicher
Verbundenheit drücke ich Dir
die Hände u. grüsse Dich u.
Deine Familie sehr herzlich.

Deine Marga

28. 4. 74

Marga Jung (2. v. rechts) bei der Jugendweihe des Urenkels Stefan

Anna Kassing

18. August 1900 – April 1945

Tilde Klose

22. Dezember 1892 – Februar 1942

tet und 1940 ohne Gerichtsverfahren nach Ravensbrück „überstellt" worden war, und die tschechische Genossin Rezi Kozderova als Stubenälteste. Rosl Jochmann berichtet hierüber: „Unser Block war der Musterblock. Er mußte immer auf Hochglanz hergerichtet sein, und zwar hatte jeder Häftling einen Teller, eine Schüssel, ein Messer, eine Gabel, eine Zahnbürste, ein Zahnglas und ein Geschirrtuch, das im Schrank aufgehängt sein mußte. Wir haben das alles nicht benützt. Wir haben für alles einen Ersatz gehabt, weil, wenn die Aufseherin kontrollieren gekommen ist, mußte das alles tadellos sein."

„Diese Ordnung und Sauberkeit", sagt Ilse Hunger, „war ein großer Lebensvorteil für die Häftlinge, denn er ermöglichte uns 'Politischen' unter anderem den Zugang zu manchen wesentlichen Funktionen. Aus Angst vor Krankheiten zum Beispiel war die SS darauf bedacht, saubere Häftlinge um sich zu haben, und so bot das uns die Chance – ob im Revier, der Küche, in der Schreibstube oder im 'Arbeitseinsatz'-Büro und später bis zu den Büros der Rüstungsbetriebe, daß dort Antifaschistinnen verschiedener Nationen zum Einsatz kamen." In den ersten Tagen im Block 1 war die kleine, völlig abgemagerte Ilse Hunger so schwach, daß sie zu keiner Arbeit fähig gewesen wäre. Rosl Jochmann, die als Blockälteste mehr „Freiheiten" hatte als ihre Kameradinnen, z. B. auf die Lagerstraße durfte, wenn alle anderen in den Blocks sein mußten, soll es gewesen sein, die für solche erschöpften Kameradinnen sogenannte Innendienstkarten bereit hielt, wodurch sie sich nicht im Revier vorstellen mußten, und zum anderen sich solche gefährdeten Frauen im Block ein wenig ausruhen konnten. Ilse gehörte für kurze Zeit zu den „Innendienstlern", und Rita Sprengel erinnert sich, daß die Freundin einmal nicht zum morgendlichen Zählappell antreten konnte, Rosl Jochmann und Rezi Kozderova ihn aber dennoch „stimmend" gemacht hätten.

Nach einer kurzen Zeit leichterer Arbeiten in der „Wäschekammer", die wiederum ihre Kameradinnen vermittelt hatten, wurde Ilse Hunger aufgrund ihrer beruflichen Qualifikation im von der SS neu gebildeten „Arbeitseinsatz" beschäftigt: Jeden Morgen holte sie der SS-Mann Baderschneider ins große Gebäude der Kommandantur jenseits der Lagermauer ab und brachte sie abends wieder zum Block 1 zurück. Ilse saß dann tagsüber zeitweilig allein in einem Raum, in den Baderschneider sie bei jedem Weggang einschloß. Hier schrieb sie Rechnungen für geleistete Arbeitsstunden und -tage an solche Stellen und Betriebe, die Ravensbrücker Häftlinge beschäftigten, und das wurden immer mehr. – Ilse Hunger erinnert sich aber auch, welches Mißtrauen manche Kameradinnen ihr entgegenbrachten, seitdem sie so unmittelbar bei der SS tätig war, wie sie darunter litt und wie sie es nur allmählich überwinden konnte.

Durch die organisierte Hilfe der Genossinnen, die bereits aus den Zugangslisten feststellten, ob politische Frauen ins Lager kamen, waren Ilse Hunger – und auch Rita Sprengel – dem Tod wahrhaftig „von der Schippe gesprungen". „Und das war gar nicht so wenig", schreibt Rita Sprengel. „Nachdem wir wieder etwas zu Kräften gekommen waren, gehörten wir zu denjenigen, die nicht tatenlos auf ihre Befreiung warteten, sondern, jede an ihrem Platz, taten, was in ihren Kräften lag.“ „Doch das, was wir taten, war nur im Zusammenhang und mit der Solidarität anderer Antifaschistinnen verschiedenster Länder möglich“, betont Ilse Hunger in unseren Gesprächen immer wieder.

Mit der zunehmenden Überfüllung des Lagers im Jahre 1943 brauchte die SS für den Verwaltungsapparat eine immer größer werdende Zahl von Mitarbeitern, also von fähigen Häftlingen, und das waren zumeist die „Politischen“. Das Büro „Arbeitseinsatz“ wurde ins Lager verlegt, denn die Zahl der hier beschäftigten Häftlingsfrauen war nach und nach auf mehr als 30 angestiegen. Ilse Hunger sowie die österreichischen Kommunistinnen Anni Hand und Mizzi Berner konnten nun Antifaschistinnen verschiedener Länder entsprechend „unterbringen“. Hier im „Arbeitseinsatz“-Büro praktizierten diese Frauen eine tief beeindruckende internationale Solidarität. Zusammen mit den Kameradinnen des Reviers hatten sie eine gewisse Schlüsselfunktion inne, mit der es ihnen auf verschiedenen Wegen gelang, manche Befehle und Anordnungen der SS zu durchkreuzen und Menschenleben zu retten. Die Polin Marta Baranowska aus Bydgoszcz, die vom August 1941 bis zur Befreiung des Lagers als „Politische“ in Ravensbrück war, und mit der Ilse Hunger noch immer in freundschaftlichem Briefwechsel steht, erinnert sich gut: „Sehr oft suchte ich Beziehungen zum Arbeitseinsatz, besonders zu Ilse Hunger und Anni Hand, Wien, wenn es galt, irgend etwas für meine Polinnen oder andere Kameradinnen zu erbitten: Daß man diese oder jene nicht auf Transport schikken soll, daß man Mutter und Tochter oder Geschwister nicht trennen soll, daß man für diese oder jene wegen ihres schlechten Gesundheitszustandes eine leichtere Arbeit brauche.“ Sie habe bei Ilse immer Verständnis und Hilfe gefunden, und durch deren mutigen Einsatz sei sie selbst nicht von ihrer Schwester getrennt worden und manche Mutter nicht von ihren Töchtern.

Wie aber waren solche Manipulierungen unter den Augen der Peiniger dennoch durchführbar? Als Ilse Hunger 1943 im „Arbeitseinsatz“-Büro tätig war, hatte die Rote Armee der faschistischen Wehrmacht bereits schwere Niederlagen beigebracht. Durch den Einsatz von KZ-Häftlingen für die Kriegswirtschaft schien den braunen Machthabern eine unerschöpfliche Arbeitskräfte-Quelle zur Verfügung zu stehen. In jenen Monaten wurden immer mehr Frauen in das KZ Ravensbrück eingeliefert. Nicht nur die Belegungsstärke des Lagers nahm so ständig zu, sondern es entstanden auch jene Außenlager von Ravensbrück, in denen Häftlinge für solche Betriebe wie Heinkel, Siemens & Halske, Auer, IG Farben u. v. a. ausschließlich Kriegsmaterial produzieren mußten. Hunderte von deutschen und ausländischen Häftlingen wurden dorthin „auf Transport“ geschickt; ihr Tod war einkalkuliert, weil genügend „Nachschub“ zur Verfügung stand.

Bevor solche Transporte in Außenlager zusammengestellt wurden, erfolgten mitunter im Revier Untersuchungen. Mit falschen Eintragungen auf den Karteikarten durch Revierhäftlinge, die ansteckende Krankheiten wie Krätze oder Tuberkulose bestätigten, gelang es, manche Kameradin von einer schweren Arbeit zurückzustellen. Gleiches galt für die Zusammensetzung von Arbeitskommandos. Andererseits konnte aber der Transport in eines der zahlreichen Außenlager auch eine Überlebenschance sein. – Wie das im „Arbeitseinsatz“-Büro praktisch gehandhabt wurde, darüber berichtet Ilse Hunger: „Die Transportlisten wurden gewöhnlich dann zusammengestellt, nachdem Beauftragte der Rüstungsbetriebe für ihre Produktion geeignete Frauen – z. B. durch Vorzeigen der Hände – im Lager ausgesucht hatten. Diese anschließend gefertigten Listen namentlich aufgeführter Häftlinge änderten wir häufig in der Nachtschicht des Arbeitseinsatzes dahingehend ab, daß wir die mittelsten Blätter neu schrieben – das jeweils letzte Blatt war bereits unterschrieben und durfte nicht verändert werden – und solche Frauen einsetzten, mitunter mit falschem Namen und anderer Nummer, die das Lager schnell verlassen wollten oder mußten. Dabei verwendeten wir Namen und Nummern von Toten oder auch von solchen, die bereits in anderen Lagern waren. Rita Sprengel z. B., die wegen Sabotage im Siemens-Werk im Oktober 1944 Ravensbrück sehr schnell verlassen mußte, konnten wir auf diese Weise in einen Transport von 500 Frauen zum Betrieb 'Universelle' nach Dresden schmuggeln.“ – Eine der Geretteten war auch die junge Polin Marta Birek. Als sie im Frühjahr 1945 vom Außenlager Neubrandenburg nach Ravensbrück zur Erschießung gebracht wurde und Marta Baranowska, Blockälteste der Polinnen, von den Kameradinnen der „Politischen Abteilung“ jene Nachricht erhielt, gab sie diese sofort an das „Arbeitseinsatz“-Büro weiter. Ilse Hunger, Anni Hand und Mizzi Berner setzten Marta Birek unter anderem Namen und neuer Nummer auf eine Transportliste, und sie kam unerkannt aus dem Lager und überlebte. – Und noch ein dritter Name soll stellvertretend für jene Ravensbrückerinnen genannt werden, denen Ilse Hunger im Zusammenwirken mit ihren Kameradinnen das Leben retten konnte: die Dresdnerin Fridel Hensel. Sie kam Ende 1943 ins Lager. Ihr Mann war in Plötzensee hingerichtet worden. Nach einer Versteifung ihres linken Fußes brachte man sie als Arbeitsunfähige auf den Vernichtungsblock. Es gelang jedoch den „Arbeitseinsatz“-Häftlingen, sie zur Arbeit in der Schälküche einzusetzen und sie im Block 1 unterzubringen. Im Mai 1945 kehrte Fridel Hensel nach Dresden zurück.

Als kurz vor der Befreiung des Lagers im Rahmen der Aktion „Bernadotte“ insgesamt 19 000 Häftlinge aus deutschen Konzentrationslagern nach Schweden gebracht werden konnten – unter ihnen auch Ausländerinnen aus Ravensbrück – hatten Ilse Hunger und ihre Mitstreiterinnen durch Manipulierung der Papiere in diesen Transporten einige deutsche, besonders gefährdete Kameradinnen unterbringen können. Hierdurch gelangten u. a. Änne Kassing und Sophie Dehm sowie Elsa Fugger in die Fahrzeuge des Schwedischen Roten Kreuzes, wobei Änne Kassing und Sophie Dehm auf diesem Transport bei einem Fliegerangriff ums Leben kamen.

Da der „Arbeitseinsatz“ zu seinen Aufgaben auch die Bestrafung von Häftlingen zählte, die beispielsweise ihre Arbeitsleistung nicht schafften, in den Augen der Aufseherinnen faul waren oder der Arbeit fernblieben, fanden sich hier dennoch Mittel und Wege, den Betroffenen zu helfen. „Wir sollten die zur Bestrafung Vorgesehenen von den Blocks zum 'Arbeitseinsatz-Führer' holen, aber häufig logen wir ihm dann vor, daß die Häftlinge nicht anzutreffen bzw. auf andere Blocks verlegt worden seien oder bereits wieder zur Arbeit gingen." Und dann erinnert sich Ilse Hunger an die besonders zahlreichen Bestrafungen, die für die Häftlinge der „Siemenskolonne" durch den dortigen Werkleiter gefordert wurden – für jene Frauen und Mädchen verschiedenster Länder, die in den unmittelbar neben dem Lager errichteten Hallen Kriegsmaterial herzustellen hatten. Beinahe täglich habe das Büro des „Arbeitseinsatzes" Namenslisten von nicht zur Arbeit erschienenen Häftlingsfrauen oder solchen mit angeblich ungenügenden Arbeitsleistungen erhalten. „Nach und nach haben wir diese Listen unterschlagen, einfach dem 'Arbeitseinsatzführer' nicht mehr vorgelegt, sondern in enger Zusammenarbeit mit der mutigen tschechischen Kameradin Anni Vavak, die „Anweisungshäftling" für die Siemenskolonne war, vernichtet oder auch die Häftlinge als unauffindbar in den Blocks angegeben.

Nur wenige Beispiele, die Ilse Hungers Einsatz als Glied einer Kette solidarischen, vielfach lebensgefährlichen Handelns zum Besten der Mithäftlinge verdeutlichen. Von Anbeginn war es ihr hier bei soviel Menschenverachtung und Menschenvernichtung bewußt, wie lebensnotwendig der Zusammenhalt der Häftlinge verschiedenster Nationen war, wie wertvoll jede freundschaftliche Geste, jeder Beweis von internationaler Solidarität. – Wie wenig sie dennoch an ihrem Platz zu tun vermochte, erbrachte erst das erweiterte Wissen um die Hölle von Ravensbrück in den Jahren nach der Befreiung.

Viele ihrer Kameradinnen sprechen noch immer mit großer Dankbarkeit von der jederzeit helfenden Ilse Hunger, die durch ihr Verhalten anderen Mut und Kraft gegeben habe. Als Gerda Szepansky zum Beginn der 80er Jahre Frauen in der BRD befragte, die Widerstand gegen die Nazis geleistet haben, erfuhr sie von Erna Lugebiel, auch einer Ravensbrückerin: „Die Listen, die im Arbeitseinsatz ausgestellt wurden, hatte die Kameradin Ilse Hunger unter sich. Sie war der Engel, der hier wirkte. Sie nahm Namen von den Listen herunter, tauschte Häftlingsnummern aus. Durch diese Tricks wurden viele gerettet, konnten mit Nummern von Toten weiterleben. Ich weiß nicht, wie viele Frauen sie gerettet hat." Woher aber nahm Ilse Hunger selbst die Kraft zu diesem Tun? Gingen doch ihre Gedanken oft genug zu ihrem kleinen Sohn Werner und zu ihrem Mann, der Ende 1942 aus Sachsenhausen in das KZ Mauthausen gebracht worden war. Sie erhält nur ganz selten Post von ihm und erfährt schließlich von einem Ravensbrücker SS-Mann, daß Willi nicht mehr in Mauthausen, sondern nun in Auschwitz sei. Das bedrückt sie natürlich sehr, denn welcher Häftling wußte nicht, daß Auschwitz ein Vernichtungslager war.

Den Sohn weiß Ilse bei Liesbeth Hamann und ab 1944, als diese ein zweites Kind zur Welt bringt, in guten Händen bei ihrer Schwester Melanie. Und dennoch wird sie verständlicherweise unruhig, wenn sie nicht in den durch die „Lagerordnung" geregelten monatlichen Abständen eine Nachricht von zu Hause erreicht, weiß sie doch über die immer häufiger stattfindenden Fliegerangriffe – besonders auch über Leipzig – Bescheid. „Ihr müßt Euch doch denken können", schreibt sie 1944 an ihre Lieben, „wie man darauf wartet. Hoffentlich geht noch alles gut daheim". Wie ihre Kameradinnen darf auch sie, eine Mutter, nur alle vier Wochen einen Brief empfangen. Wie gern möchte sie ihren Werner sehen, erleben können, wie er heranwächst, wie er ausschaut. Er wird im Februar 1944 vier Jahre alt. Aber als die Angehörigen eines Tages trotz des Verbots doch ein Foto von Werner in den Brief legen, zerreißt es eine Aufseherin vor Ilses Augen mit sichtlichem Vergnügen. Auch Liesel und Kurt Lange, die Leipziger Freunde, versuchen, an Ilse ein Foto des Jungen zu schicken, als „Ansichtskarte" und Glückwunschkarte zum Geburtstag getarnt, aber diese Post ist Ilse Hunger nicht ausgehändigt worden. Erst in den letzten Monaten im KZ, als die Häftlingskleidung immer knapper wird und die Frauen ihre eigene Kleidung aus der Effektenkammer bekommen, findet sie das Bild von Werner in ihrer Manteltasche; sie hat niemals erfahren, wie das Foto dort hineingekommen ist. Die Freude ist unbeschreiblich.

Sorge um ihren Jungen hat Ilse bis zuletzt und wohl auch ein wenig Angst davor, wie sich einmal das Verhältnis zwischen ihr und ihm gestalten wird, da der Junge seine Mutter eigentlich überhaupt nicht kennt. Doch Ilses Schwester, ihr Vater und Freunde hatten Werner des öfteren Fotos seiner Eltern gezeigt und ihm wiederholt erzählt, daß sie bald zurückkommen würden. Um so glücklicher ist Ilse Hunger, als dann nach dem Wiedersehen im Juni 1945 die Gewöhnungszeit aneinander nur kurz ist. Beide erfreuen sich der gegenseitigen Zuneigung, und Ilse versteht „den Schmerz der Kameradinnen, die noch nicht den Schlüssel zu Herz und Hirnen ihrer Kinder gefunden haben". Dies galt vor allem für solche Kinder, die während der Haft der Mutter lange Zeit in Nazifamilien oder in faschistischen Heimen erzogen wurden. Natürlich fiel Ilse Hunger die lange Trennung von Werner oft schwer. Doch sie sah um sich auch zahlreiche Mütter, die mit ihren Kindern ins Lager gekommen waren; sie wußte vom Elend der hier Geborenen und der vielen hier sterbenden Kleinen. So war sie selbstverständlich dabei, als 1944 für die Kinder eine Art „Weihnachtsfeier" organisiert wurde. Ilse Hunger schreibt darüber: „Frauen aller Nationen hatten sich in dem Bestreben verbunden, den Kindern eine Freude zu bereiten. Brot, Marmelade, Margarine wurden gespart, aus alten Stoffresten Bälle, Püppchen und Spielzeug gebastelt, Handschuhe und warme Socken gestrickt und als ganz besonderes Ereignis ein Puppentheater vorgeführt. Etwa 400 Kinder erlebten ein märchenhaftes Puppenspiel. Die Geschenke konnten wir ihnen nur heimlich übergeben. Aber folgendes geschah: Die Oberaufseherin Binz und Schutzhaftlagerführer Bräuning erschienen in der Baracke. Er brachte es fertig, den Kindern zu sagen, daß sie bald in ihre Heimat zurückkehren würden, obwohl er genau wußte, daß fast alle Kinder Anfang 1945 in Vernichtungstransporten aus dem Lager gebracht wurden."

Unter den Frauen, die zu Tausenden Ende April 1945 von der SS aus dem Lager getrieben werden, um der heranrückenden Roten Armee nicht „in die Hände zu fallen", geht auch Ilse Hunger. Neben ihr die Kommunistin Erika

Buchmann, Blockälteste des Tuberkulose-Blocks, und Nadja, eine jugoslawische Antifaschistin. Auf der endlosen Straße sehen sie nach langer Zeit Menschen einer anderen Welt – der außerhalb des Lagers. Es sind Flüchtlinge mit Handwagen, Kinderwagen, Planwagen; Frauen mit Kindern an der Hand, kaum Männer, Alte. Immer wieder werden sie von Fahrzeugen der faschistischen Wehrmacht überholt. Ilse, Erika und Nadja denken an die Flucht, denn das wäre die Rettung, die Freiheit. Und sie kommt, die Gelegenheit. Am 1. Mai sind sie frei, umarmen sie ihre Befreier – die Rotarmisten, die ihnen Brot und Speck geben und auch etwas zu trinken, und ihnen den Weg in den befreiten Ort zeigen. Es ist ein wunderschöner Frühlingstag – Sonne, blauer Himmel. Ilse Hunger denkt daran zurück, dabei gleichzeitig das Erreichte messend, als sie ein Jahr später einen Brief an Erika Buchmann abschließt: „Frohe Gedanken: 1. Mai 1945 – 1. Mai 1946. Wir sind ein Stück vorwärts gekommen. Wir haben die Einheit der Arbeiterklasse."

An jenem 1. Mai 1946 marschieren im Demonstrationszug durch Leipzig Ilse, Willi und Werner Hunger. Auch Willi hatte die vierjährige Haftzeit überlebt. Er war vor Ilse in Leipzig angekommen. Ilse ist sehr glücklich. Es ist fast wie ein Wunder: Nach langen Jahren der Trennung sind sie auch als Familie wieder vereint. Als sie sich zum ersten Mal so fotografieren lassen – eine Familie, die Schweres durchgemacht hat –, schaut keiner in die Kamera. Jeder scheint seinen Gedanken und den Empfindungen dieser Stunde des Zusammenseins nachzuhängen. Alles ist noch zu unwirklich. Auf der Rückseite des Fotos vermerken sie: „Wieder vereint!"

Ilse Hungers Weg führte aber nicht unmittelbar vom Ort der Befreiung nach Leipzig. Liest man in ihrem Lebenslauf die lapidare, für sie ganz selbstverständliche „Mitteilung": „Am 1. Mai 1945 war das Lager frei. Nachdem ich dort noch die Kranken mitgepflegt hatte, kehrte ich Ende Juni nach Leipzig zurück ...", fragt man sich gleichzeitig: Was bewog Ilse Hunger, in das Lager zurückzukehren? Kein Mensch hatte es von ihr verlangt. – Leipzig war in den letzten Monaten von schweren Bombenangriffen heimgesucht worden. Von ihrem Mann und ihren Angehörigen gab es schon wochenlang keine Nachricht. Waren sie, war Werner überhaupt am Leben? Wenn ja, wußte sie den Sohn in guter Obhut. Aber hier im Lager hatten sie die Kranken und Schwerkranken zurücklassen müssen, Erika Buchmann ihre Kameradinnen im Tuberkulose-Block. „Wir mußten sehen, wie es ihnen ergangen ist; ob wir helfen können", beantwortet Ilse Hunger meine Frage. In der Tat blieben Ilse Hunger und Erika Buchmann noch mehrere Wochen in Ravensbrück. An „Ihr(e) Lieben alle" in Leipzig schreibt sie mit Datum vom 4. Juni 1945 aus dem „Sanatorium Ravensbrück", das jetzt im ehemaligen gefürchteten „Jugendlager" eingerichtet worden war, dort, wo zahlreiche männliche Häftlinge größtenteils zum forcierten Aufbau des Frauenlagers unter grauenhaften Bedingungen untergebracht, dort, wo wenige Wochen zuvor noch Hunderte von Häftlingen systematisch vernichtet worden waren. Ilse Hunger schreibt u. a.: „Ich weiß nicht, ob Ihr meinen ersten Brief erhalten habt, ich hatte geschrieben an Mutter (Ilse

Hunger meint hier ihre Schwiegermutter, Helene Hunger, S. J.) und Melanie. Ich bin noch in Ravensbrück. Wir haben unser Lager, d. h. die noch im Lager befindlichen Kranken, herausverlegt in den Wald, und wir leben hier sehr gut. Kurz will ich noch berichten, falls Ihr den ersten Brief nicht erhalten habt, daß wir am 28. 4. alle das Lager verlassen mußten, d. h. unter SS-Bewachung. Nach einer Nacht bin ich mit noch anderen Frauen geflüchtet, und wir haben uns drei Nächte im Walde aufgehalten, eine Nacht davon war schrecklich, da war die Front bei uns. Aber schließlich waren wir ‚in russischer Hand' und waren glücklich über unsere endgültige Befreiung.

Aber wir konnten nicht weg von Ravensbrück, ohne zu wissen, was ist aus den zurückgelassenen Kranken geworden? Hat man sie leben lassen? Also zurück! Hier haben wir nun die ganze Umorganisation des Lagers mitgemacht, so daß aus schrecklichen Verhältnissen jetzt für die Kranken ein Sanatorium geworden ist. Uns selbst geht es sehr gut, in wunderschöner Gegend im Wald, ein schönes Zimmer zum Wohnen und Essen genug und sehr gut!" In der Hoffnung, bald etwas von den Lieben zu hören, gibt sie ihre genaue Anschrift an: „Sanatorium Ravensbrück, P. P. 54209 b. Fürstenberg/Meckl.", denn sie wisse nicht, wann sie heim komme. Aber morgen würde „jemand" nach Berlin fahren, diesen Brief mitnehmen und vielleicht schon eine sichere Nachricht überbringen können. Am folgenden Tag – es muß der 5. Juni gewesen sein – fuhr Erika Buchmann nach Berlin, „um dort Rücksprache wegen unseres Abtransports in die Heimat zu nehmen". Sie erfährt Genaueres und teilt dies sofort Ilses Schwiegermutter in Leipzig mit: „Sehr geehrte Frau Hunger! ... Wir werden Mitte nächster Woche von Ravensbrück fortfahren, einige Tage in Berlin bleiben und dann nach Leipzig weitergeleitet werden. Ich denke, diese Nachricht wird Ihnen Freude machen ..."

Ausgerüstet mit einem in deutscher und russischer Sprache verfaßten Ausweis, der sowohl die vierjährige Haftzeit bestätigt als auch um Unterstützung bei der Heimreise bittet und noch mit einem Berliner „Reichshauptstadt"-Stempel versehen ist, trifft Ilse Hunger Ende Juni 1945 in Leipzig ein.

Hier bat sie unmittelbar nach ihrer Rückkehr aus Ravensbrück um Aufnahme in die KPD, und nach deren Vereinigung mit der SPD wurde sie Mitglied der SED. Die Hungers stellten sich sofort dem Aufbau der neuen Gesellschaftsordnung zur Verfügung: Ilse half der jungen Partei bei der Erfassung der Mitglieder, wurde in den Kommunalen Frauenausschuß berufen – einer der Vorläufer des am 8. März 1947 gegründeten DFD –, und sie betätigte sich auch im Orts- und später Kreisvorstand der VVN von Leipzig. Diesen Funktionen widmete sich Ilse Hunger mit hohem Engagement. Einem festen Arbeitsverhältnis konnte sie jedoch in jenen Monaten der antifaschistisch-demokratischen Umwälzung nicht nachgehen, denn Werner, der nun ab 1946 die Schule besuchte, sollte seine Mutter nicht weiterhin täglich entbehren – Kindergärten gab es nur wenige, Schulhorte überhaupt noch nicht. Ilse Hunger nutzte aber diese Zeit zu ihrer politischen Weiterbildung; u. a. besucht sie 1947 zwei Wochen die Parteischule in Breitenfeld.

Nachdem ihr im Oktober 1950 geborener zweiter Sohn Hans den Kindergarten besuchen kann, beginnt für Ilse Hunger ab 1953 ein festes Arbeitsverhältnis in der Stadtbezirksleitung Süd der Partei. Hier qualifiziert sie sich sehr bald von der Stenotypistin zur Instrukteurin, später zur Abteilungsleiterin und Propagandistin. Sie geht in die Betriebe, um die Frauen für all jene Aufgaben zu gewinnen, die zu bewältigen sind, spricht mit ihnen und setzt sich nicht nur zu ihnen, sondern arbeitet mancherorts mit, um den Frauen deutlich zu machen, wie notwendig es ist, gut zu arbeiten.

Mit diesen Fähigkeiten, das Anliegen der Parteipolitik in breite Kreise der Bevölkerung zu tragen und gleichzeitig bis ins eigene Familienleben hinein Vorbild zu sein, wirkt Ilse Hunger auch nach der Trennung vom Berufsleben 1968 in zahlreichen Funktionen, so u. a. viele Jahre als Vorsitzende eines Wohnbezirksausschusses der Nationalen Front in Leipzig-Süd, eine Aufgabe, wie sie heute sagt, die ihr durch die Zusammenarbeit mit Vertretern verschiedener Parteien und Organisationen, mit vielen hilfsbereiten Bürgerinnen und Bürgern sehr viel Freude bereitet habe. Gleichfalls gehörte sie zu den aktiven Müttern an der Schule ihrer Söhne, die beide nach dem Abitur ein Studium abschließen. Und nicht zuletzt ist Ilse Hunger seit ihrer Übersiedlung von Leipzig nach Berlin 1982 – nach dem Tode ihres Mannes 1976 hatte sie sechs Jahre allein in Leipzig gelebt – eine geschätzte und trotz der sich mehrenden körperlichen Beschwerden einsatzfreudige Kameradin, sei es in der Lagerarbeitsgemeinschaft Ravensbrück, in der Zentralleitung des Komitees der antifaschistischen Widerstandskämpfer oder andernorts. Daneben erfüllt sie hier in Berlin großmütterliche Pflichten, betreut sie ihre Enkel, weil deren Eltern im Ausland tätig sind. Immer war und ist es Ilse Hunger ein großes Bedürfnis, manches aus ihrem Leben weiterzusagen, besonders aus der schrecklichen Zeit des Faschismus, von der Widerstandskraft, der Solidarität und dem Zusammenstehen der Frauen vieler Nationen im Kampf gegen die faschistischen Barbaren nicht nur zu den eigenen Kindern und Enkelkindern zu sprechen. Nicht zählen lassen sich jene Stunden, die sie vor allem Schülern und Jugendlichen widmete, zuerst in Leipzig und nach ihrer Übersiedlung in die Hauptstadt auch hier in Berlin. Doch in ihrer bescheidenen Art wird die kleine Frau mit dem gütig-liebevollen Gesicht ihren Hörern nicht sagen, was die Polin und einstige Lagerkameradin Marta Baranowska einmal über sie schrieb: „Das Große und Schöne in der Rückerinnerung an diese ‚Zeit ohne Gnade‘ ist, daß es viele Kameradinnen gab, die trotz der eigenen Not keine Grenzen kannten, wenn es galt, einer anderen Kameradin zu helfen.“ Zu jenen Frauen zählte sie Ilse Hunger, „die von allen verehrt und geschätzt wurde“.

S.J.

In einer kleinen Druckerei

Margarete Jung

Der Mensch ist voll von schlummernder Liebe.
Glücklich ist der, in dem sie erwacht
und der sie lebendig zu halten versteht.
Er sucht und verspürt in sich Glück,
um die Menschen zu beglücken,
Licht, um anderen zu leuchten, einen dauernden
Strom, eine lebendige Hoffnung.

ERNST THÄLMANN

„Marga Jung war eine große Musikliebhaberin. Klassik, Ballett, Theater, Konzerte und Literatur gehörten zu ihrem Leben wie das tägliche Studium der nationalen und internationalen Zeitungen", so schrieb 1984 die DFD-Gruppe „Marga Jung" in Berlin-Friedrichshain über die Frau, deren Namen sie trägt und die bis in die letzten Lebensjahre noch aktiv in ihren Reihen tätig war. Und Lucie Ebeling, Margas Jugendfreundin seit 1919, die mit ihr zusammen damals lange Wanderungen unternahm und auch die Zugspitze erklomm, sagte: „Sie war ein sehr musischer Mensch. Schon als Kind hat sie Klavier gespielt, später viel Theater und Konzerte besucht."

Vor einem Theaterbesuch standen Marga und ihr Mann Paul Jung auch an jenem 21. September 1936. Die Karten für das Große Schauspielhaus am damaligen Berliner Gendarmenmarkt lagen schon bereit. Henrik Ibsens „Peer Gynt" stand auf dem Programm. Sie wollten gerade beginnen, sich umzuziehen, als es laut und herrisch an die Tür ihrer Wohnung in Berlin-Niederschönhausen klopfte. „Sie sind verhaftet! Sofort mitkommen!" Die Gestapo-Leute trampelten durch die Wohnung, wühlten in Schränken und Schubladen, rissen Bücher aus dem Regal. „Das wird alles beschlagnahmt, ebenso wie ihre Druckerei!" – Marga und Paul sahen sich an, die Gesichter unbewegt, nur die Augen sprachen. Da waren ein wenig Furcht und das Wissen, daß nun ihre schwere Stunde gekommen sei, und da war sehr viel Liebe.

Während im Schauspielhaus „Peer Gynt" über die Bühne ging, blieben ihre Plätze leer, saßen sie im Polizeipräsidium bei ersten, qualvollen Verhören.

Ihre Tat, so hieß es später im Amtsdeutsch der Anklageschrift, sei gerichtet auf „Beeinflussung der Massen durch Herstellung und Verbreitung von Schriften ... und dadurch begangen worden ... ‚daß die Täter es unternommen haben, Schriften zum Zweck der Verbreitung im Inland aus dem Ausland einzuführen. Die Angeschuldigten haben mit Geldmitteln der KPD in Berlin eine Druckerei eingerichtet, dort im Frühjahr 1935 zentrale illegale Druckschriften in großem Umfange hergestellt und teilweise zur Verbreitung weitergegeben ..." Im März 1937 erging das Urteil: für Paul Jung acht, für seine Frau Marga fünf Jahre Zuchthaus.

Geschichte einer Liebe

Nach der Verurteilung, so erinnerte sich Marga Jung, „eine kurze, glückliche Stunde des Zusammenseins im Keller des Volksgerichts in der Bellevuestraße, dann Abtransport nach Moabit bzw. in das Frauengefängnis in der Barnimstraße." Wer unter solchen Umständen von einer „glücklichen Stunde" sprechen kann, dem muß die Liebe sehr viel bedeuten. Davon kündet auch ein Brief Margas aus dem Gefängnis Barnimstraße an ihren Mann: „Mein Liebes Du! Nun sind es fast zwei Wochen, seit wir voneinander getrennt wurden, kaum auszudenken! Wo Du bist, weiß ich nicht, aber die Beamtin sagte mir, daß der Brief Dich erreichen würde. Ich hoffe es! Wovon mir das Herz so voll ist, mag ich ja nicht schreiben. Unsere Liebe geht nur uns allein an. Aber sagen will ich Dir doch, daß ich immer, immer bei Dir bin!"

Da dieser Brief noch heute abgeheftet in den alten Gerichtsakten liegt, hat er den Adressaten sicher doch nicht erreicht. Erst später, als Paul im Zuchthaus Brandenburg-Görden, Marga im Zuchthaus Jauer, dann in Waldheim und in Ravensbrück war, gingen, wie Marga sich erinnerte, „Briefe ... hin und her, liebe Worte wurden getauscht. Zwischen den Zeilen stand das Wissen um die Zukunft, um den Sieg des Rechts, die große Perspektive ...". Und eben weil solches „zwischen den Zeilen" stand, geht diese Liebe nicht mehr nur die beiden an. Hier ist ihre Geschichte.

Es brauchte lange Zeit, ehe sie zueinander fanden. Margarete Loose wurde in Berlin geboren. Ihr Vater war Ofensetzer und sie das einzige Kind. So konnten es sich die Eltern leisten, Marga nach acht Jahren Volksschule noch drei Jahre auf eine Handelsschule zu schicken, um sie als Buchhalterin ausbilden zu lassen. Während des ersten Weltkrieges arbeitete sie in der AEG-Turbine, einem „kriegswichtigen" Betrieb, in dem sie zum ersten Mal mit Kriegsgegnern in Berührung kam, mit organisierten Arbeitern, die von Rosa Luxemburg und Karl Liebknecht sprachen und vom Spartakusbund, dem Marga sich gleich zugehörig fühlte. Als die Novemberrevolution 1918 heranreifte, hatte sich Marga schon soviel Vertrauen unter ihren Kollegen erworben, daß sie als erste Frau in den Angestelltenrat des Betriebes gewählt wurde.

1919 trat sie in die eben gegründete Kommunistische Partei Deutschlands ein und begann noch im gleichen Jahr, bei der VIVA, der Vereinigung internationaler Verlagsanstalten, zu arbeiten. Dieser Betrieb unterstand der Partei, ebenso wie die PEUVAG, die Dachorganisation der KPD-Druckereien, wohin Marga einige Jahre später überwechselte.

Sie war nun eine schlanke, zierliche junge Frau, die ihre dunkelbraunen Zöpfe gern zu „Schnecken" gewunden unterhalb der Schläfen trug. Inzwischen hatte sie den Schlosser Paul Rother geheiratet, und wenn sich auch ihr Wunsch nach einem Kind nicht erfüllte, so schien die Ehe über einige Jahre hin doch recht glücklich zu sein. Bis Marga ihrem Mann dann eines Tages sagen mußte: „Ich liebe einen anderen."

Diesen anderen hatte sie Ende der zwanziger Jahre im Karl-Liebknecht-Haus kennengelernt, in dem das Zentralkomitee der KPD seinen Sitz hatte ebenso wie die City-Druckerei, in der „Die Rote Fahne", die Zeitung der KPD, hergestellt wurde. Der Betriebsleiter der Druckerei hieß Paul Jung und stammte aus Saalfeld in Thüringen. Er war ein „Schweizerdegen", wie man im Gewerbe der „schwarzen Kunst" einen nannte, der das Setzen der Schrift wie auch das Drucken gleichermaßen verstand. Und er war ein guter Genosse. Ob es Liebe auf den ersten Blick war oder die Leidenschaft allmählich erwuchs, ist heute schwer zu sagen – wie ein Magnet zog einer den anderen an, und sie konnten und wollten nicht mehr voneinander lassen.

„Im Jahre 1930 ging meine erste Ehe in die Brüche. Ich wurde für allein schuldig erklärt. Mein jetziger Ehemann war der Scheidungsgrund. 1932 wurde dann die erste Ehe meines jetzigen Mannes geschieden. Auch er wurde als allein schuldiger Teil erklärt, und ich war der Scheidungsgrund."

So steht es im Vernehmungsprotokoll aus der Untersuchungshaft 1936/37, das Marga Jung unterschrieben hat. Ob sie es genau so sagte, ob es trotzig klang oder stolz, darüber geben die Akten keine Auskunft. Sicher aber ist, bestätigte Lucie Ebeling, daß Marga nach ihrer Scheidung als der „schuldige Teil" ihrem ersten Mann Unterhalt zahlen mußte, denn er war inzwischen arbeitslos, während sie eine feste Stellung hatte.

Besuch aus der Schweiz

Doch nichts störte die neue Liebe, das neue, noch nicht gekannte Glück. Marga und Paul Jung heirateten im Mai 1933, in jenem Jahr, da der Faschismus seine Terrorherrschaft begann. Sie waren sich eins in der Hoffnung und dem Willen, daß das braune Regime besiegt werden mußte.

Aus der City-Druckerei war Paul schon 1931 ausgeschieden, um eine eigene kleine Druckerei zu eröffnen. Doch bald gingen ihm die Mittel aus, und er arbeitete in den folgenden Jahren als Buchdrucker, oft aushilfsweise, in verschiedenen Betrieben. Eines Tages, im Herbst 1934, stand Besuch vor der Tür. „Ist Paul da?" fragte der Mann.

„Nein", sagte Marga, „und er kommt heute auch sehr spät von der Nachtschicht zurück."

„Ich muß ihn aber dringend sprechen." Der Besucher war Richard Eiling, ehemals Geschäftsführer der KPD-Druckerei in Saalfeld, mit dem Paul schon 1925 zusammengearbeitet hatte. Er schlug vor, sich am nächsten Tag mit ihm in einem Warenhaus zu treffen. „Das ist sicherer für Euch und für mich. Es wäre nicht gut, wenn ich so bald schon wieder hier auftauche."

Marga verstand. Es war nicht das erste Mal, daß sie mit Illegalen in Berührung kam. So hörte sie auch ruhig und verständnisvoll zu, als Paul ihr am nächsten Tag von der Unterredung berichtete. Richard Eiling, der in die Schweiz emigriert und unter einem anderen Namen nach Deutschland eingereist war, hatte ihn aufgefordert, sich an der Herstellung illegaler Schriften zu beteiligen. „Du bist relativ unverdächtig“, hatte er gesagt, „aber du weißt selbst, wie die Genossen, die hier im Widerstand arbeiten, Informationen und Nachrichten brauchen. Gewiß, vieles wird im Ausland gedruckt, aber es ist sehr schwer und gefährlich, größere Mengen solcher Materialien über die Grenzen nach Deutschland zu bringen. Vieles geht dabei verloren.“ „Ja, Marga“, Paul legte den Arm um seine Frau, „es hängt natürlich alles von Deinem Einverständnis ab. Wir haben verabredet, daß ich wieder eine kleine Druckerei aufmache. Das Geld dafür wird Richard rechtzeitig bringen. Und alles muß gut getarnt werden.“

Sich selbst hatte Paul auch dadurch gesichert, daß er in die nach dem Verbot der Gewerkschaften und dem Raub ihres Vermögens gebildete „Deutsche Arbeitsfront“ und in den bereits im April 1933 als einen Vorboten der faschistischen Aufrüstung gegründeten „Reichsluftschutzbund“ eintrat.

„Aber zu einer guten Tarnung gehört auch, daß du in deiner Druckerei keine fremden Leute beschäftigst. Und allein schaffst du es nicht“, wandte Marga ein. „Da wirst du mich wohl mit anstellen müssen.“ Womit die Frage nach ihrem Einverständnis ausreichend beantwortet war.

Mitte Dezember kam Richard Eiling wieder nach Berlin und brachte die versprochenen Mittel für den Anfang. Nun wurden ein Raum gemietet, Maschinen gekauft, auf Raten, was durchaus üblich war. Es gelang auch, Aufträge von einem Verlag zu erhalten.

Seite an Seite

Marga lernte das Setzen an der Maschine, eine Arbeit, die damals noch fast ausschließlich Männern vorbehalten war. Sie selbst schrieb in ihren Erinnerungen: „Es gab in der Chausseestraße 125 in Berlin eine kleine Druckerei, in der für einen nazistischen Verlag kleine Oktav-Bändchen hergestellt wurden. ‚Handbücher für die SA‘, SA-Liederbücher und ähnliche waren es, für die dort der Maschinensatz hergestellt wurde und deren Druck alsdann erfolgte. Auch Geschäftsdrucksachen der verschiedensten Art wurden in dieser Druckerei angefertigt.“

Vom Frühjahr 1935 an brachte Richard Eiling mehrmals Matern für Tarnschriften nach Berlin. Es waren dies die Druckformen für kleine Heftchen von 32 Seiten Umfang, deren Umschläge und erste wie letzte Seiten mit harmlosen Titeln und Texten bedruckt wurden, die im Innenteil jedoch Berichte, wichtige Reden, Informationen über die internationale Arbeiterbewegung und über die Sowjetunion enthielten. „Kleines Spielbuch“, „Sammlung Göschen“ – ein Verlagsverzeichnis, „Anleitung zur Herstellung kleiner Elektromotoren“, so stand auf den Heftchen, die in Auflagen von 5000 Stück und mehr ihren Weg zu den illegalen Widerstandskämpfern, den Genossen fanden, um ihnen Zuversicht und neue Kraft zu geben. Im Juli 1935 fuhr Marga Jung selbst in die

Schweiz. Ein paar persönliche Sachen für die Reise hatte sie in ihrem Rucksack verstaut – es sah aus, als wolle sie, wie in ihrer Jugend, eine Wandertour ins Gebirge machen. Doch in der Schweiz traf sie Emil Zillich, den sie gut kannte, weil er früher gleichfalls in der City-Druckerei gearbeitet hatte. Er sagte ihr, wie wichtig und notwendig ihre Arbeit sei, und übergab ihr einen kleinen, scheinbar leeren Koffer. Emil Zillich „verriet" ihr, daß in dem doppelten Boden des Gepäckstücks sich neue Matern und Mittel für ihre Arbeit befänden. Marga packte ihre Sachen samt dem Rucksack in den Koffer und fuhr wieder ab, nicht ohne Sorge, ob sie unbehelligt über die Grenze kommen würde. Doch mit Erleichterung erlebte sie, wie oberflächlich die Grenzkontrolle war. Zu Hause fiel sie ihrem Mann glücklich um den Hals: „Alles ist gut gegangen!" Noch einmal fuhr sie im August 1936 in die Schweiz und kam ohne Schwierigkeiten zurück.

Doch das Heftchen „Werkbücherei – Schlagwortverzeichnis", für das sie diesmal die Matern mitgebracht hatte, konnte nicht mehr gedruckt werden. Nach der Verhaftung von Marga und Paul Jung am 21. September, wurde das Material beim Ausräumen der beschlagnahmten Druckerei in einem Versteck gefunden.

Die Bücher, die schon bei der Verhaftung das Interesse der Gestapo geweckt hatten, wurden gleichfalls beschlagnahmt. In dem Verzeichnis, das darüber angefertigt wurde, finden sich Titel wie „Sturm auf Essen" von Hans Marchwitza, „Briefe aus dem Gefängnis" von Rosa Luxemburg, Friedrich Wolfs „Cyankali", von Maxim Gorki „Die Mutter", „Meine Kindheit", „Unter fremden Menschen", einige Liederbücher, aber auch „Der Krieg" – Grafiken von Otto Dix, und eine Mappe mit 17 Zeichnungen von Daumier. Daß Daumier gar kein Kommunist sein konnte und Otto Dix trotz seiner linken Einstellung keiner war, kümmerte niemand. „Ordentlich" und pedantisch wurde am Ende der langen Liste vermerkt: „Die in diesem Verzeichnis aufgeführten kommunistischen Schriften sind eingezogen worden und der Vernichtung zugeführt."

Leben hinter Kerkermauern

Vom Frauengefängnis Barnimstraße in das Zuchthaus Jauer transportiert, hatte Marga manch schwere Prüfung durchzustehen. „Im Saal der ‚Politischen' saßen etwa 100 Frauen und Mädchen, dick mit Staub bedeckt, und hatten vor sich auf dem Tisch kleine und größere Enden Bindfaden, die aufgefasert werden mußten", schreibt sie in ihren Erinnerungen. „Es handelte sich dabei um Garbenbänder, die zum Teil schon recht lange auf den Feldern gelegen hatten ... Der Staub legte sich nicht nur auf die Kleider der Frauen, sondern auch auf ihre Hände und – am gefährlichsten – auf ihre Lungen. Für politische Häftlinge war in Jauer außer dieser Bindfadenarbeit, mit der jeder Zugang begann, nur das Sticken zugelassen." Das aber – bei schlechter Beleuchtung mußte jedes Muster mühsam ausgezählt werden – griff die Augen an. „Jegliches Sprechen im Arbeitssaal war verboten, politische Arbeit kaum möglich. Aber es gelang uns doch, die durch Zugänge spärlich hereinkommenden Nachrichten allen politischen Häftlingen zu übermitteln."

Anfang 1938 wurde das Zuchthaus Waldheim zur nächsten Station Margas hinter Kerkermauern. Hier setzte man sie als „Arbeitsälteste" ein, und sie lernte bald, diese wenn auch untergeordnete Kontrollfunktion im Interesse der Häftlinge zu nutzen. Mit ihrem buchhalterischen Geschick rechnete sie die geleistete Arbeit so ab, daß auch für jene, die nicht genug schafften, ein Ausgleich gefunden wurde, und vor allem war sie bemüht, eine etwaige Erhöhung des Arbeitspensums zu verhindern. In freien Stunden am Sonntag konnten die Häftlinge in Gruppen zusammensitzen – für die Aufseherinnen nannten sie es „Buchhaltungslehre" und „Stenographie-Unterricht". In Wahrheit wurden unter dieser Tarnkappe marxistische Kurse abgehalten und über aktuelle politische Fragen diskutiert.

Im Oktober 1941 war Margas Strafzeit abgelaufen. In Waldheim wurde zwar ein Entlassungsschein ausgestellt, doch nach Hause kam sie nicht. Es ging „auf Transport", wie man sagte, und das hieß, neue Leidensstationen, neue Verhöre, zuerst im Berliner Polizeipräsidium, dann in Leipzig, und schließlich, im Frühjahr 1942, war die Endstation das Frauen-KZ Ravensbrück. Marga Jung, Häftling Nr. 9944, kam zu einer Zeit ins Lager, da die ersten Transporte mit Frauen in die Gaskammern von Bernburg abgegangen waren und tausend Häftlinge nach Auschwitz zum Aufbau des dortigen Frauenlagers geschickt wurden. Doch trotz aller Bedrohungen, die Solidarität der Ravensbrückerinnen war nicht zu erschüttern. Nach der quälenden Aufnahme-Prozedur, dem stundenlangen Stehen vor dem Bad, der entwürdigenden Ankunfts-„Untersuchung", bei der die Frauen in langer Reihe nackt an dem Lagerarzt und den SS-Aufseherinnen vorbeiziehen mußten, gab es für Marga ein ermutigendes Erlebnis. Ein Häftling aus dem Krankenrevier fragte unauffällig und fast ohne die Lippen zu bewegen, ob sie eine „Politische" sei, und sehr bald danach fand sie den ersten Kontakt mit anderen Antifaschistinnen. Der Widerstandskampf ging weiter.

Lagerkind Fritzi

In ihren Erinnerungen hat Marga Jung fast nichts über ihre eigene Arbeit im KZ geschrieben. Auch später, nach der Befreiung, hat sie, wie sehr viele der ehemaligen Ravensbrückerinnen, kaum über sich selbst gesprochen. Während ihrer langjährigen Tätigkeit im Bundesvorstand des DFD blieb den jüngeren Mitarbeiterinnen ihre Vergangenheit lange unbekannt. „Wir erlebten sie als eine sehr engagierte und sehr disziplinierte Mitarbeiterin", erinnert sich Irene Leuschner, ehemalige Chefredakteurin des DFD-Funktionärorgans „Lernen und Handeln". „Viel später erst, ich glaube, es war bei einer Auszeichnungsfeier, erfuhren wir, was diese bescheidene Frau für ein Leben hinter sich, was sie für den antifaschistischen Widerstandskampf getan und ertragen hatte."

Grete Rausch, Tochter aus der ersten Ehe von Paul Jung, der Marga eine zweite Mutter wurde, nannte uns Namen und Anschrift einer alten Freundin von Marga: Friederike Furch, geborene Jaroslavsky, aus Wien. Diese schilderte in einem langen und liebevollen Brief ihre Erlebnisse mit Marga. Als Friederike wegen „Vorbereitung zum Hochverrat" – sie gehörte dem illegalen kommunistischen Jugendverband an – in Wien verhaftet wurde, war sie 15 Jahre, als sie Anfang 1942 nach Ravensbrück kam, 17 Jahre alt, damals also eine der Jüngsten unter den Häftlingen. Zunächst arbeitete sie in der Stoffweberei des SS-Betriebes „Gesellschaft für Textil- und Lederverwertung m.b.H." am Handwebstuhl. Es war Schwerstarbeit, die hier verlangt wurde und die weit über die Kräfte des noch in der Entwicklung stehenden Mädchens ging. „Der Handwebstuhl mußte mit beiden Armen und mit beiden Beinen bedient werden, was natürlich sehr ermüdete", berichtete sie. „Wie in allen Abteilungen mußte auch in der Stoffweberei ein bestimmtes Arbeitspensum geschafft werden, das anfangs pro Schicht fünf Meter betrug, bis 1945 auf 15 Meter heraufgesetzt wurde."

Nach einigen Monaten kam Fritzi, wie man sie nannte, in die Verwaltung des Betriebes, wo wenig später auch Marga Jung eingesetzt wurde. Die unmenschliche Ausbeutung, der die Arbeiterinnen in den verschiedenen Betriebsteilen, wie Schneiderei, Strickerei, Rohrmattenflechterei, Strohflechterei, Privatschneiderei, Reparaturwerkstatt u. a. ausgesetzt waren, machte auch vor der Verwaltung nicht halt. „Ab Frühjahr 1942 – nach einer Inspektion Himmlers in Ravensbrück, wurde in zwei Schichten (Tag und Nacht) à 11 Stunden gearbeitet", schreibt Friederike Furch in ihrem Brief. „Unser Arbeitskommando war klein, wir waren, glaube ich, neun oder zehn Häftlinge. Ich arbeitete zuerst in der Abteilung Auftragsbüro und Rechnungsstelle und ab Sommer 1943 gemeinsam mit Marga Jung und Dora Landahl in der ‚Finanz- und Betriebsbuchhaltung' … Marga Jung hat sich meiner sehr angenommen und war eine meiner Lagermütter. Ich hatte als eine der jüngsten österreichischen Häftlinge – bis auch kleinere Kinder zu uns ins Lager kamen – auch unter den österreichischen politischen Häftlingen Lagermütter … Wir hatten … in unserer Abteilung mit Marga Jung und Dora Landahl eine schöne Zeit zusammen, so gut es unter diesen Umständen möglich war. Wir waren ‚die Buchaltungsfamilie'. Ich habe von Marga Jung nicht nur beruflich viel gelernt, sie blieb mir ein Vorbild in menschlicher und politischer Hinsicht."

Es war Glück im Unglück, daß Marga und Fritzi in all den Jahren zusammenbleiben konnten, nicht nur am Arbeitsplatz, sondern ebenso in der Wohnbaracke im Lager. Gegen Ende des Jahres 1944 wurden durch das Vorrücken der Sowjetarmee immer mehr Konzentrationslager im Osten evakuiert. Zehntausende Häftlinge wurden nach Ravensbrück verfrachtet. Obwohl viele von ihnen vergast, erschossen oder auf andere Weise ermordet wurden, nahm die Überfüllung des Lagers immer mehr zu. Deshalb wurden die Frauen, die in den außerhalb der Lagermauer gelegenen Betrieben arbeiteten, dort in Wohnbaracken untergebracht. Waren die Blocks im Lager schon äußerst primitiv, so war es hier, wohin auch Marga und Fritzi umziehen mußten, noch weit schlimmer. „Dort gab es keine Tag- und Nachträume mehr, wie in den alten Lagerbaracken, nur eine Stube, wo jeweils drei Betten übereinander aufgestellt waren, im ganzen Raum nur ein oder zwei kleinere Tische. Man mußte also sowohl essen, als auch die spärliche Freizeit im Bett verbringen. Die sanitären Zustände waren katastrophal. Es gab für die vier Wohnblocks lediglich einen größeren Waschraum und so gut wie keine Klosettanlage, nur Latrinen."

Friederike Furch schildert dann, daß sie bei dem Elendsmarsch aus dem Lager am 28. April 1945 Marga aus den Augen verloren habe. Doch in den Jahren nach der Befreiung sind sie sich noch oft begegnet. „Marga nahm immer regen Anteil an unserem Leben in Wien. Sie sandte zu Geburtstagen interessante Bücher und vor allem zu Weihnachten entzückende Kinderbücher und auch Spielsachen für unsere Tochter." Und sie schickte eine Glückwunschkarte von Marga zu Fritzis 50. Geburtstag am 28. April 1974 gleich im Original mit, die viel über ihre feste Freundschaft und enge Verbundenheit sagt:

„Liebe Fritzi, mein ganz liebes Lagerkind, fast kann ich es nicht glauben, daß Du ein halbes Jahrhundert vollendest. Da aber der Kalender nicht schwindelt, nimm zu diesem Deinem Ehrentag auch von mir viele gute Wünsche entgegen. Ich denke dabei vor allem an Gesundheit, damit Du noch viele schöne Jahre im Kreise Deiner Lieben verleben kannst. – In alter kameradschaftlicher Verbundenheit drücke ich Dir die Hände und grüße Dich und Deine Familie sehr herzlich – Deine Marga."

Ein kleines Paßfoto, das sie einmal an Fritzi sandte, zeigt Marga Jung Anfang 1947, noch gezeichnet von den schweren Jahren. Auf die Rückseite hat sie geschrieben: „Zur Erinnerung an unsere Buchhaltungsfamilie – Die Mutter".

Befreiung und Wiederfinden

Es war am 1. Mai 1945, als ein sowjetischer Panzer auf die Häftlingskolonne, die in nördlicher Richtung marschiert war, zurollte und die SS-Aufseher mitsamt ihren Bluthunden in die Flucht trieb. Marga erzählte später, daß zwei sowjetische Kameradinnen unter Einsatz ihres Lebens die Kette der Wachmannschaft unbemerkt durchbrachen, den Soldaten der Roten Armee entgegenliefen und so die Befreier herbeiholten.

Wie viele ihrer Kameradinnen kehrte Marga zunächst zum Lager zurück. Sie wußte, daß dort noch kranke Häftlinge zurückgeblieben waren, und wollte helfen. Vielleicht, so hoffte sie im Stillen, würde ihr Mann, falls er überlebt hatte, sie dort suchen und finden. Doch als der sowjetische Kommandant vom nahen Fürstenberg ins Lager kam und Mitarbeiter für die neue Verwaltung der Stadt suchte, war sie sofort dabei. Im Fürstenberger Wohnungsamt tat sie, was sie konnte, um das Chaos der letzten Kriegstage beseitigen zu helfen, Umsiedler unterzubringen, mit den Menschen zu sprechen, ihnen klarzumachen, daß nun eine neue Zeit begonnen hatte, die die Köpfe und Hände aller Gutwilligen brauchte. Bis dann Ende Mai plötzlich ihr Paul in der Tür stand. Sie fielen sich um den Hals, hielten einander umschlungen, als wollten sie sich nie wieder loslassen. Und als sie vermochten, die ersten Worte zu wechseln, waren sie so vertraut, als seien sie erst gestern auseinandergegangen und hätten nicht acht schwere Jahre der Trennung hinter sich.

Paul Jung war aus dem Zuchthaus Brandenburg-Görden Anfang 1940 nach Wartenburg im ehemaligen Ostpreußen gekommen; dort gab es eine Zuchthausdruckerei, die ihn als Facharbeiter brauchte. Auch in Wartenburg hat er politisch gearbeitet, soweit es möglich war. Es gab ja selbst hinter Gefängnismauern Spitzel, die sich durch Denunziation ihrer Mithäftlinge bei den Aufsichtsbeamten Vorteile erhofften. Jedenfalls wurden mehrere Gnadengesuche, die Pauls Rechtsanwalt einreichte, abgelehnt, weil er „politisch nach wie vor unzuverlässig" sei, weil er Bemerkungen gegen den Krieg gemacht habe usw.

Auch er wurde nicht entlassen, als im Oktober 1944 seine acht Jahre Zuchthaus abgelaufen waren. Er kam in das „Erziehungslager Wuhlheide" in Berlin. Am 22. April, die Sowjetarmee hatte den Sturm auf die deutsche „Reichshauptstadt" schon begonnen, gelang ihm und einigen anderen Genossen die Flucht in die Freiheit. „Noch im Lager", so berichtet Grete Rausch, „hat Vater versucht, Verbindung nach Ravensbrück zu bekommen, um sich Gewißheit zu verschaffen, daß Mutter noch lebte. Bald nach der Befreiung hatte er sie endlich aufgespürt." Nun stand er mit einem Lastwagen in Fürstenberg, wies dem sowjetischen Kommandanten der Stadt ein Schreiben des sowjetischen Kommandanten vom Stadtbezirk Berlin-Prenzlauer Berg vor und nahm seine Marga wie auch einige andere Berlinerinnen mit nach Hause.

Es blieb ihnen wenig Zeit füreinander. Doch es gehörte ja mit zu ihrer Liebe und zu ihrem Glück, daß sie beide für die gemeinsame Sache arbeiten konnten, nun nicht mehr illegal und auch nicht mehr in einer Druckerei. Marga übertrug man gleich nach ihrer Rückkehr die Leitung des Sozialamtes im Bezirk Prenzlauer Berg, danach wurde sie Sekretär der SED-Kreisleitung im gleichen Stadtbezirk. Es waren ruhelose Tage, die oft bis in die Nacht währten. Dann gab ihr die Partei die Möglichkeit zu lernen. Sie war froh über die Delegierung zur Parteischule, begierig, mehr zu wissen, um es später an andere weitergeben zu können. Und das hat sie auch ausgiebig getan. Im Bundesvorstand des DFD, wo sie nach der Parteischule ihre Tätigkeit aufnahm, arbeitete sie vor allem Schulungsmaterial aus, schrieb Broschüren und Artikel, immer bemüht, recht vielen Frauen zu ideologischer Klarheit zu verhelfen. So hatte auch Marga Jung einen Anteil daran, daß der DFD in der damaligen Zeit für zahlreiche Frauen, die später wichtige Funktionen bekleideten, den ersten Schritt zur gesellschaftlichen und politischen Arbeit bedeutete.

Sieben gemeinsame Jahre waren Paul und Marga noch vergönnt. Er arbeitete ebenso rastlos wie sie in verschiedenen Verwaltungsfunktionen, zuletzt als persönlicher Referent von Friedel Malter, die damals Staatssekretär im Ministerium für Arbeit war. Dann zwang ihn eine schwere Krankheit aufzuhören. Doch bis zum Schluß nahm er noch Anteil an allem Geschehen dieser Zeit. Mit tiefer Genugtuung hörte er von dem Beschluß der 2. Parteikonferenz der

SED, mit dem planmäßigen Aufbau der Grundlagen des Sozialismus zu beginnen, verfolgte er das Nationale Aufbauwerk, mit dem der Wiederaufbau Berlins zur Massenbewegung wurde. Das Hochhaus an der Weberwiese, wenige Schritte hinter der heutigen Karl-Marx-Allee und heute schon unter Denkmalschutz – war damals das erste Bauwerk dieses großen Neubeginns. Für Paul und Marga wurde es zum Symbol der Zukunft.

1952 mußten sie – nun für immer – voneinander Abschied nehmen. Marga schrieb in ihren Erinnerungen: „Wenige Tage vor seinem Tod sagte er: ‚Ich gehe ganz friedlich, ich habe ja noch soviel gesehen …'"

Sie selbst hat ihren Mann noch um fast drei Jahrzehnte überlebt, ehe sie 1979 – mit 81 Jahren – Opfer eines Verkehrsunfalls wurde. Und sie hat in dieser Zeit gesehen, wie Berlin neu und schöner wiedererstand. Zuletzt wohnte sie in der Barnimstraße. Dort, wo sie mit vielen Leidensgenossinnen einst im düsteren Frauengefängnis saß, war inzwischen ein heller und moderner Neubaukomplex entstanden. Das Stadtzentrum um den Alexanderplatz war neu und großzügig aufgebaut, der Fernsehturm, der Palast der Republik, der Leninplatz und andere Gebäude prägten das Gesicht der Hauptstadt des sozialistischen deutschen Staates.

So wie zuvor hat sich Marga bis in ihre letzten Jahre keine Ruhe gegönnt. Von ihren vielen ehrenamtlichen Funktionen sei nur ihre zwanzigjährige Tätigkeit als Schöffe am Stadtbezirksgericht Prenzlauer Berg genannt. Besonders wichtig war ihr die Mitgliedschaft im Internationalen Ravensbrück-Komitee und in der Leitung der Lagerarbeitsgemeinschaft Ravensbrück der DDR. Die internationale Arbeit lag ihr sehr am Herzen. Die Verbundenheit mit den ehemaligen KZ-Kameradinnen aus vielen Ländern nun für die Sicherung und Festigung des Friedens und für die Völkerverständigung weiter zu stärken, war ihr ein tiefes Bedürfnis. Wie sie sich dafür engagierte, mag noch ein Abschnitt aus dem Brief von Friederike Furch, dem ehemaligen Lagerkind Fritzi, bezeugen:

„Anfang Mai 1975, anläßlich des 30. Jahrestages der Befreiung, kam ich mit einer Gruppe österreichischer Ravensbrückerinnen nach Berlin und Ravensbrück. Dort sah ich Marga zum letzten Mal, allerdings auf der Tribüne, zum Sprechen war leider keine Gelegenheit. Marga war beim Internationalen Ravensbrück-Komitee und ließ mir mitteilen, daß wir uns vor dem Abflug nach Wien noch in Schönefeld sehen werden. Daraus wurde leider nichts, da sie eine andere Delegation zum Flugzeug begleitete und wir vor ihrer Rückkehr zum Flughafengebäude zu unserem Flugzeug gebracht wurden." Da war sie schon 77 – und doch immer noch in Bewegung, schlank und zierlich wie je, unter dem nun weißen Haar lebendige, gütige Augen. Aus den Erfahrungen jahrelanger enger Zusammenarbeit sagt Emmy Handke über sie: „Marga war ein wirklich guter, durch und durch lauterer und charaktervoller Mensch. Jede Aufgabe, die ihr gestellt war, hat sie aus vollem Herzen und mit all ihrer Kraft erfüllt."

L. T.-H.

„Nach dem Gesetz, nach dem du angetreten ...“

Anna Kassing

Erreichte doch die Epoche nie geahnter menschlicher Niederungen auch nie geahnte menschliche Höhen.

EVA LIPPOLD

Ihre Freunde nannten sie „Änne“, diese ernst und nachdenklich blickende Frau, von der es in Häftlingsberichten aus Ravensbrück heißt, daß sie zu den überzeugtesten, konsequentesten und immer hilfreichen Antifaschistinnen gehört habe. „Änne war Ausdruck von Zuneigung und Vertrauen zugleich“, so charakterisierten sie ihre Lagerkameradinnen. Beides zu besitzen und daraus für andere Zuversicht zu schaffen, Überzeugungen zu vermitteln, bedeutete im Lager-Alltag von Ravensbrück viel. Solidarität zu üben, Kranken und Schwachen beizustehen, Hoffnungen aus der eigenen Weltanschauung heraus zu verbreiten, mag diese Frau als eine ihrer wichtigsten Aufgaben im Lager empfunden haben. Man möchte meinen, daß sie durch ihre zielstrebige und uneigennützige Tätigkeit schon vor und während der ersten Jahre faschistischer Herrschaft darauf vorbereitet war.

In Hattingen/Ruhr am 18. August 1900 geboren, fand sie in einer Zeit der sich immer brutaler ausbreitenden faschistischen Kräfte den Weg zu jenem linken Diskussionszirkel, der sich „Weltbühne“ nannte und die gleichnamige Wochenschrift Carl von Ossietzkys und Kurt Tucholskys zur Grundlage seiner Gespräche machte. Die Begründer dieses Zirkels, unter ihnen der bekannte Journalist Dagobert Lubinski, verschwanden 1933 bald in Zuchthäusern oder Konzentrationslagern, wurden dort ermordet, anderen gelang noch die Flucht ins Ausland.

Änne war seit 1920 mit dem neun Jahre älteren Friedrich Kassing verheiratet. Sie gehörte keiner kirchlichen Konfession an, galt später im Amtsjargon der Gestapo als „glaubenlos“, 1927 war Änne Mitglied der „Naturfreunde“ geworden und später der kommunistischen Bewegung nahegekommen. Hier gehörte sie zu den am eifrigsten Lernenden, legte sie die marxistischen Grundlagen ihrer Weltanschauung und begriff deren Anwendung für die gesellschaftliche Praxis und die Mitwirkung am Klassenkampf. Im „Weltbühne“-Kreis gehörte die Arbeiterin Änne Kassing zu den „Aktiven“, beschränkte sie sich keineswegs nur aufs Zuhören. Und tätig blieb sie auch nach der Machtergreifung der Faschisten. Sie sammelte Gelder – meist waren es sehr kleine Beträge – bei

Gesinnungsfreunden und Sympathisanten für die Angehörigen Inhaftierter; diskutierte bei diesen Gelegenheiten, klärte auf, warnte, verbreitete die Meldungen der deutschsprachigen Sendungen des Moskauer Rundfunks, die sie und ihr Mann mit einem leistungsstarken „Schaub"-Empfänger abhörten, gab Verhaltenshinweise – war eben in mannigfacher Weise aktiv.

Natürlich waren die Kassings und ihr Kreis den Nazis gut bekannt. Im März 1934 setzten sie ein Ermittlungsverfahren wegen „Vorbereitung zum Hochverrat" in Szene, das aber wegen Mangels an Beweisen eingestellt werden mußte: Anna hatte es vermocht, Unkenntnis von Zusammenhängen vorzutäuschen, die ihr durch die konspirative Arbeit in Wahrheit bekannt waren. Verfolgt man das Geschehen auf der Grundlage der Gerichtspapiere weiter, verstärkt sich der Eindruck, daß sich Anna Kassing in ständigem Einsatz befand, daß sie es auch nicht mehr bei der Kassierung von Unterstützungsgeldern beließ, sondern sich eher noch stärker für die Festigung der illegalen Arbeit einsetzte.

Später sollte ihr von der Gestapo gewissermaßen bescheinigt werden, daß sie Funktionärsverantwortung übernommen und zum Zusammenhalt von Angehörigen des ehemaligen Lubinski-Zirkels „Weltbühne" beigetragen hätte. – Schon 1935 erfolgte eine erneute Festnahme. In der späteren Verhandlung – 1938 – wurde über Anna – man hielt sich ausschließlich an diesen Vornamen in den Gerichtsunterlagen – und ihre Haltung vor Gericht protokolliert: „Sie ist besonders hartnäckig in der Verfolgung kommunistischer Ziele gewesen, denn sie hat sich durch das gegen sie eingeleitet gewesene Verfahren nicht warnen und davon abhalten lassen, sofort wieder mit ihrer hochverräterischen Tätigkeit zu beginnen ... Auch ihren Ehemann hat sie in das jetzige Strafverfahren hineingezogen. Bei der Aufklärung des Sachverhalts hat sie vor allem im Ermittlungsverfahren die größten Schwierigkeiten gemacht. Aus den diversen Gründen verdient sie eine strenge Bestrafung." Diesem Urteil entspricht auch der 1942 vom „Großinquisitor" Heydrich – dem Chef der faschistischen Sicherheitspolizei und des Sicherheitsdienstes der SS – unterzeichnete Schutzhaftbefehl zur Überführung nach Ravensbrück: Anna Kassing „gefährdet nach dem Ergebnis der staatspolizeilichen Feststellungen durch ihr Verhalten den Bestand und die Sicherheit des Volkes und des Staates, indem sie aufgrund ihrer fanatischen kommunistischen Einstellung erwarten läßt, sie werde die Freiheit auch nach Strafverbüßung (ausgesprochen durch den III. Strafsenat des Oberlandesgerichts Hamm/Westfalen am 6.4.1938, S.J.) in staatsfeindlichem Tun mißbrauchen".

Die Meinungen über Änne Kassing sind also einhellig. Sie war dem faschistischen System gegenüber schon vor 1933 feindlich eingestellt, und sie würde es bleiben. Erstaunlich, daß man sich „begnügte", sie nach Ravensbrück zu „überstellen" und sie nicht, wie so viele andere, als „Volksfeind" hinzurichten, und nicht minder erstaunlich erscheint auch die Schlußpassage im Urteil von 1938, die geradezu sentimental erscheint, wenn man nach Betonung der Notwendigkeit einer strengen Bestrafung anschließend liest: „Strafmildernd war dagegen zu berücksichtigen, daß sie als Frau eine Freiheitsstrafe schwer erträgt. In der Hauptverhandlung hat sie einen guten persönlichen Eindruck gemacht. Eine Zuchthausstrafe von 5 Jahren war daher zur Sühne erforderlich, aber auch ausreichend." – Unter Anrechnung der bis dahin verbüßten Haftzeit hätte Anna am 30. 12. 1941 die Vollzugsanstalt Ziegenhain verlassen können. Aber wie vielen anderen blieb ihr der vom „Großinquisitor" Heydrich vorgezeichnete bittere Weg ins KZ nicht erspart.

Hatte Änne Kassing durch ihre Haltung die Richter möglicherweise für sich in gewisser Weise einnehmen können? Rudi Treiber, der mit ihr zusammen vor Gericht stand und zu 9 Jahren Zuchthaus verurteilt worden war, hebt die ausgeprägt menschlich-liebevolle, aber ebenso entschieden flexible Seite im Wesen Ännes hervor. In seinem knappen Bericht über sie heißt es: „Sie stand zusammen mit ihrem Mann Fritz als Angehörige unserer Gruppe vor Gericht. Sie war ein Mensch von empfindsamer Gemütsart, doch vor der Gestapo und den Nazirichtern bewies sie unglaubliches Stehvermögen und eine überraschende Fähigkeit, mit List, die niemand dieser Frau zugetraut hätte, zu operieren. Ihr Mann war leidend (kriegsversehrt und zuckerkrank, S.J.) und hätte eine langjährige Haft in nazistischen Kerkern kaum lebend überstanden. Deshalb faßte Änne Kassing den tollkühnen Entschluß, ihren Mann dadurch zu entlasten und vor dem sicheren Tod zu bewahren, daß sie alle Verdachtsmomente auf sich lenkte. Änne Kassings List gelang überraschend gut. Das Gericht mußte Fritz Kassing mangels Beweisen freisprechen. Änne Kassing aber kam für mehrere Jahre ins Zuchthaus, und nach Verbüßung ihrer Strafe wurde sie in das Frauenkonzentrationslager Ravensbrück verschleppt. Sie blieb auch dort sich selbst und ihrer Sache treu. Wo immer die Not am größten und die Hilfsbedürftigkeit am dringendsten gewesen wäre – berichteten später überlebende Schicksalsgefährtinnen – sei Änne Kassing zur Stelle gewesen.

Zu weniges ist über Änne Kassings privates Leben bekannt, über ihre Kindheit, das Zusammenleben im Elternhaus, das Kennenlernen mit Fritz. Was verband die beiden Eheleute, die keine Kinder hatten, möglicherweise dafür auch nicht die Verantwortung tragen konnten und wollten? Fritz Kassing war als kranker Mann aus dem Krieg zurückgekehrt, desillusioniert wie viele andere auch. Als Fräser hatte er für sich die Konsequenzen gezogen und vermutlich den Weg zur Arbeiterbewegung gefunden. Vielleicht hatten Anna und er bei den „Naturfreunden" eine geistige Heimat gefunden? Wir können es nicht mehr rekonstruieren, aber sicher bot die gemeinsame Weltanschauung auch die gemeinsame Ehegrundlage. Hinzu kamen für Anna die Sorgen um diesen Mann, der zwar krank war, der aber auch ihren Einsatz bis zum Gang vor die Schranken des Gerichts mitgetragen hat. Ein Leben zu zweit – so wird man es formulieren dürfen – für den Kampf des Fortschritts gegen Reaktion und imperialistische Kriegsbedrohung; ein selbstloses Leben, das in der Gemeinschaft beider für ein höheres Menschenziel seine Erfüllung fand.

Am 11. April 1942 ging der Transport, dem Anna Kassing, geb. Steinecke, angehörte, nach Ravensbrück ab. Sie trug die Häftlingsnummer 10446, und Heydrich hatte in den Überführungspapieren für den 30. November des gleichen

Jahres einen Haftüberprüfungstermin angesetzt; vielleicht wegen guter Führung im Zuchthaus, wie in den Begleitpapieren eigens vermerkt war?

Schon wenige Tage später, am 15. April 1942, läßt die Lagerleitung am Wohnort Düsseldorf-Rath überprüfen, ob Anna, wie von ihr angegeben, mittellos sei. Dies wird bestätigt und dadurch erhärtet, daß Fritz Kassing einen Wochenverdienst von 42,– RM hatte, der sich durch längeres Kranksein auf 30,– RM reduzierte. Das beschränkte ihn, der zudem noch auf teurere Diätkost angewiesen war, in seiner Lebensführung arg. Am 10. Mai bestätigte die Lagerbürokratie lakonisch: „Nach Lage obiger Angaben ist die Kassing als mittellos anzusehen." Ob ein solcher Vermerk für Anna selbst von Bedeutung war, ist kaum anzunehmen. Im Hinblick auf ihren leidenden Mann mit sicher häufigeren Lohneinbußen könnte aber die Bescheinigung ihrer Mittellosigkeit von Belang gewesen sein – ein Unterstützungsversuch für ihn selbst aus dem Ravensbrükker Inferno.

Noch ein anderes Papier ist für das Leben von Änne und ihre Haltung im Frauenkonzentrationslager aufschlußreich: Unterm 5. November 1942 erklärt der Lagerkommandant seine Genehmigung, den „Häftling Anna Kassing Gef. Nr. 10446 ... ab sofort als Anweishäftling im Betrieb Strickerei einzusetzen". Das bedeutete, die von der Lagerkommandantur angewiesene Aufgabe mit den Häftlingen zu realisieren. In jedem Fall war diese „Ernennung" für Änne und einige ihrer Kameradinnen, Helene Samsorska, Gund Laubinger und Maria Syrowatkowa, eine Art von „Vertrauensbeweis", aber gleichermaßen auch mit größerer Verantwortung verbunden. Denn vor allem erweiterte sich für sie, die stets tätige, furchtlose und aktive Frau, die nun, mit einer Armbinde gekennzeichnet, einen größeren Bewegungsspielraum innerhalb des Lagers hatte, der Wirkungsbereich, und das nutzte sie zweifellos zur Hilfeleistung – zur Anknüpfung von Kontakten mit anderen Gleichgesinnten, zur Teilnahme an Diskussionen u. a. m. Hilde Fischer, eine heute in Weimar lebende Ravensbrückerin, schrieb uns: „Ich habe Änne Kassing am Tage meiner ‚Einlieferung' im sogenannten Zugangsblock kennengelernt und gleich ihre Hilfsbereitschaft für den neuen Häftling gespürt. Sie war ja selbst auch kurz vor mir ins Lager gekommen. Ich hatte die Nummer 10516." – Als Charlotte Müller von der „Klempnerkolonne" 1944 zur 1.-Mai-Feier in den Block der sowjetischen Frauen eingeladen wurde, sah sie unter den Gästen auch Änne Kassing. Charlotte Müller schreibt über sie: „Man sah es der stillen, immer freundlichen und sachlichen Genossin nicht an, welche gefährliche und verantwortungsvolle Aufgabe sie im Lager hatte." Änne habe u. a. die Verbindung zur politischen Leitung im Rotarmistinnen-Block gehalten, an deren Spitze die von allen verehrte Hochschullehrerin aus Odessa, Jewgenia Klemm, stand; ebenso Nachrichten von draußen erhalten und an die Kameradinnen weitergegeben.

Es ist ganz offensichtlich, daß die durch eine Armbinde gekennzeichneten Anweisungshäftlinge ihre Funktion zu nutzen verstanden. Wir wissen es von der „Sturmkolonne", einer Tischlerinnen-Glaserinnenbrigade unter der Leitung der Österreicherin Hanna Sturm, oder der „Klempnerkolonne", deren Einsatz Charlotte Müller regelte. Auch Änne gehörte als Anweisungshäftling der Strickerei zu dieser „Kategorie" von Lagerinsassen, und Hilde Fischer bestätigt, daß sie die „Möglichkeiten der Armbinde geschickt zu nutzen verstand". Wie auch immer! Fest steht, daß es Anna Kassing mit der ihr eigenen Geschicklichkeit in Ravensbrück gelungen ist, ihre Aktivitäten zum Wohle vieler und zur Vervollkommnung ihres marxistischen Wissens durch gelegentliche Diskussionen oder Aussprachen zu nutzen.

In der Düsseldorfer „Freiheit" Nr. 64 vom 8. Oktober 1946 heißt es in einem „aktuellen" Bericht über Anna Kassing, daß sie im Lager eine bekannte Erscheinung gewesen sei. „Für den Kreis bewußter Antifaschistinnen war sie mehr: eine unersetzliche Freundin und Kampfgefährtin, immer da, wo es am schwierigsten, die Not am größten, die Hilfsbedürftigkeit am brennendsten war ... Überall hatte sie ihre Freundinnen, von denen sie etwas für ihre Schützlinge bekam: Kartoffeln, Brot oder ein paar Zwiebeln."

Was sie manchen ihrer Mithäftlinge bedeutet hat, welche anerkennende Dankbarkeit sie bei ihrem Wirken empfangen durfte, beweist ein kleines, graues Leinenbuch, bestickt mit roten, grünen und gelben Fäden – handgearbeitetes Geschenk einer Ukrainerin für sie, das auf der zweiten Seite in sorgfältig gemalter farbiger Schrift folgendes, nicht ganz wörtliches Goethe-Zitat trägt:

„So wie am Tag, der dich der Welt verliehn,
Die Sonne stand zum Gruße der Planeten,
Bist also immer fort und fort gediehn,
Nach dem Gesetz, nach dem du angetreten.
So mußt du sein, dir kannst du nicht entfliehn,
So sagten schon Sibyllen, so Propheten.
Und keine Zeit und keine Macht zerstückelt
Geprägte Form, die lebend sich entwickelt."

Diese Worte erfassen das Wirken von Änne Kassing in vollem Sinn – als Mensch, als politische Kämpferin und Organisatorin. Am 17. Juni 1943 erhielt sie in Ravensbrück ein am 14.6. in Düsseldorf aufgegebenes Telegramm folgenden Inhalts: „Totalverlust durch Bombenschaden, alles gesund. Dein Fritz." Schon am 18. Juni erteilt die Gestapozentrale in Berlin „Herrn Kassing ... z. Zt. als Obdachloser untergebracht ... ausnahmsweise die Erlaubnis ... den einsitzenden Schutzhäftling Anna Kassing ... in Gegenwart eines Beamten für die Dauer von zunächst 1 ½ Stunden zu sprechen ... zum Zwecke der Fertigung einer Liste der Einrichtungsgegenstände usw. der früheren Wohnung und Besprechung der durch den Fliegerangriff geschaffenen Lage." – Am 21. Juni findet dieses Gespräch statt. Aus einer von Anna unterschriebenen Quittung ist zu ersehen, daß Fritz seiner Frau einige nahrhafte Sachen mitgebracht hatte, von denen ihm ein bißchen Speck, Ölsardinen oder eine Wurst als Sonderzuteilung für Totalausgebombte „zugestanden" haben könnte. Er hat es seiner

Änne mitgebracht. Nach langen Jahren der Trennung ein erstes Wiedersehen! Aus welchem Anlaß, unter welchen Umständen, und gerade darum, welche rührende Aufmerksamkeit, etwas von dem verbliebenen Wenigen – Kandiszucker, Brot, Kekse, Waschpulver oder ein Stück Seife außer den schon erwähnten „Leckereien" – der Gefährtin zu schenken, ihr eine Freude zu machen, mit ihr das Erlittene zu teilen!

Doch die 1 ½ Stunden Sprecherlaubnis haben auch Zeit gegeben, Möglichkeiten einer Entlassung Ännes zu erörtern. Direkt vom Reichssicherheitshauptamt in der Berliner Prinz-Albrecht-Straße erhält die Ravensbrücker Kommandantur eine Anfrage mit Datum vom 17. August 1943, in der um einen „Führungsbericht" über Anna Kassing ersucht wird. Als Grund gilt ein Gesuch des Ehemannes um Entlassung seiner Frau, da die Wohnung ausgebombt sei und sie bei seinem Besuch versichert habe, „sich völlig umgestellt zu haben". Wie auf einem Schulzeugnis hakt der Lagerkommandant in seiner Antwort nach Berlin am 13.9.1943 ab:

Führung: genügend
Politisches Verhalten: undurchsichtig
Arbeitsleistung: genügend
Lagerstrafen: keine
Entlassung: ablehnen

Ergänzend fügt er hinzu: „... Da sie auch heute noch den Eindruck einer eingefleischten Kommunistin macht, kann eine Entlassung der K. nicht befürwortet werden."

Der gleiche Vorgang mit der wörtlich gleichen, stereotypen Ablehnung wiederholt sich noch zweimal. Nur hat sich Fritz Kassing jetzt an die Staatspolizeileitstelle Düsseldorf gewandt: Anfrage 6. 10. 1943, Antwort 11. 11. 1943; Anfrage 2. 12. 1943, Antwort 20. 1. 1944. Über einen Monat benötigt die Lagerbürokratie jedesmal, um letztlich das gleiche Papier auszufüllen. Die Hoffnung wird für die beiden immer geringer, und Anna kann sich auch nicht so verstellen, als daß sie die SS glauben machen könnte, ihre bis dahin eindeutige Haltung geändert oder gar aufgegeben zu haben. Das Feindbild, das sich die Naziführung von ihr seit Anfang an geschaffen hatte, blieb unauslöschlich. Welche Hoffnungen Änne hinsichtlich einer möglichen Entlassung tatsächlich hatte, wissen wir nicht.

Noch einmal wird Fritz eine Besuchserlaubnis von 60 Minuten für den 9. Juni 1944 zur „Besprechung wirtschaftlicher Familienangelegenheiten" erteilt. Es sollte die letzte Begegnung und das letzte Gespräch zwischen Änne und Fritz Kassing gewesen sein. Für beide ging danach der Alltag im faschistischen Deutschland gnadenlos weiter – für Änne im Lager mit aufopfernder Hilfe für Kranke und Verzweifelte, aber auch mit der Zuversicht für ein künftiges besseres Deutschland, um das es sich zu kämpfen lohnte, für Fritz im Alleinsein mit den ständig gefährlicher und entsagungsvoller werdenden Lebensbedingungen im zertrümmerten Düsseldorf.

Zu guter Letzt schien sich die Hoffnung für die politisch aktiven Ravensbrücker Frauen doch noch zu erfüllen, ihr Leben für den Aufbau eines neuen Deutschlands nach der endgültigen Zerschlagung des Hitlerfaschismus zu erhalten. Zur gleichen Zeit, als im Lager hartnäckig das Gerücht von ihrer drohenden Erschießung umging, lief die „Aktion Bernadotte“ des Schwedischen Roten Kreuzes an: Häftlinge aus westeuropäischen Ländern sollten nach Schweden evakuiert werden. Die illegale Lagerleitung nutzte in Zusammenarbeit mit den Frauen im „Arbeitseinsatz“-Büro diese Gelegenheit, die am meisten von der Liquidierung gefährdeten Frauen in den Schweden-Konvoi einzuschleusen. Zu ihnen gehörte auch Änne Kassing. Mit den Papieren einer verstorbenen holländischen Kameradin versehen, bestieg sie einen der schwedischen „weißen Busse“, der sie in die Freiheit bringen sollte. Ordnungsgemäß mit den Zeichen des Roten Kreuzes versehen, verließ der Konvoi am 25. April 1945 Ravensbrück in nordwestlicher Richtung. Deutsche Militärtransporte mischten sich unter die schwedischen Fahrzeuge. Als britische Jagdflugzeuge über der Kolonne erschienen, war die Situation nicht mehr eindeutig. In zweimaligem Anflug eröffneten sie das Feuer auf die kopflos flüchtenden Häftlinge. Zwanzig von ihnen fielen dem Angriff zum Opfer – unter ihnen auch Änne Kassing. Die Luxemburgerin Yvonne Useldinger war im gleichen Transport. Sie schrieb nach ihrer Ankunft in Schweden darüber: In der Absicht, den verwundeten Kameradinnen Hilfe zu leisten, sieht sie „Änne Kassing wie eine Statue im Gebüsch sitzen. Noen Beuzemaker ist bei ihr. Wir sprechen ihr zu, aber sie antwortet nicht mehr. Ihre Augen sind weit geöffnet. Tot ist sie noch nicht, wir stützen sie und sehen, daß sie einen Lungenschuß hat. Sanitäter mit Tragbahren sind inzwischen gekommen. Sie reißen uns weg von diesen lieben Menschen, denen wir in die Freiheit helfen wollten und die durch die Befreier, durch einen der Alliierten, ein tragisches Ende gefunden haben.“

Sicher ist die schwerverwundete Änne weiter transportiert worden, und sie hat noch Dänemark erreicht. Dort wird sie dann verstorben sein, denn Fritz Kassing fand nach zwei Jahren unermüdlichen Suchens die Urne mit ihrer Asche, aufbewahrt in der Leichenhalle einer kleinen dänischen Gemeinde.

Ob ihr das Überschreiten der deutsch-dänischen Grenze noch bewußt geworden ist, läßt sich kaum feststellen. Überliefert ist aber Ännes Frage nach der Verwundung: „Komme ich wieder nach Deutschland zurück?“ Sie wußte also, daß sie aus diesem Land endlich fortgebracht und gerettet werden sollte. Die Frage läßt aber ebenso Wunsch und Absicht vermuten, wieder nach Deutschland zurückkehren zu wollen, um gemeinsam mit Fritz Kassing am Aufbau einer neuen Gesellschaft mitwirken zu können.

S.J.

Ich verweigere die Aussage

Tilde Klose

Verleumdung und Bosheit tötet man am besten durch Schweigen.

MAXIM GORKI

Wer das Bild von ihr betrachtet, das einzige, das uns erhalten geblieben ist, sieht in ein schmales, kluges Gesicht, umrahmt von dichtem, dunklem Haar. Unter kräftigen Brauen große, wache Augen, die ernst, aber sicher auch liebevoll und heiter blicken können. Der schmale Mund ist ohne Lächeln, ein wenig angespannt und Ausdruck einer Willenskraft, die bewußt Schweres auf sich nimmt und ihm widersteht, die das einmal als Recht Erkannte durch nichts erschüttern läßt.

So und noch fester mag Tilde Klose ihren Mund zusammengepreßt haben, als bei ihren Vernehmungen in der Untersuchungshaft die Düsseldorfer Polizei- und Gestapo-Beamten auf sie einredeten, Fragen stellten, routinemäßig zunächst, dann drängend, drohend, erpresserisch. „Ich verweigere die Aussage!" war alles, was sie antwortete, immer wieder.

Sie redeten mit „Engelszungen" auf sie ein: Wenn sie aussage, Hinweise gebe auf andere „Mittäter", so wäre das zu ihrem eigenen Nutzen, das verhülfe ihr zu einem milden Urteil, vielleicht gar zu einem Freispruch. Doch Tilde blieb bei ihrem „Ich verweigere die Aussage!" Dann zog man andere Saiten auf, beschimpfte sie, wurde grob. Ob sie geschlagen wurde, ist nicht mehr festzustellen, doch aus Berichten anderer Antifaschistinnen geht hervor, daß die brutalen Gestaposchläger auch vor Frauen nicht haltmachten.

Im April 1934 war Tilde Klose verhaftet worden, im Februar 1935 begann ihr Prozeß. Fast zehn Monate hatte sie die Verhöre und Quälereien über sich ergehen lassen müssen. Und immer wieder nur beharrte sie: „Ich verweigere die Aussage!" Die Vernehmungsakten blieben leer.

Woher nahm sie, die wohlbehütet in einem wohlhabenden Elternhaus aufgewachsen ist, ihre Kraft für den Widerstand?

Der Vater war Direktor der Städtischen Werke in Solingen. Schon in der höheren Mädchenschule zeigte sich Tildes besondere Begabung für Fremdsprachen. 1909, sie war gerade 17 Jahre alt, ging sie ganz allein auf ihre erste große Reise nach Paris. Hier wollte sie, von den Eltern materiell unterstützt, ihre Sprachkenntnisse vervollkommnen. Doch es verfloß kaum ein Jahr, da erreichte sie die Nachricht vom Tod des Vaters. Sie fuhr nach Hause, um ihn zur letzten Ruhe zu begleiten. „Was soll nun werden?" fragte weinend die Mutter. Die Witwenrente, die sie erhielt, mag nicht sehr hoch gewesen sein. „Ich fahre nach Paris zurück und werde dort meinen Lebensunterhalt allein verdienen, dann bist du wenigstens eine Sorge los", tröstete Tilde. Und sie setzte ihren Vorsatz in die Tat um. Ob sie als „Haustochter" – eine Art jugendliche Gesellschafterin für Erwachsene und Kinder, die auch im Haushalt zugreifen mußte – in eine begüterte Familie ging, ob sie französische Kinder in deutscher Sprache unterrichtete, oder was immer in jener Zeit für ein junges Mädchen aus gutem Hause an Arbeit möglich war, ist nicht bekannt. Fest steht jedoch, daß sie nicht nur in Frankreich, sondern später auch in England und in den Niederlanden ohne jede finanzielle Unterstützung die Landessprachen perfekt beherrschen lernte. Und noch etwas anderes ging ihr aus diesen Jahren in Fleisch und Blut über: das Bewußtsein, daß eine Frau ihr Leben selbst meistern kann.

Nach Deutschland zurückgekehrt, fand sie sehr bald eine Anstellung als Auslandskorrespondentin in den damaligen Mannesmann-Röhrenwerken, kurz Röhrenverband genannt, in Düsseldorf. Einige Zeit später trat sie in die SPD ein und wurde zugleich eine aktive Gewerkschafterin, die sich besonders um die Erhöhung der Löhne der Arbeiterinnen bemühte. Überhaupt lag ihr der Kampf um die Gleichberechtigung der Frauen besonders am Herzen. In der sozialdemokratischen Frauenbewegung hoffte sie, dazu beitragen zu können. Und in der Tat, viele auf den sozialdemokratischen Frauenkonferenzen verkündete Thesen erschienen ihr berechtigt, so die Appelle, den Gleichberechtigungs-Paragraphen der Weimarer Verfassung, der bisher nur auf dem Papier stand, nun endlich in die Tat umzusetzen, wie auch die Forderungen, das Recht der Frauen auf Berufsarbeit zu sichern, Gesetze zum Schutz der Familie, für Mutter und Kind zu schaffen und manches andere. Doch über Jahre hinweg blieb es nur bei Worten. Als die KPD-Fraktion im Reichstag besonders Ende der zwanziger Jahre zahlreiche Anträge einbrachte und einige Gesetzentwürfe vorlegte, die auf Gleichberechtigung, auf den Schutz von Mutter und Kind und die Rechte der arbeitenden Frauen gerichtet waren, wurden diese nicht nur von den bürgerlichen Parteien, sondern auch von der SPD stets abgelehnt.

Tildes Skepsis gegenüber der Politik ihrer Partei wuchs mehr und mehr. Besonders die Beschimpfungen und Verleumdungen der Sowjetunion, die in der SPD gang und gäbe waren, verfehlten bei ihr gänzlich ihren Zweck. Sie weckten in ihr wachsendes Interesse für den ersten sozialistischen Staat der Welt. Über seine Entwicklung und das Leben der Menschen dort las sie, was sie erreichen konnte. Vielleicht war John Reeds „Zehn Tage, die die Welt erschütterten" dabei. Vielleicht auch Clara Zetkins Buch „Im befreiten Kaukasus", das 1926 erschien und eine lebendige, packende Widerlegung der Hetzkampagne gegen die Sowjetmacht im damaligen Georgien war. Ein 1924 von Agenten der westlichen Imperialisten angezettelter Putsch mit dem Ziel, die Ölquellen dieses Gebietes wieder in die Hand der alten Ausbeuter zu bringen, scheiterte „kläglich ... an dem entschlossenen Widerstand der Arbeiter und Bauern", schrieb Clara Zetkin darüber. Und obwohl ihr die Ärzte strenge Ruhe in einem nordkaukasischen Kurort verordnet hatten, machte sich Clara Zetkin auf die Reise über die georgische Heerstraße nach Transkaukasien, wo sie viele Begegnungen mit den Menschen, vor allem mit Frauen hatte, an Versammlungen und Kundgebungen teilnahm. In einer davon sprach neben den Delegierten von Arbeiterinnen und Hausfrauen auch eine mohammedanische Frau: „Stumme Sklavinnen waren wir ... Wir mußten uns in den Gemächern verkriechen und zitterten vor unseren Männern, die unsere Herren waren. Jetzt sind wir frei und gleich und sitzen wie sie in den Sowjets, in den Volksgerichten, in den Schulräten, überall, wo für ein besseres Leben gearbeitet wird."

Tilde Klose handelte ähnlich wie Clara Zetkin. Entgegen der weiter wachsenden Antisowjethetze, in die inzwischen die Faschisten mit Lautstärke eingestimmt hatten, unternahm sie 1931 gleichfalls eine Reise in die Sowjetunion. Es gibt keine Aufzeichnungen über ihre Eindrücke dort, doch wir können annehmen, daß sie bestimmend wurden für ihr ganzes weiteres Leben. Mit aller Klarheit hatte sie im ersten sozialistischen Staat der Welt erkannt, daß für die Befreiung der Arbeiterklasse und der Frau eine grundlegend neue Gesellschaftsordnung notwendig ist, daß der Sozialismus niemals – wie es die Sozialdemokraten seit Jahren verkündeten – auf einem „dritten Weg", auf dem Boden der kapitalistischen Gesellschaft erreicht werden kann.

Nach ihrer Rückkehr von der Reise wurde sie Mitglied der Kommunistischen Partei Deutschlands, der einzigen, die den richtigen Weg wußte und wies. Im Betrieb, den Mannesmann-Röhrenwerken, ging sie ihrer Arbeit nach wie immer. Nur daß sie nun mit den Kommunisten dort enger zusammenrückte, neue Verbindungen und Freundschaften fand. Als die Faschisten ihr Terror-Regime errichteten und die kommunistischen, sozialdemokratischen und gewerkschaftlichen Organisationen zerschlugen, setzten die Genossen alles daran, illegal weiterzuarbeiten. „Die Parteiorganisation ist im Bezirk Niederrhein alsbald nach der nationalen Erhebung wieder aufgebaut worden", heißt es im Nazi-Jargon in den Gerichtsakten, „trotz zahlreicher Verhaftungen herrschte immer rege Tätigkeit".

Zu den schon am 20. März 1933 Verhafteten zählte auch Tilde Kloses Arbeitskollege Alfred Fuhrmann. Er war „wegen kommunistischer Tätigkeit vor der Machtübernahme in Schutzhaft" genommen worden. Edith Hoppe, gerade 23 Jahre alt und Alfred Fuhrmann in Liebe zugetan, kam eines Abends weinend zu Tilde Klose. „Ich hab ihm ein Paket geschickt", schluchzte sie, „vielleicht kann es ihm ein bißchen Freude bringen". Sie hatte ein paar gute Sachen eingepackt, denen der Geldbeutel der jungen Frau eigentlich nicht gewachsen war. Tilde versuchte, sie zu trösten und zu beruhigen. „Wenn wir eine kleine Geldsammlung unter den Kollegen machen, die Alfred gern haben, dann ist dir geholfen, und wir können ihm später noch mehr zukommen lassen."

Die Sammlung hatte Erfolg, ja, sie blieb nicht nur einmalig, sondern wurde zu einer Gewohnheit. Es waren keine großen Beträge, manchmal nur 10 oder 50 Pfennige, die die Genossen geben konnten. Doch sie halfen, nicht nur Alfred Fuhrmann zu unterstützen, sondern auch andere politische Gefangene und ihre Angehörigen, ein Beitrag, der den Zusammenhalt festigte.

Bald brachte Tilde Klose ihren Genossen auch Zeitungen. Sie hießen „Freiheit", „Revolutionär", die im Bezirk Niederrhein von einer illegalen Druckerei hergestellt wurden. Manchmal war auch „Die Rote Fahne" dabei und „Die Internationale".

Es gibt nur noch sehr wenige Menschen, die sich an Tilde Klose in dieser Zeit erinnern. Maria Wachter aus Düsseldorf sagte uns, daß sie Tilde bei einem Treff illegaler Widerstandskämpfer – den Zeitpunkt und den Ort weiß sie nicht mehr – zum letzten Mal gesehen habe. Lydia Goguel, die jetzt in Berlin lebt, kannte sie aus der Zusammenarbeit im Angestellten-Verband: eine schlanke, mittelgroße Frau mit dunklem Haar und dunklen Augen. „Sie war eigentlich ein stiller Mensch, aber klug und liebenswert." Schon damals habe Tilde unter einer Hautkrankheit gelitten, aber man habe ihr von ihren Beschwernissen nichts angemerkt.

Alfred Fuhrmann wurde am 2. Dezember 1933 aus der „Schutzhaft", d. h. aus dem Konzentrationslager, entlassen. Gewiß hat seine Freundin Edith Hoppe ein gutes Weihnachten gehabt. Doch Alfred nahm auch die Verbindung zu seinen Genossen, vor allem zu Tilde Klose wieder auf. Zuerst trafen sie sich in einem Café, und er erzählte ihr mit gedämpfter Stimme von den grauenvollen Erlebnissen im Konzentrationslager. „Und wie sieht es jetzt im Betrieb aus?", mag er gefragt haben. Sie saßen nun schon eine ganze Weile hier zusammen, und Tilde meinte, es sei besser, sich einige Tage später wiederzutreffen. Bei einem Spaziergang zu einer nahegelegenen Burg berichtete sie ihm dann, daß im Röhrenwerk weiter im Sinne der Partei gearbeitet würde, daß die revolutionäre Betriebszelle, die er vor seiner Verhaftung geleitet hatte, noch bestehe, daß sie versuche, auch frühere Angehörige der SPD zum gemeinsamen Kampf heranzuziehen.

Sie trafen sich noch öfter, mehrmals in Tildes Wohnung, redeten über die politische Situation. Tilde mag ihm, wie sie es immer wieder gern tat, von ihren Erlebnissen in der Sowjetunion erzählt haben und von ihrer festen Überzeugung, daß der Sozialismus nicht, wohl aber der Faschismus geschlagen werden könne.

Doch zunächst schien es, als habe sie Unrecht. Im Frühjahr 1934 fiel die gesamte illegale Organisation des Stadtteiles Altstadt von Düsseldorf der Polizei in die Hände.

Fast 70 Angeklagte waren es, die am 25. Februar 1935 zum ersten Mal den Gerichtssaal betraten. Auf der Liste ihrer Namen wurde Tilde Klose unter der Nummer 64 aufgeführt. Viel weiter vorn, unter den Hauptangeklagten, stand der Name von Rudolf Goguel, der zu den führenden Funktionären im Bezirk Niederrhein gehörte. Er hat Zuchthaus und Konzentrationslager überlebt und nach der Befreiung ein Buch über seine Erlebnisse geschrieben, das den Titel trägt: „Es war ein langer Weg". Darin schildert er auch die Tage des Prozesses vor dem II. Strafsenat in Düsseldorf. Er berichtet, daß sich Karl Horster, einer der Angeklagten, in seiner Zelle erhängt und ein Blatt Papier hinterlassen hatte mit den Worten: „Ich kann die Schande, wie ein Verbrecher ins Zuchthaus gesteckt zu werden, nicht ertragen. Deshalb scheide ich freiwillig aus dem Leben." Ob dies der wahre Grund war oder, wie bei anderen Schicksalsgenossen, die Sorge, den Folterknechten der Gestapo nicht gewachsen zu sein und Aussagen zu machen, die andere belasten könnten – niemand weiß es.

„Um ihn", so schreibt Rudi Goguel in seinem Buch, „entbrannte im Gerichtssaal eine heftige Schlacht. Die Leiterin der revolutionären Betriebsgruppe im Röhrenverband, welcher Karl angehörte, wird vernommen. Tilde Klose, etwa 40 Jahre, Auslandskorrespondentin, klug, belesen, überlegen, stellt den Richter vor neue Aufgaben. In ihrem polizeilichen Vernehmungsprotokoll steht der Satz: ‚Ich verweigere die Aussage!'

Senatspräsident Dr. H. Hermsen kann sich nicht auf die Aktenbündel der Polizei stützen. Er betritt Neuland.

‚Man hat Ihnen soeben die Abschiedsworte Horsters vorgelesen, Angeklagte Klose. Hier spricht ein Mann, welcher gegen seinen Willen zu Taten gezwungen wurde, die er nicht verantworten konnte und wollte. Sie, Angeklagte, tragen die volle Verantwortung für den tragischen Tod Ihres Kollegen. Haben Sie kein Empfinden, was Sie da angerichtet haben? Hängt Ihnen der Leichnam Ihres Kollegen nicht wie ein Mühlstein um den Hals? Ich frage Sie, Angeklagte Klose!'

Atemlose Spannung erfüllt den Saal. Wird Tilde unter der Wucht der Anklage zusammenbrechen? Wird sie weinend ihre Schuld erklären?

‚Ich als Kommunist erkläre, daß kein Mensch – auch ich nicht – Karl Horster gezwungen hat, kommunistischen Ideen anzuhängen, oder der kommunistischen Partei anzugehören. Ich bin der Überzeugung, daß der Mensch einen eigenen freien Willen besitzt, sich zu entscheiden, ob er für die Wahrheit eintreten will oder nicht.'

‚Diese Behauptung klingt merkwürdig in Ihrem Munde, Klose. Sind nicht die Kommunisten diejenigen, welche den freien Willen des Menschen bestreiten? Hat nicht Marx selbst erklärt, daß das gesellschaftliche Sein das Bewußtsein bestimmt, daß also der einzelne Mensch gar keine Wahl hat? Sie und Ihre Partei haben Horster dahin gebracht, wo er jetzt liegt, auf den Friedhof!'

‚Diese Auslegung Marxscher Thesen ist durchaus undialektisch und verrät eine mechanische Betrachtungsweise, wie sie uns von unseren Gegnern mit Vorliebe unterschoben wird. Wo kommen wir hin, wollten wir auch unseren Feinden gegenüber diese Betrachtungsweise anwenden?'

Tilde sieht dem Präsidenten ins Gesicht, entschlossen zu einer Auseinandersetzung über die philosophischen Grundlagen des Marxismus. ‚Lassen wir das', winkt er rechtzeitig ab.

‚Ich verweigere die Aussage!' ist ein ernsteres Problem. Die Vernehmung Tildes durch den Richter fördert nicht mehr zutage als das polizeiliche Protokoll, nämlich daß Tilde überzeugte Kommunistin ist. Der Präsident wird seine neu gesammelten Erfahrungen im Schlußwort in die Worte kleiden: ‚Im Fall Klose hat die Polizei unzweifelhaft Lücken offengelassen, die für den Richter untragbar sind!'"

Dieser Tadel war eine ziemlich unverhohlene Aufforderung an die Vernehmungsbeamten und ihre Schläger, in künftigen ähnlichen Fällen auch bei Frauen das Mittel der Mißhandlung stärker anzuwenden.

Vor dem Schlußwort des Richters jedoch kamen am 3. März 1935 fünf Stunden Anklagerede und Strafanträge des Staatsanwaltes. Danach wurde den Angeklagten und ihren Pflichtverteidigern das Wort gegeben. Einige verteidigten sich, aber die meisten verzichteten darauf, berichtet Rudi Goguel. „Tilde Klose spricht nicht für sich, sondern für ihre kleine Kollegin Edith (Hoppe, L.T.-H.), die auch tatsächlich freigesprochen wird."

Um andere Angeklagte, die sie mit illegalen Zeitungen und Informationsmaterial versorgt hatten, zu entlasten, erfand Tilde einen „ihr nicht näher bekannten Kommunisten Frey", von dem sie die Schriften angeblich erhalten habe. Doch das Gericht glaubte ihr nicht: „Diese Angaben sind offenbar unrichtig und durch das Ergebnis der Verhandlungen zum größten Teil widerlegt", heißt es in der Akte.

Am 8. März 1935 wurden die Urteile gesprochen: für Rudi Goguel zehn, für Alfred Fuhrmann sechs und für Tilde Klose vier Jahre Zuchthaus. In der Urteilsbegründung hieß es über Tilde: „Bei der Strafzumessung war erschwerend zu berücksichtigen, daß die Angeklagte Klose sich in fester, gut bezahlter Stellung befand und daß sie durch Leugnen und unvollständige Angaben – den Weisungen der KPD folgend – die restlose Aufklärung unmöglich gemacht hat. Erschwerend fiel weiter ins Gewicht, ... daß sie auch jetzt noch faktisch den kommunistischen Ideen anhängt."

Nicht nur aus den Akten geht es hervor, auch alle, die sie gekannt haben, sagen: Sie war ein standhafter Mensch. Ihre Zuchthausjahre verbrachte sie in den süddeutschen Gefängnissen Gotteszell und Aichach, dann kam sie in das KZ Papenburg und schließlich nach Ravensbrück. Ihr dunkles Haar war inzwischen schneeweiß geworden. Ihre Hautkrankheit quälte sie noch immer. Im Zuchthaus hatte sie deswegen wenigstens noch eine etwas schonende Seife erhalten, im Konzentrationslager war auch das vorbei. Doch standhaft ist sie immer geblieben, hat eigenen Schmerz ertragen und anderen geholfen, wo es möglich war.

In Ravensbrück hatte die Lagerkommandantur sie für die Aufnahme der Häftlinge eingesetzt. Wenn neue eingeliefert wurden, war ihre erste Frage: „Ihren Namen, bitte", und die nächste: „Weshalb verurteilt und hier eingeliefert?" Wenn dann das Wort „Hochverrat" fiel oder ein anderes politisches Motiv genannt wurde, half ein erster tröstlicher Zuspruch oder – wenn ihre umfangreichen Sprachkenntnisse versagten – auch eine beruhigende Gebärde den neu Angekommenen über das erste Grauen hinweg.

Auch wenn an einem Tag hundert Frauen eingeliefert wurden, Tilde Klose wußte am Abend immer, welche von ihnen Antifaschistinnen waren. Schnell wurde erfragt, wer die Neuen kennt, wer sich um sie kümmert und sie spüren läßt, daß sie in die große, solidarische Gemeinschaft des Lagers aufgenommen sind.

Standhaft und unbeirrbar blieb sie auch, als die erschreckende Nachricht ins Lager drang, daß die Faschisten die Sowjetunion überfallen hatten und schon in den ersten Monaten tief in das Land eingedrungen waren. Allen, die darüber verzagen wollten, schilderte sie, wie sie bei ihrer Reise in die UdSSR das sowjetische Volk kennengelernt, seine Kraft gespürt hatte. „Und dieses Volk, das ist gewiß, wird den deutschen Faschismus niederringen", sagte sie. „Wir können mutig der Zukunft entgegengehen."

Die Geschichte hat ihre Worte bestätigt, doch die Zukunft, die sie prophezeite, blieb ihr selbst versagt. Eine Tuberkulose brachte sie in den Block der Lungenkranken, und von dort bei einer „Selektion" nach Bernburg, wo sie in der Gaskammer ein qualvoller Tod erwartete.

L. T.-H.

Olga Körner
3. Juni 1887 – 22. Dezember 1969

Der Lebenslauf, geschrieben im Zuchthaus Waldheim

Unten: Olga als junge Frau – und 1946, ein Jahr nach der Befreiung

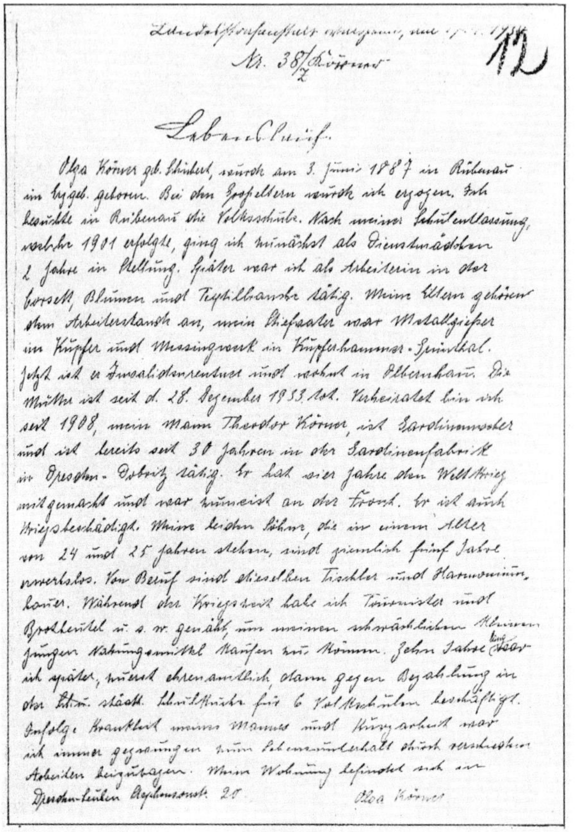

Landesstrafanstalt Waldheim, am [illegible]

Nr. 38/Körner z

12

Lebenslauf.

Olga Körner geb. Schubert, wurde am 3. Juni 1887 in Rabenau im Erzgeb. geboren. Bei den Großeltern wurde ich erzogen. Ich besuchte in Rabenau die Volksschule. Nach meiner Schulentlassung, welche 1901 erfolgte, ging ich zunächst als Dienstmädchen 2 Jahre in Stellung. Später war ich als Arbeiterin in der Korsett, Blumen und Textilbranche tätig. Meine Eltern gehören dem Arbeiterstande an, mein Stiefvater war Metallgießer im Kupfer und Messingwerk in Kupferhammer-Grünthal. Jetzt ist er Invalidenrentner und wohnt in Olbernhau. Die Mutter ist seit d. 28. Dezember 1933 tot. Verheiratet bin ich seit 1908, mein Mann Theodor Körner, ist Gardinenweber und ist bereits seit 30 Jahren in der Gardinenfabrik in Dresden-Dobritz tätig. Er hat vier Jahre den Weltkrieg mitgemacht und war zumeist an der Front. Er ist auch kriegsbeschädigt. Meine beiden Söhne, die im einem Alter von 24 und 25 Jahren stehen, sind ziemlich fünf Jahre erwerbslos. Von Beruf sind dieselben Tischler und Harmoniumbauer. Während der Kriegszeit habe ich Tornister und Brotbeutel u. s. w. genäht, um meinen schwächlichen kleinen Jungen Nahrungsmittel kaufen zu können. Zehn Jahre lang war ich später, zuerst ehrenamtlich, dann gegen Bezahlung in der [illegible] städt. Schulküche für 6 Volksschulen beschäftigt. Infolge Krankheit meines Mannes und Kurzarbeit war ich immer gezwungen zum Lebensunterhalt durch verschiedene Arbeiten beizutragen. Meine Wohnung befindet sich in Dresden-Leuben Stephanstr. 20.

Olga Körner

Kämpfer für die Einheit der Arbeiterklasse und gute Freunde: Olga Körner, Hermann Matern und Otto Buchwitz (v. l. n. r.)

Im Amtssitz von Präsident Wilhelm Pieck: Zu den ersten, die 1953 mit dem Karl-Marx-Orden geehrt wurden, gehörten Otto Buchwitz, Olga Körner und Helmut Lehmann (v. l. n. r.)

Olga (ganz links) blieb immer verbunden mit der Familie von Rosa Menzer. Hier 1963 bei der Jugendweihe von Claudia (2. v. l.), der Enkelin von Rosa. Rosas Töchter Ilse Menzer (1. Reihe rechts) und Ruth Ermer (links oben)

Gertrud Marx
3. Juni 1904

Die fünfjährige Gertrud mit ihrer Mutter, Rosalie Gessinger

Als Siebzehnjährige

Trude während ihrer Ausbildung als Kinderpflegerin am „Kaiserin-Auguste-Victoria-Haus“ in Berlin-Charlottenburg, 1921–1923

In der Berliner Mansardenwohnung, Sperlingsgasse 1: Mutter (links) und Gertrud mit ihrem späteren Mann, Karl Marx

Als erste Frau der Provinz Brandenburg hatte Trude Marx am 24. April 1946 das Bürgermeisteramt in Neuruppin übernommen

Glückwünsche für die Neuruppiner Bürgermeisterin

Trude Marx als Mitglied des „Deutschen Volksrates", 1948

Fritz Cremer schuf diese Müttergruppe für die Nationale Mahn- und Gedenkstätte Ravensbrück

Trude Marx, nunmehr Bürgermeisterin von Birkenwerder, dankt dem Künstler anläßlich der Einweihung am 24. April 1965

An einem Arbeitstag der Bürgermeisterin im Rathaus von Birkenwerder. Trude Marx bekleidete dort dieses Amt von 1959 bis 1972

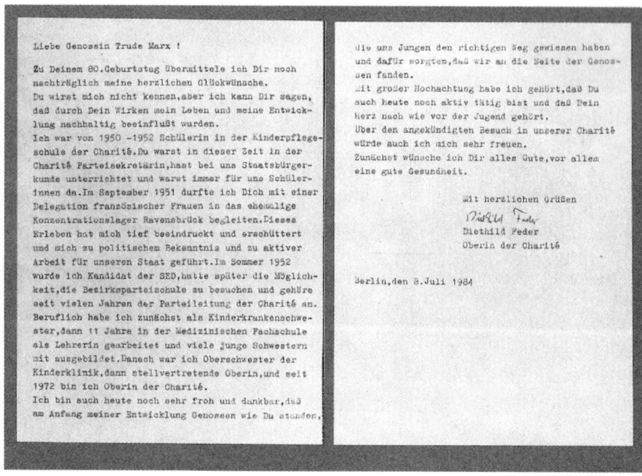

Liebe Genossin Trude Marx !

Zu Deinem 80.Geburtstag übermittele ich Dir noch nachträglich meine herzlichen Glückwünsche.
Du wirst mich nicht kennen,aber ich kann Dir sagen, daß durch Dein Wirken mein Leben und meine Entwicklung nachhaltig beeinflußt wurden.
Ich war von 1950 -1952 Schülerin in der Kinderpflegeschule der Charité.Du warst in dieser Zeit in der Charité Parteisekretärin,hast bei uns Staatsbürgerkunde unterrichtet und warst immer für uns Schülerinnen da.Im September 1951 durfte ich Dich mit einer Delegation französischer Frauen in das ehemalige Konzentrationslager Ravensbrück begleiten.Dieses Erleben hat mich tief beeindruckt und erschüttert und mich zu politischem Bekenntnis und zu aktiver Arbeit für unseren Staat geführt.Im Sommer 1952 wurde ich Kandidat der SED,hatte später die Möglichkeit,die Bezirksparteischule zu besuchen und gehöre seit vielen Jahren der Parteileitung der Charité an.
Beruflich habe ich zunächst als Kinderkrankenschwester,dann 11 Jahre in der Medizinischen Fachschule als Lehrerin gearbeitet und viele junge Schwestern mit ausgebildet.Danach war ich Oberschwester der Kinderklinik,dann stellvertretende Oberin,und seit 1972 bin ich Oberin der Charité.
Ich bin auch heute noch sehr froh und dankbar,daß am Anfang meiner Entwicklung Genossen wie Du standen, die uns Jungen den richtigen Weg gewiesen haben und dafür sorgten,daß wir an die Seite der Genossen fanden.
Mit großer Hochachtung habe ich gehört,daß Du auch heute noch aktiv tätig bist und daß Dein Herz nach wie vor der Jugend gehört.
Über den angekündigten Besuch in unserer Charité würde auch ich mich sehr freuen.
Zunächst wünsche ich Dir alles Gute,vor allem eine gute Gesundheit.

Mit herzlichen Grüßen

Diethild Feder
Oberin der Charité

Berlin,den 8.Juli 1984

Ein Geburtstagsbrief

Den 80. Geburtstag feierte sie unter ihren „Patenkindern“ in der Körperbehindertenschule „Olga Benario-Prestes“ Birkenwerder

Lebenslauf mit Lücken

Olga Körner

Landesstrafanstalt Waldheim,
am 17.4.1934

Lebenslauf

Olga Körner geb. Schubert, wurde am 3. Juni 1887 in Rübenau im Erzgeb. geboren. Bei den Großeltern wurde ich erzogen. Ich besuchte in Rübenau die Volksschule. Nach meiner Schulentlassung, welche 1901 erfolgte, ging ich zunächst als Dienstmädchen zwei Jahre in Stellung. Später war ich als Arbeiterin in der Corsett-, Blumen- und Textilbranche tätig. Meine Eltern gehören dem Arbeiterstande an, mein Stiefvater war Metallgießer im Kupfer- und Messingwerk in Kupferhammer-Grünthal. Jetzt ist er Invalidenrentner und wohnt in Olbernhau. Die Mutter ist seit dem 28. Dezember 1933 tot. Verheiratet bin ich seit 1908. Mein Mann Theodor Körner ist Gardinenweber und ist bereits seit 30 Jahren in der Gardinenfabrik in Dresden-Dobritz tätig. Er hat vier Jahre den Weltkrieg mitgemacht und war zumeist an der Front. Er ist auch kriegsbeschädigt. Meine beiden Söhne, die in einem Alter von 24 und 25 Jahren stehen, sind ziemlich fünf Jahre arbeitslos. Von Beruf sind dieselben Tischler und Harmoniumbauer. Während der Kriegszeit habe ich Tournister und Brotbeutel usw. genäht, um meinen schwächlichen kleinen Jungen Nahrungsmittel kaufen zu können. Zehn Jahre lang war ich später, zuerst ehrenamtlich, dann gegen Bezahlung in der städt. Schulküche für sechs Volksschulen beschäftigt. Infolge Krankheit meines Mannes und Kurzarbeit war ich immer gezwungen, zum Lebensunterhalt durch verschiedene Arbeiten beizutragen. Meine Wohnung befindet sich in Dresden-Leuben, Stephensonstr. 20.

Olga Körner

Da liegt er vor uns, geschrieben in einfachen, klaren Sätzen, in schlichter Handschrift: der Lebenslauf der Olga Körner, zu jener Zeit in ihrem 47. Jahr. Alles, was in diesem Bericht steht, stimmt genau. Es ist der Lebensweg einer Arbeiterin, wie es in ihrer Generation Zehntausende gab. Und doch ist das, was sie besonnen nach ihrer Einlieferung ins faschistische Zuchthaus Waldheim niederschrieb, weniger als die halbe Wahrheit. Zwischen den Zeilen, verborgen vor denen, die über sie Gericht gehalten hatten, liegt ihr zweites, ihr eigentliches Leben, das freilich ohne das andere nicht denkbar wäre.

„...in Rübenau im Erzgebirge geboren" besagt, daß sie ihren ersten Schrei und ihre ersten Schritte in einem der schlimmsten Notstandsgebiete jener Zeit getan hat. Die Bewohner erwarben ihr schmales Brot zumeist durch Heimarbeit, in die Frauen und selbst kleine Kinder mit eingespannt waren.

Olga, uneheliches Kind einer Hausgehilfin, wuchs bei ihren Großeltern auf, nachdem die Mutter einen jungen Metallgießer geheiratet hatte und von zu

Hause fortgezogen war. Später erinnert sich Olga: „Während meiner Schulzeit habe ich ebenfalls Heimarbeit verrichtet und Perlenborten hergestellt." Drei Perlen wurden aufgefädelt, dann zwei davon nochmals durchstochen, so daß kleine Zacken entstanden. Für einen Meter dieser Borte gab es einen Pfennig Lohn. Eine Freundin von ihr hatte als Siebenjährige Kunstblümchen mit Stielen versehen, das Gros – also 144 Stück – wurde mit sieben Pfennigen bezahlt.

Die Volksschule, die Olga in Rübenau besuchte, war jene oft als „Holzpantoffelgymnasium" bezeichnete Anstalt, in der die Schüler aller Jahrgänge in einem einzigen Raum unterrichtet wurden. Heute kaum noch vorstellbar, ist es doch Tatsache, daß es noch nach 1945 eine nicht geringe Anzahl solcher Einklassenschulen in den Dörfern gab. Sie so schnell wie möglich zu beseitigen und Schritt für Schritt ein neues, sozialistisches Schulwesen, mit der allgemeinbildenden Zehnklassenschule als Grundlage, aufzubauen, war eines der wichtigsten Anliegen der Bildungspolitik der DDR.

Olga war eine aufmerksame und fleißige Schülerin, brachte gute Zensuren nach Hause. Ein Erlebnis aus ihrer Kindheit hat sie nie vergessen. Sie war 11 Jahre, als 1898 eine Reichstagswahl vorbereitet wurde. In Rübenau sollte der sozialdemokratische Abgeordnete Rosenow sprechen. Doch die beiden Gastwirte des Dorfes erklärten kategorisch: „In meinem Saal gibt es keine Versammlung der Roten!" Da fand sich der kleine Kaufmann Hubert, der das etwas schüchterne Angebot machte, es sei ja bald Sommer, und die Versammlung könne doch vielleicht auf seinem Feld stattfinden. Die Sozialdemokraten von Rübenau, die „Roten", verbündeten sich mit den Kindern, und die folgten nur zu gern der abenteuerlichen Aufforderung. Sie liefen kreuz und quer durchs ganze Dorf und schrien aus Leibeskräften: „Ihr Leit, gitt alle naus ofn Hubertfald. Dort spricht der Rosenow." Auf dem Felde hatte man eine Kiste aufgestellt, die mit rotem Tuch bedeckt war. „ …es waren sehr viele Leute zur Versammlung gekommen. Auch wir Kinder saßen mit dort. Am Tage der Wahl standen die ‚Roten' vor dem Gasthof ‚Zum weißen Hirsch' und freuten sich riesig über den Sieg. Rosenow war gewählt worden", schrieb Olga fast 60 Jahre später in ihren Erinnerungen.

Bei dieser Reichstagswahl im Juni 1898 erhielt die SPD über 2 Millionen Stimmen und gewann 56 Sitze – dieser Zuwachs um 12 Mandate gegenüber 1893 kam zu einem erheblichen Teil durch Stimmen der ländlichen Proletarier und Kleinbesitzer zustande. Rübenau war ein Beispiel dafür.

Gewiß hatten die Kinder, Olga unter ihnen, keine Ahnung von diesen Zusammenhängen, doch Wissen reift durch Erfahrung. Die nächste wichtige Erfahrung, die Olga machte, war das Bewußtsein von der Kraft der Gemeinsamkeit. Zwei Jahre hatte sie sich nach ihrer Schulentlassung als Dienstmädchen schinden lassen, zuerst bei einem Bäcker, schließlich bei dem Besitzer einer Gardinenfabrik. Dann rief ihre Familie sie nach Olbernhau. Ihre Mutter war krank geworden, und Olga, die älteste von den nun sieben Geschwistern, mußte den Haushalt versorgen. Um etwas zum Unterhalt der Familie beizutragen, arbeitete sie als Näherin in einer Korsettfabrik. Aber sie verdiente dabei sehr wenig. So nahm sie 1905 in der Blumenfabrik Jehmlich in Olbernhau Arbeit auf, wo sie „mehr", nämlich 4,50 Mark in der Woche bei täglich mindestens 10 Stunden Arbeitszeit erhielt. Doch oft waren es zwölf Stunden und mehr.

„Heute müssen Überstunden gemacht werden, der Posten Ware muß morgen früh raus!" Mit diesen Worten trat der Unternehmer eines Tages wieder einmal in die Werkstatt der etwa 20 Mädchen und Frauen. Widerspruch erwartete er nicht. Doch kaum hatte er den Raum verlassen, redeten Olga und eine ihrer Kolleginnen empört auf die anderen ein: „Wir müssen zur Zeit nach Hause, der Abend ist sowieso viel zu kurz für die Arbeit in der Familie. Wir schlagen vor: Heute werden keine Überstunden gemacht!" Da stimmten alle zu, wenn auch manche ein wenig ängstlich blickten. „Das Wichtigste ist, wir müssen alle zusammenhalten. Einer muß sich auf den anderen verlassen können."

Und es gelang. Fassungslos sah der Chef, wie seine Mädchen pünktlich am Feierabend ihre Sachen zusammenpackten. „Was heißt denn das plötzlich? Sofort wieder an die Arbeit! Sonst werde ich euch alle entlassen!" schrie er. Doch Olga sagte mit klopfendem Herzen, aber mit fester Stimme: „Wir gehen. Wenn Überstunden nötig sind, muß uns das rechtzeitig gesagt werden. Und außerdem verlangen wir einen Lohnzuschlag dafür!" Alle gingen.

Am nächsten Morgen schickte der Unternehmer seinen Kutscher zu Olga mit der Aufforderung, sie solle sofort in die Fabrik kommen. „Aber nur", sagte Olga, „wenn die anderen auch alle geholt werden." Das geschah schließlich, und zähneknirschend erklärte der Fabrikbesitzer, der die Ware brauchte, daß Überstunden in Zukunft rechtzeitig angekündigt und auch Zuschläge gezahlt würden.

Olga erfüllte ein vorher nicht gekanntes Gefühl. Da hatte sie beinahe so etwas wie einen Streik organisiert. Hatte mehr Gerechtigkeit für alle mit allen erreicht. In ihrem Waldheimer Lebenslauf findet man diese Episode natürlich nicht, aber sie wurde bestimmend für ihr ganzes Leben.

Mehr allerdings noch ein anderes Ereignis. Die „Textilbranche", die sie in ihrem Lebenslauf erwähnt, war eine Gardinenfabrik in Dresden-Dobritz. Sie hatte lange suchen müssen, bis sie diese Arbeit fand. Nun verdiente sie wöchentlich 9 Mark – auch das war noch wenig genug. Aber in dieser Fabrik gab es den jungen Gardinenweber Theodor Körner, der ihr schöne Augen machte und nicht lange damit wartete, sie zum Tanz einzuladen. Es dauerte kaum ein Jahr, bis sie 1908 heirateten. Da war der erste Sohn Walter schon unterwegs. Kurt, der zweite, wurde 1910 geboren. Nun war sie Hausfrau und mußte mit dem mageren Lohn ihres Mannes eine vierköpfige Familie ernähren – wie, das wußte sie manchmal selber nicht. Und bei aller Liebe zu den Ihren grübelte sie oft: Das kann doch nicht der Sinn des Lebens sein.

Dann kam jener Vorfrühlingssonntag des Jahres 1911. Die Familie Körner machte einen Spaziergang, der Jüngste noch im Kinderwagen, Walter schon auf eigenen Beinchen. An ihrem Weg lag ein Versammlungslokal, aus dem die

Stimme eines Redners tönte. Olga verhielt den Schritt und horchte. Was da an ihr Ohr drang von der Not und Unterdrückung der Arbeiterinnen, den Sorgen der Arbeiterfrauen, machte sie atemlos. „Der da redet, der kennt mein Leben!" stieß sie erregt hervor. „Ich muß da rein, geht nur inzwischen vor", bat sie ihren Mann, der es schon gewohnt war, seiner impulsiven Frau in manchem nachzugeben.

Olga trat leise durch die Saaltür und setzte sich an einen Tisch. So viele Frauen, dachte sie erstaunt. Es war der 19. März 1911, an dem in vielen deutschen Städten und in anderen Ländern der Welt zum ersten Mal der Internationale Frauentag begangen wurde, so wie es die Internationale Sozialistische Frauenkonferenz ein Jahr zuvor in Kopenhagen auf Vorschlag Clara Zetkins beschlossen hatte. In der von ihr und Käte Duncker unterzeichneten Resolution hieß es: „Im Einvernehmen mit den klassenbewußten politischen und gewerkschaflichen Organisationen des Proletariats in ihrem Lande veranstalten die sozialistischen Frauen aller Länder jedes Jahr einen Frauentag, der in erster Linie der Agitation für das Frauenwahlrecht dient. Die Forderung muß im Zusammenhang mit der ganzen Frauenfrage der sozialistischen Auffassung gemäß behandelt werden ...".

Der sozialdemokratische Landtagsabgeordnete Karl Sindermann hielt sich an diese Aufgabe. Er forderte nicht nur das Wahlrecht, sondern bessere soziale Fürsorge für die Frauen und ihre Kinder. Er führte den Frauen vor Augen, daß sie sich ihrer Kraft bewußt werden müßten, daß sie im Befreiungskampf der Arbeiterklasse ebenso unentbehrlich seien wie die Männer ...

Olga ließ sich mitreißen von der Begeisterung, die den Saal erfüllte. Noch auf der gleichen Versammlung erklärte sie ihren Beitritt zur SPD.

Sofort gehörte sie zu den aktivsten Mitgliedern ihrer Partei. Vor der Reichstagswahl im Januar 1912 war sie auf Versammlungen unterwegs, verteilte Flugblätter, warb um Stimmen. Und glücklich erfuhr sie, daß die SPD einen großen Wahlsieg errungen hatte und nun mit 110 Abgeordneten die stärkste Fraktion des Deutschen Reichstages war.

Zeile für Zeile las sie die von Clara Zetkin herausgegebene Zeitschrift „Die Gleichheit". Ihre Artikel waren Diskussionsgegenstand auf den Frauenabenden der Partei. Durch Clara Zetkin lernte sie auch, die drohende Kriegsgefahr besser zu erkennen. Bald gehörte Olga zu denen, die 1913 und 1914 in großen Demonstrationen für den Frieden auf die Straße gingen. Tief war die Enttäuschung, daß der Krieg dennoch nicht verhindert werden konnte, ja, daß die sozialdemokratische Reichstagsfraktion am 4. August 1914 die Kriegskredite bewilligte, der Parteivorstand der SPD „Burgfrieden" mit dem Klassengegner predigte.

Im Lebenslauf von Waldheim schrieb Olga über ihren Mann: „Er hat vier Jahre den Weltkrieg mitgemacht und war zumeist an der Front". Wenn Olga in die schmalen Gesichter ihrer beiden Jungen sah, blutete ihr das Herz. Um sie einigermaßen durch die Notzeit zu bringen, habe sie Tournister und Brotbeutel genäht „usw." Das Und-so-weiter bezeichnet noch manch andere harte Arbeit, um das Leben zu fristen, aber auch die illegale Tätigkeit für die Spartakus-Gruppe, die Teilnahme am Munitionsarbeiterstreik und anderen Kämpfen für die Beendigung des Krieges. Theodor Körner kehrte schwer verwundet aus dem Krieg zurück. Als er einigermaßen genesen war, fand er wieder Arbeit in der Gardinenfabrik. Aber er und die Kinder mußten ja versorgt werden.

Doch so schwer das alles war, ihre politische Aktivität hat Olga nie aufgegeben und dabei immer danach getrachtet, auf der richtigen Seite zu kämpfen, immer nur der einen, der guten Sache der Arbeiter treu zu sein. Eben deshalb wechselte sie in drei Jahren zweimal die Partei. Das Vertrauen zur SPD-Führung hatte sie verloren. In der 1917 gegründeten USPD glaubte sie, einen besseren Vertreter der revolutionären Kräfte zu finden. Doch sie erlebte in der Novemberrevolution, wie auch die zentristischen Führer dieser Partei die Massenbewegung des Volkes zu hemmen versuchten. Als nach dem Parteitag im Oktober 1920 die Mehrheit der USPD-Mitglieder sich der KPD anschloß, tat auch Olga diesen Schritt. Da hatte sie freilich harte Auseinandersetzungen mit ihren ehemaligen Genossen zu bestehen. Als Mitglied der USPD war sie 1919 zum ersten Mal in den Gemeinderat ihres Wohnortes Leuben bei Dresden gewählt worden. Nun hielt man ihr vor, daß sie mit ihrem Übertritt die Fraktion schwäche.

„Ihr werdet noch selbst erleben, daß die KPD die konsequenteste Vertreterin unserer Interessen ist", beharrte Olga, und: „Dann haben wir im Gemeinderat eben eine Ein-Mann-Fraktion der KPD."

Und sie war sehr rührig, verstand ihre Sache überzeugend zu vertreten, diese „Fraktion" Olga Körner. Ihr Antrag, das Gehalt der Gemeindeschwester zu erhöhen, wurde ebenso angenommen wie der, mit dem sie eine besondere Lebensmittelzuteilung für die Erwerbslosen verlangte. Sie half mit, ein Kinderheim und eine Beratungsstelle für Mütter einzurichten, in der auch zusätzliche Nährmittel für die Kinder ausgegeben wurden. – Heute tragen das Kinderheim in Mildenberg, Kreis Gransee, die Oberschule in Rübenau, Kreis Marienberg, DFD-Gruppen und viele andere Kollektive und Einrichtungen ihren Namen.

So begann die parlamentarische Laufbahn der Olga Körner. Mag das Ausmaß dessen, was sie in ihrer Gemeinde bewirkte, gemessen an der allgemeinen Nachkriegsnot, auch begrenzt gewesen sein, es half, den Menschen, den Frauen vor allem, das Leben zu erleichtern und ihnen den Blick zu schärfen für jene, die wirklich für das Wohl des Volkes arbeiteten.

Das blieb so, als sie nach der Eingemeindung von Leuben in das Stadtparlament von Dresden gewählt wurde und als Mitglied des Krankenpflege-Ausschusses wieder auf sozialem Gebiet wirken konnte. Anfang 1930 wurde sie Abgeordnete des Sächsischen Landtages und im Herbst 1930 Mitglied des Deutschen Reichstages. Auch hier kämpfte sie im Plenum wie im Sozialpolitischen Ausschuß für die Rechte der Frauen und aller Werktätigen.

Bei dieser Wahl hatte die KPD über 4,5 Millionen Stimmen und 77 Abgeordnetensitze errungen. Davon wurden 13 von Frauen eingenommen – der höchste Prozentsatz unter allen Fraktionen. Zu diesem Erfolg hatte auch die jahrelange außerparlamentarische Arbeit Olgas ihr Teil beigetragen.

Seit 1920, als sie Mitbegründerin der KPD-Ortsgruppe Leuben und deren Leitungsmitglied war, hat Olga Körner ihre Parteifunktionen stets mit ganzer Kraft und hohem Einsatz erfüllt. Lange Jahre Mitglied der Bezirksleitung Ostsachsen der KPD und in der Bezirksfrauenabteilung tätig, war sie von 1929 bis 1933 Frauenleiterin im Bezirk Sachsen und hat die Politik der Partei für die Frauen und mit ihnen stets als eine ihrer wichtigsten Aufgaben verstanden.

Wie bei vielen anderen Genossinnen datiert ihre erste Verhaftung aus dem Jahre 1923. Nach dem Verbot der KPD im November kamen die Dresdner Genossen zu einer illegalen Tagung zusammen – sie wurden von der Polizei aufgespürt und alle 60 für drei Tage ins Gefängnis geworfen. In der Zelle dachte Olga voll Sorge an ihre beiden Söhne zu Hause. Sie waren gerade 14 und 13 Jahre. Der Älteste hatte eben seine Lehre begonnen, der Jüngere stand kurz davor. Hoffentlich würde ihnen die politische Arbeit ihrer Mutter nicht schaden. „Nützen muß sie den Jungens doch. Sie sollen es ja einmal besser haben." Bei diesem Gedanken gewann Olga ihr Gleichgewicht wieder. Mehr als drei Jahrzehnte später wurde sie einmal gefragt, warum ihr Leben so war und nicht anders, und sie antwortete: „Ich tat das für die Partei, für die Menschen. Wenn man die Menschen, die Jugend und die Kinder liebt, kann man gar nicht anders, da muß man so handeln. Das lehrte mich auch die Partei. Sie gab mir Kraft, Mut und den Blick für die Zukunft."

Kraft und Mut gehörten wohl manchmal dazu, die Aufträge der Partei zu erfüllen. In einem Dorf in der Lausitz war 1924 eine Versammlung angekündigt, in der Olga Körner über die bevorstehende Reichstagswahl sprechen sollte. Es war ein nasser, kalter Winterabend, als sie auf der Bahnstation ausstieg und erfuhr, es sei noch ein weiter Fußweg in das Dorf. Sie lief und lief durch stockdunklen Wald und erkannte schließlich, daß sie sich verirrt hatte. Zurück zur Bahnstation fand sie noch, aber nicht, um wieder abzufahren, sondern um einen besseren Weg zu erkunden. „Die Bauern warten doch auf mich", erklärte sie dem erstaunten Stationsvorsteher und marschierte wieder los. Naß, zerzaust und mit Schuhen voller Schlamm, kam sie schließlich gegen 21 Uhr in das Versammlungslokal. Erleichtert sah sie, daß die Genossen und die Bauern ausgeharrt hatten. Daß sie nicht gerade „salonfähig" war, brachte ihr zwar manches Lächeln, aber vor allem Sympathie und Bewunderung ein. Einer sagte: „Na, wenn die so ist, daß sie nichts scheut, dann muß schon etwas an der Sache dran sein."

Besondere Erlebnisse für sie waren die Parteitage der KPD, zu denen sie von ihren Genossen delegiert wurde. So fuhr sie im März 1927 zum 11. Parteitag der KPD nach Essen. Aufmerksam verfolgte sie das Referat Ernst Thälmanns, der den Kampf gegen die Kriegsgefahr als Hauptaufgabe der Kommunisten bezeichnete und forderte, für die Aktionseinheit der kommunistischen und sozialdemokratischen Arbeiter einzutreten. Er charakterisierte die KPD als die „einzige Partei, die niemals die Interessen der Arbeiterklasse verraten hat und verraten wird". Olga hörte diese Worte mit Genugtuung und voller Stolz, dazuzugehören.

Doch wenn sie sich im Versammlungssaal umsah, empfand sie, daß die Frauen hier nur sehr schwach vertreten waren. Tatsächlich gab es unter den 183 Delegierten mit beschließender Stimme nur 5 Frauen. Deshalb hörte sie besonders interessiert den Diskussionsbeitrag von Helene Overlach, die über den von ihr geleiteten Roten Frauen- und Mädchenbund sprach und über die Notwendigkeit, vor allem die Arbeiterinnen für den revolutionären Kampf zu gewinnen. Zu den Beschlüssen des Parteitages gehörte die Resolution „Die Arbeit der KPD unter den Frauenmassen". Sie wurde in der kommenden Zeit auch Richtschnur für die Arbeit von Olga Körner.

Zwei Jahre später, auf dem 12. Parteitag im Berliner Arbeiterbezirk Wedding, auf dem Ernst Thälmann mit aller Eindringlichkeit forderte, den Massenkampf gegen die faschistische Gefahr zu organisieren, galten einige Passagen seines Referates wiederum den Frauen. Seine Worte, daß die Rolle der Arbeiterinnen in den Klassenkämpfen gewachsen sei, daß es aber gelte, noch mehr von ihnen zu gewinnen und sie stärker zu unterstützen, waren auch für Olga Bestätigung und Ansporn.

Ihre Einfachheit und Bescheidenheit, ihre Güte, der warme Blick ihrer braunen Augen öffneten ihr die Herzen, ob sie vor großen Versammlungen sprach oder sich um die Sorgen einzelner kümmerte. Sie half, wo sie konnte – sie konnte gar nicht anders. „Wenn sich die einfachen Leute vertrauensvoll an dich wenden, dann gilt dieses Vertrauen nicht nur dir, sondern der Partei, und man muß es heilig halten, sorgsam damit umgehen", mahnte Olga später eine junge Genossin.

Sie, die Mütterliche, hatte selbst oft Sorgen mit der eigenen Familie. Immer lag es ihr am Herzen, ihre Söhne gut zu erziehen, sie einen ordentlichen Beruf erlernen zu lassen. Der eine wurde Tischler, der andere Harmoniumbauer. Doch nachdem sie ausgelernt hatten, dauerte es nicht lange, da waren beide arbeitslos. Ihr Mann war Mitglied der SPD geblieben, war ihren politischen Weg nicht mitgegangen. Das bedrückte sie manchmal, doch sie hielt zu ihm bis zum Schluß. „Infolge Krankheit meines Mannes und Kurzarbeit war ich immer gezwungen, zum Lebensunterhalt durch verschiedene Arbeiten beizutragen." Mit diesen Worten endet der Lebenslauf, den sie im Zuchthaus schrieb. Und auch hier läßt sich zwischen den Zeilen lesen, daß sie das Leben und die Nöte derer, für die sie kämpfte, immer aus eigener Erfahrung kannte.

Lange noch erinnerte sie sich an ein Wort Clara Zetkins, die es sich trotz Krankheit nicht nehmen ließ, hin und wieder zu den Reichstagssitzungen zu kommen. Im Fraktionszimmer der KPD sprach sie auch gern mit Olga Körner, die aus dem Erzgebirge stammte, in dessen Vorland auch Clara geboren war. Vor allem interessierte sie das Leben der Frauen. „Grüß mir die Weberinnen und Strumpfwirkerinnen", sagte sie zu Olga. „Sie sind arm. Sie müssen kämpfen."

Und nie hat Olga den Sommer 1932 vergessen, als sie selbst zum zweiten Mal in den Reichstag gewählt wurde. Am 30. August hielt Clara Zetkin als Alterspräsidentin die Eröffnungsrede. Auf fast illegalen Wegen hatte man Clara nach Berlin und in den Reichstag bringen müssen, so stark war zu dieser Zeit der Terror der braunen SA-Horden auf den Straßen. Doch sie war da. Schwer krank, fast erblindet, ging sie, gestützt auf zwei Genossinnen, nach vorn zum Rednerpult. Eindringlich und ergreifend waren ihre Worte, es schien, als ob sie beim Reden neue Kraft gewänne: „Das Gebot der Stunde ist die Einheitsfront aller Werktätigen, um den Faschismus zurückzuwerfen ... um damit den Versklavten und Ausgebeuteten die Kraft und die Macht ihrer Organisationen zu erhalten, ja, sogar ihr physisches Leben ...".

Wer heute diese Worte liest, ist betroffen ob ihrer Prophetie. Die Einheitsfront kam trotz aller Bemühungen der KPD nicht zustande, die starken Parteien und Organisationen der Werktätigen wurden zerschlagen, und das physische Leben zahlloser Kommunisten, Sozialdemokraten, Gewerkschafter und anderer Antifaschisten wurde bedroht, durch Folterungen geschunden und ausgelöscht.

Dem Haftbefehl, den die Faschisten in der Nacht nach der Reichstagsbrandprovokation gegen Mitglieder des ZK, gegen Bezirkssekretäre der KPD, gegen deren Abgeordnete des Reichstages und der Landtage erließen, entging Olga Körner, weil sie in dieser Nacht nicht zu Hause in Dresden, sondern in Leipzig war. Hier nahm sie von der Bezirksleitung den Auftrag entgegen, gemeinsam mit einigen anderen Genossen dafür zu sorgen, daß in Radeberg die illegale Parteiarbeit weitergeführt wurde. Ende April 1933 kam sie noch einmal für einige Tage nach Dresden. Doch wenn sie auch ihre eigene Wohnung mied, um den Gestapo-Spähern nicht in die Hände zu fallen, sagten ihr die Genossen doch: „Du bist hier zu bekannt, Olga. Das bringt Gefahr für dich und andere. Geh nach Chemnitz. Dort sind viele Genossen der alten Leitung verhaftet oder an anderen Orten eingesetzt. Du solltest die Aufgabe übernehmen, die Genossen wieder zu sammeln und eine neue Leitung der Partei aufzubauen."

Es war eine mühsame und gefahrvolle Arbeit, die sie da leistete. Doch Schritt für Schritt gelang es, gerissene Verbindungen wieder zu knüpfen und auch neue Mitkämpfer zu gewinnen. Und während die Gestapo sich brüstete, fast alle Leitungen der KPD zerschlagen zu haben, bildeten sich immer wieder neue, die ihre illegale Arbeit fortsetzten.

Das blieb auch so, als Olga Körner nicht mehr daran mitarbeiten konnte. Am 23. August 1933 wurden sie und einige weitere Genossen durch die Gestapo verhaftet. Der übliche Grund, „Vorbereitung zum Hochverrat", bestimmte das Urteil des Sächsischen Oberlandesgerichtes Dresden vom 23. März 1934: Ein Jahr und neun Monate Zuchthaus.

„Für die Bemessung der Strafen im einzelnen waren noch folgende Erwägungen maßgebend", hieß es in der Gerichtsakte zur Urteilsbegründung: „Die Angeklagte Körner bedeutete als frühere Reichstagsabgeordnete und hohe kommunistische Führerin, wenn ihr auch eine besondere Funktion nicht nachzuweisen war, eine erhebliche Stärkung der in Chemnitz am Wiederaufbau der zerschlagenen KPD-Organisation tätigen Kräfte."

... wenn ihr auch eine besondere Funktion nicht nachzuweisen war – was könnte besser Olgas Haltung vor Gericht bezeugen, als dieser Satz, was könnte besser auch den Erfolg ihrer Arbeit in Chemnitz bestätigen, der Stadt, die später den Namen von Karl Marx erhielt, für dessen Ziele auch Olga Körner ihr Leben einsetzte.

Zeugen ihrer Haltung im Zuchthaus Waldheim sind viele. Hier sollen nur zwei ihrer Genossinnen zu Wort kommen. Lena Franke, nach der Befreiung vom Faschismus in der SED-Bezirksleitung Dresden tätig, kannte Olga schon aus der Parteiarbeit vor 1933. Sie habe damals viel von ihr gelernt, schrieb sie. „Olga war mir, ich möchte es so sagen, eine mütterliche Freundin, die sich auch um mich sorgte. In Waldheim, im großen Nähsaal, sahen wir uns dann wieder. Olga nähte Maschine, und ich mußte Knopflöcher machen. Tagsüber gab es für mich wenig Zeit, aber nachts, im großen Schlafsaal, unsere Pritschen standen nebeneinander, konnten wir uns unterhalten. Obwohl sie viele persönliche Sorgen hatte, kümmerte sie sich um uns andere. Auch hier war sie Vorbild."

Rosel Schubert, die mit Olga illegal gearbeitet hatte, und die sie gleichfalls in Waldheim wiedersah, erinnerte sich: „Ihre aufrechte, stolze Haltung verschaffte ihr selbst bei den Aufseherinnen Ansehen und Achtung. Dadurch konnte sie mancher unserer Genossinnen zu einer besseren Arbeit verhelfen. Die meisten Häftlinge des Saales 1 mußten Bettwäsche mit der Hand nähen und säumen. Das war stupide und langweilig. Olgas Einfluß habe ich es zu verdanken, daß ich neben sie an eine Maschine kam, obwohl ich damals im Maschinennähen noch ungeübt war. Olga hat mir geholfen, daß ich bald das Pensum schaffen konnte ... Olga wurde von uns geliebt und verehrt. Sie genoß das Vertrauen der jungen Genossinnen und wurde ihnen Vorbild."

Nach Ablauf ihrer Strafzeit wurde sie aus dem Zuchthaus entlassen. Doch die Nazis behielten sie weiter im Auge. Täglich mußte sie sich auf der Polizei melden, mehrmals wurde sie zu Verhören ins Polizeipräsidium geholt. Wie es ihr dennoch gelang, wieder Kontakt zu Genossen herzustellen, darüber gibt es keine Berichte. Sie selbst schrieb später lakonisch: „1936 nahm ich die Verbindung mit dem Genossen Gebauer aus Dohna auf, durch welchen ich die Verbindung mit der ČSR bekam. Wir erhielten Zeitungen und Material und setzten unsere illegale Arbeit fort." Die Schriften fanden durch Olga ihren Weg zu einem Genossen, der in Heidenau Eisenbahner war, und in drei weitere Betriebe.

Mit der Besetzung von Gebieten der Tschechoslowakei durch die Hitlertruppen und ihrem Terror gegen die fortschrittlichen Menschen, vor allem Kommunisten, wurde auch dieser Arbeit Olgas ein Ende gesetzt. Im Februar 1939 wurde sie erneut verhaftet. So wie in der Gerichtsverhandlung 1934 und ihrem Waldheimer Lebenslauf verstand sie es trotz monatelanger quälender Verhöre, nichts preiszugeben über ihren Widerstandskampf. Da sie ihr nichts nachweisen konnten, machten die Faschisten, wie bei vielen anderen Genossen und Genossinnen, kurzen Prozeß: Ohne Gerichtsprozeß kam sie ins Konzentrationslager Ravensbrück. „R. u." stand auf ihrem Einlieferungsschein – Rückkehr unerwünscht. Sie war nun schon 52 Jahre und gehörte mit zu den ältesten Häftlingen. Doch ihre Standhaftigkeit war nicht zu brechen. Zuerst in der Küche beschäftigt, dann mit schwerer körperlicher Arbeit in einer Außenkolonne, kam sie schließlich in die Schneiderei im Industriehof.

Dort arbeiteten auch sowjetische Häftlinge, die sie mit besonderer Fürsorge betreute. „Olga organisierte mit uns Hilfsmaßnahmen bei Krankheiten", berichtete Genossin Elsa Eisoldt, „oder half auch, Kameradinnen vor der Vernichtung zu bewahren. Von den ausländischen Häftlingen wurde sie geachtet und verehrt, weil sie es verstand, die Arbeit zu erleichtern oder oftmals die Schläge der SS abzuwehren."

Unermüdlich, wann immer es möglich war, suchte sie das politische Gespräch. „Durch Olga", so sagte später die polnische Kinderärztin Ursela Kutarba-Pietras, die als 16jähriges Mädchen nach Ravensbrück gekommen war, „habe ich erst politisch denken gelernt, denn ich verstand damals noch nicht die politischen Zusammenhänge."

Wie ihr ganzes Leben lang, half Olga, wo sie nur konnte. Doch auch ihr wurde Hilfe zuteil, die sie selbst geschildert hat: „Einmal wurde ich in die Untersuchungsbaracke gebracht. Ich wußte, daß der Weg aus diesem Raum in die Vernichtung führte. Stundenlang stand ich da. Plötzlich berührte mich Ilse Dolanska, eine Tschechin, die Sanitätshilfe war. Sie nahm mich an die Hand und sagte, daß ich in die Baracke der Polinnen gehen sollte." Es war charakteristisch für Olga Körner, daß sie sich zuerst weigerte, der Aufforderung Folge zu leisten, aus Sorge, daß Ilse Dolanska dadurch vielleicht ihr eigenes Leben gefährdete. „Aber dann siegte sie. Bei den Polinnen angekommen, stieg ich auf die dreistöckige Pritsche zu einer polnischen Kameradin. Dort lag ich, bis mich die deutschen Genossen um 23 Uhr wieder holten."

So entging sie dem Tod. Doch ihr jüngster Sohn Kurt, den sie besonders liebte, fiel 1940 in Frankreich. Welch tiefen Schmerz verursachte diese Nachricht! 1943 hatte sie den Tod ihres Mannes zu beklagen. Doch immer wieder tröstete sie sich und andere: „Nichts ist umsonst, nicht unsere eigenen Qualen, nicht die Opfer, die Krieg und Faschismus fordern. Unsere Sache wird schließlich siegen."

Am 15. Jahrestag der Befreiung des Lagers schilderte sie selbst die letzten Tage in Ravensbrück. Am 21. April 1945 sah sie mit eigenen Augen, wie 48 Frauen zur Erschießung geführt wurden. Sie war dabei, als die Leichenkammern geräumt wurden und erschrak, weil sich so viele junge Frauen und Mädchen unter den Toten befanden. Hinter dem Krankenrevier verbrannte man Akten – die SS versuchte auf jede Weise, die Spuren ihrer Verbrechen zu beseitigen.

„Plötzlich, am 27. April, hieß es: Heute und morgen werden wir evakuiert. Wir Häftlinge vom Industriehof brauchten noch nicht anzutreten. Jede von uns hatte ein Bündel zurechtgemacht, und wir saßen in der Nacht vom 27. zum 28. April angezogen auf unseren Kojen. Wir verhielten uns mäuschenstill. Um Mitternacht hörten wir ungeheuren Lärm. Betrunkene SS-Leute kamen auf unseren Block zu. Ihnen folgten Häftlinge aus anderen Baracken. Sie riefen viele von uns mit Namen. Wir aber blieben still und rührten uns nicht. Die SS stürzte an unsere Fenster, aber wir saßen im Dunkeln. Die SS rannte zur Tür und wollte bei uns eindringen, aber unsere Blockälteste und noch eine Kameradin wiesen sie ab mit den Worten: ‚Dieser Block ist leer. Der Oberscharführer Graf hat uns hierhergestellt, um zu verhindern, daß sich Häftlinge im Block verstecken'." Durch diese Heldentat, eine von ungezählten, wurden die Frauen vor der Unberechenbarkeit der betrunkenen SS-Horde bewahrt.

Am nächsten Tag war auch Olga in dem Elendszug, der das Lager verließ. Aus einem mecklenburgischen Dorf, wohin sie vor der SS geflüchtet und endlich am 30. April von Sowjetsoldaten in Obhut genommen worden war, machte sie sich mit einigen anderen Frauen auf den Weg nach Dresden, hin und wieder mit einem Pferdewagen, ein Stück mit einem sowjetischen Lastauto, doch die meiste Zeit gingen sie zu Fuß. Sie waren durch die langen Leidensjahre geschwächt, krank, unterernährt. Doch das Bewußtsein, daß ihre Überzeugung vom Sieg über den Faschismus, vom Beginn einer neuen Zeit nun Wirklichkeit wurde, setzte ungeahnte Kräfte frei und den unbändigen Willen, dabei mitzutun. Am 1. Pfingstfeiertag kam Olga in Dresden an, sah ihre schöne Stadt zerstört, ein weites Trümmerfeld ... Es gab niemanden, der sie zu Hause erwartete. Ihr ältester Sohn, der einzige, der ihr von der Familie geblieben war, befand sich noch in Kriegsgefangenschaft. Doch schon einen Tag nach ihrer Rückkehr war Olga unter den Teilnehmern einer Versammlung, auf der Hermann Matern und Anton Ackermann sprachen. Hier gab es manches Wiedersehen, viele Umarmungen – sie war wieder zu Hause bei ihren Genossen.

Von nun an finden sich im Lebenslauf der Olga Körner keine Lücken mehr. Ja, es schien fast, als bliebe an jedem einzelnen Tag kaum eine Pause, um etwas Schlaf zu finden, so vielfältig waren die Aufgaben, denen sich die Genossen zu stellen hatten. Doch alle Erfahrungen hatten gelehrt: Der wichtigste und sicherste Weg, um aus den Trümmern herauszukommen, war die Aktionseinheit der Arbeiterklasse. So erfolgte schließlich die Vereinigung der beiden Arbeiterparteien. An der Seite von Hermann Matern, dem 1. Sekretär der KPD in Sachsen, setzte Olga alle ihre Fähigkeiten dafür ein. Und dabei gewann sie einen neuen Freund und Mitkämpfer: Otto Buchwitz, den Vorsitzenden des Landesverbandes der SPD. Olga kannte ihn noch als Reichstagsabgeordneten der SPD und entschiedenen Antifaschisten. Sie war erschrocken, als sie ihn wiedersah. Seine Gesundheit hatte durch die Jahre im Zuchthaus so gelitten, daß die Ärzte nicht glaubten, ihn am Leben erhalten zu können. Doch auch ihn erfüllte mit den neuen Aufgaben neue Kraft, die ihn noch viele Jahre in verantwortlichen Funktionen wirken ließ. Gemeinsam mit Hermann Matern, Otto Buchwitz und anderen Kämpfern für den Zusammenschluß wurde Olga Körner auf dem Vereinigungsparteitag in den Parteivorstand der SED gewählt.

Mit den großen politischen Aufgaben verschmolzen die tausend kleinen, die bewältigt werden mußten, um die größte Not zu lindern. Zuerst als Mitglied der KPD-Kreisleitung, dann als Leiterin der Abteilung Sozialpolitik in der SED-Landesleitung mühte sich Olga rastlos um Frauen und Kinder, um die Versorgung der wenigen noch vorhandenen Krankenhäuser mit Lebensmitteln und Heizmaterial, um die Unterbringung von Heimkehrern und Umsiedlern und vieles mehr.

Neben alldem vergaß sie auch nicht das Versprechen, das sie ihrer Freundin und Genossin Rosa Menzer in Ravensbrück gegeben hatte, kurz bevor diese mit einem Transport nach Bernburg den Weg in den Tod antrat. Um die beiden Töchter Rosas, die in Dresden lebten, kümmerte sie sich mit viel Liebe, aber auch immer mit ein wenig schlechtem Gewissen, daß die Arbeit ihr dafür nicht noch mehr Zeit ließ.

Und noch eine Tochter nahm sie für eine Weile unter ihre Fittiche. Es war an einem Freitagnachmittag, als in die Landesleitung der Partei von Mitarbeitern des Roten Kreuzes ein Mädchen gebracht wurde: „Sie soll nach Berlin zu ihrer Mutter, aber allein kann sie nicht fahren, sie ist doch erst dreizehn Jahre alt."

„Wie heißt du denn?" fragte Olga.

„Ich bin Hanna Overlach."

„Etwa die Tochter von Lene?" „Ja."

Da schloß Olga das Mädchen in die Arme und drückte es fest an sich.

Helene Overlach – mit diesem Namen verbanden sich viele Erinnerungen an die Vergangenheit. Helene war eine führende, auch international bekannte Funktionärin der kommunistischen Frauenbewegung, zuerst im Roten Frauen-und-Mädchenbund, dann leitete sie die Frauenabteilung des Zentralkomitees der KPD, wurde selbst ZK-Mitglied und später Kandidatin des Politbüros. Zusammen mit ihr saß Olga später im Reichstag. Natürlich gehörte Helene Overlach mit zu den ersten, gegen die nach dem Reichstagsbrand Haftbefehl erlassen wurde.

Ihre kleine Tochter war gerade 1½ Jahre alt. Sie hatte das Kind erst mit 37 Jahren bekommen und liebte es um so mehr. Wenn sie selbst den Nazis in die Hände fiel – das Kind sollte bewahrt bleiben. So schwer es ihr wurde, sie schickte die kleine Hanna mit einer Bekannten, die sie für ihr eigenes Kind ausgab, in die Schweiz.

Am Weihnachtsabend 1933 wurde Helene im Ruhrgebiet, wo sie illegal arbeitete, von der Gestapo aufgespürt. Drei Jahre Zuchthaus und danach die Konzentrationslager Moringen und Lichtenburg mußte sie durchmachen, bis sie 1938 entlassen wurde. 1944 sah Olga sie in Ravensbrück wieder – ein Opfer der Aktion „Gewitter", wie die Nazis die Massenverhaftungen im Sommer 1944 nannten, von denen Funktionäre der Arbeiterparteien wie bürgerliche Hitlergegner betroffen waren. 5000 bis 6000 Menschen wurden hinter Gitter und Stacheldraht gebracht.

„Weißt du, Hannchen", Olga lächelte dem Mädchen beruhigend zu, „jetzt kommst du doch nicht mehr weg. Bleibst einfach übers Wochenende bei mir. Und dann finden wir schon einen Weg für dich." Zu Hause teilte sie ihre schmale Lebensmittelration mit dem Kind und hörte erschüttert Hannas Schicksal. Das Mädchen war 1933 über viele Stationen tatsächlich in die Schweiz gelangt, doch es dauerte lange, bis sie eine ständige Bleibe, Pflegeeltern fand, zumeist war sie zunächst nur für Tage oder Wochen untergebracht. Doch 1942 wurde sie aus der Schweiz ausgewiesen. Ihre Mutter holte sie an der Grenze ab und fuhr mit ihr zunächst zu der befreundeten Familie Seiler im Thüringischen Großkundorf, ehe sie dann in Berlin lebten. Die Elfjährige lernte erst jetzt ihre Mutter kennen, beide mußten sich aneinander gewöhnen. Doch sie waren glücklich. Aber dann, 1944, war sie plötzlich allein. Auch der Vater war seit 1934 verhaftet. Die „Fürsorge" steckte sie in ein faschistisches Kinderheim, dann in ein anderes. Die Wirren des Kriegsendes verschlugen sie schließlich in ein Heim nach Uelzen in der britischen Besatzungszone. Von dort war sie nun nach einer abenteuerlichen Fahrt in Dresden angekommen. Olga sorgte dafür, daß sie gleich am Montag nach Berlin gebracht wurde, wo ihre Muttter sie schon sehnlich erwartete. Helene Overlach hat später entscheidend am Aufbau des neuen Berufsschulwesens mitgewirkt. Ihre Tochter ist zunächst Kindergärtnerin, dann Lehrerin geworden.

Sich für den einzelnen mit ebensoviel Wärme und Anteilnahme einzusetzen, wie für das Ganze – das war für Olga immer ein Bedürfnis, war Teil ihres Wesens.

Sie war dabei, als es um die großen Entscheidungen jener Jahre ging, in einer Zeit harter Auseinandersetzungen mit dem Alten, den Überbleibseln aus der Vergangenheit. Tag und Nacht war sie auf den Beinen bei der Vorbereitung des Volksentscheides in Sachsen für die Enteignung der Kriegs- und Naziverbrecher, in dessen Ergebnis in Sachsen und anderen Ländern der damaligen sowjetischen Besatzungszone das Volkseigentum in der Industrie entstand. Olga Körner wurde in den Sächsischen Landtag gewählt und in die Länderkammer der DDR, stimmte mit für die Gesetze, die Grundlage für die neue Gesellschaft wurden, und arbeitete später als Mitglied der SED-Bezirksleitung und des Bezirkstages Dresden für den Aufbau und die Festigung des ersten deutschen Arbeiter-und-Bauern-Staates.

Als 1953 in der DDR zum ersten Mal der Karl-Marx-Orden verliehen wurde, war Olga Körner die erste Frau, die ihn erhielt. Was sie denn gesagt habe, als sie von der Auszeichnung hörte, wurde sie kurz darauf von einem Reporter der „Sächsischen Zeitung" gefragt. „Ich wollte es erst gar nicht glauben, als es mir mein Sohn sagte", war Olgas Antwort, und sogleich fügte sie hinzu: „Ich betrachte den Karl-Marx-Orden nicht so, daß er für mich allein ist, sondern daß er gleichzeitig eine Auszeichnung ist für die parteitreuen Genossinnen und Genossen und für ihre Arbeit in unserer sächsischen Parteiorganisation." Das war wieder einmal ganz Olga Körner, ihre außerordentliche Bescheidenheit in allen Dingen, die sie selbst betrafen, ihre Verbundenheit mit ihren Genossen.

Wer auf dieses Leben zurückblickt, erkennt, daß sich darin vom Anfang bis zum Ende die Geschichte der Arbeiterklasse widerspiegelt. „Es war", so sagte Werner Krolikowski bei der Trauerfeier für die am 22. Dezember 1969 nach langer Krankheit verstorbene Genossin, „das unruhige, aber doch zielstrebige, das opferreiche, aber doch erfüllte, von Erfolg gekrönte Leben einer großen Kämpferin der Arbeiterklasse und ihrer revolutionären Partei; es war das Leben einer wahrhaft revolutionären Persönlichkeit."

L. T.-H.

Trude aus der Sperlingsgasse

Gertrud Marx

Es gibt einen Kraftquell, der eigentlich nie versiegt. Das ist die Freude über Erfolge, die gemeinsam errungen wurden, ist die Arbeit mit den Menschen und das gute Gefühl, von den Menschen, mit denen man spricht, verstanden zu werden.

GERTRUD MARX,
Gedanken einer Bürgermeisterin, 1965

Niemand nennt sie Gertrud, wie ihr Vorname lautet. Nicht ihre Ravensbrükker Kameradinnen, von denen sie einige zu den Sitzungen der Lagerarbeitsgemeinschaft regelmäßiger trifft, niemand in ihrer ehemaligen Gemeinde Birkenwerder, der sie dreizehn Jahre als Bürgermeisterin vorstand, oder im benachbarten Hohen Neuendorf, ihrem langjährigen Wohnort. Selbst weit über die Grenzen des Kreises Oranienburg hinaus ist diese stattliche Frau überall als Trude Marx bekannt. Ihr resolutes, geradliniges Auftreten, die kräftige Stimme lassen nicht sofort die Güte und Warmherzigkeit dieser Frau erkennen.

Es geht ihr immer um das Wohl der Menschen. Hierfür einen Beitrag zu leisten, hat sie sich ihr ganzes Leben mit großem Engagement bemüht, hat sie ihr privates Leben weit zurückgestellt. Trude Marx hat Maßstäbe gesetzt und Spuren hinterlassen, und dennoch ist sie nie zufrieden mit sich selbst, mit dem Erreichten; möchte sie viele Erkenntnisse aus ihrem erfahrungsreichen Leben, in dem sie viel „Lehrgeld“ hat zahlen müssen, wie sie heute sagt, weitergeben, so u. a. an ihre „Patenkinder“ – die Schüler der Polytechnischen und Erweiterten Oberschule (POS und EOS) für Körperbehinderte „Olga Benario-Prestes“ in Birkenwerder. Bei ihnen und deren Pädagogen ist sie oft zu Gast, nicht nur zu festlichen Anlässen. Hier wird sie von „Jungen Historikern“ befragt, muß sie immer wieder geduldig erklären, wenn die Schülergeneration wechselt und vieles so schwer vorstellbar ist. Für manche ist sie Vorbild durch ihre Willensstärke und konsequente Haltung, aber auch aufgrund ihrer Feinfühligkeit und ihrer Menschenkenntnis. Udo Zeller aus der 10. Klasse äußerte spontan: „Für mich ist Trude Marx eine beispielgebende, beeindruckende Frau.“ Anderen – wie Jens Müller und Ulf Brandenburg – gefällt besonders ihr Interesse und Engagement für die Jugend. Und Sabine Sucharski aus der 10. Klasse schreibt: „Sie ist so, wie ich mir eine Kommunistin vorstelle.“

Die Erkenntnisse und Erfahrungen des Lebens, der Kampf gegen Menschenverachtung und Ungerechtigkeit haben sie – die ehemalige Sozialdemokratin – zur Kommunistin geformt. Trude wollte schon in ganz jungen Jahren menschlich handeln, etwas zum Wohle der Menschen tun. Verbunden mit diesem Anliegen und bedingt durch Eindrücke in der frühen Kindheit, entstand auch sehr bald ihr Berufswunsch, einmal Kinderschwester zu werden.

Als jüngstes von fünf Kindern am 3. Juni 1904 in Berlin geboren, war sie als einzige am Leben geblieben. Ihre vier älteren Brüder starben an Tuberkulose, und als Trude gerade zwei Jahre alt war, ging auch der Vater an dieser Arme-Leute-Krankheit zugrunde. Die Gessingers lebten in der Tat in ärmlichen Verhältnissen. – Trudes Mutter, Rosalie Gessinger, hatte selbst eine harte Kindheit in Wien erlebt, mußte zwölfjährig „in Stellung" gehen und folgte als Neunzehnjährige ihrer Schwester nach Berlin. Hier lernte sie den Kellner Bruno Gessinger kennen, und die beiden heirateten. Etwas älter geworden, erfuhr Trude durch ihre Tante von dem Leid der Mutter in den ersten Ehejahren. Die Mutter sei immer schwanger oder im Wochenbett gewesen, habe in sieben Ehejahren fünf Kinder geboren und vier davon wieder beerdigen müssen und dazu 1906 ihren Mann.

Trude blieb in der Berliner Sperlingsgasse Nr. 1 mit der Mutter allein zurück. Als Plätterin in einer Fabrik, in der neue Wäsche hergestellt wurde, erwarb die Mutter beider Lebensunterhalt. Sie sei eine recht harte Frau gewesen, sagt Trude Marx. Wie sonst hätte sie das übergroße Leid ertragen können? Aber diese Frau, deren Mutter noch Analphabetin war, förderte die Neigungen der wißbegierigen Tochter Gertrud, die eine gute Schülerin war. Sie besuchte die 130. Gemeindeschule in der Berliner Niederwallstraße. Der 1. Weltkrieg erreichte mit seinen Folgen Schüler und Schulen: Hunger, Kälte und dazu Lehrerinnen, die alles daran setzten, die Kinder aus den ärmeren Familien zu schikanieren, die sie nicht einmal mit dem Vornamen ansprachen. Trotz allem gab es auch Lieblingsfächer und -lehrer für Trude; solchen Lehrern, die zum selbständigen Denken anregten wie in Geschichte, ist sie noch heute dankbar. Geschichte, Sport, Erdkunde und Literatur mochte sie, und auch am Religionsunterricht nahm sie teil, obwohl die Mutter aus der Kirche ausgetreten war. In dieser Zeit besuchte sie einen Kinderhort, den während des Krieges jüdische Firmen des Konfektionsviertels am Dönhoffplatz eröffnet hatten. Hätte die Mutter ihr Einverständnis gegeben, wäre das Mädchen hier bald zu Adoptiveltern gekommen. Aber die kluge, resolute Arbeiterfrau stellte die Richtung für den Lebensweg ihrer Tochter selbst. Sie legte Trude ans Herz, in ihrem ganzen weiteren Leben niemals ihre Herkunft zu vergessen; komme, was wolle, die Verbindung zur Arbeiterklasse dürfe sie niemals abreißen lassen. Der Sinn dieser mahnenden Worte wurde Trude Gessinger erst in den späteren Jahren so recht bewußt, wurde ihr Leitlinie. In der Kindheit konnte sie noch gar nicht erfassen, warum die Mutter diese Mahnung so manches Mal wiederholte.

Trude verbrachte nämlich einen Teil der Ferien in der Regel im Kreis der wohlhabenden jüdischen Familie Baumann, die zu den Begründern des „Kriegskinderhorts" gehörte und auf diese Weise das Mädchen kennengelernt hatte. Aus der mütterlichen Mansardenwohnung zog Trude dann gewöhnlich für einige Wochen in die geräumige, gut ausgestattete Villa am Wannsee. Hier verlebte sie mit den beiden Baumann-Töchtern schöne Tage, bekam sie des öfteren auch ein neues Kleidungsstück. Dazu die interessante, anregende Atmosphäre, die Umgangsformen – „all das hat mir sehr gefallen", sagt Trude Marx heute, „aber es war auch sehr gefährlich". Und dabei freute sie sich immer wieder auf zu Hause. Doch hier angekommen, empfand sie das ärmliche Heim, die Enge besonders krass. Je älter sie wurde, um so mehr wuchs der Wunsch: „raus, raus". Trudes Mutter verstand das Kind gut und vermochte dem Zwiespalt entgegenzutreten. „Wenn ich heute zurückdenke", äußerte Trude Marx 1985 in einem Rundfunkinterview, „bin ich sehr stolz und sehr froh, daß ich diesen Weg gegangen bin. Und das hat eigentlich meine Mutter bewirkt durch ihre Worte – ‚hier gehörst du her, du gehörst zu uns, also mach dein Leben hier in unserem Kreis'." Ihr größter Wunsch, nach der Schulentlassung 1918 Säuglings- bzw. Kinderschwester zu werden, ließ sich zu der Zeit für ein Arbeiterkind nicht erfüllen. Trude nimmt aber an einem Haushaltskurs des Deutschen Roten Kreuzes teil, um sich anschließend als Haushaltshilfe bewerben zu können. In der Zwischenzeit gelingt es Frau Baumann, für Gertrud Gessinger einen Ausbildungsplatz am „Kaiserin-Auguste-Victoria-Haus" in Charlottenburg zu vereinbaren, der „Reichsanstalt zur Bekämpfung der Säuglings- und Kindersterblichkeit". Hier an der Klinik von Prof. Langstein hat das Arbeiterkind eine Freistelle, und Gertrud Marx verbinden auch heute mit diesem Haus noch viele angenehme Erinnerungen. Nur die „ewigen täglichen Disziplinübungen" waren ihr ein Greuel: da mußte der Rocksaum des lichtblauen Kleides genau 35 Zentimeter vom Erdboden entfernt sein, wurden jeden Morgen die Fingernägel kontrolliert u. a.

1923 beschließt Gertrud die zweijährige Ausbildung als Kinderpflegerin mit medizinischen Kenntnissen. – Später erkennen ihr die Nazis diesen Nachweis wieder ab. Für sechzig Mark im Monat arbeitet sie bis zu ihrer Heirat in verschiedenen Heimen an der Nord- und Ostsee und als privates Kindermädchen. 1925 – nachdem sie Karl Marx, ihren künftigen Mann, kennengelernt hatte – wird sie Mitglied der Sozialistischen Arbeiterjugend (SAJ), kann aber aufgrund ihrer knapp bemessenen Freizeit kaum aktiv sein. So gibt sie mit ihrer Heirat am 30. Oktober 1928 zwar die Arbeit in ihrem Beruf auf – Karl verdient als Werkzeugmacher bei Siemens noch so, daß die beiden davon leben können. Die junge Frau geht aber zwei Wochen später den Weg in die SPD, damit in die politische Arbeit.

Trude war politisch noch unerfahren, auch hatte sie keinerlei theoretische Grundkenntnisse für eine derartige Arbeit. So ist sie ihrem Karl, der Jahre vor ihr in die SPD eingetreten war und zum Gesamtbetriebsrat von Siemens gehört, anfänglich ziemlich hörig; gibt sie ihm oft Recht, obwohl ihre Überzeugung gefühlsmäßig in vielen Fällen eine andere ist. Bald wird Trude mit einer Aufgabe in der Partei betraut. Man wählte sie in die 13. Abteilung des SPD-Kreisvorstandes Berlin-Tiergarten, und da konnte sie in dieser Funktion die Belange der Frauen in Moabit, Tiergarten und z. T. Charlottenburg vertreten.

Diese Arbeit mit den Frauen und für die Frauen forderte Trude sehr. Mit viel Engagement widmete sie sich deren Problemen: Da waren Frauenabende und Vorträge zu organisieren, da wurde das Bedürfnis immer größer, über Ehe- und Sexualprobleme zu diskutieren, über den § 218 des StGB – wurde doch gerade in jenen Wochen ein Antrag von fortschrittlichen Ärzten eingebracht, der eine Änderung des § 218 dahingehend forderte, daß den Ärzten aus medizinischen, aber auch aus sozialen Gründen das Recht zum Abbruch einer Schwangerschaft zugebilligt wird, eine Forderung, die von der KPD im Reichstag seit 1921 erhoben wurde. Da suchte aber Trude zusammen mit anderen auch nach Möglichkeiten, mehr Frauen für Massenaktionen zu gewinnen u. a. m.

Eine politisch lehrreiche Zeit, jedoch ohne theoretische Weiterbildung. Es zeichnete sich mehr und mehr ab, daß Trude Marx sich mit manchen Entscheidungen des Parteivorstands einfach nicht identifizieren konnte, sie hier auch nicht mit ihrem Mann übereinstimmte, der sich grundsätzlich allen Beschlüssen, Vorschlägen usw. absolut beugte, der in der Partei „rechts" stand, während Trude immer mehr zu den „Linken" tendierte. Die zunehmenden Meinungsverschiedenheiten beeinträchtigten das Zusammenleben von Gertrud und Karl, das aber noch durch andere Faktoren belastet wurde. Im Zuge der steigenden Arbeitslosigkeit gab es für Karl ab 1929 nur noch Kurzarbeit, wuchs die Angst vor einer eventuellen Entlassung. Zudem waren beide in ihren Funktionen sehr aktiv, damit viel unterwegs. „Beschaulich im Liebesnest gesessen haben wir nicht", erzählt Trude Marx. Die Situation jener Jahre war für sie ohnehin nicht dazu angetan, eine Familie zu gründen. „Wir haben ganz bewußt auf Kinder verzichtet, und hier waren wir uns auch einig", betont sie.

Der 30. Januar 1933 rückte näher. Trude gab bei der letzten Reichstagswahl am 6. November 1932 – ohne es ihrem Mann zu sagen – Ernst Thälmanns Partei ihre Stimme. Sie hatte ihn auf einer Kundgebung im Berliner Lustgarten erlebt, und anschließend kam es zwischen ihm und der Gruppe junger Sozialdemokraten zu einem Gespräch. Gern erinnert sich Trude an diese zwei Stunden: „Ich fühlte damals irgendwie, daß das hier der Richtige war, ein Arbeiter wie wir, etwas so anderes als ein von Hindenburg." Dennoch empfand sie an jedem Tag, der den Machtantritt der Faschisten fürchten ließ, eine immer depressivere und bedrohlichere Stimmung. Dann kam der 30. Januar. Unmittelbar danach wurde Karl bei Siemens entlassen. Das traf den langjährigen Werksangehörigen schwer. Wegen der Fortsetzung der verbotenen politischen Arbeit wurde er im Dezember 1933 verhaftet, und erst Weihnachten 1935 durfte er das Gefängnis wieder verlassen. Nur wenige Tage können Trude und Karl in der Ein-Zimmer-Wohnung zusammen sein, und die sind schwer genug. Karl ist wegen der unmenschlichen Behandlung im Gefängnis tief gedemütigt; er ist ohne jede Hoffnung auf ein baldiges Ende dieses Verbrecherregimes.

Da wird am 2. Februar 1936 – vor dem Beginn der IV. Olympischen Winterspiele in Garmisch-Partenkirchen – Trude während einer Gerichtsverhandlung verhaftet, der sie als Zuhörende beiwohnt. Sie habe – laut Anklageschrift – eine illegale Organisation zur Unterstützung inhaftierter Sozialdemokraten geleitet und mit der verbotenen „Roten Hilfe“ zusammengearbeitet. Nach dreizehnmonatiger Untersuchungshaft, die sie im Gefängnis Moabit in Einzelhaft verbringt, kommt es am 4. und 5. März 1937 zur Verhandlung vor dem sogenannten Volksgerichtshof. Fünf Jahre sind für die Frau beantragt, deren Name den Vorsitzenden schon ungeheuer erregt. Mit Gertrud Marx sind die Genossen Lowak, Stein, Laufer und Bauer-Schäfer angeklagt. Trude wird freigesprochen, weil das „Gericht“ der Auffassung ist, daß die Intelligenz der Angeklagten nicht ausreiche, um die illegale Funktion auszuüben, die ihr die Anklage vorwirft. Sie wird daraufhin in die berüchtigt-gefürchtete Zwingburg der Prinz-Albrecht-Straße gebracht. Hier sieht sie ganz kurz Martin Niemöller, den Vorsitzenden des Pfarrernotbundes und mutigen Vertreter der Bekennenden Kirche. Gertrud Marx darf nach Hause. Am nächsten Morgen – es ist der 6. März – erfolgt eine erneute Verhaftung, und sie wird ins Konzentrationslager Moringen „überstellt“. Aufgrund einer Anordnung des Regierungspräsidenten der Provinz Hannover nahm Moringen bereits ab 11. April 1933 die ersten hundert „Schutzhäftlinge“ auf. Dies geht aus einem „Kommandobefehl“ der „Schutzpolizei“ Hannover vom 8. April 1933 hervor, mit dem die „Unterbringung und Bewachung politischer Polizeihäftlinge im Provinzialwerkhaus in Moringen“ angeordnet wird. Bereits im Mai befanden sich hier 300 „politische“ männliche Häftlinge, und am 3. Juni 1933 waren Hannah Vogt und Marie Peix, beide Mitglieder der KPD und für die Partei in Lauterbach im Harz tätig, die ersten weiblichen „Schutzhäftlinge“ im KZ Moringen, deren Zahl sich bald erhöhte. Nachdem am 28. November des gleichen Jahres das Männerlager aufgelöst und Häftlinge nach Dachau transportiert wurden, war Moringen zunächst ausschließlich Frauen-Konzentrationslager. Im September 1937 hatte es mit 76 Frauen seinen höchsten Belegungsstand erreicht. Trude Marx wurde im Juli 1937 aus Moringen entlassen. Zu Hause in der Berliner Wohnung erwartete sie ihr bereits kranker Mann. Da Trude nicht in ihrem Beruf arbeiten durfte und auch nicht gleich eine andere Beschäftigung erhielt, mußten die beiden mit einer Arbeitslosenunterstützung von 7,50 RM pro Woche auskommen. Am 15. Dezember 1937 stirbt Karl. Trude ist sehr einsam, denn auch ihre Mutter hatte sie 1936 verloren, während sie in Untersuchungshaft saß; die Teilnahme an der Beerdigung war ihr nicht genehmigt worden. Aus Gründen der Sicherheit bleibt sie auch von ihren verbündeten Genossinnen und Genossen isoliert. Es sind schwere Wochen und Monate für die kontaktfreudige, sonst so aktive Frau.

Um eine berufliche Anstellung zu finden, nimmt sie an einem „Schnellkurs“ für Stenographie und Schreibmaschine der RAKO-Handelsschule in Berlin teil, aber die Ausbildung ist oberflächlich, viel zu kurz, und die Kenntnisse dementsprechend unbefriedigend. Dennoch übernimmt sie Rechtsanwalt Rasch in Charlottenburg ab Januar 1938 in sein Büro. Rasch emigriert nach England, und Trude wechselt zum Ende des Jahres 1938 in eine Kabel- und Drahtfabrik des Stadtbezirkes Moabit. Hier erfolgt mit dem Kriegsausbruch am

1. September 1939 ihre erneute Verhaftung durch die Gestapo mit der Begründung: zur Aufrechterhaltung des inneren Friedens.

Trude Marx kommt nun nach Ravensbrück. Mit der Nr. 2112 registrierte die Lagerbürokratie den weiblichen Häftling Gertrud Marx und wies „den Zugang“ nach einigen Tagen in den „politischen“ Block mit der Nummer 1 ein. Zuvor erhielt sie einen Teller, eine Schüssel und einen Becher – alles aus Aluminium –, dazu ein Besteck und ein Geschirrhandtuch, das dann im zugewiesenen Spind in Form einer Herrenkrawatte an dessen Tür hängen sollte. Nach dem obligatorischen Bad stieg sie in die zugeteilte Häftlingskleidung, bestehend aus dem blau-grau gestreiften, grobgewebten Baumwollkleid, Unterwäsche, langen Strümpfen und Holzpantoffeln. Trude erinnert sich gut daran, wenngleich diese Äußerlichkeiten für sie nicht das Entscheidende bei ihrer Ankunft waren. „Was mich in Ravensbrück von Anfang an beeindruckte, war, daß die Genossinnen – meistens Kommunisten, fortschrittliche Menschen – mich sofort in ihren Kreis aufnahmen, daß sie mich mit ‚Genossin‘ ansprachen.“ Diese Anrede machte sie stutzig. Seit Moringen war sie nicht mehr mit Frauen und Männern ihrer Partei zusammengekommen, erschien ihr ein gemeinsames Vorgehen von Kommunisten und Sozialdemokraten gegen die faschistischen Machthaber noch immer nicht so selbstverständlich. Hier gehörte sie nun von Anfang an zu den Genossinnen. „Ich hab’ dann ein paarmal gesagt, ‚du, ich komme von der SPD‘. Worauf mir dann manche geantwortet haben, ob ich inzwischen wenigstens etwas dazugelernt hätte.“ Das waren tiefe Erlebnisse für Trude Marx, und sie lernte dazu in dieser „großen Schule“, wie sie Ravensbrück im Nachhinein – vergleichend mit den weiteren Erfahrungen ihres Lebens – bezeichnet.

Durch Gespräche mit den Kameradinnen im Block 1 wuchs für Trude allmählich die Erkenntnis, daß ihre Partei aus den Fehlern lernen müsse, und vor allem sie selbst, im Sinne Karl Liebknechts, der während der Novemberrevolution 1918 sagte: „Trotz alledem!“ Dieses „Trotz alledem“ habe ihr dann in Ravensbrück auch den Rücken gestärkt, vor allem in jenen Tagen, da die Angst überall gegenwärtig und manches so schwer zu ertragen war. Trude betont: „Es war keineswegs so, daß man morgens aufstand, tief durchatmete und sich gesagt hat, ich bin stark und dann gegen alle Schikanen und Strapazen gefeit war.“

Aber da gab es noch etwas anderes Wunderbares, das ihr Gedächtnis gut bewahrt hat: „Ein Freundschaftswort, ein Wort der Genossin, und wenn es auch ein derbes Wort war, ein zugesteckter Brotkanten. Ein Fragen schon: wie geht’s zu Hause, hast du Nachricht von zu Hause? Die Warnung, paß auf, die Binz hat dich besonders im Auge … Das alles waren Dinge, die Kraft gaben, Mut machten, die überleben halfen.“

Gerade hier im „Strafblock“, in den Trude nach der zweiten Ravensbrücker Woche verlegt wurde, spielten solche menschlichen Gesten eine besondere Rolle. Sie kam in den Strafblock, weil sie in der faschistischen Amtssprache als „rückfällig“ galt. Das hatte die SS eben beim Einweisungs-„Akt“ nicht gleich bemerkt. Als Stubenälteste und Gehilfin der Blockältesten, der von den Häftlingen gefürchteten Schwäbin Minna Rupp, konnte Trude im Strafblock ihre „Funktion“ gerade zu manchen Hilfeleistungen nutzen. Manchen Rat von den Kameradinnen des Blocks 1 versuchte sie an ihre Frauen im Strafblock weiterzugeben und war dadurch unter den Häftlingen eine geschätzte und beliebte Kameradin.

Die immer wieder notwendige Solidarität gegen die Peiniger schmiedete zusammen, mobilisierte aber ebenso Entschlossenheit und Mut in gefährlichen Situationen und erforderte eine hohe Disziplin. Ein Beweis dieser Hilfsbereitschaft ist Trude unvergeßlich geblieben: Bei der Arbeit mit Stacheldraht verletzte sie sich am rechten Unterarm, dem ersten Anschein nach nur unbedeutend. Sie wollte die Wunde deshalb nicht behandeln lassen, denn auch die Angst vor der Lagerärztin, Dr. Erika Jantzen, war groß. Aber in kurzer Zeit verschlimmerte sich die Wunde so, daß die Gefahr einer Blutvergiftung drohte. Eine von den politischen Häftlingen, die als Lagerläuferin eingesetzt war, sah Trude in diesem Zustand. „Auf irgendeinem Weg landete ich im Revier“, erzählt Trude Marx, „wo mich unsere Doris (Doris Maase, S. J.) schnell behandelte. Ich bekam dann noch heimlich Medikamente und Verbandsmaterial zugesteckt, mit der ernsten Mahnung, alles gut zu verstecken. Und die Wunde heilte.“

Mit ihrer aufrechten, wenig demütigen Haltung war Trude Marx manchen Aufseherinnen geradezu ein Dorn im Auge. So beteuerte gleich in den ersten Wochen die schon in der Lichtenburg gehaßte Oberaufseherin Zimmer mehrfach: „Läuft hier durch's Lager wie 'ne Kerze. Dir werden wir das Rückgrat schon brechen.“ Aber im Gegenteil: Trude fürchtete diese Aufseherinnen nicht in jedem Fall und schon gar nicht, wenn es darum ging, ihre Kameradinnen zu schützen, wie bei einer Außenarbeit im strengen Winter 1939/40. Trudes Kolonne mit 50 Frauen wurde von der allseits gefürchteten Aufseherin Rabenstein bewacht – unter den Häftlingen nur als „Rabenaas“ bezeichnet –, die zwei Hunde bei sich führte. Es herrschten Minusgrade zwischen 25 und 30 Grad. Die ausgemergelten, geschwächten Frauenkörper konnten diese Belastungen bei der schweren körperlichen Arbeit des Steineverladens nicht durchstehen. Bald fiel die erste Frau um und lag ohnmächtig, erstarrt auf der eisigen Erde. Der einen folgten andere. Die Rabenstein verbot, die Frauen aufzuheben, und ließ die Hunde los. Trude schrie das grausame Weib an, das fast erschrak und die Hunde zurückrief. Die Frauen konnten gerettet werden; eine von ihnen war Marie Pleißner, mit der Trude Marx später eine lange Freundschaft verband.

Am 4. Mai 1940 wurde Trude Marx aus Ravensbrück entlassen. Den Grund dafür hat sie niemals erfahren. Acht Monate Strafblock lagen hinter ihr, die sie heute zur schwersten, aber auch zur lehrreichsten Zeit ihres Lebens zählt. Unmittelbar nach dem Eintreffen in Berlin muß sich Trude beim Arbeitsamt ihres Wohnbezirkes melden. Sie wird von dort zur Arbeit nach Moabit in den „Wehrkreissanitätspark III“ vermittelt. Mit der Zunahme der Bombenangriffe auf Berlin folgt 1943 dessen Verlagerung in das angeblich weniger gefährdete Rheinsberg. Als hier Mitte April 1945 der Rheinsberger Gerd Wiesenhütter sein Soldbuch vorlegen muß, weil er „auf Genesungsurlaub" ist und die Verpflichtung hat, sich zu melden, läuft plötzlich Tinte darüber. Trude Marx, die hier als Stenotypistin arbeitet, hat das Tintenfaß absichtlich umgestoßen, weil sie sofort sieht, daß der Termin überschritten ist. Sie weiß aber auch, daß sie über die Unlesbarkeit des Soldbuchs Meldung erstatten muß. Trude macht keine Meldung.

Am 29. April befreien Truppen der Roten Armee Rheinsberg. Unter Leitung des sowjetischen Offiziers Makarow wird die Kommandantur im Rathaus eingerichtet. Es gibt keine Stunde Null: Deutsche Antifaschisten werden in die Kommandantur bestellt. Auch Trude Marx ist dabei. Sie erinnert sich genau, wie sie an der Reihe war und Genosse Makarow viele Fragen stellte. Ob sie wüßte, wer Nadeshda Krupskaja sei, ob sie wieder in die SPD eintreten würde u.v.a.m. Am Schluß des Gesprächs sagte der sowjetische Offizier: „Du (wirst) hier stellvertretende Bürgermeisterin." Trude Marx reagierte erschrocken: „Ach, um Gottes Willen." Darauf kam die Antwort: „Der wird dir nicht helfen, aber wir werden dir helfen." Ein seltsames Gefühl überkam Trude, nach langen Jahren zum erstenmal wieder ein Glücksgefühl. Aber die Zeit dafür war knapp. Jetzt galt es zu handeln.

Am 15. Mai 1945 tritt die stellvertretende Bürgermeisterin Gertrud Marx ihr verpflichtendes Amt an. Am Beginn der revolutionären Umgestaltung mitzuwirken, wird ihr an verantwortungsvoller Stelle ermöglicht. Hierbei möchte sie Gutes vollbringen, denn davon hat sie eigentlich geträumt. Und sie ist eine Frau. Trude Marx fehlt jede Leitungserfahrung, aber sie hat einen Verstand und Gefühl, und sie ist voller Elan für das neue Leben. Noch sieht sie nur ein Chaos vor sich, unlösbare Probleme, aber vertrauend auf die Unterstützung der sowjetischen Genossen. Und sie, die erfahrenen Männer der Roten Armee um Genossen Makarow, die Befreier, helfen auch. Sie helfen Trude, der stellvertretenden Bürgermeisterin, dem Bürgermeister, Heinz Sieg, der sehr viel krank ist, der gesamten Rheinsberger Stadtverwaltung, die sich jetzt im Schloß einrichtet. Sie kochen Graupen in der großen „Gulasch-Kanone" und verteilen das Essen an die Rheinsberger Bevölkerung, an die Kinder, die großen Hunger haben, die sich aber vor den „Russen" fürchten, weil es ihnen noch nicht anders gesagt worden ist. Und sie unterstützen auch die immer zahlreicher werdenden Umsiedler aus dem Osten, die den Ort mehr und mehr bevölkern. Stadtkommandant Makarow möchte, daß in der durch Kriegseinwirkungen beschädigten Rheinsberger Kirche Pfingsten wieder die Glocken läuten. Der stellvertretenden Bürgermeisterin sowie Vertretern der Stadtverwaltung fällt es schwer, die Notwendigkeit dieser Reparatur einzusehen, aber Makarow besorgt Baumaterialien, und Trude soll den Reparaturablauf organisieren. Pfingsten 1945 läuten sowjetische Offiziere die Glocken der Rheinsberger Kirche.

Trude läßt sich helfen und hilft selbst, Tag und Nacht. Die Arbeitszeit ist lang, sehr lang. Sie muß unter den Einwohnern Verbündete finden für die Arbeit: für das Räumen und Ordnen der Straßen und Häuser, die Bestattung der Toten, die Unterbringung der Menschen, für das Verteilen des Wenigen, niemals Ausreichenden. „Das Schwerste war es, in den ersten Tagen Leute zu finden, die anpackten, die bereit waren, die Trümmer des Faschismus zu beseitigen", sagt Trude Marx heute. „Die sowjetischen Genossen halfen, wo sie konnten." Auch in den Köpfen war ein Chaos zu beseitigen, selbst die stellvertretende Bürgermeisterin mußte sich in einigen Wunschvorstellungen korrigieren. „Was hatten wir Deutschen diesem Volk, diesem Land angetan, und jetzt halfen sie. Ich habe viel gelernt in diesen ersten schweren Tagen." Trude Marx weiß es, sie hat es täglich erlebt in Rheinsberg und in den Jahren danach, was unser Volk den sowjetischen Menschen zu verdanken hat.

Trude geht zu den Rheinsberger Frauen, macht ihre ersten Arbeiten mit den Frauen; hilft antifaschistische Frauenausschüsse zu gründen. Immer wieder finden sich unter den vielen umherirrenden Menschen nach dem 8. Mai elternlose, hungernde Kinder; sie werden von Soldaten der Roten Armee gebracht und der stellvertretenden Bürgermeisterin auf den Schreibtisch gesetzt. Ein Kinderheim muß eingerichtet werden, umgehend. Wieder leisten Frauen Außergewöhnliches. Nach den Gründen gefragt, sagt Trude Marx: „Frauen sind praktisch. Ich mußte nicht lange diskutieren. Dann war ich ja selbst eine Frau, die mit anpackte. Und Männer gab es nur wenige."

Trude braucht aber noch mehr Verbündete. Die Frauen waren großartig, aber sie mußte die Jugend motivieren. Im Juni 1945 bittet sie Inge Giesecke ins Schloß. Die Neunzehnjährige, im Faschismus aufgewachsen und erzogen, ein ehemaliges „BDM-Mädel", ohne jede Vorstellung von Zielen der neuen antifaschistischen Ordnung, hatte furchtbare Angst vor diesem Zusammentreffen mit der 41jährigen Antifaschistin. Schüler der Körperbehindertenschule Birkenwerder fragten später die Lehrerin Inge Wiesenhütter, geborene Giesecke, nach dieser Begegnung mit Trude Marx. „Mein Vater hatte keine Geduld und keine Zeit, mir die ersten schwierigen Fragen zu beantworten", erzählt sie. Trude Marx habe ihr damals die wichtigsten theoretischen Grundlagen der neuen Gesellschaft vermittelt und auf alle Fragen geduldig und ausführlich geantwortet, obwohl sie selbst sehr viel Arbeit hatte. Im Verlauf des Gesprächs sei ihre Angst vor Trude Marx immer mehr gewichen, sei ihr Vertrauen zu ihr gewachsen. Wenige Wochen danach habe Frau Marx ihr dann ein Bild mit den Goethe-Worten gewidmet: „Man sollte alle Tage wenigstens ein kleines Lied hören, ein gutes Gedicht lesen, ein treffliches Gemälde sehen, und wenn es möglich zu machen wäre, einige vernünftige Worte sprechen." – Inge Wiesenhütter gehörte zu den Mitbegründern der Antifa-Jugend in Rheinsberg. Obgleich Trude Marx im April 1946 Rheinsberg verläßt und in das Bürgermeisteramt nach Neuruppin berufen wird, reißt die Verbindung zu Inge Wiesenhütter nicht ab, braucht diese Trudes Rat auf dem Wege zur Marxistin. Inge hat viele, viele Fragen. Trude antwortet mit einem Weihnachtsbrief am 20. Dezember 1946 und legt ein kleines Präsent anbei: Rosa Luxemburg. Briefe aus dem Gefängnis. Sie antwortet direkt und ehrlich auf die Gewissensnöte der jungen Frau: „Natürlich, mein Kind, braucht Idealismus nicht auszusterben trotz aller materialistischen Geschichtsauffassung. Gesinnung setzt immer voraus, daß der, der eine hat, Idealist sein muß. Lies die Briefe dieser Frau! Hätte sie alles so ertragen, wenn sie nicht in gewissem Sinne Idealistin gewesen wäre. Und wie – glaubst Du – hätten wir in den letzten Jahren alles ertragen ohne Idealismus. Nein, Inge, Du darfst Ideale haben. Du darfst schwärmen, Du darfst Dich an allem, was schön ist, freuen, Du darfst Dich dabei auch irren. Du kannst trotz alledem ein guter Marxist werden. Marxist ist man nicht, das *wird* man ständig. Man geht von einer Erkenntnis zur anderen und jede festigt Deine Weltanschauung. Du mußt nur erkennen, daß alle Wirkung ihre Ursache hat ... Das schließt nicht aus, daß Du Ideale haben kannst. Wie leer wäre doch unser Leben ... Sei froh, sei vor allem jung, aber vergiß nie Deine Klasse ..." Worte, die an Tausende zweifelnder junger Menschen in jenen Wochen und Monaten hätten gerichtet sein können. Inge Wiesenhütter waren diese mit Bleistift geschriebenen Zeilen sehr hilfreich.

Am 24. April 1946 übernimmt in der Provinz Brandenburg zum ersten Mal eine Frau das Bürgermeisteramt: Gertrud Marx, seit 15. Oktober 1945 Mitglied der KPD, wird Bürgermeisterin in Neuruppin. Sie war unmittelbar nach dem Vereinigungsparteitag von KPD und SPD, an dem sie als Delegierte teilgenommen hatte, nach Neuruppin gekommen. Nach der Befreiung der Stadt ist sie die „Nummer 5" in diesem Amt; verständlich, daß die Bewohner mit besonderer Skepsis auf die Neue schauen, selbst jene, die schon Verantwortung tragen. Die Erfahrungen der schweren Monate in Rheinsberg sind nützlich, aber ohne das Mittun der Bürger ist nichts machbar. Unter ihnen sind auch Gegner der neuen Ordnung, die nicht nur abseits stehen, sondern sabotieren. Bevor im Neuruppiner Kino der erste DEFA-Film „Die Mörder sind unter uns" zur Aufführung kommen soll, spricht die Bürgermeisterin die Einführungsworte, verweist sie mit gesenkter Stimme auf ihre Sorgen mit diesen Saboteuren: „So mancher meiner Arbeitstage hier in Neuruppin ist viel, viel schwerer als mancher Tag, den ich im KZ erlebt habe." Sie denkt an solche Großbauern ihrer umliegenden 24 Landgemeinden, die von der Sowjetunion geliefertes Saatgut an die Hühner verfüttern und in den Boden Sägespäne drillen, oder jene, die den halbverhungerten Flüchtlingskindern Milch verweigern.

Wieder sind es die sowjetischen Genossen, die der Bürgermeisterin mit Rat zur Seite stehen, die aber auch nicht mit Kritik sparen, wenn die Auflagen, das Soll nicht erfüllt werden. Trude Marx erreicht etwas. Sie arbeitet auch in Neuruppin mit Frauenausschüssen und gründet mit den Frauen den DFD in der Stadt. Der ganze Ort wird geschmückt. Die helfenden Feuerwehrleute finden das und die Bürgermeisterin „verrückt". Mit Unterstützung der Bürgermeisterin organisiert der Kreisfrauenausschuß Ruppin am 15. Juni 1946 eine Modenschau im Karl-Marx-Haus. Unter dem Motto „Aus Alt macht Neu" werden laut Programmzettel Modeartikel versteigert, u. a. von den „ersten Schneider-Ateliers Neuruppins" aus Pferdedecken gefertigte Damenmäntel. Es treten eine Tanzgruppe und Sänger auf, es gibt eine Kaffeetafel und wird bis Mitternacht getanzt. – Trude Marx schafft aber ebenso die Basis für die Kulturbundarbeit und ruft zum Eintritt in die „Gesellschaft zum Studium der Kultur der Sowjetunion“ auf, die spätere „Gesellschaft für Deutsch-Sowjetische Freundschaft“. Gleichsfalls unter ihrer Regie wird der Ehrenfriedhof für die gefallenen sowjetischen Soldaten angelegt u. a. m.

Nur reichlich 1½ Jahre wirkt Trude Marx in Neuruppin. Die „außerordentliche, öffentliche Stadtverordnetenversammlung“ am 16. Dezember 1947 im Friedrich-Engels-Haus sieht nur einen Tagesordnungspunkt vor: „Entpflichtung der Frau Marx aus dem Amt als Bürgermeister der Stadt Neuruppin“. Die Bürgermeisterin selbst hatte um diese „Entpflichtung“ in einer öffentlichen Stadtverordnetenversammlung mit folgender Begründung gebeten: „Auf Wunsch meiner Partei soll ich eine andere wichtige Arbeit übernehmen.“ Die Fraktionsführer der SED, LDPD und CDU nehmen zu diesem Antrag das Wort und stellen ihrer „Stadt-Mutter“ ein einmütiges Zeugnis in Form des Protokolls der Versammlung aus. An Trude Marx gerichtet, vermerkt der SED-Fraktionsführer u. a.: „Sie haben in dieser Zeit außerordentlich viel geleistet. Im Interesse der Bevölkerung und ohne Rücksicht auf ihre eigene Person setzten sie sich für die Bevölkerung ein, und immer hatten sie ein williges Ohr für jeden einzelnen.“ – Der LDPD-Vertreter bedauert das Ausscheiden der Frau Bürgermeister „auf das lebhafteste“. Sie habe sich zu allen Zeiten „rückhaltlos für die gesamte Bevölkerung eingesetzt ... Darüber hinaus hat sie es verstanden, die hier mit gutem Geschick und uns allen zur Freude angebahnte Blockpolitik weiterzuführen und zu betreiben.“ – Und auch bei der CDU heißt es, sie könne der Frau Bürgermeisterin „nur das beste Zeugnis ausstellen“.

Stolze Empfindungen erfüllten Trude Marx damals, ließen Stunden der Niedergeschlagenheit für kurze Zeit vergessen, die manche menschliche Unvernunft, Unbelehrbarkeit und Habgier in der Not auslösen mußten. Ihre resolute, entschlossene Art, humanes, weitsichtiges Handeln hinterließen auch bei manchen Neuruppinern unvergeßliche Erinnerungen an die Bürgermeisterin. So schrieb der Mediziner Dr. Werner Neuparth, damals 2. Amtsarzt und Heimarzt des von Trude Marx geschaffenen „Städtischen Kinderheims“, des späteren „Geschwister-Scholl-Heims“, im April 1982 an „Junge Historiker“ der Körperbehindertenschule Birkenwerder: „Trude Marx war eine bemerkenswerte Frau. Sie war energisch, sie konnte befehlen und sorgte für unbedingte Ausführung ihrer – oft unpopulären – Anordnung. Sie strahlte Sicherheit, Vertrauen und Güte aus, sie konnte mehr Mutter als Funktionärin sein und wurde von ihren meisten Mitbürgern geachtet, ja oft sogar geliebt.“ Und dann berichtet Dr. Neuparth, daß er der Bürgermeisterin jeden Vormittag, auch sonntags, über die Heimkinder berichten mußte und wie sie in so vielen Fällen einen Ausweg fand, wenn es um Beschaffung von Wäsche, Seife usw. ging. Aber als die Zahl der Säuglinge immer mehr zunahm, schien ein unlösbares Problem zu entstehen; für 12 Säuglinge fehlte eines Abends die Milch. „Diesmal schilderte ich ihr ganz verzweifelt die Lage“, schreibt der Arzt. „‚Frau Marx, ich bin feige, ehe ich in den nächsten Tagen die mir anvertrauten Säuglinge in unserem Heim sterben lasse, werde ich 10 Säuglinge ins Krankenhaus fahren.' ,Und sie wissen, daß unser Krankenhaus Milch hat?' Ich sagte leise: ,Die haben auch keine'. ,Aber sie sind die Verantwortung los. Aber ich könnte nicht mehr mit ihnen zusammenarbeiten. Hören sie gut zu: Die kranken Säuglinge zu heilen, ist ihre Aufgabe! Aber, daß kein kleines Kind verhungert, fällt in mein Ressort. Ich werde sie anrufen und vermutlich noch vor 18 Uhr zur Wichmannstraße bestellen (Das Rathaus, W. N.). Sie werden dann Bescheid bekommen.' – Am Abend überreichte Trude Marx der Leiterin des Kinderheimes und mir an einer Wäscheleine ziehend eine schöne lebendige, mittelfette, schwarz-weiße Kuh mit einem prallgefüllten Euter!!! Zum Bedanken kamen wir nicht, denn schon schrie sie uns an: ,Warum wird denn diese Kuh nicht gemolken? Nee, Kinders, melken müßt ihr sie schon selber, oder muß ich euch das ooch noch vormachen?'" Es sei ihre ganze Art gewesen, „an schwierige Dinge heranzugehen und anderen zu helfen", die Trude Marx so beliebt gemacht habe.

Im Jahr 1948 beginnt für Trude Marx mit der Arbeit in der Zentralen Kontrollkommission der Deutschen Wirtschaftskommission die Tätigkeit in Berlin. Hier in ihrer Geburtsstadt empfindet sie die Hinterlassenschaften des Hitlerregimes noch schmerzlicher als in Rheinsberg und Neuruppin. Berlin war einmal ihr Zuhause. Jetzt kam es ihr fremd vor. Berge von Trümmern am Potsdamer Platz, in der Leipziger Straße, der Frankfurter Allee. Eilige Menschen mit Rucksäcken, leeren und vollen, mehr Frauen als Männer. Trude bekommt in Berlin keine Wohnung. Sie muß täglich längere Fahrzeiten ins Randgebiet in Kauf nehmen. In der Hohen Neuendorfer Gertraudenstraße kann sie als Verfolgte des Naziregimes ein kleines Haus beziehen, in dem sie noch heute wohnt. Wenn sie Abend für Abend spät nach Hause kam, und es war immer spät, weil die Aufgaben beinahe unendlich waren, erwartete sie niemand. Trude lebte allein.

Trude Marx kennt in diesen Jahren kaum Freizeit, denn sie muß keine Rücksicht nehmen. Sie will dabei sein, die Hinterlassenschaft des Faschismus beseitigen helfen. Die verschiedenen Aufgaben erfordern viel Kraft, im „Deutschen Volksrat", in der VVN. Am 7. Oktober 1949 erlebt sie, was Wilhelm Pieck als „Wende in der deutschen Geschichte" bezeichnet, die Gründung des ersten Staates der Arbeiter und Bauern auf deutschem Boden. Als Mitglied der Provisorischen Volkskammer ist sie auch an jenem Oktobertag dabei, an dem Johannes Dieckmann, Präsident der Volkskammer, den Beschluß der Regierung der UdSSR verliest, der Provisorischen Regierung der DDR die Verwaltungsfunktion zu übertragen, die bis jetzt die Sowjetische Militäradministration wahrgenommen hatte. Auf Trude Marx warten neue wichtige Aufgaben. Dafür erhält sie aber zunächst eine Möglichkeit, die Theorien von Marx, Engels und Lenin intensiv und zusammenhängend zu studieren. Die Berliner Charité braucht einen ersten hauptamtlichen Sekretär der SED-Grundorganisation. Es wird eine Parteisekretärin: Trude Marx. Auch in dieser Verantwortung, der sie sich mit hohem Einsatz hingibt, hat sie Spuren hinterlassen, junge Menschen in ihren Entscheidungen beeinflußt. Zum 80. Geburtstag 1984 schreibt ihr die

Oberin der Charité, Diethild Feder, u. a.: „Ich war von 1950–1952 Schülerin in der Kinderpflegeschule der Charité. Du warst in dieser Zeit in der Charité Parteisekretärin, hast bei uns Staatsbürgerkunde unterrichtet und warst immer für uns Schülerinnen da. Im September 1951 durfte ich Dich mit einer Delegation französischer Frauen in das ehemalige Konzentrationslager Ravensbrück begleiten. Dieses Erleben hat mich tief beeindruckt und erschüttert und mich zu politischem Bekenntnis und zu aktiver Arbeit für unseren Staat geführt. Im Sommer 1952 wurde ich Kandidat der SED ... Ich bin auch heute noch sehr froh und dankbar, daß am Anfang meiner Entwicklung Genossen wie Du standen, die uns Jungen den richtigen Weg gewiesen haben ..."

1955 wird Trude Marx in den Kreis Oranienburg gerufen, der ihr schon seit 1948 zur neuen Heimat geworden ist. 1959 tritt sie in Birkenwerder – der Nachbargemeinde ihres Wohnortes – das Bürgermeisteramt an. Als sie 1972 nach 13jährigem Wirken verabschiedet wird, ist sie weit im Rentenalter. Für viele Birkenwerder Bürger ist sie schon die legendäre Bürgermeisterin Trude Marx.

Heute denkt sie an dieses Amt gern zurück, denn sie hat es sehr ernst genommen. Dennoch war es oft nicht leicht, mit manchem Kummer ohne den Rat eines Lebensgefährten fertig zu werden: „Das war nicht einfach, wenn dann zu mir junge oder alte Bürger kamen, die Sorgen und Probleme hatten; niemals hätte ich sie meine persönlichen Sorgen spüren lassen". „Aber immer wieder", schreibt sie zum 20. Jahrestag der Befreiung vom Faschismus, „wurden die Arbeitskraft und der Arbeitseifer dadurch angespornt, daß wir uns sagten: ‚Es geht um unser Volk, es geht um das Wohl der Familien, und es geht um das Glück unserer Kinder'." Trotz der dabei oft schweren, kaum lösbar erscheinenden Aufgaben ging Trude Marx jeden Morgen gern in ihr Rathaus, stellte sie an sich selbst und ihre Mitarbeiter hohe Anforderungen, war sie keine bequeme Vorgesetzte. Sie versuchte nach dem Motto zu handeln: Fordern heißt fördern.

An manche Ereignisse dieser Jahre denkt sie besonders gern zurück: An eine dreiwöchige Reise mit ehemaligen Ravensbrückerinnen in die Sowjetunion im Jahr 1956, bei der sie mit Kameradinnen zusammentrifft, die von den Faschisten nach Deutschland ins Frauenkonzentrationslager Ravensbrück verschleppt worden waren. Und Trude Marx sieht im Verlauf dieses Aufenthalts den ehemaligen Chef der sowjetischen Militäradministration vom Land Brandenburg wieder, General Scharow, der sich an die Bürgermeisterin von Neuruppin gut erinnert und noch heute mit Trude Marx in brieflichem Kontakt steht. – Mit Freude erzählt sie von den Gästen in ihrer Gemeinde: Freunde der französischen Partnerstadt Villetaneuse – die Bürgermeisterin oder deren Stellvertreter sowie andere Stadtverordnete und jeweils 20 Kinder kamen beinahe jedes Jahr nach Birkenwerder, fühlten sich wohl im Kreis seiner Bewohner, der Birkenwerderaner Familien, die sie als Gäste aufgenommen hatten. 1972: Die Ärzte müssen mit Trude Marx sehr ernst reden, denn der Abschied aus dem beruflichen Leben fällt ihr nicht leicht. Aber anderen Aufgaben möchte sie noch gerecht werden, dort, wo ihr Rat schon längere Zeit und immer wieder gefragt ist: als Mitglied der SED-Kreisleitung Oranienburg, als Vorsitzende des Komitees der antifaschistischen Widerstandskämpfer, ebenso im Bezirkskomitee und andernorts. Manchmal ist alles ein bißchen viel, fühlt sie sich nicht wohl. Dieses Altwerden fällt ihr schwer, auch oft die Einsamkeit, gepaart mit körperlichen Schmerzen. Ein Anruf, ein Klingeln an der Haustür, eine Einladung zum Patenregiment – zu den Soldaten und Offizieren; eine Festveranstaltung in ihrer schönen Patenschule „Olga Benario-Prestes“, in der sie auch ihren 80. Geburtstag feierte mit den Schülern, den Lehrern und Erziehern, für deren großartige Arbeit sie Hochachtung empfindet, für die sie dankbar ist.

Sie alle und viele, die Trude Marx kennen, die dieser optimistischen Frau irgendwo einmal begegnet sind, möchten ihr danken, möchten ihre Kritik, ihren Rat nicht missen.

S. J.

Die rote Rosa von Striesen

Rosa Menzer

> *Sei das Leben lang oder kurz –*
> *worauf es ankommt,*
> *ist, daß man* seine *Fahne hochhält*
> *und* seinen *Kampf führt.*
>
> KÄTHE KOLLWITZ

Ihren genauen Todestag kennen wir nicht, obwohl die „Sterbeurkunde“ für Reise Hienda Sara Menzer, geborene Litwin, des Standesamtes Ravensbrück II mit der Nr. 1366/42 den 28. Mai 1942, 2 Uhr 10 angibt. Zwischen dem letzten Brief aus dem KZ Ravensbrück an die Töchter Ilse und Ruth und dem angeblichen Sterbedatum liegen drei Monate. Rosa Menzer schrieb im Februar 1942 an ihre Töchter in Dresden u. a.: „Sollte Hildes Tante ihren jetzigen Wohnort ändern, wünsche ich mir bloß, daß die Kinder tapfer bleiben und nicht den Kopf hängen lassen. Ich bin fest überzeugt, daß sie auch das gut überwinden wird. Ich kenne sie als tapfere Frau mit guter Haltung, und starker Wille macht viel aus. Ich weiß, Ihr werdet Euer Bestes tun und Euch gegenseitig unterstützen. Liebe gibt Kraft. Küsse innigst. Mutter.“

Rosa Menzer – hier im Brief, der die Zensur des Lagers passieren mußte, verschlüsselt als „Hildes Tante“ – hatte zusammen mit ihren Kameradinnen vom Block 11, dem sogenannten Judenblock, schon seit Beginn des Jahres „Krankentransporte“ aus dem Lagertor fahren sehen, Lastwagen mit kranken arbeitsunfähigen und jüdischen Frauen. Nachdem die Kleidungsstücke und wenige Gegenstände der Frauen immer regelmäßiger zurückkehrten, waren die Zweifel aus dem Weg geräumt, blieben Hoffnungen Illusionen. Diese Transporte gingen in den Tod. Durch Kälte, Hunger, Krankheiten, Erschießungen gehörte der Tod ohnehin zum Lageralltag; wußte man auch davon, daß Kranke mit Spritzen getötet wurden. Aber von einer planmäßigen Vernichtung in Gaskammern und Verbrennungsöfen war den Häftlingen in Ravensbrück bis zum Winter 1941/42 kaum etwas bekannt.

Im September 1941 wurden im KZ Auschwitz erstmals Menschen mit Zyklon B vergast. Die systematische Vernichtung der europäischen Juden, im Nazijargon als „Endlösung“ bezeichnet, hatte damit begonnen. Seit dem Sommer 41 liefen die Vorbereitungen zum Genozid, folgte der Aufbau der Vernichtungslager in Auschwitz-Birkenau, Majdanek, Treblinka, in Chełmno, Belzec und Sobibor, und bald sollten auch Jüdinnen von Ravensbrück zu den Opfern dieser Vernichtungslager zählen.

Eingeleitet wurde die Aktion hier im Winter 1941/42, als die SS von den Blockältesten Listen erstellen ließ, um zunächst „Arbeitsunfähige", „Krüppel" und „geistig Minderwertige" zu erfassen, und diese dann einer „Ärztekommission" vorführen zu können. Nur wenig später waren auch sämtliche Jüdinnen an der Reihe, mußten sie sich den Blicken und Fragen dieser furchterregenden „Kommission" stellen; wurde Rosa Menzer ebenso auf „Transport" geschickt wie Olga Benario-Prestes, Ruth Grünspan, Dr. Käthe Leichter und viele andere. Ein Transport in Richtung Dessau folgte in diesen ersten Monaten des Jahres 1942 dem anderen. In Bernburg an der Saale war die erste Gaskammer fertiggestellt.

Dieser Februarbrief von Rosa Menzer war also ein Abschiedsbrief, denn sie schrieb so regelmäßig an ihre erwachsenen Töchter, wie es die Lagerordnung zuließ: „im Monat einen Brief". Vom März 1942 an gibt es keinen Brief mehr.

Olga Körner, Rosas langjährige Dresdner Freundin, war zu dieser Zeit gleichfalls in Ravensbrück. Als sie nach der Befreiung des Lagers wieder in Dresden eintraf, suchte sie Rosas Mädel auf, um ihnen von dem Versprechen zu sagen, daß sie der Mutter gegeben hatte, nämlich sich um Ilse und Ruth zu kümmern. Und sie sollte den Kindern zwei kleine gebastelte Andenken mitnehmen, damals. Jetzt kam Olga ohne Andenken; sie waren in den Wirren des Lagers verlorengegangen.

Ilse und Ruth – 1945 inzwischen 28 und 31 Jahre – gingen den konsequenten Weg weiter, der in ganz jungen Jahren mit ihrer Mutter begonnen hatte. Olgas Sorge um die wenige Zeit, die für die beiden blieb, weil sie selbst von früh bis spät eingespannt war, erwies sich als unnötig. „Im Gegenteil", erzählt Ruth Ermer, „ich habe mich dann um sie gekümmert. Aber Olga war sehr bescheiden und wollte das alles nicht." Und dann erinnert sie sich daran, daß Wilhelm Pieck Olga Körner gegenüber wiederholt den Wunsch ausgesprochen hatte, sie möge ihr interessantes, erfahrungsreiches Wissen, ihr Leben als Reichstagsabgeordnete der KPD, auf den Gebieten der Sozialfürsorge und Frauenfragen Tätige, aufschreiben. Aber die Belastungen der ersten Jahre ließen dafür keine Zeit.

Wie gern wäre Rosa Menzer an der Seite der engagierten Freundin gewesen, hätte sie – die fast Gleichaltrige – zusammen mit Ilse und Ruth am Wiederaufbau des zerstörten Dresden helfen mögen, an der Aufrichtung seiner Überlebenden, der Zertrümmerung des faschistischen Gedankenguts. Überzeugt von dem Sieg der sozialistischen Gesellschaftsordnung war sie vielen Mitbürgern einen Schritt voraus. Mit ihrem Tod wollten die Handlanger der Hitlerclique gleich „zwei Leben" auslöschen: das Leben einer Jüdin und Kommunistin. Schon deshalb müssen wir annehmen, daß Rosa Menzer zu den ersten jüdischen Frauen zählte, die Ravensbrück mit dem Ziel Bernburg verließen.

Rosa Menzers Weg wurde kaum durch den Einfluß ihres jüdischen Elternhauses im zaristischen litauischen Plunge geprägt, wo sie am 4. Januar 1886 geboren wurde. Hier herrschten sehr ärmliche Verhältnisse, denn als Wanderhändler verdiente der Vater einen recht kargen Lohn. Die Mutter, Bele-Ite

Litwin, hatte zwölf Kinder geboren, von denen aber nur acht am Leben geblieben waren. Das Ehepaar Litwin erzog seine Kinder in streng jüdisch-orthodoxem Glauben, ohne aber jedem von ihnen eine Schulbildung finanzieren zu können. Nur die beiden älteren Brüder Reises besuchten eine Schule. Für sie und ihre vier jüngeren Schwestern reichte das Einkommen der Eltern weder für einen Schulbesuch noch für irgendein Spielzeug, so daß für die älteste Tochter selbst der sehnsüchtige Wunsch nach einem Ball unerfüllt bleiben mußte. Statt dessen kommt die gerade zwölfjährige Reise zu einer Schneiderin in die Lehre, und die Mutter bringt ihrer wißbegierigen, aber auch sehr eigensinnigen Ältesten die hebräische Schrift bei – in der Familie wurde jiddisch gesprochen. So ist sie später in der Lage, Briefe an die Mutter zu schreiben.

Ohne aber die deutsche Sprache und Schrift zu beherrschen, verläßt Reise 1907 das Elternhaus und geht nach Berlin. Sie hatte den Glauben an eine Besserung des Lebens durch das „Erscheinen des Messias" verloren und wollte nun mit Sozialisten, denen sie inzwischen begegnet war, selbst dafür kämpfen. Gelöst von der jüdischen Glaubenswelt, schließt sich Rosa, wie sie nun in Deutschland genannt wird, jungen Sozialisten an und verdient sich ihren Lebensunterhalt als Hausschneiderin bei wohlhabenden Familien.

Der Berliner Aufenthalt währt nur ein gutes Jahr. Als „lästige Ausländerin" in der „Reichshauptstadt" dulden die Behörden ihren weiteren Aufenthalt nicht. Rosa sucht nun ab 1908 in Dresden Fuß zu fassen. Auch hier findet sie durch ihre Nähfertigkeiten schnell einen Verdienst. Die freie Zeit versucht die bildungshungrige junge Frau für ihre Qualifizierung zu nutzen. Zum einen ist es ihr ein besonderes Anliegen, die deutschen Sprachkenntnisse zu vervollkommnen, und zum anderen gilt ihr brennendes Interesse politischen Fragen und Zusammenhängen. Die Tochter Ruth erinnert sich an ein unvergeßliches Erlebnis der Mutter beim Besuch einer Abendschule, wo sie vom Lehrer gebeten wurde vorzulesen und sie sich fürchterlich geschämt habe, daß sie nicht lesen konnte und daraufhin nie wieder hingegangen sei. – Anders im Arbeiterbildungs-Verein: An dessen Vorträgen nimmt Rosa mit viel Begeisterung teil, hier fühlt sie sich unter Gleichgesinnten sehr wohl. Das breite Angebot über Dichtung, Kunst und Musik fasziniert sie ebenso wie die Vorträge über politische Themen. Hier fasziniert sie aber auch ein Vortragender: der um zwanzig Jahre ältere Bildhauer und Schriftsteller Max Menzer.

1912 beschließen Rosa Litwin und Max Menzer, den weiteren Lebensweg gemeinsam zu gehen. Im Dresdner Stadtteil Striesen, in der Eibenstocker Straße, gründen die Menzers mühsam ihren Hausstand, denn der Verdienst beider ist äußerst schmal. In einem Zimmer der kleinen Wohnung richtet Max seine Bildhauerwerkstatt ein. Aber selbst der immer schwerer werdende Alltag, die sich laufend verschlechternde Ernährung in den Jahren des ersten Weltkrieges kann den jungen Lebensbund nicht beeinträchtigen. Auch dann nicht, als mit der Geburt der beiden Mädchen im Abstand von drei Jahren die wirtschaftliche Not immer größer wird. Vom Kohlrübenwinter 1916/17 hatte die Mutter später den Kindern erzählt, wie die sonst kleine zarte Frau kurz vor der Geburt ihrer zweiten Tochter Ruth 1917 übermäßig rund und dick war, aufgeschwemmt von der einseitigen Kohlrübenkost. Sie hatte ihnen aber auch gesagt, daß es die gemeinsame politische Haltung beider Elternteile war, die ihre Ehe beinahe unanfechtbar machte, und dies, obwohl kaum ein Tag in den vier Wänden der Menzers verging, an dem nicht über politische Meinungsverschiedenheiten diskutiert, ja, miteinander heiß gestritten wurde. Worüber aber führten Rosa und Max diese täglichen Dispute? Waren doch beide Mitglieder der SPD, Rosa seit 1912; beide kamen aus armen Elternhäusern. Rosa interessierte sich immer mehr für die Lehren von Marx, Engels und dann auch die Lenins, über die sie in den Abendkursen gehört hatte. Doch ebenso begeistert war sie von den klugen Worten Clara Zetkins, Karl Liebknechts und Rosa Luxemburgs, mit der sie später von manchen ihrer Freundinnen und Freunde so gern verglichen wurde. Richard Neubert beispielsweise, der äußerst aktive Leiter der Striesener Parteigruppe, nannte sie zu gern die „Rosa Luxemburg von Striesen".

Und dann kam 1917 der Sieg der Großen Sozialistischen Oktoberrevolution, folgte die Errichtung des Sowjetstaates, hatte die Partei Lenins die bislang Unterdrückten zum Sieg geführt. Ihr Herz brannte für diese Revolution, die einen entscheidenden Wendepunkt in der Weltgeschichte bedeutete. In dieser Oktoberrevolution erkannte Rosa Menzer auch für die deutsche Arbeiterbewegung ein Vorbild, wollte sie dabei sein, wenn auch in Deutschland für den Sieg der sozialistischen Revolution gekämpft wurde. – Der Sieg der Petersburger Arbeiter am 7. November und die Errichtung der Sowjetmacht in den folgenden Wochen und Monaten beflügelten aber keinesfalls nur Rosas Aktivitäten außerhalb der Familie. Der 7. November sollte auch innnerhalb ihrer Familie in den kommenden Jahren zunehmend an Bedeutung gewinnen.

Ob bei Diskussionen mit ihrem Max oder in Versammlungen hatte sich Rosa immer als revolutionärer Geist gezeigt, war sie oft unzufrieden mit den Ansichten und Verhaltensweisen mancher SPD-Mitglieder und beklagte das Fehlen einer revolutionären Partei. Doch erst mit den Erfahrungen der ersten Wochen der Novemberrevolution vollzog sich an der Schwelle des Jahres 1918/19 die Gründung der KPD. Rosa Menzer war noch am 15. Oktober 1918 von der SPD in die USPD gewechselt. Jetzt schloß sie sich sofort jener neu entstandenen Partei an, die sich zu einem „klaren Programm, festem Ziel, einheitlicher Taktik, höchster revolutionärer Entschlossenheit und Tatkraft" bekannte. Max Menzer vermochte diesen Schritt nicht zu gehen; er blieb bei der Sozialdemokratie. Anders ihre Freundinnen Olga Körner und Lisel Sparschuh. die gleichfalls in die KPD eintraten. – Die Mutter selbst erzählte der Tochter Ruth zur Verdeutlichung der differierenden politischen Standpunkte der Eltern, aber ebenso zur Vermittlung politischer Klarheit nach einigen Jahren ein dafür bezeichnendes Beispiel: „Eines Tages – es war 1919 – kam euer Vater begeistert nach Hause und rief: ‚Rosa, endlich haben wir es erreicht, wofür wir so lange gekämpft haben – das Frauenwahlrecht!' Darauf antwortete eure Mutter erregt: ‚Was nützt uns das Frauenwahlrecht! Wozu sollen wir jetzt überhaupt

Rosa Menzer
4. Januar 1886 – März 1942

Oben: Rosa (stehend Mitte) mit Eltern und Geschwistern, um 1905

Unten: Während eines Erholungsaufenthalts bei Dresden, um 1910

Mit ihrer Tochter Ilse, 1916

Im Arbeiterbildungsverein: Rosa (links unten mit Hut), daneben Max Menzer

Kommunistische Partei Deutschlands
(Sektion der Kommunistischen Internationale)

Mitgliedsbuch Nr. 37464

für

Name: Menzer Vorname: Rosel
Beruf: Schneiderin
Geboren am 4.1.86. in Litauen
Mitglied der KPD seit 15.10.18.
Politisch organisiert seit 1912.
In welcher Partei zuletzt: SPD.
Gewerkschaft: – seit
Wohnung: Dresden, Markgraf Heinrich
Unterschrift des Inhabers: Rosel Menzer
Das Buch wurde ausgestellt am 1.1.1929.

Beitritts-marke von (Stempel und Unterschrift)

INTERNATIONALE ARBEITER-HILFE
DEUTSCHE SEKTION

Mitgliedsbuch Nr. 5044

für

Rosa Menzer
Beruf Schneiderin
Geboren am 4.1.1886 zu
Eingetreten am Sept. 1924
Gewerkschaft
Politisch organisiert seit in
Ort Dresden-Striesen
Straße Markgraf Heinrichstr. 19

Eintrittsmarke

Stempel und Unterschrift des Bezirkssekretariats

Unterschrift des Mitgliedes

Oben links: Bei einer KPD-Werbung in den zwanziger Jahren

Oben rechts: Rosa Menzer besucht mit Ilse und Ruth die Mutter und Schwester im litauischen Plunge

Unten: Dokumente ihrer politischen Tätigkeit

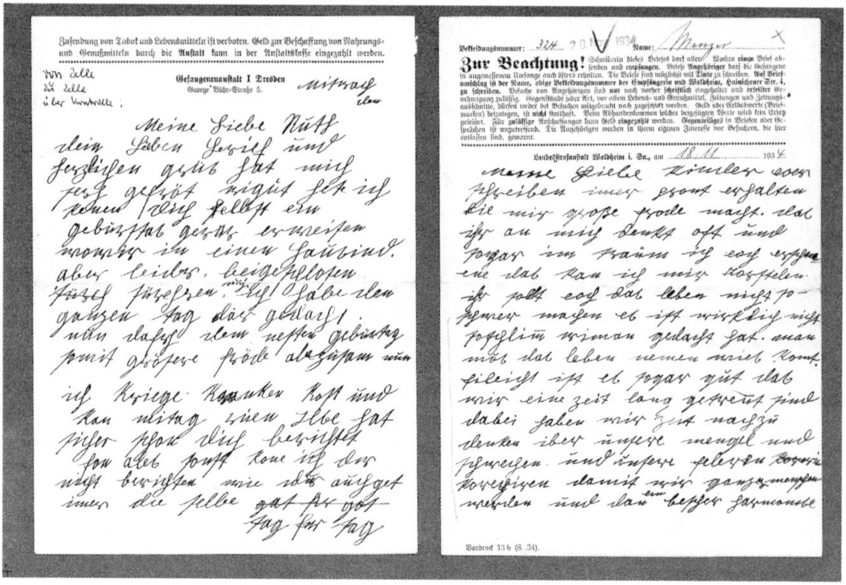

Zusendung von Tabak und Lebensmitteln ist verboten. Geld zur Beschaffung von Nahrungs- und Genußmitteln durch die Anstalt kann in der Anstaltskasse eingezahlt werden.

Gefangenenanstalt I Dresden
George-Bähr-Straße 5.

Meine Liebe Ruth

Bekleidungsnummer: 324 20. Nov. 1934 Name: Menzer

Zur Beachtung! Schreiberin dieses Briefes darf alle Wochen einen Brief absenden und empfangen. Briefe Angehöriger darf die Gefangene in angemessenem Umfange auch öfters erhalten. Die Briefe sind möglichst mit Tinte zu schreiben. Auf Briefumschlag ist der Name, obige Bekleidungsnummer der Empfängerin und Waldheim, Hainichener Str. 4, zu schreiben. Besuche von Angehörigen sind nur nach vorher schriftlich eingeholter und erteilter Genehmigung zulässig. Gegenstände jeder Art, vor allem Lebens- und Genußmittel, Zeitungen und Zeitungsausschnitte, dürfen weder bei Besuchen mitgebracht noch zugeschickt werden. Geld oder Geldeswerte (Briefmarken) beizulegen, ist nicht statthaft. Beim Abhandenkommen solcher beigefügten Werte wird kein Ersatz geleistet. Für zulässige Anschaffungen kann Geld eingezahlt werden. Gegenteiliges in Briefen oder Gesprächen ist unzutreffend. Die Angehörigen werden in ihrem eigenen Interesse vor Besuchern, die hier entlassen sind, gewarnt.

Landesstrafanstalt Waldheim i. Sa., am 18. 11. 1934

Vordruck 13b (S. 34).

Briefe der Mutter aus den Gefängnissen 1934

Die „Kennkarte“ für die Jüdin Hienda Reise Sara Menzer

Unten links: Ankunft in Ravensbrück

Unten rechts: Lagerdirektor Koegel antwortet

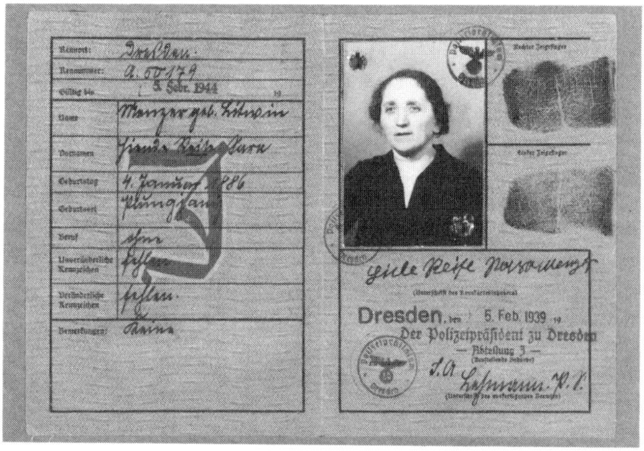

Dresden, den 5. Feb. 1939
Der Polizeipräsident zu Dresden

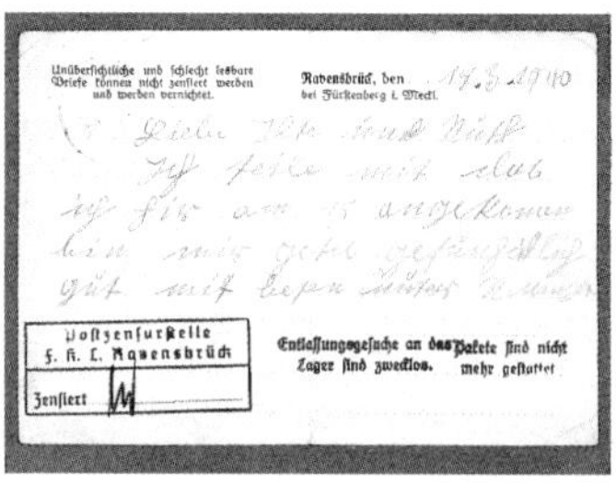

Unübersichtliche und schlecht lesbare Briefe können nicht zensiert werden und werden vernichtet.

Ravensbrück, den 17.3.1940
bei Fürstenberg i. Meckl.

Postzensurstelle
F. K. L. Ravensbrück
Zensiert

Entlassungsgesuche an das Lager sind zwecklos.

Pakete sind nicht mehr gestattet

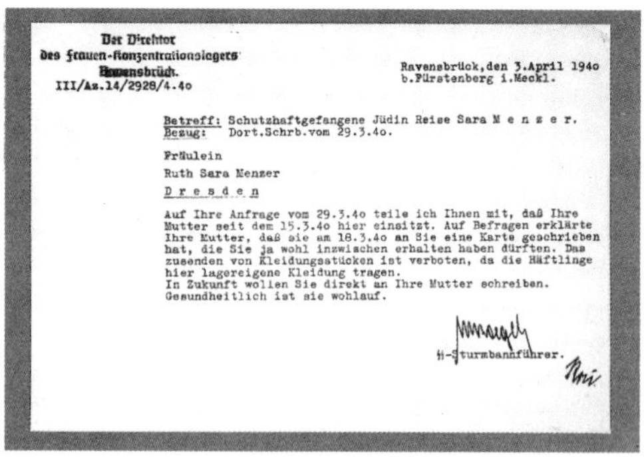

Der Direktor
des Frauen-Konzentrationslagers
Ravensbrück.
III/Az.14/2928/4.4o

Ravensbrück, den 3. April 194o
b. Fürstenberg i. Meckl.

Betreff: Schutzhaftgefangene Jüdin Reise Sara M e n z e r.
Bezug: Dort.Schrb.vom 29.3.4o.

Fräulein
Ruth Sara Menzer
D r e s d e n

Auf Ihre Anfrage vom 29.3.4o teile ich Ihnen mit, daß Ihre Mutter seit dem 15.3.4o hier einsitzt. Auf Befragen erklärte Ihre Mutter, daß sie am 18.3.4o an Sie eine Karte geschrieben hat, die Sie ja wohl inzwischen erhalten haben dürften. Das zusenden von Kleidungsstücken ist verboten, da die Häftlinge hier lagereigene Kleidung tragen.
In Zukunft wollen Sie direkt an Ihre Mutter schreiben.
Gesundheitlich ist sie wohlauf.

SS-Sturmbannführer.

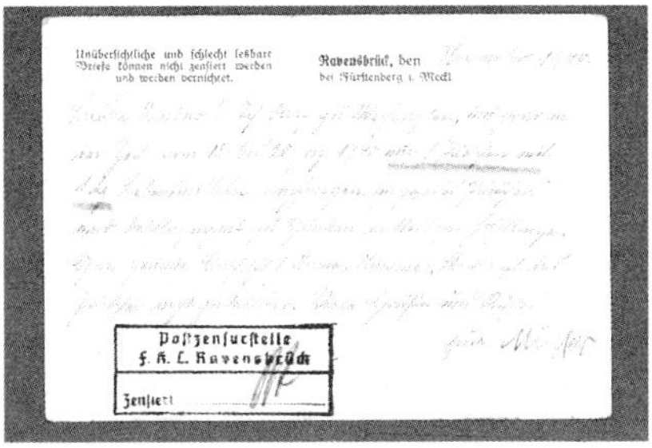
Unübersichtliche und schlecht lesbare Briefe können nicht zensiert werden und werden vernichtet.

Ravensbrück, den

bei Fürstenberg i. Meckl

Postzensurstelle
F. K. L. Ravensbrück

Zensiert

Zurück schon erhalten

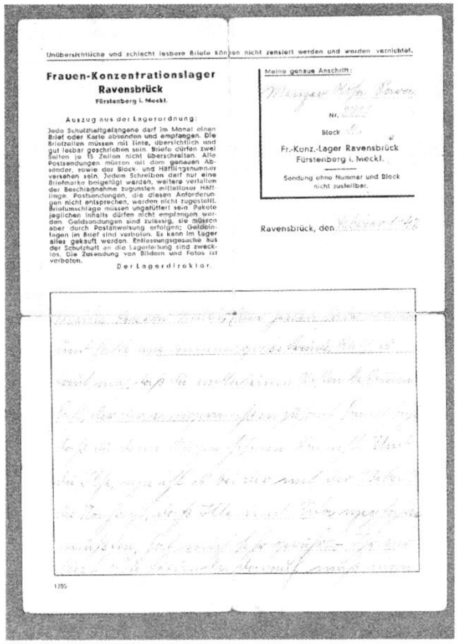
Unübersichtliche und schlecht lesbare Briefe können nicht zensiert werden und werden vernichtet.

Frauen-Konzentrationslager Ravensbrück
Fürstenberg i. Meckl.

Auszug aus der Lagerordnung:

Jede Schutzhaftgefangene darf im Monat einen Brief oder Karte absenden und empfangen. Die Briefzeilen müssen mit Tinte, übersichtlich und gut lesbar geschrieben sein. Briefe dürfen zwei Seiten je 15 Zeilen nicht überschreiten. Alle Postsendungen müssen mit dem genauen Absender, sowie der Block- und Häftlingsnummer versehen sein. Jedem Schreiben darf nur eine Briefmarke beigefügt werden, weitere verfallen der Beschlagnahme zugunsten mittelloser Häftlinge. Postsendungen, die diesen Anforderungen nicht entsprechen, werden nicht zugestellt. Briefumschläge müssen ungefüttert sein. Pakete jeglichen Inhalts dürfen nicht empfangen werden. Geldsendungen sind zulässig, sie müssen aber durch Postanweisung erfolgen; Geldeinlagen im Brief sind verboten. Es kann im Lager alles gekauft werden. Entlassungsgesuche aus der Schutzhaft an die Lagerleitung sind zwecklos. Die Zusendung von Bildern und Fotos ist verboten.

Der Lagerdirektor.

Meine genaue Anschrift:

Nr.

Block

Fr.-Konz.-Lager Ravensbrück
Fürstenberg i. Meckl.

Sendung ohne Nummer und Block nicht zustellbar.

Ravensbrück, den

1785

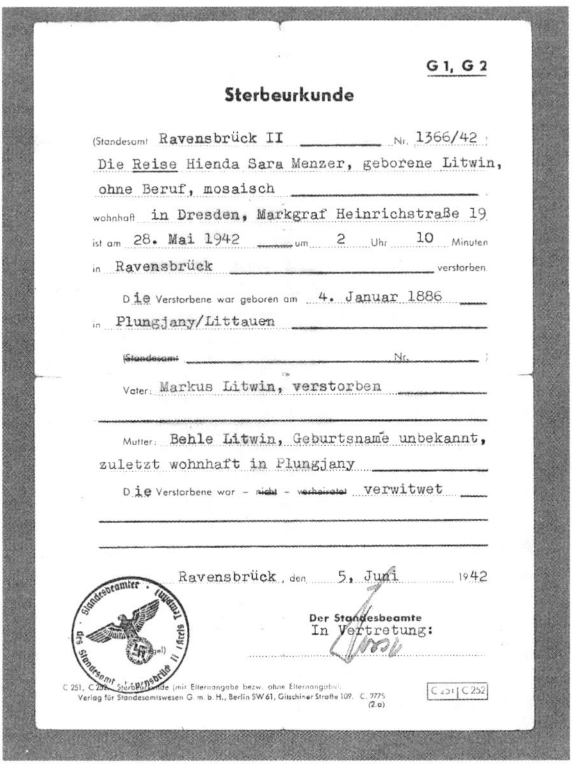
G 1, G 2

Sterbeurkunde

(Standesamt Ravensbrück II Nr. 1366/42)

Die Reise Hienda Sara Menzer, geborene Litwin,
ohne Beruf, mosaisch
wohnhaft in Dresden, Markgraf Heinrichstraße 19
ist am 28. Mai 1942 um 2 Uhr 10 Minuten
in Ravensbrück verstorben.
Die Verstorbene war geboren am 4. Januar 1886
in Plungjany/Littauen
(~~Standesamt~~ Nr.)
Vater: Markus Litwin, verstorben
Mutter: Behle Litwin, Geburtsname unbekannt,
zuletzt wohnhaft in Plungjany
Die Verstorbene war – ~~nicht~~ – ~~verheiratet~~ verwitwet

Ravensbrück, den 5. Juni 1942

Der Standesbeamte
In Vertretung:

Standesbeamter des Standesamt Ravensbrück II (Kreis Templin)

C 251, C 252. Sterbeurkunde (mit Elternangabe bezw. ohne Elternangabe).
Verlag für Standesamtswesen G. m. b. H., Berlin SW 61, Gitschiner Straße 109. C. 2775 (2.a)

C 251 | C 252

Oben links: Eine diktierte Mitteilung Rosa Menzers an ihre Töchter

Mitte: Aus der Arbeit der Lagerbürokratie

Oben rechts: Rosa Menzers letzter Brief vom Februar 1942

Unten: Der Mord wird bescheinigt

Marie Pleißner
17. Mai 1891–21. Dezember 1983

Marie (sitzend) und ihre Schwester Ilse Pleißner in jungen Jahren

Keine der für sie abgegebenen Stimmen geht verloren!

Gib deine Stimme der

Deutschen Staatspartei!

Liste 9

Kreiswahlvorschlag Nr. 9.
Deutsche Staatspartei.

1. Dr. Keßler, Gerhard, Professor an der Universität Leipzig, Deutsch-Markkleeberg, König-Albert-Str. 31.
2. Dr. med. et. phil. Thust, Kurt, prakt. Arzt, Zwickau i. Sa., Zimmermannstraße 13.
3. Brodauf, Alfred, Richter, Chemnitz, Zietenstraße 99.
4. Pasolt, Oskar, Straßenbahnangestellter, Plauen i. V. Topfmarkt 7.
5. Pleißner, Marie, Lehrerin, Chemnitz, Inselstr. 12.
6. Jahn, Walther, beeid. Landmesser, Adorf i. V., Markneukirchner Straße 1
7. Uhlig, Otto, kaufm. Angestellter, Oberlungwitz i. Sa., Hofer Straße 28.

Der Vorstand der Ortsgruppe Chemnitz
Schiersand / Nordsieck.

Mitglieder-Versammlung

Unter den von der Deutschen Staatspartei für die Reichstagswahlen im März 1933 aufgestellten Kandidaten war auch Marie Pleißner

Unten links: Schwerstarbeit im KZ Ravensbrück

Unten rechts: 1945 gehörte Marie zu den Aktivisten der ersten Stunde

Die Geschwister Rudolf, Ilse und Marie Pleißner (v. l. n. r.) 1956

Mitte links:
Schüler danken ihrer Lehrerin

Daneben: Marie 1975

Ilse an ihrem 85. Geburtstag, Marie (rechts) ist 91 Jahre

eine Nationalversammlung wählen? Erst muß doch die Revolution zu Ende geführt werden!'"

Unterschiedlich – wenn auch erst nach dem Tode Max Menzers 1924 allmählich sichtbar – zeigten sich ebenfalls die Meinungen zum Weihnachtsfest. „Als Vater noch lebte", weiß sich Ruth Ermer gut zu erinnern, „haben wir Weihnachten richtig gefeiert. Vater war ja ein echter Dresdner, und in Dresden wird Weihnachten besonders gefeiert. Alles wurde gemacht: Ketten aus Papier geklebt, Ringe zusammengesetzt, Nüsse vergoldet und natürlich ein Baum angeputzt und Geschenke gab's. Weihnachtslieder – vor allem ‚O Tannebaum' – wurden gesungen, und der Vater begleitete mit der Gitarre. Ein paar Jahre später fing Mutter dann an, Weihnachten abzubauen. Ganz langsam – bis sie dann sagte – wir waren schon größere Schulkinder: ‚Was bedeutet uns Weihnachten? Uns bedeutet der 7. November viel mehr. Das ist die Wende, die Revolution, das sagt uns was'."

Bald gelang es Rosa Menzer, den 7. November als Feier- und Geschenktag so zu gestalten, daß mehr und mehr Genossen in die Wohnung Markgraf-Heinrich-Straße 19 kamen, in die Rosa mit ihren Mädchen 1925 gezogen war. Diese Feiern sprachen sich in der Striesener Parteigruppe schnell herum. Richtig begeistert berichtet Ruth Ermer noch heute davon, wie sie eine „rote Ecke" gestaltet haben mit einem Foto von Lenin, sie selbst mehrmals etwas Gereimtes dazu hängte, was sie an den Tagen vorher erdacht hatte. „In der anderen gemütlichen Sitzecke summte der echte russische Samowar, den Mutter von ihrer Familie zur Hochzeit erhalten hatte. Tee und selbstgebackene Plätzchen wurden gereicht, und an Kartoffelsalat konnten sich alle satt essen. Mit den Genossen und Freunden wurde gesungen und diskutiert, und manche scherzhafte Episode aus unserem Leben und Kampf wurde herzlich belacht. Und natürlich beschenkten wir uns in der Familie an diesem Tag. Das war immer sehr, sehr schön, und viele Genossen, die das miterlebten, schwärmten später noch immer von dieser revolutionären Familienfeier."

Rosa Menzer war eine der Aktivsten der Striesener Gruppe. Kämpferisch, ideenreich, anregend – der eigentliche Motor dieser lokalen Organisation und zudem auch auf anderen Ebenen engagiert. So wird sie im September 1924 Mitglied der „Internationalen Arbeiterhilfe" (IAH) und leitet die Ortsgruppe Striesen. Die Gründung des „Roten Frauen- und Mädchenbundes" am 29. November 1925 in Berlin nimmt sie zum Anlaß, um in ihrem Wohnbezirk ebenfalls Frauen und Mädchen zu organisieren, die bereit sind, erstmals für die Ziele eines revolutionären Frauenbundes einzutreten, und die am Kampf für Frieden und Sozialismus teilnehmen möchten. Rosa Menzer übernimmt auch für diesen „Roten Frauen- und Mädchenbund" in Striesen die Leitung und versucht zunächst, eine Begeisterung für den Kampf um die Gleichberechtigung der Frau zu wecken. Die ungleichen Rechte für Männer und Frauen erfüllten sie nämlich immer wieder mit großem Zorn. Selbst Mutter, litt sie doch sehr darunter, daß sie nach dem Tod ihres Mannes nicht einmal Vormund ihrer eigenen Kinder sein durfte, weil es die Gesetze halt nicht zuließen.

All das, was sie wißbegierig selbst liest oder sich beim Schneidern in der Wohnung von den Töchtern vorlesen läßt, möchte Rosel – wie sie von den meisten Dresdner Verbündeten genannt wird – weitergeben an andere Frauen, die noch weniger Zeit haben als sie, die in die Fabriken gehen müssen, um den Lebensunterhalt ihrer Familien wenigstens zeitweilig sichern zu helfen. – Aufgrund ihrer zarten Konstitution mußte Rosa Menzer sehr mit ihren Kräften haushalten, nahm sie diese schon für ihr umfangreiches parteiliches Engagement oft über Gebühr in Anspruch. Einer ganztägigen Fabrikarbeit nachzugehen, wäre sie kaum in der Lage gewesen, zumal ihrer Ausbildung entsprechend hierfür in erster Linie die Textilindustrie in Frage gekommen wäre, die gerade in den zwanziger Jahren den „Gesamteindruck einer modernen, gerade für diesen Zweck eingerichteten Folterkammer" machte, wie es Emmy Wolff, eine Angehörige bürgerlicher Kreise, 1925 beobachtet und niedergeschrieben hatte. Die allgemein schlechte Ernährung und eine oft zu schwere körperliche Arbeit in der Kindheit waren für Rosa nicht ohne Folgen geblieben, hinterließen zweifellos ungünstige Wirkungen auf die körperliche Widerstandsfähigkeit. Zu oft fühlte sich die gerade Vierzigjährige so schwach, daß sie ihre Tagesarbeit unterbrechen mußte, um sich hinzulegen. Dennoch reichte der Verdienst, den die Näharbeiten der geschickten und beliebten Schneiderin einbrachten, zum Allernotwendigsten für sich selbst und ihre beiden Schulmädchen.

Da sich so Rosa Menzers „Broterwerb" im wesentlichen auf die Striesener Wohnung konzentrierte, nutzte sie manche Gelegenheit, wenn die Nähmaschine still stand und Handarbeiten an der Reihe waren, um sich von Ruth oder Ilse vorlesen zu lassen. „Am liebsten wollte sie aus den klugen Gedanken Lenins hören. Es interessierten sie ebenso Schriften deutscher Kommunisten. Und um immer auf dem laufenden zu sein, ließ sie sich aus der ‚Inprekorr' vorlesen", jener in Moskau herausgegebenen Internationalen Presse-Korrespondenz, die in Berlin und Wien in deutscher Sprache erschien. Ruth weiß genau, daß die Mutter manche Sätze ein paarmal hören wollte, um sich deren Inhalt gut einprägen zu können. Ihre klaren, eindeutigen Positionen in Gesprächen und Versammlungen basierten deshalb nicht zuletzt darauf, was sie vorher als Zuhörende erfahren hatte, und sie machten Rosa Menzer zum Anziehungspunkt zahlreicher Zusammenkünfte in der Striesener 3-Zimmer-Wohnung im Haus mit der Nummer 19, das fortan „die rote 19" hieß. Hier traf man sich häufig nach Versammlungen, Vorträgen oder dergleichen. Hier wurde bei Tee oft bis in die Nacht diskutiert, denn die wachsende Arbeitslosigkeit machte ein frühes Aufstehen nicht mehr nötig. Hier fand ein reges interessantes Parteileben statt, das von dem privaten Familienleben keinesfalls zu trennen war. An vielen Nachmittagen und Abenden wurde auch gesungen, Kampflieder, Volkslieder, das, was Freude machte, und oft begleitete Ruth dazu auf dem Klavier: „Besonders gern hatte es Mutter, wenn ich dazu das russische Lied ‚Näh' nicht liebes Mütterlein am roten Sarafan' sang und sie mitsummen konnte."

Häufig nahmen in der „roten 19" auch Genossen Zuflucht, die in ihren Ländern verfolgt wurden, mitunter zum Tode verurteilt waren, und hier nun vorübergehend illegal leben konnten. Auch führende Funktionäre der KPD des Bezirkes Ostsachsen – wie Martin Hoop – fanden in der Menzerschen Wohnung ein Domizil. Und Ruth Ermer erinnert sich mit Stolz ebenso an den Aufenthalt von Karl Liebknechts Sohn Robert (genannt Bob), der während des Studiums an der Dresdner Akademie (Bildende Kunst) mit seiner späteren Frau, Hertha Goldstein, einige Jahre bei ihnen wohnte.

Die Mädchen fühlten sich recht wohl dabei, halfen bei manchen Gelegenheiten, so gut sie es vermochten, und verfolgten genau, wie die Mutter bemüht war, Familienleben und Parteileben gut miteinander zu verbinden. Niemals wäre Ilse oder Ruth der Gedanke gekommen, die Mutter habe keine Zeit für sie. Im Gegenteil: Sie sprachen mit Stolz von ihrer Mutter zu den Klassenkameradinnen, Freundinnen u. a. und berichteten immer prompt von den sonntäglichen Wanderungen mit der Mutter in die Dresdner Heide, gemeinsam mit den Familien Sparschuh und Strelewitz, aber auch mit Kindern der IAH.

Nicht nur Ilse und Ruth beeindruckten Können und Engagement der Mutter. Rosas entschiedenes weitsichtiges Handeln, ihre ruhige, überlegene Art, die Aktivität bei allen kleinen und größeren Aufgaben brachten ihr eine allgemeine Anerkennung und Achtung innerhalb der Striesener Parteigruppe ein, so daß über die Möglichkeit einer Kandidatur Rosa Menzers für den Sächsischen Landtag beraten wurde. Wegen ihrer unzureichenden Kenntnisse der deutschen Sprache schlug Rosa ihre geschätzte Freundin Olga Körner vor. Um so mehr freute sie sich dann über die Annahme ihres Vorschlags und die Wahl Olga Körners in den Sächsischen Landtag und 1930 in den Reichstag.

Zu den Höhepunkten dieser ausgehenden zwanziger und beginnenden dreißiger Jahre zählten bei den Menzers auch die Jugendweihen beider Mädchen 1928 und 1931 und der jeweilige Jahresausgang am Silvesterabend. Um Mitternacht vermischte sich dann mit dem Glockenklang der umliegenden Kirchen der frische Gesang der „Internationale“, die vom Balkon der Menzerschen Wohnung verlauten ließ: „In Stadt und Land, ihr Arbeitsleute, wir sind die stärkste der Partei'n. Die Müßiggänger schiebt beiseite! Diese Welt muß unser sein! Unser Blut sei nicht mehr der Raben und der nächt'gen Geier Fraß! Erst wenn wir sie vertrieben haben, dann scheint die Sonn' ohn' Unterlaß!“

Silvester 1932: Zum letzten Mal singen die Mädchen, Frauen und Männer die Internationale vom Balkon. Noch sollte diese Welt nicht die der progressiven Kräfte sein, konnten kaum vier Wochen danach die faschistischen Raben und Geier in Menschengestalt die Macht an sich reißen.

Rosa Menzer hatte in diesen Tagen ihren unverwüstlichen Humor verloren. Sie war fast krank, denn es gab in ihrem Denken keinerlei Illusionen. Aufgrund ihrer theoretischen Kenntnisse, der Existenz des faschistischen Regimes in Italien und der frühen eigenen Erfahrungen im zaristischen Rußland sah sie es nüchterner als manche ihrer Freunde, daß diese neuen Machthaber nicht nach einem halben Jahr „abgewirtschaftet“ haben würden. Und sie war sich gleichfalls der schweren Zeiten bewußt, die nun für alle Vertreter des Fortschritts, aber auch für sie selbst als Kommunistin und Jüdin und für ihre Töchter anbrechen würde. „Wie ein Taumel ergriff es die Stadt", schreibt Lea Grundig über jenen 30. Januar 1933 in Dresden. „Brüllende Umzüge marschierten, Braunhemden ohne Zahl. Sie trugen ihr johlendes Triumphgeheul durch alle Straßen." – Jeder Tag nach dem 30. Januar brachte erschreckende Neuigkeiten. Menschenjagd, Verhaftungen, Folter und Totschlag nahmen ihren Lauf. Unmittelbar nach den Reichstagswahlen vom 5. März 1933, bei denen dennoch mehr als die Hälfte der Wähler Hitler die Stimme versagt hatten, setzte die erste Welle antisemitischer Gesetze und Verordnungen ein, der im Verlauf weniger Jahre mehr als 2000 folgten. Begleitet von wachsenden Terrormaßnahmen, waren jüdische Kommunisten und Sozialisten durch diese ersten pseudogesetzlichen Reglementierungen besonders gefährdet.

Nicht Rosa, sondern die sechzehnjährige Ruth war das erste Opfer der Familie Menzer, das im November 1933 den Nazis in die Fänge geriet. Die mütterliche Vorbildwirkung animierte Ruth dazu, im Kommunistischen Jugendverband trotz dessen Verbot weiter aktiv zu sein. Dabei hatte die Mutter ihrem Mädchen hierfür die Entscheidung selbst überlassen. Ruth übernahm Kuriertätigkeiten, wurde mit dem Abholen oder der Übergabe von Päckchen betraut, in denen sich z. B. kleine Fotokopien von Flugblättern befanden u. ä. Bei diesem illegalen Tun, das aufgrund der Unerfahrenheit in der konspirativen Arbeit nicht immer ganz perfekt ablief, wurde sie bespitzelt und am 16. November 1933 verhaftet. Zunächst nahm man Ruth zur Durchführung von Vernehmungen durch die Gestapo im Polizeipräsidium Dresden acht Wochen „in Schutzhaft". Der „Schutzhaft" folgte eine viermonatige Untersuchungshaft zuerst im Gefängnis Münchner Platz, danach in Zwickau. Unter den am 5. Mai 1934 verurteilten 65 Jugendlichen des Sondergerichts Freiberg in Zwickau ist auch Ruth Menzer. 8 Monate Gefängnis lautet das Urteil. Die letzten 2 Monate muß Ruth in der „Landesstrafanstalt" Waldheim i. Sa. verbringen. Erst am 5. September 1934 wird die nunmehr Siebzehnjährige aus Waldheim entlassen. 10 Monate Haft liegen hinter ihr!

Trotz der Sorgen um die Tochter, trotz des Wissens um die Terrorpraktiken der Nazis kann Rosa nicht untätig sein, sind ihr Handlungen gegen diese grausamen Mechanismen ein Bedürfnis. Thälmanns Worte: „Hitler – das ist der Krieg" stehen immer gegenwärtig vor ihr. Widerstand wird ihr zur Selbstverständlichkeit.

Im Januar 1934 bleibt Ilse allein zurück, wird auch die Mutter verhaftet und „wegen Vorbereitungen zum Hochverrat" zu 1 ½ Jahren Gefängnis verurteilt. Einige Jahre später erinnert sich Ruth an das kurze Zusammentreffen mit der Mutter im Gefängnis Münchner Platz! Sie sieht ihre Mutter durch einen Riß in der Zellentür, als sie von der ersten Etage auf dem Weg zum Rundgang die Treppe herunterkommt. Durch die Besuche von Ilse kann die Mutter erfahren, auf welcher Stufe Ruth sie durch den Türriß sehen kann. Auf dem Weg zum nächsten Rundgang bleibt sie dann an dieser Stelle stehen, und Ruth macht sich durch ein Husten hinter ihrer Zellentür bemerkbar. Es sind nur Augenblicke, ein Verharren von Sekunden. Briefe gehen von Zelle zu Zelle, überwacht durch die Augen der Gefängniskontrolle.

Erst nach langen Wochen begegnen Mutter und Tochter einander in Waldheim, wieder hinter Gefängnismauern, doch sie erkennen sich nicht gleich. Die kleine, zierliche Ruth ist dick und aufgeschwemmt von der zu jener Zeit noch reichlichen, aber sehr wäßrigen Gefangenenkost. Die Mutter blaß und mager, ihre Schritte sind schleppend. Eine doppelseitige Lungen- und Rippenfellentzündung hatte sie in der Untersuchungshaft am Münchner Platz heimgesucht, von der sie die eingekerkerte Tochter nichts wissen ließ. Sie teilte ihr lediglich in einem Brief innerhalb des Dresdner Gefängnisses mit, daß sie Krankenkost bekomme. Eine Aufseherin, für die Rosa Menzer in der Zelle Sachen nähen mußte, versorgte als „Gegenleistung" die Schwerkranke so, daß allmählich eine Besserung eintrat.

Am 19. Juli 1934 wird Rosa Menzer in die „Landesstrafanstalt" Waldheim überführt, und noch bis September muß sich ihre Genesung hingezogen haben, denn jetzt schreibt sie aus Waldheim an Ilse und die gerade entlassene Ruth: „Euch kann ich auch mitteilen, daß es mir gesundheitlich gut geht. Ich turne sogar mit, und das bekommt mir gut. Ich habe mir Mühe gegeben, um gesund zu werden." Dadurch verginge die Zeit jetzt schneller, und bald werde sie wieder bei ihnen sein. – Aus dem Brief vom 18. November spricht dann wieder die kluge, erfahrene und lebensbejahende Rosa Menzer, und man könnte meinen, einen Brief von Rosa Luxemburg an Sophie Liebknecht vor sich zu haben, die 1917, als Liebknecht in Luckau inhaftiert war, aus dem Breslauer Gefängnis schrieb: „... seien Sie trotz alledem ruhig und heiter. So ist das Leben, und so muß man es nehmen, tapfer, unverzagt und lächelnd – trotz alledem."

Rosa Menzer schreibt an ihre sich um die Mutter sorgenden Mädchen: „Ihr sollt Euch das Leben nicht so schwer machen ... Man muß das Leben nehmen wie es kommt." Und dann fragt sie ihre Töchter nach deren Lektüre und „mit welchem geistigen Stoff" sie sich beschäftigen: „Ich bin nicht dafür, daß Ihr immer Romane lest. Ihr sollt doch mehr Wissenschaftliches lesen. Ihr müßt an Euch ausprobieren, aus welchem Stoff Ihr am meisten lernen könnt. Liebe Kinder, verliert keine Zeit, sonst geht es Euch wie mir. Ich hätte mein Leben auch anders gestalten können, wenn ich mehr Willenskraft gehabt hätte – man muß wollen."

Rosa Menzer schrieb all jene inhaltsreichen Briefe in einem sehr schwer lesbaren, weil orthographisch und grammatikalisch vielfach falschen Deutsch. Dies nicht intensiv gelernt zu haben, muß sie immer wieder belastet und traurig gemacht haben, wie es aus mehreren Briefen ablesbar ist. – Desto verständlicher wird es, daß sie alles daran setzte – selbst zu manchen Opfern bereit war –, um ihren Töchtern eine gute Schulbildung zu ermöglichen. Als Ilse Menzer in einer privaten Kindergärtnerinnenschule mit internatsmäßiger Unterbringung im „Seminar für Frauenbildung" in Dresden-Hellerau 1933 ihre vierjährige Ausbildung zum Abschluß bringen konnte, hatte die Mutter das

Schulgeld sowie Kost und Logis mit Näharbeiten für die Leiterin beglichen. Und Ruth besuchte eine „Höhere Aufbauschule“.

Ihren 49. Geburtstag am 4. Januar 1935 muß Rosa Menzer hinter den Waldheimer Kerkermauern verbringen. Ruth, die so gern reimt, schickt der Mutter das folgende wunderbare Gedicht:

Wenn unsre Mutter mal nicht hier,
so sagten oft in Bangen wir,
wie wird's uns da ergehn?
Wer wird dann unsre Sachen nähn?
Wer übernimmt die ganzen Sorgen,
von früh bis abends, heut' und morgen?
Wer sagt uns all das Rechte,
das Gute und das Schlechte? …
Doch liebes Herze, sei nicht bange,
unsre Mutter, die hält die Stange …
Sie nähet in verschlossner Klause
und schickt uns Kleider noch nach Hause.
Sie sorgt sich auch um alle Sachen,
die wir zu Hause nicht richtig machen.
Und hat's dabei doch selbst nicht leicht,
doch das sie aus dem Sinne streicht …
So hoffen weiter wir das Beste
heut zu ihrem Wiegenfeste,
und wünschen wir ein bessres Jahr,
obgleich an Freiheit es noch rar.

Hier in Waldheim war Rosa Menzer mit anderen „Politischen“ zusammen. Else Frölich, die als aktive Kommunistin bei Clara Zetkin gearbeitet hatte, eine kleine, magere Frau, mit strengem, versorgtem Gesicht – so hatten Lea und Hans Grundig die Dresdner Freundin kennengelernt –, war vor ihrer Verhaftung Stenotypistin im Dresdner Büro der illegalen Bezirksleitung der KPD. Else Frölich erzählte später begeistert davon, wie kameradschaftlich und überlegen Rosel Menzer auf die Mitgefangenen einwirkte – sie sprach wie viele, die Rosa Menzer gut kannten, immer von der „Rosel“. Jede Frau an der Nähmaschine sollte täglich sechs Hemden schaffen, aber beinahe alle hatten das Schneidern vorher nicht gelernt. Rosel ermahnte deshalb die Kameradinnen: „Arbeitet erst einmal langsam. Ich zeige euch, wie man richtig und gut näht, und draußen könnt ihr euch dann euren Unterhalt verdienen.“ Sie hatte recht.

Rosa Menzer muß in Waldheim die beantragte 1½jährige Haftzeit voll verbüßen. Erst im Sommer 1935 geht das Gefängnistor für sie auf, kann sie in die Dresdner Markgraf-Heinrich-Straße – die heutige Rosa-Menzer-Straße – zurückkehren.

Ganz Deutschland war inzwischen ein Gefängnis geworden, besonders für jene, die nicht den Kriterien der „nordischen Herrenrasse“ standhielten, und solche, deren Gesinnung mit den Haltungen und Handlungen der faschistischen Machthaber nicht übereinstimmten. Für Rosa Menzer galt beides. Jüdische Bürger waren nach dem Beschluß der „Nürnberger Gesetze" vom 15. September 1935 keine „Reichsbürger" mehr, sondern „Staatsangehörige" ohne politische Rechte. Es folgten Reglementierungen bald für jeden Tag, für jeden Weg. Zudem stand Rosa Menzer nach der Entlassung aus Waldheim unter Polizeiaufsicht. Mit Kriegsbeginn durfte sie abends nach 20 Uhr die Wohnung nicht mehr verlassen, mußte sie mit unverhofften Kontrollen rechnen, nahm ihr die Gestapo bei einer solchen Kontrolle jenes Radio wieder weg, das Ruth für die Mutter gekauft hatte. Der Grund für die Wegnahme: In einem „nichtarischen" Haushalt war das Vorhandensein eines Radiogerätes nicht zulässig. Theater- und Konzertbesuche, die Rosel so liebte, waren mit dem abendlichen Ausgangsverbot völlig unmöglich geworden. Doch es sollte noch schlimmer kommen.

Nach dem Novemberpogrom, von den Nazis zynisch als „Reichskristallnacht" bezeichnet, waren Juden Theater-, Konzert- und Kinobesuche ohnehin verboten. Jetzt war es der Jüdin Rosa Menzer aber auch nicht mehr erlaubt, die Sempergalerie zu besichtigen, sich in den Zwingeranlagen oder jedweden Grünanlagen aufzuhalten und zu erfreuen. Am 5. Februar 1939 erhielt sie dann die obligatorische „Kennkarte" des „Deutschen Reichs" mit dem „J", ausgestellt vom Polizeipräsidium Dresden, Abteilung J, auf den Namen Hienda, Reise, Sara Menzer, denn um „Sara" mußte von nun an jeder Vorname einer Jüdin ergänzt werden.

Unter all diesen Zwängen wird die illegale Arbeit immer gefährlicher, wird sie für Rosa Menzer fast unmöglich. Doch sie kann und will sich nicht untätig dieser aufgezwungenen Lähmung hingeben. Dennoch nimmt sie eine weitere Isolierung in Kauf: Um die Genossen in ihrer illegalen Arbeit und auch persönlich nicht zu gefährden, rät sie ihnen, sie auf der Straße nicht mehr zu grüßen, da sie ja mit einer häufigen Beobachtung rechnen muß. Da wird sie am 21. Oktober 1939 schriftlich ersucht, um 9 Uhr betreffs einer „Befragung" bei der Gestapo zu erscheinen. Es schließen sich Verhöre und Untersuchungen an sowie die Einleitung eines Verfahrens „wegen Zuwiderhandlungen gegen die Verordnung über die außerordentlichen Maßnahmen vom 1. 9. 1939". Hier im Polizeipräsidium erhält Ilse aber noch eine Besuchserlaubnis. Sie kann die Mutter kurz sprechen und ihr einige Sachen bringen. In einem unbeobachteten Augenblick teilt die Mutter ihr mit, daß sie angeblich von jemandem aus dem Hause wegen des Hörens von Radio Moskau und London angezeigt worden sei. Da aber nachweisbar das Menzersche Radiogerät schon lange zuvor durch die Gestapo abgeholt worden war, mußte das Verfahren am 9. Dezember 1939 von der Staatsanwaltschaft Freiberg/Sachsen „eingestellt" werden.

Rosa Menzer darf dennoch nicht nach Hause. Ilse war bei der kurzen Begegnung mit der Mutter aufgefallen, daß sie sehr bedrückt war. Sollte sie etwas von ihrer weiteren Inhaftierung geahnt oder gar gewußt haben?

Woche um Woche vergeht. Von der Mutter kommt keine Nachricht. Da wird Ilse bei einer wiederholten mündlichen Nachfrage im Polizeipräsidium mitgeteilt, daß sie nach Ravensbrück gebracht worden sei. Daraufhin stellt Ruth dort am 29.3.1940 eine schriftliche Anfrage und erhält die am 3.4.1940 datierte und vom „Direktor des Frauenkonzentrationslagers Ravensbrück", SS-Sturmbannführer Koegel, unterzeichnete Antwort: „Auf ihre Anfrage vom 29.3.40 teile ich Ihnen mit, daß Ihre Mutter seit dem 15.3.40 hier einsitzt. Auf Befragen erkläre Ihre Mutter, daß sie am 18.3.40 an Sie eine Karte geschrieben hat, die Sie ja wohl inzwischen erhalten haben dürften. (Ruth hatte diese Karte *nach* dem 29. März 1940 erhalten! S.J.) Das Zusenden von Kleidungsstükken ist verboten, da die Häftlinge hier lagereigene Kleidung tragen. In Zukunft wollen Sie direkt an Ihre Mutter schreiben. Gesundheitlich ist sie wohlauf."

Und Ilse und Ruth schreiben auch, fleißig, lieb und fragend, soweit es die Lagerordnung zuläßt. Und die ist streng, viel strenger als in der Landesstrafanstalt Waldheim und wiederum 1942 in Ravensbrück strenger als 1939. So heißt es beispielsweise jetzt auf den gegenüber 1939 veränderten, vorgedruckten Briefformularen des „Frauen-Konzentrationslagers Ravensbrück i. Meckl." ganz zuerst als Warnung: „Unübersichtliche und schlecht lesbare Briefe können nicht zensiert werden und werden vernichtet." Rosa weiß, daß ihre so falsch geschriebenen Briefe keine Zensur passieren würden und ihre Mädel weiterhin ohne Nachricht blieben. Sie diktiert den einen Brief im Monat – 1939 durften es noch 2 sein – an Ilse und Ruth in Dresden, denen das natürlich nicht verborgen bleibt. Aber wer hat für Rosa Menzer die gut lesbaren, richtig geschriebenen Worte aneinandergefügt, die immer das gleiche akkurate Schriftbild zeigen, Monat für Monat? Es ist nicht die Schrift Olga Benario-Prestes, mit der Rosel viel zusammen ist und die selbst keine Briefe in dieser Zeit schreiben darf. War es vielleicht Ruth Grünspan, die ihr ganz selbstverständlich half, oder die österreichische Kameradin Dr. Käthe Leichter? Könnte es eine der anderen jüdischen Frauen des Blocks 11, Lea oder Lore, Martha oder Lucie, gewesen sein, deren Namen wir nicht kennen? Vielleicht die Frau des Dresdner Fabrikanten Anton Reiche, die zur gleichen Zeit im „Judenblock" war und deren Sohn im Mai 1942 die Menzer-Töchter aufsuchte, um sich zu erkundigen, ob sie schon „eine Nachricht" von ihrer Mutter hätten? Vater und Sohn Reiche hatten gerade die „Sterbeurkunde" und die Mitteilung erhalten, daß Frau Reiche in Ravensbrück an „Lungenentzündung" gestorben sei.

Es sind wunderbare Briefe, die Ravensbrück verlassen, oft verklauselt in liebevollen Formulierungen, machen sie der Zensur keine Mühe. Nicht einmal der zweite Namenszug „Mutter" am Schluß jedes Briefes – der erste: das diktierte Wort für die unbekannte Schreiberin und dann, unverkennbar, „Mutter" von Rosa Menzer als einziges Wort selbst geschrieben. Nur die Töchter wissen die versteckten Formulierungen zu deuten, schreiben ähnlich. So hatte Ruth kurz nach dem Überfall der Faschisten auf die Sowjetunion der Mutter verschlüsselt ihre große Besorgnis darüber mitgeteilt, ihre Trauer über „unser liebes Kind". Im Augustbrief reagierte Rosa Menzer ganz großartig darauf: „Ja, meine liebe Ruth, ich begreife ganz gut, daß Du Dir wegen unseres lieben Kindes so viel Sorgen machtest, und es freut mich, daß Du an ihm mit soviel Liebe hängst, aber Du bist jung und unerfahren. Bei Kindern muß man mit Fieber rechnen, aber ich bin überzeugt, daß das Mädel kräftig genug ist, um die Krankheit zu überwinden ...".

Welche klaren und konsequenten Gedanken! Welche Zuversicht und Gewißheit hinter den Mauern und Zäunen des Lagers, wenn sie ein Vierteljahr später im „Judenblock" an ihre Mädchen gerichtet diktiert: „Kinder, man muß das Leben so nehmen wie es ist, es ist immer interessant. Viele Generationen lernen Geschichte aus Büchern. Wir stehen inmitten großer Ereignisse. Vielleicht sollen wir dem Schicksal dankbar dafür sein."

Noch einmal drängt ein Vergleich mit Rosa Luxemburgs Worten, die wiederum aus Breslau am Ende des ersten Weltkrieges an Sophie Liebknecht schrieb:

„Aber Geduld und Mut. Wir werden noch leben und Großes erleben. Jetzt sehen wir vorerst, wie eine ganz alte Welt versinkt – jeden Tag ein Stück, ein neuer Abrutsch, ein neuer Riesensturz."

Am 15. Januar 1919 wurde Rosa Luxemburg von konterrevolutionärer Soldateska ermordet.

Rosa Menzer konnte das befreiende Frühjahr 1945 nicht erleben. Ein Hilfspolizist brachte Ilse und Ruth im Juni 1942 die Nachricht, Rosa Menzer – Häftling 2928 im Frauen-Konzentrationslager Ravensbrück – sei am 28. Mai 1942 in Ravensbrück an Gebärmutterkrebs verstorben.

S. J.

Erfüllte Ideale in einem erfüllten Leben

Marie Pleißner

Ich freue mich, heute sehen zu können, was seit 1945 – da wir die Ideale unserer Jugend verwirklichen konnten, wir Bürgerlichen endlich eine wahrhaft humanistische Aufgabe bekamen – aus unserer Stadt und unserem Staat geworden ist.

MARIE PLEISSNER

Als Marie Pleißner diese Worte sprach, war sie 85 Jahre alt. Und sie hatte einen langen, nicht glatten, meist schweren Weg zurücklegen müssen, bis solche Erkenntnis in ihr reifte. Die Keime jener Ideale, von denen sie sprach und für die sie dann jahrzehntelang ihre Kräfte einsetzte, oft enttäuscht, doch nie entmutigt, diese Keime bildeten sich schon in ihrer frühen Jugend.

Es war freilich mehr ein unbewußtes Gerechtigkeitsgefühl, das die 1891 im damaligen Chemnitz geborene Tochter eines Volksschullehrers bewegte, als sie ihren Vater drängend fragte: „Warum darf Rudolf auf die höhere Schule gehen und ich nicht?" Marie, die ihren um zwei Jahre älteren Bruder ebenso wie die jüngere Schwester innig liebte, verstand dennoch nicht, wieso es selbstverständlich schien, daß sie nur die Volksschule besuchen, daß der Bildungsweg eines Mädchens kürzer sein sollte, als der eines Jungen.

Sie gab keine Ruhe, bedrängte den Vater immer wieder, brachte auch gute Zensuren aus der Volksschule nach Hause, bis sie dann doch nach drei Jahren eine höhere Mädchenschule besuchen konnte. Auf diese Weise begann ihr jahrzehntelanger Kampf um die Gleichberechtigung der Frau, obwohl das Wort zu dieser Zeit für sie noch kein Begriff war. Deutlicher trat es ihr schon wie ein fernes Ideal vor Augen, als Marie, nach vierjährigem Besuch eines Lehrerinnenseminars, im Frühjahr 1912 Hilfslehrerin in Limbach wurde. Der Direktor dieser Schule lehnte Frauen im Beruf ab und ließ sie es täglich spüren. Marie hatte viel Kraft aufzuwenden, um ihren Platz zu behaupten.

Das andere große Ideal, das sie erstrebte, war eine Welt des Friedens. Ihr Kampf gegen Krieg und Militarismus begann mit einer tiefen Erschütterung.

„Ich darf nicht verhehlen", so erinnerte sie sich später, „daß der Ausbruch des Krieges, der hochgespielte Nationalismus eines ‚angegriffenen Volkes' in den Augusttagen 1914 mich als Frau aus dem Bürgertum zunächst auch packte, war doch unsere ganze Erziehung auf Verteidigung etc. ausgerichtet gewesen." Sicher hatte dazu auch ihre einjährige Tätigkeit 1911 als Hauslehrerin in einer adligen Majorsfamilie beigetragen, wenngleich die Atmosphäre dort recht zwiespältige Gefühle in ihr weckte. Von den Antikriegsdemonstrationen der Arbeiterbewegung blieb sie unberührt. Doch als die Ferien des Sommers 1914 zu Ende gingen und die Schule wieder begann, erfuhr sie mit Schrecken, daß bereits drei ihrer Kollegen in den ersten Kriegstagen gefallen waren. Kinder kamen in die Schule, weinend über den Tod ihrer Väter.

Am 1. Januar 1915 bot sich ihr die Chance, wieder in ihrer Heimatstadt zu arbeiten, als Hilfslehrerin an einer Chemnitzer Volksschule. Doch hier befiel sie neue, noch tiefere Bestürzung: Sie mußte den Platz eines Toten einnehmen – auch ihr Vorgänger hatte sein Leben auf dem Schlachtfeld gelassen. Immer stärker wurde ihre Abneigung gegen den Krieg.

Den Ausschlag gab der August 1915. „Warschau ist gefallen!" wurde allerorts lautstark verkündet. In vielen Städten fanden – mitten im Krieg – Siegesfeiern statt, auch auf dem Marktplatz in Chemnitz. Marie und Ilse Pleißner waren dabei, als die Kirchenglocken läuteten, hörten wieder chauvinistische Reden und am Schluß den vielstimmigen Gesang „Nun danket alle Gott!" In Marie stritten Kummer und Zorn. „Gott?" sagte sie, die tief religiös war, „Gott kann das nicht gewollt haben!" – „Hier wird gejubelt – und in Warschau weinen die Mütter, deren Männer und Söhne gefallen sind", fügte Ilse hinzu. Nicht eine Spur mehr war geblieben von der anfänglichen Begeisterung. Von nun ab wurden die Schwestern, Marie vor allem, glühende Kriegsgegner, erfüllt, ja besessen von dem Willen, selbst etwas gegen den Völkermord zu tun.

In der Schloßschule, in der Marie arbeitete, verband sie eine besondere Freundschaft mit Arthur Bretschneider, einem um wenige Jahre älteren Lehrer, der wegen eines Augenleidens „kriegsuntauglich" war. Aber untauglich für den Krieg zeigte er sich auch noch auf andere Weise. Von ihm erhielt Marie antimilitaristische Literatur, mit ihm diskutierte sie stundenlang, lernte politische Zusammenhänge erkennen, machte Bekanntschaft mit anderen fortschrittlichen Kollegen. Durch Arthur Bretschneider erfuhr sie auch von dem Ruf „An alle", der Friedensbotschaft der jungen Sowjetmacht. Hoffnung keimte auf. Doch erst mit der Novemberrevolution ging der gehaßte Krieg zu Ende. Arthur Bretschneider wurde in den Arbeiter- und Soldatenrat gewählt. Begierig hörte Marie seine Berichte. Dabei wuchs ihr Wille, wurde es für sie Bedürfnis, nun noch mehr dafür zu tun, daß nie wieder Krieg Menschenleben bedrohe.

Seit 1912 war Marie Pleißner im Sächsischen Lehrerverein gewerkschaftlich organisiert. Sie gehörte auch dem von Louise Otto-Peters mitbegründeten Allgemeinen Deutschen Frauenverein an, dessen Führerin Helene Lange ebenso wie deren Mitarbeiterin und Freundin Gertrud Bäumer von Marie verehrt und bewundert wurden. Hier, in der bürgerlichen Frauenbewegung, wollte sie helfen, die Gleichberechtigung zu erreichen. „Aber ist das denn jetzt noch nötig? Die Frauen haben doch endlich das Wahlrecht erhalten!" sagten einige und meinten, nun könne sich die Vereinigung auflösen.

Marie Pleißner aber berief sich auf Helene Lange, die gesagt hatte: „Die Frauenbewegung steht nicht am Ziel, sondern am Anfang; denn nicht auf äußere Rechte kommt es an, sondern darauf, daß die Frau aus der Welt des Mannes eine Welt schafft, die das Gepräge beider Geschlechter trägt ..." Der Allgemeine Deutsche Frauenverein gab sich jetzt den Namen „Deutscher Staatsbürgerinnenverband". Für Marie begann nun eine Zeit vielfältigster politischer Tätigkeit. Um zur Völkerverständigung beizutragen, wurde sie Mitglied der Weltjugendliga und führte bald einen regen brieflichen Gedankenaustausch mit Freunden aus England und anderen Staaten.

1918 trat sie in die eben gegründete Deutsche Demokratische Partei ein, der auch Helene Lange und Gertrud Bäumer angehörten, und deren Vorstandsmitglied in Chemnitz sie selbst später war. Die damalige Liga für Menschenrechte, der Internationale Versöhnungsbund zählten sie zu ihren Mitgliedern. Noch manch weitere Organisation und Funktion wären zu nennen – es schien, als könne sie nicht genug bekommen von solcher politischen Betätigung.

Auf mehreren Auslandsreisen traf sie sich mit Gesinnungsgenossen, empfing in Chemnitz Gegenbesuche. Von einer Reise nach Frankfurt a. M. zurückgekehrt, berichtete sie begeistert, daß sie dort Frauen kennengelernt habe, die dem „Weltfriedensbund der Mütter und Erzieherinnen" angehörten. „Wir sollten es ihnen gleichtun", sagte sie entschlossen. Bald hatte sie eine Chemnitzer Ortsgruppe gegründet. Als Abzeichen trugen deren Mitglieder eine Taube. Außenstehende nannten sie deshalb wohlwollend-ironisch „Täubchenverein". Marie konnte sehr böse werden, wenn das Wort in ihrer Gegenwart fiel – denn es war ihr ernst mit dem Frieden, der Demokratie, dem Kampf um die Rechte der Frauen. Später, als Picassos Friedenstaube um die Welt flog, dachte sie gern daran zurück, daß sie einst ein ähnliches Symbol getragen hatte.

Freunde aus jener Zeit schildern sie als einen eher spröden Menschen, streng, eigenwillig, aber ehrlich und beharrlich. Sie war sehr schlank und hielt sich sehr gerade. Das Feld ihrer Liebe war und blieb die Familie. Die Mutter war früh gestorben. Marie und ihre Schwester Ilse, die als Krankenschwester im Schulwesen arbeitete, waren unzertrennlich. In ihrem Vater sahen sie ihr großes Vorbild. Der Bruder Rudolf, schon als Kind zeichnerisch begabt, hatte – nach anfänglichem Widerstand des Vaters, der ihn lieber in dem sicheren Beruf eines Zeichenlehrers an der Schule gesehen hätte – in München Malerei studiert, mit wenig Geld und viel Gelegenheitsarbeit unterwegs eine Reise nach Italien unternommen und auch landschaftlich schöne Gegenden Deutschlands mit Pinsel und Palette durchstreift. Der Krieg durchbrach diese Entwicklung. Er wurde Offizier, was Marie, die entschiedene Kriegsgegnerin, nicht wahrhaben wollte. Sie verdrängte diese Tatsache aus ihrem Gedächtnis, registrierte nur voller Mitleid, daß er schwer verwundet und krank aus dem Krieg zurückgekehrt war. Rudolf war das ganze Gegenteil seiner Schwester: lebenslustig, humorvoll, geistreich und gesellig. Doch das tat ihrer Liebe zu ihm keinen Abbruch. Sie litt mit ihm, wenn er mit seinen künstlerischen Arbeiten erfolglos war, und Stolz erfüllte sie, als er sich endlich durchgesetzt hatte. Rudolf wurde Mitglied der SPD, für die er besonders bei Wahlen in Wort und Bild öffentlich auftrat. Auch die unterschiedliche Parteizugehörigkeit schmälerte Maries Zuneigung nicht. Sie bangte um ihn, als er 1933 von den Faschisten verfemt wurde und sich für einige Zeit in die böhmischen Wälder retten mußte. Als er zurückkehrte, gehörte Marie selbst zu den Verfemten.

Bitter hatte sie erkennen müssen, daß all ihre politischen Aktivitäten und Bemühungen nicht zu helfen vermochten, das Unheil abzuwenden. Antifaschistin war sie schon jahrelang. Seit 1929 arbeitete sie als Turnlehrerin an der Höheren Mädchenbildungsanstalt in Chemnitz, in den unteren Klassen durfte sie auch Religionsunterricht erteilen. Doch sie, die nur das Lehrerinnenseminar absolviert und nicht studiert hatte, wurde von den anderen Lehrern immer ein wenig über die Schulter angesehen. Obwohl faschistisch gesinnte Lehrer immer mehr die Atmosphäre an der Schule bestimmten, machte Marie aus ihrer humanistischen und demokratischen Haltung kein Hehl. Sie kandidierte noch zu den Reichstagswahlen im März 1933 für ihre Partei, die sich inzwischen Deutsche Staatspartei nannte, doch immer mehr an Einfluß verloren hatte. Unerschrocken vertrat Marie auf den Wahlversammlungen ihren Standpunkt.

Die Folgen waren Verhöre. Zuerst wurde sie vor den Schuldirektor geladen, dann in städtische Ämter. Ein Ja zu dem neuen Regime zwang ihr niemand ab. So erhielt sie eines Tages den Bescheid, man müsse sie als „politisch nicht tragbar" in den Ruhestand versetzen – sie war gerade 43 Jahre alt.

Da stand sie nun vor lauter Trümmern ihres Lebens. Sollte der Kampf für ihre Ideale umsonst gewesen sein? Aufgelöst war ihre Partei, waren die Frauenverbände, in denen sie gewirkt hatte, verboten der Versöhnungsbund, verloren der Beruf.

Doch sich selbst verloren zu geben, war nicht Maries Art. Aufrecht und gerade, wie man sie äußerlich kannte, blieb sie auch im Innern. Sie suchte und fand Gelegenheitsarbeiten, mit denen sich das Leben notdürftig fristen ließ, pflegte Kranke, führte zeitweise auch Haushalte. Heimlich und besonders liebevoll unterrichtete sie jüdische Kinder, als diese die öffentlichen Schulen nicht mehr besuchen durften. Auch den Eltern dieser Kinder erteilte sie Englisch-Unterricht, um sie auf die Emigration vorzubereiten.

Sie selbst war mehrmals zu Besuch bei ihren Freunden in England, zuletzt Anfang 1939, wenige Monate nach der „Kristallnacht", dem faschistischen Judenpogrom, das sie in tiefster Seele erschütterte und empörte. Da ging sie dann in England für ihre jüdischen Freunde von Tür zu Tür, zu jüdischen Gemeinden, zu den Verwandten jüdischer Familien aus Chemnitz, um denen den Weg aus der Heimat – in die Sicherheit bahnen zu helfen.

Bei diesem Aufenthalt lernte sie, wie bereits mehrmals zuvor, verschiedene Quäker kennen, Mitglieder der „Religiösen Gesellschaft der Freunde". Seit vielen Jahren schon hatte sie die Arbeit dieser protestantischen Gruppierung, die im 17. Jahrhundert in England entstanden war, mit Interesse und Bewunderung verfolgt, ihren Einsatz für den Frieden, ihre soziale Hilfsbereitschaft. Als in den zwanziger Jahren die „Quäkerspeisung" – Milch, Kakao und Suppen für bedürftige Kinder – an den deutschen Schulen Not lindern half, hatte sie sich sehr dafür engagiert. Immer wieder suchte sie die Verbindung zu solchen

Menschen, bei denen sie glaubte, eine geistige Heimat zu finden. Nun, nach der Rückkehr von dieser England-Reise, wurde sie selbst Mitglied der Quäkergemeinschaft. Sie ist es ihr Leben lang geblieben und war bis ins hohe Alter leitend tätig in der „Religiösen Gesellschaft der Freunde (Quäker)" in der DDR.

Im Spätsommer 1939 gab sie einer jungen Sekretärin, die zu einer Messe fahren sollte, Privatunterricht in Englisch. Und mitten in eine dieser Stunden brach die Nachricht vom faschistischen Überfall auf Polen. Marie, aufs äußerste erregt, hielt ihre Empörung auch vor dem jungen Mädchen nicht zurück: „Das ist Wahnsinn, ein Verbrechen an der Menschheit! Dieser Krieg wird und muß scheitern!"

Fünf Tage danach wurde sie von der Gestapo verhaftet, „in Schutzhaft genommen", wie man es nannte. Kurzen Aufenthalten in verschiedenen Gefängnissen folgte die Einlieferung in das Frauen-KZ Ravensbrück. Sie hat später über die neun Monate, die sie in der Hölle dieses Lagers verbrachte, kaum jemals gesprochen. Doch sie hatte härteste Prüfungen durchzumachen, so auch den gefürchteten Strafblock des Lagers. „Die Strafblockhäftlinge hatten verlängerte Arbeitszeit und fast nie einen freien Tag; sie mußten die schwersten und schmutzigsten Arbeiten verrichten. Sie durften den Strafblock nie verlassen, es sei denn im Arbeitskommando. Die brutalsten Aufseherinnen waren hier eingesetzt. Alle Häftlinge hungerten und froren in Ravensbrück. Aber die Mädchen und Frauen im Strafblock hungerten und froren noch mehr", so wird in dem Buch „Frauen-KZ Ravensbrück" diese Tortur beschrieben.

Daß Marie Pleißner dies überstand, verdankte sie der Solidarität kampferprobter Antifaschistinnen, so vor allem Trude Marx. Sie, die ehemalige Sozialdemokratin, hatte es verstanden, die Verschlossenheit Maries zu durchbrechen und ihr Vertrauen zu gewinnen. Allmählich entwickelte sich zwischen ihnen so etwas wie ein Mutter-Tochter-Verhältnis, allerdings mit der Besonderheit, daß die 35jährige Trude Marx die „Mutter" der 14 Jahre älteren Marie Pleißner war.

Der Winter 1939/40 war sehr hart. Auch in der größten Kälte mußten die Häftlinge in einem der Außenkommandos schwere Steine aufladen. Marie Pleißner war unter ihnen. Trude Marx hatte als „Anweisungshäftling" die Arbeit zu organisieren. Die SS-Aufseherin stand mit ihren Hunden dabei. Sie war eine der berüchtigtsten, von den Ravensbrückerinnen „Rabenaas" genannt.

Plötzlich, mitten in der Arbeit, stürzte Marie Pleißner zu Boden. Die Kälte und die Unterernährung hatten sie bewußtlos gemacht. Mit wenigen Schritten war Trude Marx bei ihr, berührte sie, fühlte, daß sie ganz kalt und starr war.

Schon hetzte – wie in ähnlichen Fällen gewohnt – die Aufseherin ihren Hund auf die Ohnmächtige. Doch Trude Marx schrie mit aller Kraft: „Den Hund weg!" Andere Frauen waren schützend vor Marie getreten. Verblüfft rief die Aufseherin den Hund zurück und gebot mit schroffer Stimme, Marie ins Krankenrevier zu schaffen. Dort empfing sie die Häftlingsärztin Doris Maase. „Sie ist fast erfroren, muß schnellstens aufgewärmt werden!" sagte Trude Marx atemlos. Doch mit einem Blick auf die Kranke erklärte Doris: „Zuerst muß sie mal im Kühlen zu sich kommen, dann werden wir weitersehen.“

So wurde auch Marie Pleißners Leben gerettet durch die Hilfe sozialdemokratischer und kommunistischer Kameradinnen, mit denen sie später lebenslange Freundschaft verband.

Von draußen setzte der Vater alle Kräfte ein, um ihre Freilassung zu erwirken. Vor allem ihm hatte sie es zu danken, daß sie Ende April 1940 Ravensbrück, den Ort der Qualen und des Todes, hinter sich lassen konnte.

Kurz nach ihrer Entlassung begegnete ihr in Chemnitz auf der Straße ihr alter Freund Fritz R. Greuner. „Ich war erschrocken“, erinnert er sich. „Marie war immer ein ernster, zurückhaltender Mensch. Aber so absolut verschlossen hatte ich sie nie vorher gesehen.“ Er ging auf sie zu, drückte ihr fest die Hand, sagte, wie sehr er sich freue, sie wiederzusehen, und fragte schließlich: „War es sehr schwer?“ Sie antwortete: „Ja ..., aber man fällt nie tiefer als in Gottes Hand.“

Die schweren Jahre des Krieges gingen zu Ende. Doch als die Befreiung schon ganz nahegerückt war, trafen Marie und Ilse Pleißner noch zwei harte persönliche Schläge. Im März 1945 wurde bei einem Bombenangriff ihre Wohnung völlig zerstört, und wenig später starb der geliebte Vater. Noch enger schlossen sich die beiden Schwestern zusammen. Mühsam war die Suche nach einem Notquartier in der zerstörten Stadt, Trümmer ringsum, Hunger herrschte, Seuchen grassierten.

Als am 10. Juni der Befehl Nr. 2 der Sowjetischen Militäradministration die Bildung und die Tätigkeit antifaschistisch-demokratischer Parteien erlaubte, war Marie Pleißner unter den ersten, die diesem Aufruf folgten. Sie waren dreizehn, eine Frau und zwölf Männer, unter ihnen Arthur Bretschneider und andere Demokraten, deren Verbindung nicht abgerissen war. Am 12. Juni 1945 gründeten sie eine Partei, deren Ziel Marie Pleißner einmal so formulierte: „Wir bekannten uns in unserem Programm zur Kriegsschuld, lehnten Imperialismus und Militarismus ab und wollten die humanistischen, demokratischen Traditionen des 1848er Bürgertums hineintragen in die neue Zeit.“

Diese und andere örtliche Zusammenschlüsse wurden wenig später in der Liberal-Demokratischen Partei Deutschlands vereint. Zu ihr faßte Marie sofort Vertrauen, als sie erfuhr, daß ihr Vorsitzender Dr. Wilhelm Külz war. Sie kannte ihn schon Jahrzehnte als Abgeordneten der damaligen Deutschen Demokratischen Partei. Seit 1930 Oberbürgermeister von Dresden, war auch er 1933 seines Amtes enthoben worden. Nun Mitbegründer und Vorsitzender der LDPD, setzte er sich besonders für die Einigung aller antifaschistischen Kräfte und für eine fortschrittliche Entwicklung der LDPD ein.

Marie folgte seinem Beispiel. Dem Aufbau eines neuen Lebens widmete sie sich mit der ihr eigenen Ausschließlichkeit. Endlich wurden die Nazilehrer entlassen, Marie konnte wieder unterrichten und machte noch das Abitur, zu dem sie in der Jugend keine Möglichkeit gehabt hatte. Doch es zeigte sich schnell, daß der guten, fortschrittlichen Lehrer zu wenige waren. Als es galt, die Lücken zu füllen, war Marie wieder dabei: Sie half als Dozentin, Neulehrer auszubilden. Die Schulreform mit ihrer Beseitigung der Bildungsprivilegien und den gleichen Chancen für Mädchen und Jungen war eines ihrer Jugendideale, an dessen Verwirklichung sie nun teilhatte. Mit gutem Gefühl entließ sie die Teilnehmer ihres Lehrganges; sie würden die Schulen mit neuem Inhalt erfüllen.

Im Sommer 1945 schlossen sich die damals in Chemnitz bestehenden vier Parteien zu einer Arbeitsgemeinschaft zusammen, drei Wochen vor der Gründung des Demokratischen Blocks. Marie nahm an der ersten Besprechung teil. Hier trafen sich Menschen ganz verschiedener Weltanschauung. Marie dachte an die Vergangenheit: Vielleicht hätte man schon damals mehr gegen den Faschismus erreichen können durch eine Zusammenarbeit auch mit den Arbeiterparteien. Jetzt aber ging es darum, den Menschen herauszuhelfen aus dem Chaos, das Faschismus und Krieg nicht nur in den Straßen, sondern auch in den Köpfen hinterlassen hatten. Da mußten die Strom- und Wasserversorgung, die Produktion in Gang gebracht, die Trümmer weggeräumt, der Schwarzhandel bekämpft, Ordnung und Sicherheit geschaffen, tausend andere Schwierigkeiten überwunden werden. Mühsam zwar, aber gemeinsam wurden sie bewältigt.

Marie, dem bürgerlichen Parlamentarismus noch verhaftet, stutzte zunächst, als es hieß, es gäbe hier im Demokratischen Block keine Mehrheitsentscheidung. „Es gab keine Abstimmung in den Sitzungen", erinnerte sie sich, „sondern wir mühten uns in oft langen und schwierigen Auseinandersetzungen, eine Übereinstimmung in letzten, grundlegenden Zielen zu erreichen. So gewannen wir allmählich Verständnis für die Angehörigen anderer Parteien, und schließlich erwuchs aus gemeinsamer Arbeit eine echte Blockfreundschaft".

Noch im Herbst 1946, bei den ersten demokratischen Wahlen seit der Zeit des Faschismus, kandidierte sie für die LDPD als Stadtverordnete, später als Landtagsabgeordnete, wurde gewählt und konnte nun wirklich mitregieren.

Wiederum ist es fast unmöglich, die Vielfalt ihrer Tätigkeiten aufzuzählen, ob im Vorstand ihrer Partei, im Komitee der Antifaschistischen Widerstandskämpfer und der späteren Lagerarbeitsgemeinschaft Ravensbrück. Nur auf eines ihrer früheren Ideale sei noch besonders verwiesen: die Gleichberechtigung der Frau. „Können Sie verstehen", sagte sie rückblickend in einem Interview, „daß es eines meiner schönsten Erlebnisse bleiben wird, als ich im März 1947 … in Berlin den Demokratischen Frauenbund Deutschlands mitbegründen konnte, der aus den antifaschistischen Frauenausschüssen hervorging und der die besten Traditionen auch der bürgerlichen Frauenbewegung weiterführt? Nun endlich war die unselige Zersplitterung überwunden, wurde nicht mehr gefragt, woher eine kam – nur die Bereitschaft zur Mitarbeit zählte."

Marie Pleißner hat diese Bereitschaft immer bewiesen – im DFD-Vorstand ihrer Stadt, im Landes- und Bezirksvorstand, bis die Frauenorganisation sie zum Ehrenmitglied ernannte. „Wenn ich das Fazit meines beruflichen und politischen Lebens seit 1918 ziehe", schrieb sie 1950 unter einen Fragebogen, „so glaube ich mit gutem Gewissen feststellen zu können, daß ich getreu meiner liberalen Weltanschauung und meiner demokratischen Staatsgesinnung mich jederzeit bemüht habe, die Zeichen der Zeit zu erkennen ...".

Die Zeichen der Zeit Ende der vierziger Jahre waren geprägt vom „kalten Krieg" der Westmächte gegen den Fortschritt, von den immer heftiger betriebenen Spaltungsversuchen imperialistischer Kreise. Da gehörte Marie Pleißner zu den 253 Delegierten der LDPD beim 1. Deutschen Volkskongreß für Einheit und gerechten Frieden im Dezember 1947. Kampf um Frieden, Demokratie und sozialen Fortschritt – für diese Forderungen der alle vier Besatzungszonen umspannenden Volkskongreßbewegung trat sie vorbehaltlos ein. Doch mit der Konstituierung des westdeutschen Bundestages am 7. September 1949 wurde Deutschland gespalten. Seit dem 7. Oktober 1949, dem Gründungstag der Deutschen Demokratischen Republik, wurde Marie Pleißner eine bewußte Bürgerin dieses ersten friedliebenden und demokratischen deutschen Staates.

Die Zeichen der Zeit Anfang der fünfziger Jahre hießen dann: Aufbau der Grundlagen des Sozialismus, hießen auch und noch immer Klassenkampf gegen solche Kreise, die innerhalb der DDR versuchten, sich dieser Entwicklung entgegenzustellen. Marie Pleißner hat stets zu den fortschrittlichen Kräften gehört. Doch auch sie mußte einige innere Konflikte überwinden, ehe sie den durchaus nicht immer konfliktlosen Weg zum Sozialismus bejahte, ehe sie erkannte, daß dies der einzige Weg ist, auf dem sich ihr Humanitätsideal, die so lange erstrebte wahre Menschlichkeit entfalten konnte. Sie hat aus ihren Zweifeln keinen Hehl gemacht. Wenn sie manches zu dieser Zeit Notwendige – hin und wieder auch Unzulängliche – nicht verstand, dann hob sie, wie Freunde berichten, ihren „pädagogischen" Zeigefinger und protestierte laut und vernehmlich: „So geht das doch nicht!"

Ja, sie hatte sich dieser jungen Republik nun ganz verschrieben. Und eben deshalb war sie sehr kritisch, ärgerte sich, wenn ihrer Meinung nach etwas nicht richtig lief. Sie sei von einer „oft unbequemen Ehrlichkeit" gewesen, bestätigt ihr Freund Fritz R. Greuner. Doch wehe, wenn andere etwas gegen diesen ihren Staat sagten oder gar taten, dann wurde sie zur glühenden Verteidigerin der DDR, ob es bei Reisen in die BRD – z. B. zu den Quäkertreffen – war oder in der Schule, an der sie lehrte.

„Seid dankbar und froh, daß ihr eine so gute Schulbildung bekommt. Macht es zur Devise eures Daseins, immer über die Frage nachzudenken – wie weit gehört mein Leben mir, und wie weit gehört es der Gesellschaft!" So pflegte sie zu ihren Schülern zu sprechen. Brigitte Meister, eine ihrer Schülerinnen, erinnert sich an viele Diskussionen mit Jugendlichen ihrer Klasse, die in Opposition zu der neuen Gesellschaftsordnung standen. „Am Beispiel ihres eigenen Lebens hat sie uns oft sehr überzeugend klargemacht, wie man um einen richtigen Standpunkt kämpfen muß. ‚Es hat keinen Sinn, nur *gegen* etwas zu sein – man muß das Gute und Richtige erkennen und *dafür* eintreten', pflegte sie zu sagen. Sie hat uns vieles klargemacht." Streng, doch sehr gerecht, so haben ihre Schüler sie erlebt. Aber sie hatte auch andere Seiten.

Mehr als drei Jahrzehnte sind vergangen seit jener Deutschstunde, in der Heinrich Heine als der revolutionäre Dichter, der Kämpfer gegen Kleinbürgertum und Reaktion, für Demokratie auf dem Lehrplan stand. Als wäre es gestern gewesen, berichtet Brigitte Meister von dem großen Eindruck, den ihre Klassenlehrerin auf sie machte, als sie sagte: „Sie müssen aber auch den Romantiker Heine kennenlernen", und ihnen einfühlsam diese Seite des großen Dichters erschloß. „Sie verstand es, den Unterricht vielseitig und interessant zu gestalten. Ja, wir haben unsere gestrenge Lehrerin auch sehr liebevoll kennengelernt."

Da war die Klassenfahrt nach Thüringen, an der nur eine kleine Gruppe aus der 11. Klasse teilnehmen konnte. Brigitte Meister sagt lächelnd: „Das war wie eine Familienreise. Marie Pleißner, ihre Schwester Ilse war mit von der Partie, hatte alles bestens vorbereitet, Unterkünfte, Wanderungen, abendliche Lieder- und Gesprächsrunden. So etwas vergißt man nicht. Wir erlebten sie, die schon über sechzig war, als eine mütterliche Freundin."

Sicher hatte Marie Pleißner diese Klasse besonders ins Herz geschlossen, weil es ihre letzte war. Im Sommer 1953 wurde sie von den Abiturienten beim Abschlußfest ebenfalls als „Schulabgänger" gefeiert. Es war das Jahr, in dem ihre Heimatstadt den Namen Karl-Marx-Stadt erhielt. Doch „zur Ruhe gesetzt" hat sich Marie Pleißner auch in den folgenden Jahrzehnten nie. Sie blieb aktiv in ihrer Partei. Als Mitglied des Komitees antifaschistischer Widerstandskämpfer sprach sie oft über ihre Erfahrungen vor jungen Menschen.

Rege arbeitete sie auch in der Arbeitsgruppe „Christliche Kreise" der Nationalen Front in Karl-Marx-Stadt mit. Vor allem aber engagierte sie sich für die Friedensbewegung im Friedensrat der DDR und der Christlichen Friedenskonferenz. Ihre Zugehörigkeit zu den Quäkern führte sie in verschiedene Länder. Vor Friedensgesellschaften in Österreich, England, Schweden und in der Bundesrepublik hielt sie Vorträge, trat ein für Völkerverständigung und sozialen Fortschritt. Überall, wo sie jenseits der Grenzen der DDR auftrat, weißhaarig, schlank und aufrecht, schließlich schon hoch in den Siebzigern, wurde sie zum Botschafter für die Friedenspolitik ihres sozialistischen Staates.

Die Republik, in der sie ihre Jugendideale endlich verwirklichen konnte, dankte ihr mit hohen Auszeichnungen. Kurz vor ihrem 90. Geburtstag erfuhr Marie, daß sie nun auch mit dem Orden „Stern der Völkerfreundschaft" geehrt werden sollte. Beim Empfang dieser Nachricht, so schrieb sie mit ihrer noch immer erstaunlich sicheren Handschrift in einem Brief, habe sie sich „überfreut", so daß ihr einige Tage Bettruhe verordnet werden mußten. Doch bei der Geburtstagsfeier in Karl-Marx-Stadt war sie wieder auf den Beinen, empfing viele Gratulanten, feierte mit ihrer Schwester und ihren Freunden.

Im Dezember 1983, in ihrem 93. Jahr, endete das Leben von Marie Pleißner, einer Frau aus dem Bürgertum, einer gläubigen Christin, die fast die Hälfte dieses Lebens treu und zuverlässig an der Seite der Arbeiterklasse gearbeitet und gekämpft hatte.

L. T.-H.

Von Kindesbeinen an

Anni Sindermann

Was man von der Mutter hat, das sitzt fest und läßt sich nicht ausreden, das behält man, und es ist auch gut so, denn jeder Keim der sittlichen Fortentwicklung des Menschengeschlechts liegt darin verborgen.

WILHELM RAABE

Wenn man von einem Menschen sagen kann, er habe das Klassenbewußtsein schon mit der Muttermilch eingesogen, so trifft dies wohl in besonderem Maße auf Anni Sindermann zu. Das Beispiel der Mutter hat von Anfang an das Leben der 1912 Geborenen geprägt und bestimmt. Anni Nietsche war ein Jahr alt, als die Mutter sich von ihrem Ehemann trennte, dessen Brutalität sie nicht mehr länger ertragen konnte. Fünf Kinder hatte sie geboren, drei davon waren ihr im frühesten Alter weggestorben. Die Tochter und den Sohn, die ihr geblieben waren, wollte sie lieber allein durchs Leben bringen, so ärmlich es auch dabei zugehen würde.

Anni war vier, als die Mutter in die Gewerkschaft eintrat. Im Deutschen Textilarbeiterbund organisiert, gehörte sie bald zu den aktivsten Streitern für die Rechte der Arbeiterinnen. 1918, Anni stand kurz vor ihrem Schulbeginn, wurde die Mutter Mitglied der USPD und trat 1920 mit ihren revolutionären Genossen zur KPD über. Da war es ganz natürlich, daß Anni mit zwölf Jahren zum Jung-Spartakus-Bund gehörte, in dem sich alle bis dahin bestehenden kommunistischen Kindergruppen vereint hatten. Auch der um sechs Jahre ältere Bruder Kurt wurde Mitglied der KPD.

„Wenn wir drei am Abendbrottisch zusammensaßen, dann waren wir eine richtige kleine Parteizelle", erinnert sich Anni heute, „und Mutter achtete sehr darauf, daß wir immer aktiv waren, so wie sie es selbst stets gewesen ist."

Die Mutter hatte z. B. eine eigene Methode gefunden, ihren Kolleginnen die Nöte der Inflation etwas zu mildern. Die Inflation, das war jene zunehmende Geldentwertung, die schon im Krieg begonnen hatte und Anfang der zwanziger Jahre ihrem Höhepunkt zusteuerte. Hatten im Juli 1914 500 g Roggenbrot noch 14 Pfennige gekostet, so betrug sein Preis im Juni 1922 über 4 Mark, im Dezember des gleichen Jahres fast 82 M. Im gleichen Zeitraum stiegen die Preise für 500 g Butter von 1,30 Mark auf 1500 Mark, für Fleisch von 70 Pfennigen auf 940 Mark. Doch diese Summen sollten in den nächsten Monaten noch weit überschritten werden.

An der Inflation verdienten allein die Konzernherren. Durch sie wurden die

Lasten des verlorenen Krieges, die aufgezwungenen Reparationen auf die Werktätigen abgewälzt. Sie zahlten ihre Steuern verspätet in abgewertetem Papiergeld, verschoben Devisen ins Ausland, legten ihr Vermögen in beständigen Sachwerten an. Die Stabilisierung der Mark ab Februar 1923 wurde durch den Großindustriellen Hugo Stinnes erschüttert, als er ab April 1923 größere Mengen Valuta aufkaufen ließ. Und die Banknotenpresse druckte noch schneller weiter, immer mehr Nullen wurden an die erste Zahl auf den Geldscheinen angehängt. Ende 1923, kurz vor der Einführung der Rentenmark, mit der die Währung dann allmählich stabilisiert wurde, kosteten 500 g Brot 260 Milliarden und 500 g Fleisch 32 Billionen Mark.

Neben allen anderen revolutionären Kämpfen der Jahre 1922 und 1923 waren Hungerdemonstrationen und Streiks gegen die Teuerung an der Tagesordnung. Der Lohn, den die Arbeiter verdienten und nach Feierabend in Taschen und Beuteln nach Hause trugen, hatte zu dieser Zeit schon wieder ein Großteil seines Wertes eingebüßt.

Annis Mutter gehörte zu denen, die mit Spürsinn und Engagement einen Weg fanden, die Verluste ihrer Kolleginnen ein wenig zu mildern. „Mutter war stellvertretender Betriebsrat in den Stickereiwerken AG in meiner Heimatstadt Plauen im Vogtland. Sie hat in der schlimmsten Inflationszeit durchgesetzt, daß ihre Kolleginnen schon mittags den fälligen Lohn erhielten. Dann ist sie mit einer oder zwei anderen einkaufen gegangen und hat die Lebensmittel danach verteilt. Kurz vor Feierabend wurde der Restlohn eingesammelt und wieder eingekauft. Natürlich machten die Kolleginnen in der Zeit die Arbeit von Mutter mit, denn durch sie haben sie doch wenigstens etwas mehr für ihr Geld bekommen“, weiß Anni Sindermann zu erzählen.

Bei einer solchen Mutter wundert es kaum, daß die Tochter, als sie 1927 selbst in den Plauener Stickereiwerken zu arbeiten begann, ähnliche Aktivität besonders in der Arbeit mit der Jugend an den Tag legte. Sie gründete eine Betriebszelle des Kommunistischen Jugendverbandes in dieser Fabrik und erwarb sich soviel Anerkennung, daß sie ein Jahr später, auf dem Verbandskongreß des KJVD in Berlin, als Mitglied des Zentralkomitees der Jugendorganisation gewählt wurde. Gern spricht sie noch heute von den Fahrten, die sie mit ihren Jugendgenossen in das schöne Vogtland unternahm: „Sonnabends nach der Arbeit ging es los. Wir übernachteten in Scheunen, manchmal auch in einer Jugendherberge. Am Sonntagvormittag wurde gearbeitet – Landagitation unter den Bauern hieß das damals. Es ging uns darum, mit ihnen ins politische Gespräch zu kommen und ihnen Broschüren zu verkaufen, in denen die Ziele der Kommunisten erläutert wurden. Manche hörten uns zu, manche warfen uns raus, manche meinten auch gutmütig: ‚Gib her das Heft, hier hast du deinen Groschen, und laß mich in Ruh.‘ Vielleicht haben sie dann ja doch mal einen Blick hineingeworfen. Von mittags ab war Freizeit, zum Wandern, zum Singen, zum Diskutieren. Das waren schöne Tage.“

Noch einmal kommt sie auf die Mutter zurück, auf ihre unverbrüchliche Treue zu der großen Sache, die sie auch in kleinen Dingen immer bewies:

„Mutter zahlte ihre Beiträge immer einen Monat im voraus, und wir, ihre Kinder, natürlich auch. Da standen im Küchenschrank eine Reihe von kleinen Büchsen, für die Partei, die Gewerkschaft, den Jugendverband, die Rote Hilfe, den Roten Frauen- und Mädchenbund. Hinein kamen die Zehner, die Fünfer und auch die Pfennige, bis die Beiträge zusammen waren." Das war nicht einfach, denn Anni wie auch ihre Mutter verdienten wenig, der Bruder war nach seiner Lehre viele Jahre arbeitslos. Doch diese unbedingte Treue und Zuverlässigkeit, die unablässige Aktivität ist ein Wesensmerkmal Annis geworden.

Mit siebzehn Jahren wechselte sie den Betrieb und den Wohnort. Als Legerin in einer Chemnitzer Trikotagenfabrik arbeitete sie im „Akkord". Die Arbeitshetze, die damit verbunden war, bewältigte das junge Mädchen recht gut, und damit verdiente sie besser als zuvor. Eines Tages jedoch, es war gegen Ende Februar 1930, ging Anni zur Direktrice und sagte ihr mit gedämpfter Stimme und treuherzigem Blick: „Meine Mutter ist krank geworden und hat niemand, der sie pflegt. Kann ich zu ihr nach Plauen fahren ... und kann ich danach wieder hier anfangen?" Die Direktrice, die Anni inzwischen als tüchtige Arbeitskraft kennengelernt hatte, stimmte großmütig zu.

Doch Anni hatte gelogen. Ihre Mutter war gar nicht krank, vielmehr stand Anni eine Reise bevor – die Reise ihres Lebens. Die KPD, der Anni inzwischen angehörte, delegierte die junge Textilarbeiterin zur Teilnahme an den Feiern des Internationalen Frauentages nach Moskau.

So aufgeregt war sie nie zuvor. Sie fuhr ganz allein. In ihrem Abteil in dem überfüllten Zug Paris – Moskau saß ein Ingenieur, der die Fahrt offenbar nicht das erste Mal machte. „Später in Polen, wird der Zug leerer", sagte er beruhigend. „So weit wie ich fahren Sie bestimmt nicht", rutschte es Anni heraus, und sogleich erschrak sie: Jetzt hast du dich verraten! Hatten die Genossen in Berlin sie nicht gemahnt, vor Überschreiten der sowjetischen Grenze den Zweck ihrer Reise auf jeden Fall zu verschleiern? „Ja, wissen sie", erklärte sie hastig ihrem Gegenüber, „ich fahre zu meinem Bräutigam, er ist Monteur in Moskau." Dort angekommen, staunte der Ingenieur ein wenig, daß sie von Vertretern der Komintern mit allen Ehren empfangen wurde. „Mein Monteur", lächelte sie erklärend, „mein Monteur ist die Kommunistische Partei."

Anni Sindermann hat nach 1945 Moskau und andere Gegenden der UdSSR noch mehrmals besucht, und es waren schöne Reisen. Doch immer wieder erinnert sie sich an dieses besondere Gefühl, das sie vor mehr als einem halben Jahrhundert bei ihrem ersten Aufenthalt beherrschte: „Die erste Nacht – ich kam mir vor, als ob ich schwebe. Ich konnte es noch gar nicht fassen, hier zu sein, in dem Land, das wir schon als Kinder im Jung-Spartakus-Bund und später immer als unser großes Beispiel angesehen hatten, das wir liebten ..."

Nach den Feiern des 8. März blieb Anni noch einige Zeit als Gast im Land. Man fuhr mit ihr unter anderem auch nach Iwanowo, wo sie das Kinderheim der IAH und vor allem das Textilarbeiterzentrum besuchte. Ein Gespäch in diesem Betrieb ist ihr im Gedächtnis geblieben, als sei es gestern gewesen. An einer der Textilmaschinen stand eine Frau, die ihr viel älter als die anderen, vielleicht schon 70 Jahre schien. „Warum arbeiten Sie noch?", fragte Anni. „Es gibt doch hier in der Sowjetunion ein Gesetz, das den Frauen viel eher ermöglicht, mit der Arbeit aufzuhören und Rente zu erhalten?" Die alte Arbeiterin antwortete mit einem Lächeln: „Ich kenne das Gesetz, aber sehen Sie, meine beiden Mädels können studieren, und das kostet den Sowjetstaat viel Geld, deshalb arbeite ich noch weiter."

Später, als sie abfuhren, zeigte die Dolmetscherin auf eine kleine, verfallene Hütte. Es war die Wohnung der alten Arbeiterin. Für Anni ist diese Begegnung ein unvergeßliches Beispiel dafür geblieben, mit welcher Tatkraft und Treue die Menschen für ihren sozialistischen Staat arbeiteten. Sie sah, trotz mancher äußeren Not und Entbehrung, trotz oft primitiver Voraussetzungen – hier war der Mensch aufrecht, frei, Herr seiner Geschicke.

Nach Chemnitz zurückgekehrt, wurde Anni tatsächlich wieder in der Trikotagenfabrik angestellt. Niemand erfuhr dort, wo sie in Wahrheit die Zwischenzeit verbracht hatte. Der kämpferische Elan, der sie nach dieser Reise erfüllte, machte sich jedoch bald bemerkbar. Bei einer Versammlung begehrte sie heftig gegen eine geplante Lohnsenkung auf – und hatte Erfolg. Anders war es freilich ein paar Monate später, als bei einer weiteren Versammlung im Betrieb ein führender Vertreter der Textilarbeitergewerkschaft auftrat, ein Opportunist, dessen Anliegen vor allem war, die Arbeiter vom Klassenkampf abzubringen. Da sprang Anni auf und nannte ihn lauthals einen Steigbügelhalter für die Herren Kapitalisten. Das war zuviel. Sie wurde als „Unruhestifter" entlassen und auf die „Schwarze Liste" gesetzt, mit der die Unternehmer sich insgeheim verständigten, für welche „unliebsamen Personen" in ihren Betrieben kein Platz mehr war.

„1930–1933 arbeitslos", steht in ihrem Lebenslauf. Doch an Arbeit für die Partei mangelte es nicht. Die Weltwirtschaftskrise hatte Deutschland mit Heftigkeit erfaßt. Es begann die Zeit der Notverordnungen, mit denen die Löhne der Arbeiter und Angestellten immer mehr abgebaut wurden. Das Arbeitslosenheer wuchs mit jedem Tag. Überall im Land fanden Streiks und Protestdemonstrationen statt. Nachdem sie aus dem Textilarbeiterverband ausgeschlossen war, arbeitete sie für die RGO, die Revolutionäre Gewerkschaftsopposition. Sie organsierte besonders Frauenversammlungen, ermutigte die Teilnehmerinnen, nicht nachzulassen im Kampf um ihre Rechte, um gleichen Lohn für gleiche Arbeit, um gesicherte Arbeitsplätze.

Es war zugleich die Zeit, da die Nazis immer aggressiver wurden, blutige Überfälle auf KPD-Versammlungen unternahmen, Arbeiter ermordeten. Die Polizei tat nichts, dies zu verhindern. Sie griff ihrerseits Arbeiterdemonstrationen mit der Waffe an. Ende 1931 meldete „Die Rote Fahne", daß in diesem Jahr von den Nazis 49, von der Polizei 55 Arbeiter ermordet worden waren. 40 000 Arbeiter wurden wegen politischer Vergehen angeklagt und verurteilt. Am Jahresende gab es 7 000 proletarische politische Gefangene.

Anni, ein hübsches, lebenslustiges junges Mädchen, wußte um die unmittelbaren Gefahren, doch gerade darum wurden ihre Aktivitäten um so größer.

Gemeinsam mit ihren Genossen wollte sie alles tun, um die unheilvolle Entwicklung aufzuhalten, ein besseres Leben zu erkämpfen. Besonders vor Wahlen war sie Tag und Nacht unterwegs. Sie saß mit auf den Lastkraftwagen, die für die Liste der KPD warben, nahm selber auch hin und wieder das Megaphon in die Hand und rief Losungen in die Menge. Nachts wurden Losungen an die Mauern geschrieben und Wahlplakate geklebt. Selbstverständlich war Anni auch dabei. Sie machten sich in kleinen Gruppen ans Werk, einige standen Wache, um vor dem Herannahen der Polizei zu warnen. Wenn das geschah und sie sich nicht mehr rechtzeitig aus dem Staube machen konnten, dann verwandelten sich die Plakatkleber in harmlose Liebespärchen, die eng umschlungen den Farb- oder Kleistertopf verbargen.

Auch die wirkliche Liebe kam in dieser Zeit. Kurt Sindermann war Landtagsabgeordneter und Parteisekretär im KPD-Unterbezirk Erzgebirge/Vogtland. Doch wie bei vielen, die in diesen Jahren im politischen Kampf zueinander fanden, war auch für sie das Zusammensein knapp bemessen. Er mußte sofort mit Beginn der Nazidiktatur untertauchen, um in einer anderen Gegend, in der man ihn nicht kannte, illegal weiterarbeiten zu können. Vorsichtshalber, mit Kummer im Herzen, löste Anni ihre Wohnung in Chemnitz auf. Sie selbst war ja hier als Kommunistin bekannt, obwohl sie keine leitende Funktion ausgeübt hatte. In Dresden, bei der Mutter von Kurt, fand sie Unterschlupf. Sie hoffte so, wenigstens durch die Familie ihres Mannes mit ihm verbunden zu bleiben. Doch das war ein Trugschluß. Kaum eine Woche nachdem sie in Dresden angekommen war, am 13. März 1933, wurde sie „in Schutzhaft" genommen. Man warf ihr vor, Kurierarbeit für die Partei gemacht und außerdem eine „Studienreise" in die Sowjetunion unternommen zu haben. Doch für die Kurierarbeit gab es keinerlei Beweise. In die Sowjetunion sei sie als Delegierte eines Textilbetriebes zum Internationalen Frauentag gefahren. Das schrieb sie in ihr Entlassungsgesuch und erreichte, daß man sie am 16. Dezember freiließ. Zu dieser Zeit befand sich ihr Mann bereits einige Monate in der Gewalt der Faschisten. Verhaftet waren auch in Dresden 300 Genossen, die Parteiorganisation war zerschlagen worden.

Es wird in der Geschichte des antifaschistischen Widerstandskampfes immer ein Ruhmesblatt bleiben, daß so viele, die schon in den Gefängnissen, Zuchthäusern oder Konzentrationslager der Gestapo gesessen hatten und wußten, wie es da zuging, nach ihrer Entlassung unmittelbar und unbeirrt die illegale Arbeit fortsetzten. In ihre Reihe trat auch Anni. Was von Kindesbeinen an ihr Leben geprägt hatte, ließ sie nun noch fester zur Sache stehen. Wer, wenn nicht wir, soll angesichts der braunen Flut, die ganz Deutschland überschwemmt hat, noch etwas tun, um das verhaßte Regime zu bezwingen? So dachte sie und eine kleine Gruppe von Genossen, die gleich ihr aus der Haft gekommen waren. Sie begannen, vorsichtig Verbindungen zu noch in Freiheit lebenden Parteimitgliedern herzustellen. Anni ließ davon auch nicht ab, als nach knapp vier Monaten die meisten aus dieser kleinen Gruppe wiederum verhaftet wurden. Sie selbst kam noch einmal davon, weil sie in Dresden nicht so bekannt war. Doch sie hatte in den vergangenen Monaten viel gelernt und viele kennengelernt, so daß sie weiterarbeiten konnte.

Im Herbst 1934 begegnete sie dem Genossen Eggert. Sie kannte ihn vom Sehen, wußte aber noch nicht, daß er als Beauftragter des Zentralkomitees tätig war, daß er bereits in Leipzig die illegale KPD aufbauen geholfen und nun den Auftrag hatte, das gleiche in Dresden zu tun. Er sagte es ihr später, denn er wußte, daß Verlaß auf sie war. Er nannte sich nur „Karl" und empfahl auch Anni, sich einen Decknamen für die Arbeit zuzulegen. Fortan hieß Anni „Eva", und sie erfüllte die Aufträge der Partei mit dem ganzen Einsatz, dessen sie fähig war. Sie suchte und fand neue Verbündete, vermittelte Treffs. Zu Besprechungen über die politische Lage und organisatorische Fragen wurden Wohnungen von Genossen ausgewählt, die vorher noch nicht als Kommunisten hervorgetreten waren. „Eva" berichtete „Karl", was sie bis dahin erreicht hatten, er übergab ihr Exemplare der illegalen „Roten Fahne" und der „Inprekorr", der Internationalen Presse-Korrespondenz, die wichtige Informationen, vor allem aus dem Ausland enthielten. Für weitere Sendungen solchen Materials vermittelte sie Deckadressen. Ihre Kenntnis über Chemnitzer Betriebe, in denen noch Genossen tätig waren, half beim Aufbau der Organisation.

Sie beschaffte Quartiere für „Karl", für Widerstandskämpfer, die aus der Tschechoslowakei zur Unterstützung der illegalen Arbeit nach Deutschland zurückgekommen waren und in Dresden Station machten. Zweien von ihnen überließ sie die fünf Mark, die ihr der Genosse Eggert gegeben hatte, damit sie sich neue Schuhe kaufen könne, denn es war ihm aufgefallen, daß die ihren ganz schlecht und zerrissen waren. Als er beim nächsten Treffen sah, daß sie immer noch die alten trug, mußte sie harte Kritik einstecken. Disziplin, auch in scheinbar nebensächlichen Dingen, war ein eisernes Gesetz der illegalen Arbeit.

Dann erschien zu einem Treffen an Stelle von „Karl" eine Genossin „Frieda". Das hieß, daß der Genosse Eggert inzwischen der Gestapo in die Hände gefallen war ... Anni gab den Bericht über die Arbeit. Sie seien nun eine Gruppe von über 60 Genossen, die an der illegalen Tätigkeit teilnahmen. Das war im Frühjahr 1935. Dreizehn von ihnen wurden wenige Wochen danach verhaftet, Anni nun zum zweiten Mal. Ihr Name stand als erster auf der Liste der Angeklagten, die am 4. August 1936 vor den 3. Strafsenat des Oberlandesgerichtes Dresden treten mußten. Sie war die Hauptangeklagte und erhielt die höchste Strafe dieses Prozesses: Fünf Jahre Zuchthaus unter Anrechnung der Untersuchungshaft.

Wenn Anni Sindermann sich an die Jahre im Zuchthaus Waldheim erinnert, so spricht sie immer zuerst davon, daß sie dort eine Reihe von Genossinnen traf, die sie schon kannte und mit denen sie sich sofort verbunden fühlte. Sie lernte schnell, mit ihnen Kontakt zu halten, ohne daß es die Aufseherinnen merkten. Auch bei der ersten Arbeit, die ihr zugewiesen wurde, dem Knüpfen von Netzen, bewies sie Geschick. Und es dauerte nicht lange, da wurde sie Zellenwärterin in dem Block, in dem politische Gefangene in Einzelhaft saßen. Nun hatte sie wieder eine Aufgabe, die so recht in ihrem Sinne war: jenen, die ihre Zuchthausstrafe in strenger Isolierung verbringen mußten, darunter gab es einige lebenslänglich Verurteilte, zu zeigen, daß sie doch nicht allein waren. Die Antifaschistinnen, die in den Arbeitssälen tätig waren und auch gemeinsame Schlafsäle hatten, sparten sich von ihrer schmalen Kost oder von Päckchen, die sie erhielten, manches für die Einzelhäftlinge ab. Dies und Nachrichten von draußen, hin und wieder eine Zeitung, ein paar geflüsterte Worte – das gab neuen Lebens- und Überlebensmut. Anni war es, die all das in die Einzelzellen brachte – ein ganzes Jahr lang ist ihr das gelungen. Dann wurde sie von einer Kriminellen, die sich eigene Vorteile davon versprach, verraten.

Die Folge waren sieben Tage strenger Arrest bei Wasser und Brot; dann sperrte man sie mit 100 kriminell Vorbestraften zusammen. Nun saß sie Tag für Tag an der Nähmaschine, besserte Windeln aus, nähte Boxhandschuhe und anderes, bis ihre Strafe abgelaufen war.

Im Januar 1940 trafen Anni und ihr Mann sich nach siebenjähriger Trennung das erste Mal in der Freiheit wieder. Beide blieben unter Polizeikontrolle, waren Schikanen ausgesetzt. Anni suchte sich eine Anstellung, wurde Kartonagenarbeiterin in der Dresdner Tabakfabrik Gildehof. Doch die illegale Arbeit ging, wenn auch unter noch größeren Vorsichtsmaßregeln, weiter.

Im Mai 1943 wurde ihre Tochter Inge geboren. Als sie das Kind zum ersten Mal im Arm hielt, nasse Augen über dem lächelnden Mund, jagten sich ihre Gedanken: Nun soll uns nichts mehr trennen ... Du sollst in einer besseren Welt aufwachsen ... Dafür müssen wir doch weiter tun, was wir können ... Wir sehen ja, das Ende der Naziherrschaft ist nicht mehr weit ...

Sie wurden dennoch getrennt. Nur ein Jahr noch konnte Anni mit ihrem Kind zusammensein, dann wurde sie zum dritten Mal verhaftet. Zehn Wochen Verhöre bei der Gestapo brachten keine Beweise für einen Prozeß, so wurde sie im Juni 1944 mit dem Vermerk „Rückkehr unerwünscht" nach Ravensbrück abtransportiert.

Sie kam zu einer Zeit in das KZ, da das Lager vor Überfüllung beinahe barst. Auf dem Zugangsblock, wo sie sechs Wochen verbrachte, mußte sie ihre Schlafpritsche mit zwei anderen Kameradinnen teilen. Immer neue Massentransporte aus Polen, vor allem aus dem KZ Auschwitz und weiteren beim Vormarsch der Sowjetarmee geräumten Lagern trafen ein, andere verließen Ravensbrück mit unbekanntem Ziel. Der Tod hielt grausige Ernte. Gegen Ende 1944 war die nun auch in Ravensbrück eingerichtete Gaskammer fertiggestellt. Im Dezember fanden die ersten Frauen dort den Tod. Das „sparte" Transporte. Die Verbrennungsöfen des Krematoriums rauchten nahezu ununterbrochen.

Die Antifaschistinnen der illegalen Widerstandsgruppe in Ravensbrück widmeten all denen besondere Aufmerksamkeit, die mit dem Vermerk „Rückkehr unerwünscht" eingeliefert wurden, und deren Gesundheitszustand – wie auch bei Anni Sindermann – sehr schlecht war. „Sie paßten auf, daß ich nicht etwa in irgendeinen ‚Transport' kam", erinnert sich Anni voll Dankbarkeit. „Ilse

Hunger hat dabei, wie andere auch, Großes geleistet". So gelang es schließlich, Anni in der Häftlings-Bekleidungskammer einzusetzen, bei einer Arbeit, die körperlich nicht allzu schwer war. Es ging darum, Häftlingsbekleidung, die aus der Desinfektion kam, zur Wiederverwendung zu sortieren. Hier arbeiteten Frauen aus verschiedenen Ländern, neben deutschen Genossinnen wie Sofie Meier aus Dessau, auch Polinnen, Tschechinnen, Jugoslawinnen. Ihnen verdankte Anni, daß sie durch Dörrobst und -gemüse von einem schweren Durchfall geheilt werden konnte. Und sie selbst tat ihrerseits manches, um anderen zu helfen. Else Sommer, eine Sozialdemokratin, die Anni schon im Dresdner Polizeigefängnis kennengelernt hatte, arbeitete im Gemüsekeller, die Kommunistin Else Eisoldt hatte Verbindung zu den Frauen, die im Kartoffelkeller eingesetzt waren. Beide brachten von den kostbaren Lebensmitteln heimlich einiges beiseite. In der Häftlingskammer stand ein kleines Kanonenöfchen, in dem auch manchmal unbrauchbar gewordene Bekleidung verbrannt wurde. Auf der heißen Ofenplatte kochte Anni aus Kartoffeln und Gemüse ein Essen, das besonders bedürftigen Häftlingen auf geheimen Wegen und, wie bei all diesen Hilfsaktionen, unter Lebensgefahr gebracht wurde. Am Anfang, als Anni noch nicht viel Erfahrung hatte, kam plötzlich eine Aufseherin. Sie sah den Topf, der nicht mehr so schnell beiseite geschafft werden konnte, brach in wüstes Geschimpfe aus und schrie immer wieder: „Wer war das?"

Wenn ich mich nicht melde, gefährde ich die anderen, dachte Anni, und sie trat vor. Ohrfeigen klatschten ihr links und rechts ins Gesicht. Die Aufseherin keifte: „Da habt ihr wieder so ein Kommunistenweib eingeschmuggelt. Die muß raus auf Außenkommando!" Die Gefahr ging dank der Hilfe der Genossin Luise Meier und anderen vorüber, doch Anni wurde von ihren Kameradinnen ernst ermahnt, niemals wieder freiwillig etwas Ähnliches zuzugeben.

Sie haben vielen geholfen, die Frauen aus der Kleiderkammer. Alte und kranke Häftlinge, die von der „Selektion" für den Gastod bedroht waren, wurden unter den Kleiderhaufen verborgen, die Kinder im Lager, trotz des Verbotes der SS, mit zusätzlicher Kleidung versorgt, ebenso wie die sowjetischen Kriegsgefangenen.

„Im Februar 1945 kam Änne Saefkow ins Lager. Ich kannte zwar ihren Mann, doch sie selbst nicht", erinnert sich Anni Sindermann. Änne gehörte seit 1922 der KPD an, eine in vielen Kämpfen bewährte Genossin. In der von ihrem Mann Anton Saefkow, Franz Jacob und Bernhard Bästlein geleiteten antifaschistischen Widerstandsorganisation, die zur operativen Leitung der illegalen KPD gehörte und auch Sozialdemokraten und bürgerliche Hitlergegner in den Kampf einbezogen hatte, erfüllte Änne verantwortungsvolle Aufgaben. 1944, ihre Tochter Bärbel war kaum ein Jahr alt, wurde sie wie ihr Mann und viele andere Mitkämpfer verhaftet. Änne kam zuerst ins Zuchthaus, dann nach Ravensbrück.

Hier lernte Anni Sindermann sie kennen. „Ich war begeistert von ihrer großartigen politischen Einstellung, ihrer festen Überzeugung, daß die Tage des faschistischen Regimes gezählt seien. – Änne mußte dann in der Kommandantur des Lagers arbeiten. Klar, daß wir ihr besonders ordentliche Häftlingskleidung herausgesucht haben. Und da sie sehr abgemagert war, gehörte sie mit zu denen, die wir mit unserem ‚illegalen' Essen versorgten. Als sie später aufs Krankenrevier mußte, weil auch sie unter Durchfall litt und immer weniger wurde, haben wir ihr mit unserer Zusatzdiät über die schlimmste Zeit hinweghelfen können."

Es gab aber auch viele, denen nicht mehr geholfen werden konnte. Jahre später besuchte eine ausländische Delegation die Nationale Mahn- und Gedenkstätte Ravensbrück. Anni begleitete die Gäste. Als sie das Krematorium betraten und vor den Schienen standen, auf denen die Toten in die Verbrennungsöfen geschoben wurden, versagte ihr die Stimme, und sie wandte sich ab. Auch die Mitglieder der Delegation waren erschüttert und stumm geworden.

Es waren die letzten Tage vor der Befreiung, als Anni zum ersten Mal in das Krematorium kam. Gemeinsam mit anderen Häftlingen trug sie Waschkörbe mit Papieren, Zeugnissen des Terrors, die nun auf Anweisung der SS dort verbrannt werden sollten. Es waren nur Karteikarten, die sie auf die Schienen luden, um sie dann in den Ofen zu schieben. Aber sie dachten daran, wieviele Frauen, alte und junge, und unschuldige Kinder hier verbrannt worden waren – das Leid um diese Leben, der Haß auf die Mörder zerriß ihnen das Herz.

Ende April war Anni in einer der Häftlingskolonnen auf dem Todesmarsch, der sich in Richtung Westen über die Straßen bewegte. Mit letzter Kraft – wer zusammenbrach, wurde von der SS-Wachmannschaft erschossen – schleppten sich die Frauen vorwärts. Die Rote Armee kam immer näher, immer mehr SS-Leute verschwanden, und so konnten viele der Ravensbrückerinnen doch noch fliehen. Anni kam bis Röbel, wo sie von einem mitleidigen Ehepaar aufgenommen und fürs erste versorgt wurde. Als der Krieg zu Ende war, führte ihr Weg sie über die Trümmerwüste Berlin in die Trümmerwüste Dresden. Mit Mühe fand sie ihre Mutter, und ihr Töchterchen schloß sie weinend in die Arme. Tief und bitter war der Schmerz, als sie Wochen später erfuhr, daß ihr Mann noch im März 1945 von der Gestapo erschossen worden war.

Doch dann griff das neue Leben nach ihr. Sie träumte davon, einen Beruf zu erlernen, nie mehr, wie zuvor, nur „ungelernte" Arbeiterin zu sein. Vielleicht, so dachte sie, könnte sie auch Richterin werden, um endlich dem wahren Recht zum Sieg zu verhelfen über alles Alte, über alles Böse, was der Faschismus im deutschen Volk zurückgelassen, was er ihm angetan hatte. Doch wie von Kindesbeinen an gewohnt, schob sie schließlich alle Träume beiseite und folgte dem Auftrag der Partei, die ihr sagte: Du hast viel Erfahrung in der Arbeit mit den Massen, du wirst in der Gewerkschaft tätig sein. War sie enttäuscht, unzufrieden? Heute sagt sie: „Ich habe gerne Gewerkschaftsarbeit gemacht. Man ist doch immer mit den Menschen, den Werktätigen verbunden, muß sie überzeugen ..."

Sie hatte viel zu überzeugen in jenen ersten Jahren, seit sie 1945 Mitbegründerin des Freien Deutschen Gewerkschaftsbundes in Dresden wurde.

Wie mit dem Zusammenschluß der beiden Arbeiterparteien – sie war Delegierte des Vereinigungsparteitages der SED im Land Sachsen – und mit der Gründung einheitlicher, freier Gewerkschaften die Zersplitterung der Kräfte in der Weimarer Republik überwunden wurde, so geschah es auch in der Industriegewerkschaft Graphisches Gewerbe und Papierverarbeitung. Hier, in der späteren IG Druck und Papier, fand sie ihr spezielles Arbeitsfeld. Anni Sindermann zählt an den Fingern her, daß vor 1933 die Buchdrucker, die Buchbinder und Papierverarbeiter, die Lithographen und Steindrucker und die graphischen Hilfsarbeiter je einen eigenen Gewerkschaftsverband und dazu noch viele Sparten hatten. „Jetzt waren alle in einer Industriegewerkschaft vereint, das vervielfachte die Kraft."

Als sie ihre hauptamtliche Tätigkeit als Sekretär im Landesvorstand der IG Graphisches Gewerbe begann, war sie für Sozialpolitik und die Arbeit mit den Frauen verantwortlich. Und das war ein weites Feld. In der graphischen und papierverarbeitenden Industrie waren viele Frauen tätig, meist jedoch als un- oder angelernte Arbeiterinnen, und ihr Lohn war nur halb so hoch wie der der Männer. Da kam im August 1946 der Befehl 253 der Sowjetischen Militäradministration, der gleichen Lohn für gleiche Arbeit verfügte – ein Ziel, für das sie auch schon vor 1933 gekämpft hatte. Um diese Forderung entbrannten heiße Diskussionen, viele Auseinandersetzungen waren zu bestehen mit alten Auffassungen. „Wir begannen zugleich mit der Diskussion darüber, daß sich die Frauen qualifizieren müssen. Auch gab es manchen Widerspruch von Seiten der berufsstolzen Männer." Kein Wunder, auch Friedel Malter hat aus jener Zeit berichtet: „... So erklärte mir der Vorsitzende der IG Graphisches Gewerbe allen Ernstes, Frauen können nie Drucker oder Schriftsetzer sein, da es ihnen an Konzentrationsfähigkeit mangele."

Die Zeit und die Frauen selbst haben diese Auffassungen längst widerlegt. Auch von Anni wurde in den folgenden Jahren viel Konzentrationsfähigkeit und Leistung verlangt. Nach einem Lehrgang an der Gewerkschaftshochschule übersiedelte sie mit ihrer Tochter und ihrer Mutter nach Berlin, um im Zentralvorstand der IG Druck und Papier zuerst als Sekretär, dann sieben Jahre als Stellvertretende Vorsitzende des Zentralvorstandes und in weiteren leitenden Funktionen zu arbeiten.

Sie vermag nicht mehr zu zählen, wie oft sie unterwegs war. In Betrieben, auf Gewerkschaftskonferenzen, bei den Werktätigen am Arbeitsplatz hatte ihr Wort Gewicht. Zunächst ging es darum, die Menschen von dem grundlegend neuen Charakter der Gewerkschaftsarbeit zu überzeugen. Im volkseigenen Betrieb für die Rechte der Arbeiter einzutreten, hieß besser arbeiten, die Leistungen steigern, hieß schließlich sozialistischer Wettbewerb im Interesse des einzelnen und der ganzen Gesellschaft. Anni Sindermann hat zu diesem großen Umdenkungsprozeß ihr gutes Teil beigetragen. Der Bogen ihrer Tätigkeit war weit gespannt. Sie vertrat ihre Gewerkschaft auf internationalen Konferenzen und setzte sich ebenso in ihrer Hausgemeinschaft für die Belange der Nachbarn im Wohnbezirk ein.

Doch bei aller Vielfalt ihrer beruflichen und gesellschaftlichen Tätigkeit – Ravensbrück hat sie nie losgelassen. Seit sie vor Jahren von Emmy Handke die Leitung der Lagerarbeitsgemeinschaft Ravensbrück in der DDR übernahm, ist sie viele Male an den Ort der Leiden, der heute Nationale Mahn- und Gedenkstätte ist, zurückgekehrt, hat Delegationen aus dem Ausland hindurchgeführt, Kinder in Jugendstunden mit der Vergangenheit vertraut gemacht und auf Jugendweihefeiern gesprochen.

Es war wie ein Fazit ihres ganzen Lebens, als sie bei der Vereidigung junger Soldaten der Nationalen Volksarmee in Ravensbrück sagte: „Trotz schwerster Bedingungen haben die Frauen auch hier weitergekämpft. Man konnte uns demütigen, quälen, mit dem Tod bedrohen, aber immer waren wir unseren Peinigern geistig und moralisch überlegen und schließlich doch die Stärkeren."

L. T.-H.

Und immer klang Musik in ihr
Hildeburg Späth

Ich will die letzten Tage noch recht bewußt erleben und mir so viel wie möglich von hier oben mit hinunter nehmen. Auf daß mich der Alltag stärker denn je findet.

HILDEBURG WEINERT [SPÄTH]
Tagebuchaufzeichnung
am 2. 9. 1942 „in den Bergen"

Ich lernte Hildeburg Späth anläßlich eines Kolloquiums kennen, zu dem die Pädagogische Hochschule „Clara Zetkin" Leipzig am 6. Mai 1984 eingeladen hatte und das unter dem Thema stand „Faschistische Frauenkonzentrationslager". Hildeburg Späth, eine kleine, zierliche Frau, sprach als einzige Zeugin über ihre Zeit in den Konzentrationslagern Lichtenburg und Ravensbrück. „Es ist höchste Zeit, mit Hilfe noch lebender Zeugen über die faschistischen Frauenkonzentrationslager zu forschen; es sind nicht mehr viele von uns da", begann sie. Ihr Beitrag bewegte mich sehr.

Hildeburg Späth gehört zu jenen Frauen, die ihre Jahre zwischen 25 und 30 hinter Gefängnismauern und in Konzentrationslagern verbrachten. Ihr konsequenter Weg begann sehr früh im Elternhaus mit einem politisch aktiven Vater *und* mit einer politisch aktiven Mutter, die ihrer Frauengeneration weit voraus war.

Als neuntes Kind der Familie Weiß wurde Hildeburg am 2. Mai 1911 in Potschappel/Freital bei Dresden geboren. Die Mutter, Johanna Weiß, geborene La Fleur, war eine einfache proletarische Frau, die es nicht leicht gehabt hat. Elf Kinder hatte sie geboren, die ersten beiden starben nach der Geburt. Hildeburgs Mutter konzentrierte sich aber nicht allein auf Haushalt und Familie. Sie interessierte sich für alles Politische und war selbst aktiv. Noch vor dem ersten Weltkrieg hatte sie um Aufnahme in die SPD gebeten, besuchte Versammlungen und ließ sich dabei nicht von der Polizei erschrecken, die Frauen aus den Versammlungen entfernte, weil es durch das Reichsvereinsgesetz bis 1908 Frauen verboten war, politische Versammlungen zu besuchen. Im Gegenteil: Johanna Weiß sprach selbst vor Arbeiterfrauen, trat für die Gleichberechtigung ein. Zu Hause berichtete sie dann: „Mein größter Erfolg ist, wenn bei meiner Rede die Frauen ihr Strickzeug sinken lassen."

„Montag war ihr Tag. Da ließ sie Haushalt Haushalt sein, da las sie. Meine Mutter vertrat den Standpunkt: Man muß als Frau sein Recht auf Persönlichkeit in Anspruch nehmen, man darf ruhig einmal den Staub liegen lassen", erzählt Hildeburg Späth begeistert. „Sie hat uns Kinder angehalten zum Lernen und war selbst im Arbeiterbildungsverein. Wenn sie ins Theater ging, hat sie sich abends bei der Petroleumlampe hingesetzt und die Handlungsorte der Stücke auf dem Atlas gesucht ... Meine Mutter war und ist mir Vorbild."

Karl Weiß, Hildeburgs Vater, war gelernter Steinbildhauer. Durch sein politisches Engagement geriet er sehr häufig mit der kaiserlichen Staatsgewalt in Konflikt, weshalb er mehrfach mit seiner Familie die Wohnorte wechseln mußte. Schon vor 1900 betätigt sich Karl Weiß mit großem Einsatz in der sozialdemokratischen Arbeiterbewegung. Er ist Mitglied der SPD und aktiver Funktionär der Gewerkschaft. In Dresden wirkte er als Redakteur der „Unabhängigen Volkszeitung".

1919 zog die Familie nach Leipzig, weil Karl Weiß hier zunächst die Stelle des Sekretärs für Arbeitsrecht beim Gewerkschaftsbund der Angestellten übertragen bekam und anschließend zum Personalleiter im Leipziger Konsumverein berufen wurde. Er wird sehr krank und stirbt am 2. Oktober 1922 an Tuberkulose. Jetzt kämpfte die Mutter zusammen mit Hildes erwachsenen Brüdern – Erwin, Heinz, Rudolf und Fritz –, die ebenfalls in der KPD oder SPD organisiert sind, in der sozialistischen Bewegung weiter, so daß sie auf diesem Wege die Haltung der Schwester beeinflussen.

Im vorletzten Jahr des ersten Weltkrieges, als „die Schule nach ihrem Gesamtcharakter ein politisches Propagandamittel für den Krieg, ein Hilfsmittel für die Kriegswirtschaft, ein Werkzeug für den Krieg" darstellte, wie es Karl Liebknecht 1916 im Preußischen Landtag ausgesprochen hatte, begann für Hildeburg Weiß die Zeit in der sogenannten Volksschule im Freitaler Stadtteil Gittersee-Birkigt. Obwohl sie häufig genug den Unmut der Lehrer erregte – aufgrund der atheistischen Erziehung nicht am Religionsunterricht teilnahm, am 1. Mai von den Eltern nicht zur Schule geschickt wurde, ja sogar mit ihrer Kindergruppe gegen die Prügelstrafe sowie andere Schikanen an den bürgerlichen Schulen demonstrierte, allgemein als „Rote" galt –, zählte sie immer zu den besten Schülerinnen ihrer Klasse. In der Erinnerung an ihre Schulzeit denkt Hildeburg Späth besonders gern an den 1. Mai, der, zwar polizeilich behindert und verboten, auch in den Jahren des ersten Weltkrieges von der revolutionären Arbeiterklasse meist illegal als Kampftag begangen wurde, jedoch erst nach der Novemberrevolution in Sachsen als gesetzlicher Feiertag galt. Für die Familie Weiß war der 1. Mai aber schon vor 1920 der höchste Feiertag des ganzen Jahres. An diesem Tag gab es trotz des kargen Einkommens des Vaters neue Kleidungsstücke, z.B. neue Schuhe, eine Bluse. „Vormittags gingen wir Kinder mit unseren Eltern zur Demonstration auf die Straße. Nachmittags trafen wir uns mit den Genossen, machten es uns gemütlich, aber vor allem sangen wir Kampf- und Volkslieder ... ‚Brüder zur Sonne, zur Freiheit', ‚Die Gedanken sind frei', ‚Das Banner steht' und das Lieblingslied meines Vaters ‚Ein Sohn des Volkes will ich sein und bleiben'."

Ebensolche Höhepunkte waren die Jugendweihen ihrer älteren Geschwister nach achtjähriger Schulzeit, bei denen der Vater die Ansprachen hielt. Hildes Jugendweihe wurde am 25. März 1925 gefeiert, am Sonntag Judika, also eine Woche vor Palmarum, dem in jener Zeit üblichen Konfirmationstag. Nur zwei oder drei Mitschülerinnen der Klasse nahmen gleichfalls an der Jugendweihe teil. Hilde durfte sich etwas wünschen: ein Kleid oder einen Mantel, und sie wünschte sich ein weißes Kleid, das die Schwester für sie nähte. Der Lehrer Rudolf Hartig hielt die Festrede. Er war KPD-Mitglied und mit Johanna Weiß im Hauptvorstand der proletarischen Freidenker in Leipzig. „Nachmittags wurde zusammen mit einer anderen Familie Kaffee getrunken und Aschkuchen – ein Hefekuchen – gegessen. Abends gab es Kartoffelsalat – ein Festessen etwa vier Mal im Jahr… Es war ein wunderschöner Tag“, an den Hildeburg gern zurückdenkt.

Der Wunsch des begabten musischen Mädchens, nach der Schulentlassung ein Musik- oder Literaturstudium aufzunehmen, mußte unerfüllt bleiben, denn die Mutter war nicht in der Lage, für eine weitere Schulbildung und ein Studium die Gebühren aufzubringen. Doch sie erhielt für die Tochter eine Lehrstelle als Verkäuferin. Hilde zählte inzwischen zu den aktiven Mitgliedern des Kommunistischen Jugendverbandes und der proletarischen Freidenkerjugend. Sie wollten nach dem Vorbild von Rosa Luxemburg und Karl Liebknecht handeln. Doch für Hilde kam noch etwas anderes hinzu. Ein besonderes Erlebnis prägte sich tief in Herz und Hirn bei ihr und den Geschwistern ein: Ihre Mutter erhielt als führende Funktionärin der proletarischen Freidenkerbewegung 1926 eine Delegierung in die Sowjetunion, wo sie u.a. mit Clara Zetkin und Nadeshda Krupskaja zusammentraf. Bei ihrer Rückkehr bereiteten viele Leipziger, vor allem Jugendliche, Johanna Weiß und dem Genossen Fritz Simonis einen herzlichen Empfang. Sie sprach noch auf dem Bahnhof. Verändert hatte sie sich. Die langen Haare waren kurz geschnitten, so wie sie viele junge Frauen trugen, mit denen sie in der Sowjetunion zusammentreffen konnte, und sie hatte die vielfältigsten Eindrücke gesammelt. Hilde war erfreut über ihre Mutter, sie war jetzt noch mehr ihr Vorbild, weil sie die Massen für die Freundschaft zur Sowjetunion begeistern konnte. So ließ sich die Tochter nicht nur auch sofort die Zöpfe abschneiden, sondern organisierte gemeinsam mit anderen Jungen und Mädchen Zusammenkünfte, in denen über Ursachen von Kriegen, über den Kampf gegen Krieg und Imperialismus heftig diskutiert wurde und mancher Jugendliche für die politische Arbeit gewonnen werden konnte. Mit besonderem Engagement bereiteten Hildeburg und ihre Jugendgenossen den 5. Reichsjugendtag des Kommunistischen Jugendverbandes Deutschlands vor, der am Ostersonntag 1930 in Leipzig stattfand und an den sich Hildeburg Späth gut erinnert: „Da galt es Geld zu sammeln – der Staat gab schließlich nichts dazu –, da mußten Quartiere besorgt werden. Treppauf, treppab zogen wir, Sonntag für Sonntag, klingelten an unzähligen Türen und fanden auch Verständnis, besonders bei den Arbeiterfamilien. Trotz Arbeitslosigkeit und Hunger konnten wir schließlich für die Delegierten aus allen Teilen des Landes Zehntausende Unterkünfte beschaffen, uns so als gute Gastgeber erweisen. Bei uns zu Hause … schliefen vier Gäste. Am Sonntagmorgen erfreute meine Mutter uns alle mit Buletten und Kartoffelsalat.“ Ernst Thäl-

Anni Sindermann

17. Februar 1912

Moskauer Textilarbeiterinnen mit ihrem Gast zum Internationalen Frauentag 1930. In der Mitte Anni mit rundem weißen Kragen

Wahlagitation für die KPD Anfang der 30er Jahre. Anni auf dem Dach des Fahrerhauses (2. v. links)

Auf einem Lehrgang in der damaligen Parteischule Fichtenau (Anni ganz rechts, sitzend)

1949: Tochter Inge ist eingeschult worden

Mitte links: Anni unterzeichnet 1953 als leitende Gewerkschaftsfunktionärin einen Tarifvertrag mit einem Privatbetrieb

Mitte rechts: Und immer wieder mit jungen Menschen in Ravensbrück. Leid und Kampf müssen unvergessen bleiben

Die Häftlingsnummer – aufbewahrt bis heute

Links: Internationale Großkundgebung zum 40. Jahrestag der Befreiung von Ravensbrück 1985. Erste Reihe: Österreichische und sowjetische Frauen

Hildeburg Späth
2. Mai 1911

Oben: Hildeburg in der 3. Volksschulklasse 1922 (2. R. v. oben, 5. v. links)

Mitte links: Vor dem Gothaer Schloß mit Erich Weinert 1929

Mitte rechts: Hilde (rechts) 1926 auf einer Schulung des KJVD

Unten: Hildeburg Weinert (o. R., 5. v. links) als Mitglied einer Agit-Prop-Gruppe in Kassel

Johanna Weiß – die Mutter von Hildeburg (unten rechts) – neben Clara Zetkin in Moskau, November 1927

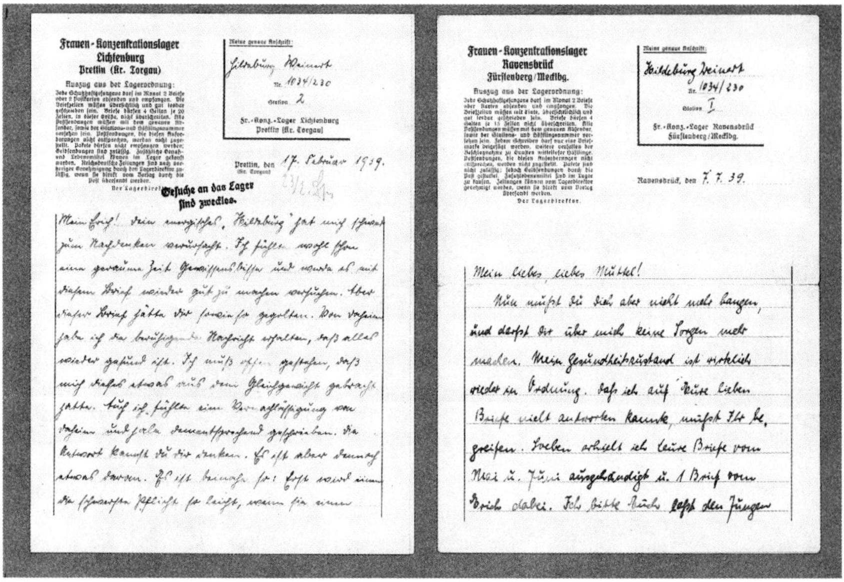

Frauen-Konzentrationslager
Lichtenburg
Prettin (Kr. Torgau)

Auszug aus der Lagerordnung:
Jede Schutzhaftgefangene darf im Monat 2 Briefe oder 2 Postkarten absenden und empfangen. Die Briefzeilen müssen übersichtlich und gut lesbar geschrieben sein. Briefe dürfen 4 Seiten je 20 Zeilen, in dieser Größe, nicht überschreiten. Alle Postsendungen müssen mit dem genauen Absender, sowie der Stations- und Häftlingsnummer versehen sein. Postsendungen, die diesen Anforderungen nicht entsprechen, werden nicht zugestellt. Pakete dürfen nicht empfangen werden; Geldsendungen sind zulässig. Zusätzliche Genuß- und Lebensmittel können im Lager gekauft werden. Reichsdeutsche Zeitungen sind nach vorheriger Genehmigung durch den Lagerdirektor zulässig, wenn sie direkt vom Verlag durch die Post übersandt werden.
Der Lagerdirektor.

Gesuche an das Lager sind zwecklos.

Meine genaue Anschrift:
Hildeburg Weinert
Nr. 1034/230
Station 2
Fr.-Konz.-Lager Lichtenburg
Prettin (Kr. Torgau)

Prettin, den 17. Februar 1939.
(Kr. Torgau)

Mein Erich! Dein einziges „Hildeburg" hat mich schwer zum Nachdenken veranlaßt. Ich fühlte wohl schon eine geraume Zeit Gewissensbisse und wollte es mit diesem Brief wieder gut zu machen versuchen. Aber dieser Brief hätte dir sowieso gegolten. Von daheim habe ich die beruhigende Nachricht erhalten, daß alles wieder gesund ist. Ich muß offen gestehen, daß mich dieses etwas aus dem Gleichgewicht gebracht hatte. Auch ich fühlte eine Vernachlässigung von daheim und habe dementsprechend geschrieben. Die Antwort kannst du dir denken. Es ist aber dennoch etwas daran. Es ist beinahe so: Es wird einem die schwerste Pflicht so leicht, wenn sie einem

Frauen-Konzentrationslager
Ravensbrück
Fürstenberg/Mecklbg.

Auszug aus der Lagerordnung:
Jede Schutzhaftgefangene darf im Monat 2 Briefe oder Karten absenden und empfangen. Die Briefzeilen müssen mit Tinte, übersichtlich und gut lesbar geschrieben sein. Briefe dürfen 4 Seiten je 15 Zeilen nicht überschreiten. Alle Postsendungen müssen mit dem genauen Absender, sowie der Stations- und Häftlingsnummer versehen sein. Jedem Schreiben darf nur eine Briefmarke beigefügt werden, weitere verfallen der Beschlagnahme zu Gunsten mittelloser Häftlinge. Postsendungen, die diesen Anforderungen nicht entsprechen, werden nicht zugestellt. Pakete sind nicht zulässig; jedoch Geldsendungen durch die Post gestattet. Zusatzlebensmittel sind im Lager zu kaufen. Zeitungen können vom Lagerdirektor genehmigt werden, wenn sie direkt vom Verlag übersandt werden.
Der Lagerdirektor.

Meine genaue Anschrift:
Hildeburg Weinert
Nr. 1034/230
Station I
Fr.-Konz.-Lager Ravensbrück
Fürstenberg/Mecklbg.

Ravensbrück, den 7. 7. 39.

Mein liebes, liebes Muttel!
Nun mußt du dich aber nicht mehr bangen, und darfst dir über mich keine Sorgen mehr machen. Mein Gesundheitszustand ist wirklich wieder in Ordnung. Daß ich auf Eure lieben Briefe nicht antworten konnte, müßt Ihr begreifen. Soeben erhielt ich Eure Briefe vom Mai u. Juni ausgehändigt u. 1 Brief vom Erich dabei. Ich bitte Euch laßt den Jungen

Briefe an die beiden nächsten Angehörigen aus den KZ Lichtenburg und Ravensbrück

Im Sommer 1940

Oben:
Als Kulturdirektorin der Leipziger Wollkämmerei 1950

Hildeburg und Ewald Späth mit ihren Kindern Renate und Michael 1966

Beim 70. Geburtstag des jüngsten Bruders, Manfred Weiß (rechts), 1985 in Gotha

Dr. sc. Rita Sprengel
6. Januar 1907

Die Familie in Tilsit 1911, Rita auf dem Schoß ihres Vaters Ernst Bolck

Oben rechts: Ritas Paßbild im Führerschein von 1938

Mitte: Auszeichnung mit der „Verdienstmedaille der DDR“ 1969

Unten: Zu Besuch bei sowjetischen Kameradinnen 1977, rechts: Maja Djechterova

Rosa Thälmann
27. März 1890 – 21. September 1962

Schwere Arbeit leistete Rosa Thälmann (vorn links) im ersten Weltkrieg auf einem Holzplatz

Ernst und Rosa um 1919

Von allen seinen Reisen sandte Ernst Thälmann Grüße an Frau und Tochter – hier aus München und Moskau

Rosa (Mitte) nach der Befreiung mit sowjetischen Freunden in Rahnsdorf. Ganz rechts Irma Thälmann

Mit polnischen Freundinnen 1949 in Ravensbrück

Unten: Weihnachtsfeier im Berliner Haus der Jungen Pioniere. An Rosas Seite Wilhelm Pieck

Treffen mit sowjetischen Frauen. Rosa Thälmann (2. v. links), Trude Marx (2. v. rechts)

Freundschaftliche Runde bei Trude Marx (1. v. rechts), Rosa Thälmann (2. v. links)

Internationales Treffen zum 10. Jahrestag der Befreiung des KZ Ravensbrück 1955. Erste Reihe (v. l. n. r.) Emmy Handke, Rosa Thälmann, Renée Laval, Elsa Fugger, Marga Jung, Anni Sindermann

Lisa Ullrich

12. August 1900 – 5. Juni 1986

Oben: Lisa 1903

Mitte links: Die Ullrichs in Odessa, um 1910, Lisa stehend

Mitte rechts: Als Neunzehnjährige

Ein Paßbild von der Reichstags-abgeordneten Lisa Ullrich 1932

Lisas Parteidokumente aus dem Jahr 1945

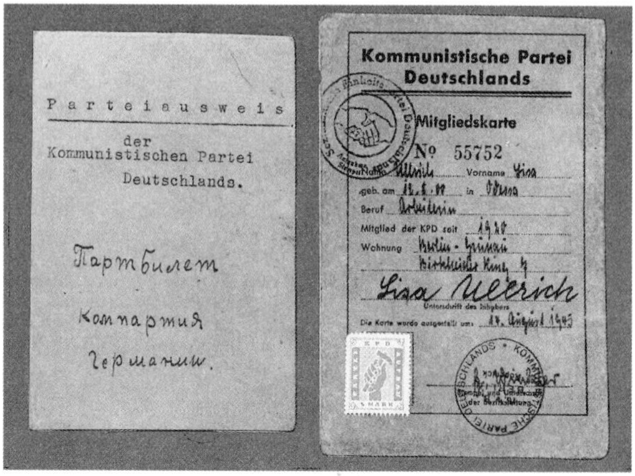

Mitte links:
Leiterin der Abteilung „Mutter und Kind" 1945

Mitte rechts:
Guy Poirot, im KZ Ravensbrück geboren, von Lisa u. a. gerettet, kam 1975 zur Gedenkfeier mit seiner Familie nach Ravensbrück

Die ehemalige sowjetische Zwangsarbeiterin, J. A. Lupalowa, besuchte Lisa zum 85. Geburtstag

mann sprach zu den Jugendlichen. „Er sprach nicht lange zu uns, doch was er sagte, blieb hängen in den Köpfen. Er war sehr beliebt bei uns Jungkommunisten, er war unser Teddy. Die Demonstration wurde schließlich von der Polizei niedergeprügelt, die roten Fahnen rissen sie herunter. Die Erlebnisse aber, das Gefühl zu wissen, wie viele wir waren, konnte uns keiner nehmen."

1927 hatten sich beim 3. Reichsjugendtag des Kommunistischen Jugendverbandes in Chemnitz Hildeburg Weiß und Erich Weinert, ein kaufmännischer Angestellter aus Kassel, kennengelernt. Etwa 400 Briefe, die später von der Gestapo beschlagnahmt wurden, gingen zwischen Leipzig und Kassel hin und her. Briefe, die nicht nur die immer enger werdende Bindung der beiden bezeugten, die ebenso politische Themen zum Inhalt hatten. So schrieb die zwanzigjährige Hildeburg wenige Monate nachdem sie ihn kennengelernt hatte, an Erich: „Ich weiß, daß ich mit 20 Jahren wohl dem Papier nach Staatsbürger (doch nicht wahlberechtigt) bin, aber niemals dafür sorgen werde, diesen Staat zu schützen! Hab ich Recht, mich für einen kapitalistischen Staat aufzuopfern? Nein! Mein Bestreben wird sein, recht aktiv mich daran zu beteiligen, um diesen Staat endgültig zu stürzen!" Sie sei im übrigen der Meinung, daß es notwendig ist, mit den Genossen unter 20 Jahren über die „Staatsbürger"-Anerkennung mit der Vollendung des 20. Lebensjahres zu diskutieren, um eine frühere Wahlberechtigung zu erkämpfen.

Am 1. April 1931 heiraten Hildeburg und Erich in Kassel. Für uns heute eine merkwürdige Hochzeit: Da gab es keine Feier, es gab außer einem Mop und einem Bettuch keine Geschenke, es gab keine Gäste. Doch am Abend zuvor fand eine Versammlung statt. Das junge Paar nahm diese Zusammenkunft zum Anlaß, in die KPD einzutreten und sich gleichzeitig den Genossen als vermähltes Paar vorzustellen. Welch eine Überraschung! Gemeinsam zu leben und gemeinsam zu kämpfen, galt beiden als oberstes Gebot ihres Bundes, dieser Schwur sollte an jenem Tage auch mit dem Besitz des Parteibuches dokumentiert werden.

Die gemeinsame Zeit in Kassel ist nur kurz. Ihre Bemühungen um die Fortsetzung der Parteiarbeit nach dem Verbot der KPD durch die Nazis werden aufgedeckt und am 23. Juli 1935 zunächst Erich wegen Tätigkeiten „zur Vorbereitung des Hochverrats ... und Verbreitung von Schriften" verhaftet und in Untersuchungshaft im Gerichtsgefängnis Kassel genommen. Beinahe noch ein Jahr kann Hildeburg neben ihrer oft unterbrochenen beruflichen Tätigkeit als Verkäuferin die verbotenen Aktivitäten ohne ihren Mann fortsetzen. Aber sie darf ihn kein einziges Mal sehen. Oftmals überkommt sie unendliche Trauer, Verzweiflung über die lange Einsamkeit; beginnt sie den Brief vom 1. August 1936 an Erich: „Mein Liebster! Wieder ein Monat weniger von unserem Alleinsein! Nur wissen wir noch nicht von welcher Zeit. So zählt man Tag für Tag und Woche für Woche. Einmal jedoch muß auch dieses ein Ende haben ..." Am 7. August 1936 verhaftet die faschistische Polizei Hildeburg morgens um 7 Uhr in ihrer Wohnung. Im ersten Brief an die Mutter und Geschwister in Leipzig vom 10. August schreibt sie: „Am Freitag, dem 7. 8. 1936, bin ich verhaftet worden, und am Sonnabend in das Haus, wo mein lieber Mann nun schon 1 Jahr auf die Entscheidung wartet, eingeliefert worden. Ja, es war schwer!" Die Nazijustiz läßt auch Hildeburg warten, aber sie will sich dadurch keinesfalls aufgeben: „Nun ist ein Vierteljahr meiner Haft vorüber, und noch immer herrscht Ungewißheit über mein und Erichs Schicksal. Wie oft lege ich mir am Tage die Frage vor: ‚Wie lange noch?' Aber trotzdem ist mein Wille zum Leben nicht gebrochen, und ich habe den festen Vorsatz, gesund dieses Haus hier zu verlassen", schreibt sie am 10. November 1936 nach Leipzig. 21 Wochen ist sie inzwischen ohne eine Nachricht von Erich!

Zusammen mit Käthe Stahl und dem verlobten Paar Wilhelmine Müller und Karl Braunroth wird sie am 21. Dezember 1936 angeklagt, „zu Kassel und Umgebung in den Jahren 1933 bis 1935 fortgesetzt handelnd, das hochverräterische Unternehmen, mit Gewalt die Verfassung des Reichs zu ändern, durch Fortsetzung des verbotenen ‚Kommunistischen Jugendverbandes Deutschlands' und durch Hingabe und Empfang von Geldbeträgen, die für illegale Zwecke bestimmt waren, vorbereitet und die Tat darauf gerichtet zu haben, zur Vorbereitung eines Hochverrats einen organisatorischen Zusammenhalt herzustellen und aufrechtzuerhalten". Die Anklageschrift weist für Hilde aus, daß sie sowohl auf Fahrten und Wanderungen, die der als „Freundeskreis" getarnte Kommunistische Jugendverband durchführte und an denen sie regelmäßig teilnahm, als auch auf den Zusammenkünften in den Wohnungen ihre kommunistischen Ideen „mit besonderem Fanatismus" vertrat. Da sie immer wieder erklärt, sie habe zwar an solchen Treffen teilgenommen, könne sich aber an einzelne Vorkommnisse nicht mehr genau erinnern, wird ihr in der Anklageschrift wiederholt bestätigt, eine „fanatische Kommunistin" zu sein, „weil sie sich streng an die von der illegalen KPD herausgegebenen Regeln für die Verteidigung vor Gericht" halte.

Für die Angeklagte wird zunächst die Fortdauer der Untersuchungshaft beschlossen. Im Verlauf eines erneuten Prozesses am 16. Februar 1937 kann ihr eine Spende von zehn Pfennigen für die „Rote Hilfe" nachgewiesen werden; daraufhin beantragt das Gericht für Hildeburg Weinert zwei Jahre Gefängnis. – Nach ihrem Prozeß hatte sie erfahren, daß Erich dabei als Zeuge gehört werden sollte. Aber die Hoffnung, ihn dann endlich wiederzusehen, zerschlug sich, weil der Staatsanwalt der Meinung war, dieses „Theater" könne man sich ersparen.

Nachdem das Urteil über sie gefällt ist und Hilde weiß, daß sie nach Düsseldorf „verlegt" wird, versucht sie beim Gefängnisdirektor einen Besuch bei ihrem Mann durchzusetzen, dem wenige Tage vor ihrer Abreise sogar stattgegeben wird. Die beiden Gefangenen sind jedoch nicht mehr im gleichen Haus. Erich ist im Zuchthaus Wehlheiden. Hilde wird mit dem Auto dorthin gefahren, und „heimwärts" muß sie, von zwei Polizisten „eskortiert", durch Kassel laufen. Sie späht nach einem ihr bekannten Gesicht, aber vergebens. Einige Wochen später schreibt sie darüber: „... (es) kam mir vor, als wäre ich gar nicht Ich, sondern etwas ganz anderes, und das Leben und Treiben ging mich gar nichts an. In mir war aber auch jegliches Gefühl für alle die Dinge draußen tot!" – Nur für eine halbe Stunde konnte sie Erich sehen und sprechen; zum Abschied durfte sie ihm noch nicht einmal die Hand reichen – ein Fliegengitterfenster lag zwischen ihnen. – Hilde hatte gleichfalls um eine Verlegung nach Sachsen ersucht, was aber mit der Begründung abgelehnt wurde, das ginge „wegen Verwaltungskosten" nicht.

Am 14. März dann schreibt die „Strafgefangene Weinert" aus der Einzelzelle 7 des Düsseldorfer Gefängnisses in der Ulmer Straße, der sogenannten Ulmer Höh', an ihre Mutter und Geschwister: „Ich bin wie durcheinander geworden und kann mich noch gar nicht zurecht finden in meine unabänderliche Lage. Aber habt keine Sorgen, auch dieser Zustand wird vorübergehen ... Ich werde arbeiten! Arbeiten, nichts als arbeiten, um mein schweres Los ertragen zu können."

Nach vier Wochen – so wie es die Gefängnisordnung vorsieht – bekundet sie in einem zweiten Brief nach Leipzig, daß es „reichlich Arbeit" gäbe und sie sich jetzt als „alte Hilde" melden könne, die sich an das Alleinsein gewöhnt habe und zuversichtlich sei. Sie habe sogar manchen Abend in ihrer Zelle gesungen, erinnert sich Hildeburg Späth heute, angeregt durch ein Konzert und den Gesang von Kindern am Ostermorgen nach ihrer Überstellung in die „Ulmer Höh". Von diesem sie so überwältigenden Ereignis hat sie der Mutter sowie den Schwestern und Brüdern unmittelbar nach dem April-Brief berichten können: „Ich sitze in meiner Ecke, schaue zum Fenster hinaus, wo ich gerade noch die starren Äste eines Apfelbaumes sehen kann. Kalt, unfreundlich, das war das Frühlingsfest. Und auf einmal war ich bis ins tiefste Herz erschrocken. Musik! – Musik in diesem Haus, was vom vielen Leid gezeichnet ist. Könnt Ihr das ermessen, ich, die ich so sehr nach guter Musik hungerte, nach 8 Monaten höre ich (aus einem Lautsprecher) ein prachtvolles Sinfoniekonzert am Ostermorgen. Und dann sangen Kinder: ‚Nun will der Lenz uns grüßen!' Ich war seelisch erschüttert, doch dann wuchs die Freude hervor, und ich lauschte und lauschte ... ein Gruß von der Welt da draußen ..."

Hier in der Zelle 7 flickt Hildeburg Tag für Tag Männerhemden, hat sie sich mit der Nähmaschine vertraut gemacht, ja geradezu angefreundet, weil sie dadurch weitestgehend von dem widerlichen Zupfen von Roßhaar oder Lumpen verschont bleibt. Nur sonntags darf nicht gearbeitet werden. Da besuchen die meisten Gefangenen den Gefängnis-„Gottesdienst". Hildeburg Weinert und Änne Kassing – die Nachbarin in der Zelle 6 – sind nicht dabei. Nur einmal läßt sich Hilde zu einem Kirchgang überreden, weil eine Kameradin ihr dort in der Gefängniskirche ein so begehrtes Stück Seife übergeben will. Dadurch kommt sie mit dem Anstaltspfarrer ins Gespräch, der sie, eine Dissidentin – so prangt es an der Zellentür – in ihrer Zelle besucht. Unmißverständlich bringt sie ihm gegenüber den Standpunkt ihrer Weltanschauung zum Ausdruck. In den folgenden Wochen versorgt der Pfarrer Hilde wiederholt mit zusätzlichen Büchern, die nicht aus der Gefängnisbibliothek stammen. Die Anstaltsleitung erlaubt zwei Bücher in der Woche aus der Bibliothek, unter ihnen das Machwerk des faschistischen Ideologen Alfred Rosenberg „Der Mythus des 20. Jahrhunderts“, eine Selbstdarstellung der Nazi-„Weltanschauung“. Hilde liest alles, was ihr als „Pflichtlektüre“ gebracht wird, denn die abendliche Langeweile wäre sonst zu groß.

„Nächstes Jahr am 16. August 12.45 Uhr darf jemand draußen stehen und mich erwarten“, hatte sie ebenfalls im April-Brief 1937 an die Mutter und die Geschwister geschrieben. Nach zweijähriger Einzelhaft öffnen sich für Hildeburg Weinert auch am 16. August 1938 die Gefängnistüren, aber es geht nicht in die „Freiheit“. Hilde wird zum Düsseldorfer Polizeipräsidium gebracht , wo die Gestapo die junge Kommunistin zum „Staatsfeind Nr. 1“ erklärt, der weiterhin in „Schutzhaft“ zu nehmen ist.

Nach vier Wochen wird Hilde zusammen mit anderen Frauen in Handschellen zum Bahnhof geführt. Es geht „auf Transport“ mit unbekanntem Ziel. In einem Zug mit vergitterten Fenstern – eine Art Güterzug – passieren sie in tagelanger Fahrt verschiedene Gegenden, Städte und Dörfer, verbringen die Eingesperrten Stunden mit quälendem Hunger und Durst, nachts in Zellen der Polizeigefängnisse Hagen-Hamm und Halle, mitunter auch abgestellt auf Nebengleisen. Auf dem Bahnhof Prettin hat der Zug sein Ziel erreicht. SS-Angehörige nehmen die Häftlinge auf ihre Weise in Empfang, lassen sie in Vierer-Reihen antreten. Die Tore des Konzentrationslagers Lichtenburg werden für die neu angekommenen Frauen geöffnet und schnell wieder verschlossen. „Als Schutzhäftling Nr. 1034/230 wurde ich dann mit weiteren politischen Häftlingen zur Station II gebracht“, erinnert sich Hildeburg Späth an die „Lichte“. „Wer kann es ermessen, das Gefühl, nach jahrelanger Einzelhaft auf einmal Hunderten von Frauen und Mädchen in einem großen Saal gegenüber zu stehen! Jedem von uns wurde ein Platz an einem der rohgezimmerten Tische, an denen je 8 Personen Platz hatten, zugewiesen.“ – Hier im KZ Lichtenburg trifft sie unter anderen Olga Benario-Prestes, Sabo Ewers, Paula Lohagen, Sophie Mende, Tilde Klose, Lisa Ullrich, Käte Rentmeister, Doris Maase. Und dennoch gibt es schwere Stunden für Hildeburg. Wieder ist ihre Zukunft ungewiß. Diese Stimmungen kann sie auch ihrem Erich in den Briefen nicht verschweigen, die sie ihm monatlich ins Kasseler Gefängnis schickt, denn – so läßt es die Lagerordnung zu – „jeder Schutzhaftgefangene darf im Monat 2 Briefe oder 2 Postkarten absenden und empfangen.“ Wie schon in Düsseldorf versucht Hildeburg in der „Lichte“, einmal im Monat an ihren Mann und einmal an ihre Angehörigen nach Leipzig zu schreiben. Erich, der „immer gleichmäßig stärkere, beruhigende Teil“, ist um seine Frau besorgt, macht ihr aus seiner Zelle Mut. „Hab keine Angst um mich“, antwortet ihm Hilde im Januar 1939, „ich werde schon standhalten“. Zwei Jahre sind es nun her, daß die beiden sich für eine halbe Stunde sehen konnten.

Nach wenigen Monaten im Konzentrationslager Lichtenburg wird Hilde schwer krank. Sie hat diese Tage nicht vergessen: „Es war ein kalter Märztag, ein sogenannter Badetag. Ich wollte mir meine Haare waschen. Durch Schikane der Aufseherinnen wurde plötzlich das Wasser abgestellt, und wir mußten uns draußen anstellen. Ich hatte nun einen nassen Kopf – andere natürlich auch, aber mich hat es besonders erwischt." Nach dem „Außenauftritt" mußte Hilde in einer Schreibstube arbeiten, in der das Fenster offen stand und auf Anweisung der Aufseherin Schroers nicht geschlossen werden durfte. „Nachts fingen wahnsinnige Ohrenschmerzen an, aber kein Fieber. Doris Maase brachte mir heimlich Tabletten ... Ich hatte solche Schmerzen, daß ich von einer Strickjacke den Knopf durchgebissen und einen Eßlöffel krumm gebogen habe. Endlich wurde ich einem Ohrenarzt vorgestellt, und der sah nun, wie der Eiter floß ... Ich konnte fast nicht mehr stehen, hatte Gleichgewichtsstörungen, da haben mich meine Kameradinnen gepflegt, so gut wie sie konnten."

In dieser Zeit begann die Verlegung der Frauen von der überfüllten Lichtenburg in das nun weit größere Frauen-Konzentrationslager Ravensbrück. Auch die schwerkranke Hildeburg Weinert gehörte zu den 867 weiblichen Häftlingen der Lichtenburg, die am 18. Mai 1939 in Ravensbrück eintrafen. „Meine Kameradinnen trugen mich auf dem Arm, um mich vor jeder Erschütterung zu bewahren." Hilde kam ins Revier. Es wurde Pfingsten. Die Lagerärztin, Dr. Erika Jantzen, sei in Urlaub gegangen, hieß es, aber es müsse unbedingt ein Arzt aus Fürstenberg kommen. „Wahrscheinlich", so vermutete die Schwerkranke damals, „hatte hier unsere Doris (Maase) – sie war ja Ärztin – geholfen." Und tatsächlich kam ein Fürstenberger Arzt ins KZ und entschied, daß sofort operiert werden müsse und unbedingt in der Charité. „Da haben sie mich auf den Boden der ‚Grünen Minna' gelegt, ohne Betten, ohne Decken, ohne Essen, ohne Trinken und von Fürstenberg nach Berlin gefahren, in die Charité. Ich wurde sofort in den OP gefahren, und da hab ich noch mitgekriegt: ‚Jetzt bringt ihr sie uns'. Und dann ... war ich weg." Hildeburg wachte in einem Zweibettzimmer auf. Neben ihr lag eine Frau, der man vorher gesagt hatte, sie solle alle ihre Sachen wegschließen, in ihr Nachbarbett käme eine kriminelle Strafgefangene. Ein Arzt kam. Er informierte die Operierte, daß der Eiter schon am Kleinhirn gewesen sei, daß sie alles hätten meißeln müssen und schilderte die Situation als sehr ernst – wie fünf Minuten vor „Toresschluß". Und dann fragte der Arzt seine Häftlings-Patientin, was sie denn gestohlen habe und wem. Nachdem Hilde erklärt hatte, daß sie gar nichts und niemanden etwas genommen, sondern gegeben hatte – für die „Rote Hilfe" – und sich das beim Personal herumgesprochen hatte, wurden auf einmal Ärzte und Schwestern ganz anders; „zumindest Bestimmte", erinnert sie sich heute.

Vier Wochen blieb die Schwerkranke festliegend in der Charité unter ärztlicher Obhut. Anfänglich war vorgesehen, sie gleich nach der Operation in ein Berliner Polizeigefängnis zu bringen. Doch trotz der Operation war keine Besserung spürbar. „Ich wurde immer weniger, das Eitern hörte nicht auf. Dann hat die Oberschwester mal mit mir fürchterlich geschimpft – ich soll wieder gesund werden, und daraufhin habe ich angefangen zu heulen, das erste Mal. Da sagte sie: ‚Weinen Sie, weinen Sie!' und nahm mich in ihre Arme. Von jetzt an ging der Heilungsprozeß los." – Und noch ein Tag in der Charité ist Hildeburg unvergeßlich: Ihre Bettnachbarin bekam einen wundervollen Fliederstrauß. Flieder hatte Hilde lange nicht mehr gesehen und schon gar nicht den Duft so nahe zu spüren bekommen. Bis heute freut sie sich jedes Jahr aufs neue auf den Duft des ersten Flieders.

Das medizinische Personal der Hals-Nasen-Ohren-Klinik war sich ziemlich sicher, die Häftlings-Patientin werde nicht ins KZ zurückkehren müssen; aber die SS hatte anders entschieden. Hilde kam nach Ravensbrück zurück, vorerst ins Revier. Hier lag sie neben der todkranken Sabo Ewers, der sie schon in der Lichtenburg begegnet war. Eine schwere Lungenentzündung ließ kaum Hoffnung auf ein Überleben zu. Ihr einziger Wunsch war, den fiebernden Körper zu baden. Als die SS-Arzt-Visite in den Raum kam, wurde Hildeburg gefragt, wie es „der" (Sabo Ewers) ginge. Hilde antwortete: „Sie wünscht sich ein Bad." Hildeburg hat sie dann auch gebadet. „Aber noch am gleichen Tag landete ich im Block, war ich für die SS-Ärzte nicht mehr krank." Sabo Ewers starb an diesem Tag.

Häftling 1034/230 kam zu den „Politischen", in den Block 1. Die Genesung ging sehr langsam voran. Hilde wurde einfach nicht arbeitsfähig, hatte immer noch Gleichgewichtsstörungen, was in den kommenden Jahren in Ravensbrück den Tod bedeutet hätte. Doch im März 1940 kommt morgens eine Aufseherin zu ihr in den Block und befiehlt: „Sachen packen!" Anschließend werde sie ins Revier gebracht. Was bedeutete das? Wohin würde es dann mit ihr gehen? Hilde hatte Angst. Im Revier kam ihr Doris Maase entgegen und flüsterte ihr schnell zu: „Hilde, reiß dich zusammen! Du wirst entlassen!" – Revier und Lagerkommandantur lagen hinter ihr. Auch die Häftlings-Kleidung hatte sie abgeben müssen, um ihre eigenen Sachen anzuziehen. Eine Aufseherin bringt sie zum Bahnhof. Noch eine Entlassene ist dabei. Hilde kennt sie nicht. Die Aufseherin geht zurück. Hildes Fahrkarte geht bis Berlin. Von dort aus fährt sie am nächsten Tag nach Leipzig zu ihrer Mutter.

In Leipzig muß sie sich dreimal in der Woche auf der Polizei melden. Diese „Freiheit" war ihr schon eher versprochen worden, wenn sie sich von ihrem im Kasseler Zuchthaus Wehlheiden inhaftierten Mann scheiden ließe.

Am 30. April 1942 steigt Hildeburg in den Zug nach Kassel, obwohl ihr auch jetzt wieder das Gesuch verweigert wurde, ihren Mann zu sehen. Sieben Jahre sitzt Erich hinter Gittern des faschistischen Kerkers. Hilde schreibt seit ihrer Rückkehr nach Leipzig ein Tagebuch, für ihn, wenn er irgendwann wieder da sein wird. Während der Fahrt macht sie eine Eintragung: „Liebster, wenn ich auch nicht zu Dir rein komme, so werde ich solange um den Ort herumlaufen, wo Du bist, bis Du fühlst, daß ich in Deiner Nähe bin." Die nächste Eintragung vom 2. Mai – zehn Minuten durfte sie Erich sehen: „Die 10 Minuten waren vorüber, ehe wir überhaupt zur Besinnung kamen, daß wir uns anschauen konnten. Ich kenne Dich nicht mehr ohne Gitter, ohne den scheußlichen, schwarzen Anzug, den gelben Streifen an den Hosen. Deine Hände sind kalt, wie ohne Leben! Und doch leuchtet mir Dein Auge zuversichtlich. Wie ich mir immer verlassen vorkomme, wenn Du zur Tür hinaus gehst und der Wärter schlägt den Riegel hinter Dir zu ..."

1943 erhält Hildeburg Weinert einen anonymen Brief, in dem ihr mitgeteilt wird, daß Erich Weinert sich nicht mehr in Kassel befinde, sondern in die „Strafdivision 999 auf den Heuberg in Baden" versetzt worden sei – jene sogenannte Bewährungs-Truppe, die nach der ersten großen Niederlage der faschistischen Armeen vor Moskau im Oktober 1942 geschaffen worden war und deren bisher „wehrunwürdige" Männer sich nun an den Fronten „bewähren" sollten. Sie fährt zu ihm und kann ihn noch einmal wiedersehen, zum letzten Mal. In ihrem Tagebuch hat sie von diesem Tag festgehalten: „Stetten, den 8.9.43. Nun bin ich hier in dem Zipfel von Süddeutschland, bin durch Stuttgart und Nürnberg gefahren, um endlich, endlich bei Dir Liebster zu sein! Welch selige, glückliche Stunden liegen hinter mir und welche liegen noch vor mir? Sonntag, 5. September! Ewig, ewig wird er mir und uns in Erinnerung bleiben!... Wir konnten uns endlich einmal wieder an die Hand nehmen, konnten uns anschauen, konnten uns zärtlich liebkosen – alles, alles!... Was soll werden, wenn wir erst wieder Abschied voneinander genommen haben? Wer weiß, ob es nicht ein Abschied für immer wird?... " Am 9. Juni 1944 wird ihr Sohn Götz geboren. Erich Weinert fällt am 1. Januar 1945 in Kroatien. Von der Wehrmacht erhält Hildeburg die Mitteilung, es sei zu bedauern, daß Erich Weinert nicht wieder die „Wehrwürdigkeit" erreicht habe. Ihr Bruder Heinz bringt ihr zuerst die Todesnachricht; wenige Tage später fällt er selbst in der gleichen Strafdivision.

Freude und Stolz empfindet Hilde über die Niederlage des Faschismus, doch die Trauer über all die menschlichen Verluste belastet sie schwer. Mit ihrer Mutter und dem kleinen Sohn kehrt sie aus dem Evakuierungsort Naunhof nach Leipzig zurück. Am 2. Juli trifft die Rote Armee ein. Hildeburg steht zur Begrüßung am Neuen Rathaus. KPD und SPD werden wieder zugelassen. Hildes Erfahrungen sind im Vorbereitungsausschuß zur Vereinigung beider Arbeiterparteien gefragt. So wendet sie sich mit besonderem Engagement an die sozialdemokratischen Frauen, um sie von der Notwendigkeit der künftigen Gemeinsamkeit zu überzeugen.

Ab Oktober 1945 überträgt ihr die KPD die Leitung der Abteilung „Dienstmädchen" im Leipziger Arbeitsamt. Die Mädchen und Frauen werden jetzt dringend in der Produktion gebraucht, und Hilde übernimmt es, die Dienstmädchen dafür zu gewinnen. Als 1947 die Mutter stirbt, muß Hilde einen Staatsanwalt-Lehrgang abbrechen – die spätere Justizministerin Hilde Benjamin hatte sie zur Teilnahme vorgeschlagen –, um ihren Sohn Götz zu betreuen. Doch bald bieten sich ihr, der klugen, einsatzfreudigen Genossin, erneute Qualifizierungschancen, die sie auch wahrnimmt. Im Frühjahr 1949 kann sie beispielsweise einen halbjährigen Arbeitsrechtlehrgang mit Erfolg beenden, der ihr die Voraussetzung bietet, als Arbeitsrichterin tätig zu sein.

Doch schon ab Januar 1950 wird im volkseigenen Großbetrieb Leipziger Wollkämmerei ein Hauptverantwortlicher für die kulturelle Arbeit benötigt. Als Kulturdirektorin tritt Hildeburg Weinert am 1. Januar 1950 dieses Amt an. Hier gelingt es ihr in kurzer Zeit, Höhepunkte im Betrieb zu organisieren, von denen die Mitarbeiter noch anschließend lange reden, so u.a. ein Sinfoniekonzert im vollbesetzten Speisesaal der Wollkämmerei unter Leitung des Chefdirigenten des Leipziger Rundfunksinfonieorchesters Hermann Abendroth.

Das Jahr 1950 bringt auch in Hildes Privatleben eine Veränderung. Im September heiraten Hildeburg Weinert und Ewald Späth in Leipzig. Ewald Späth, der in einer kommunistischen Arbeiterfamilie aufgewachsen und gelernter Maschinenschlosser ist, hatte im antifaschistischen Kampf gestanden. Er war Kurier, hatte Flugblätter befördert und verteilt, nahm französische Kriegsgefangene in die Schweiz mit. Als überzeugter Gegner Hitlers und Freund der Sowjetunion verließ er die faschistische Wehrmacht und lief zur Roten Armee über. Sein im Nationalkomitee „Freies Deutschland" (NKFD) und auf Antifa-Schulen erworbenes Wissen ergänzte er zur Erlangung der Hochschulreife an der „Vorstudienanstalt" in Leipzig und anschließend im Studium der Geschichte an der Leipziger Universität, das Ewald Späth nach der Heirat mit Hildeburg als Historiker beschloß. Nach der Geburt der Tochter Renate im August 1951 und des Sohnes Michael im März 1953 muß Hildeburg die inzwischen begonnene Mitarbeit im Zentralkomitee der SED wieder aufgeben. Eine sich wiederholende Lungenembolie macht sie monatelang arbeitsunfähig. Aber trotz der fünfköpfigen Familie und ihrer gefährdeten Gesundheit möchte Hilde keinesfalls nur Hausfrau und Mutter sein. Vielmehr ist es ihr ein Bedürfnis, jede Möglichkeit der Weiterbildung zu nutzen, die ihr geboten wird. Und sie möchte diese neu erworbenen Kenntnisse und ihre Erfahrungen auch anwenden können. Sie findet eine Betreuung für ihre Kinder tagsüber, kann dadurch den verschiedenen Aufgaben nachgehen, die ihr von der Partei und im Staatsapparat übertragen werden. Natürlich hätte an einigen Wochentagen die Zeit für die Kinder reichlicher bemessen sein können, aber immer in solchen Situationen mußte sie an ihre Mutter denken, die selbst mit den vielen Kindern aktiv war, und noch heute ist Hildeburg Späth einer Genossin dankbar, die sie in ihrem beruflichen Engagement mehrfach bestärkte.

1955 übernimmt sie die Leitung des Kreisausschusses für Jugendweihe in Leipzig, eine Aufgabe, die sie in viele Schulen führt, auch in die Schule ihrer Kinder, die heutige Karl-Jungbluth-Oberschule. Mit Schülern, Studenten sowie Pädagogen ist sie durch zahlreiche Jugendstunden, Gespräche und sonstige Zusammenkünfte bis zum heutigen Tag verbunden.

Ich verlasse die Späthsche Wohnung in Leipzig jedes Mal mit einem Gefühl der Dankbarkeit für den menschlichen Gewinn und mit der Gewißheit, durch Hildeburg Späth immer tiefer in die Gedankenwelt solcher Frauen eindringen zu können, die in faschistischen Gefängnissen und Konzentrationslagern so vieles erleiden mußten und dennoch nicht den Mut verloren haben, an eine gute Zukunft zu glauben und dafür unermüdlich tätig zu sein. So freue ich mich mit ihr, daß sie in diesen Tagen, an denen ich ihren Lebensweg schreibe, mit dem Vaterländischen Verdienstorden in Gold ausgezeichnet wurde.

S.J.

Ein Gutsschmied stellte die Weichen fürs Leben

Dr. sc. Rita Sprengel

Mein einmaliges Leben muß anders verlaufen als das Leben meiner Eltern. Ich darf und werde mich nicht selbst belügen. Ich muß und werde den Mut aufbringen, der Wahrheit ins Gesicht zu sehen. Mein Leben soll nützlich sein.
Ich muß Gesinnungsgenossen, ich muß Freunde finden.

RITA SPRENGEL

Als Rita am 6. Januar 1907 im ostpreußischen Tilsit geboren wurde, war ihr Vater, der Rechtsanwalt und Notar Ernst Bolck, enttäuscht. Er hatte sich einen zweiten Sohn gewünscht. Die schwer tuberkulosekranke Mutter sollte auf Anraten der Ärzte schon die erste Schwangerschaft abbrechen, doch dann brachte sie einen kräftigen Sohn zur Welt. Ernst Bolck hoffte deshalb noch auf einen zweiten Sohn. Ritas Mutter war bei der Geburt der Tochter bereits sieben Jahre an das Krankenbett gefesselt. – Während der Vater die Anwaltspraxis in Tilsit weiter betrieb, übersiedelte Rita mit der Mutter im Herbst 1907 in den Schweizer Luftkurort Arosa; mit ihnen ging eine ältere, unverheiratete Tante. Doch auch hier besserte sich der Zustand der Schwerkranken nicht. Die Tante sorgte dafür, daß die heranwachsende Tochter streng von der Mutter isoliert wurde, sie nur wenige Minuten täglich zu ihr durfte. Rita Sprengel schreibt darüber: „Sie durfte mich nicht, und ich durfte sie nicht berühren. Nie durfte ich unter ihre Bettdecke schlüpfen und ihre Wärme und Zärtlichkeit spüren. Es war nicht einmal erlaubt, mich an ihr Bett zu lehnen … Ich durfte nicht am Kopfende des Bettes, also im Bereich ihres Atems stehen, sondern immer nur etwa in Hüfthöhe der Mutter."

Wie sehr Rita die mütterliche Liebe entbehrte, vermochte die kinderlose Tante nicht zu empfinden. Im Gegenteil: Sie hatte Probleme mit dem lebhaften, ihrer Meinung nach unartigen, bösen Kind, beschimpfte es laufend als „hoffnungslos dumm" und verhinderte zudem jeden Kontakt mit anderen Kindern.

Nach dem Tode der Mutter heiratete der Vater zum zweiten Mal. Die neue Frau wollte der siebenjährigen Rita eine gute Mutter sein, doch das Isoliertsein, die Lieblosigkeiten und das mangelnde Verständnis für Rita in den ersten sieben Jahren hatten Spuren hinterlassen und zur Skepsis und Vorsicht des Kindes gegenüber Erwachsenen geführt.

Rita Bolck geht es trotzdem besser als anderen Kindern. Sie besucht – wie es damals in „gehobenen“ Kreisen üblich war – eine Privatschule für „höhere Töchter“, gehört immer zu den besten Schülerinnen, und sie liebt besonders die Mathematik. Die Anwaltstochter lernt zwar in den Jahren des ersten Weltkrieges auch Hunger kennen – weiß sich noch gut an die monotone Kohlrübenernährung morgens, mittags und abends, Tag für Tag, an den widerlichen Zustand der Kartoffeln zu erinnern. Doch sie geht mit wachen Augen durch die Tilsiter Straßen, sieht die hageren, ärmlich gekleideten Proletarierkinder und beschäftigt sich mit der Frage, weshalb es ihr so viel besser gehe als den anderen. Eine Antwort findet sie nicht. Da besucht die Klasse 1917 ein Lazarett, um den Verwundeten kleine Päckchen zu bringen und sie mit Liedern zu erfreuen. Die zehnjährige Rita wagt nicht die Kranken anzuschauen: „Ich war betroffen von dem Geruch nach Eiter, Blut und Desinfektionsmitteln. Meine Mitschülerinnen entsetzten mich: Sie waren stolz auf ihre ‚edle‘ Wohltätigkeit. Sie fühlten sich wichtig. Ich schämte mich, zu diesen ‚höheren Töchtern‘ zu gehören“, erinnert sich Rita Sprengel. Sie hört das Stöhnen der Männer, sieht die gequälten Gesichter und legt einem jungen „Weltkriegskämpfer“ das Päckchen auf die Bettkante mit den Worten: „Verzeihen Sie!“ Der Mann hatte verstanden. „Ja, so ist das“, sagte er. „Ihr bringt uns Zahnbürsten, um uns zur Hygiene zu erziehen. Das aber heilt unsere verstümmelten Körper nicht.“ Ihm waren beide Hände abgerissen. Er wendete sich von ihr ab. Sie sollte nicht sehen, daß er weinte. Doch sie sah seine Schultern beben, sah seinen schmalen Kopf mit den braunen Locken. Sie begriff: Er war noch ganz jung!

Nach diesem Lazarettbesuch wird das Mädchen immer wieder von der Frage verfolgt: Warum wird dieser Krieg geführt? In der Schule war ihnen eingehämmert worden, der Krieg würde „Mit Gott für Kaiser und Vaterland“ geführt. Rita findet das unsinnig und stellt fest: Sie und die Arbeiterkinder brauchen keinen Krieg, aber wer dann? Im kaisertreuen Elternhaus wagt sie darüber nicht zu sprechen. In der Schule auch nicht. Aber die Fragen nach den Ursachen des Krieges lassen sie auch in den folgenden Jahren nicht mehr los.

1918 kam Ritas Vater aus Verdun zurück. Sein rechtes Bein war amputiert. Auf Krücken bewegte er sich laut redend durch die Wohnung, denn die Erlebnisse des Krieges beschäftigten ihn sehr. So konnte er u.a. nicht begreifen, daß deutsche Firmen dem „Erbfeind“ Frankreich Waffen und Kanonen lieferten, mit denen dann französische Soldaten auf deutsche schossen, wiederholte und wiederholte er: „Im Feuer deutscher Kanonen!“ Aufmerksam hörte sich Rita die bitteren Erfahrungen des Vaters an. Kurze Zeit später – Extrablätter hatten die Abdankung des Kaisers mit den Worten „Es lebe die Republik!“ verkündet – trat der Vater in die SPD ein und wurde zum Stadtverordneten-Vorsteher gewählt. Rita war begeistert und stolz auf ihren Vater, der sie nun zur Maidemonstration mitnahm, ihr manche Botengänge auftrug u.ä.; sie habe ihn in jenen Monaten innig geliebt, erzählt sie heute.

Nach dem Kapp-Putsch 1920 wird Ernst Bolck vom preußischen Innenminister Carl Severing zum Regierungspräsidenten ernannt. Er gibt seine Anwaltspraxis auf und zieht mit der inzwischen siebenköpfigen Familie nach Königsberg. Auf Wunsch der Mutter besucht Rita hier das vornehmste Gymnasium, wird damit als Tochter des Präsidenten des Bezirks Königsberg zwar standesgemäß ausgebildet, aber als Tochter eines „Sozis" stellt sie dort ebenso eine Ausnahme dar, hat sie es nicht leicht. Dennoch findet sie an dieser Schule eine Freundin, Ursel Budzinski, eine Gleichgesinnte, die Rita auch häufig in ihr Elternhaus einlädt. Die heitere, offene, anspruchsvolle und zugleich progressive Atmosphäre im Hause des Künstlers Robert Budzinski gefällt Rita sehr, und sie provoziert gleichsam die Gegensätze zu der steifen Bürgerwelt ihrer eigenen Familie, die nur nach außen „heil" ist.

Die Meinungsverschiedenheiten zwischen der immer deutsch-national wählenden Mutter und dem sich nun für die Sozialdemokratie bis zur Erschöpfung engagierenden Vater blieben so lange versteckt, wie Ernst Bolck das hohe Amt bekleidete. Es stellte sich jedoch bald heraus, daß er dem Kampf gegen seine eigenen Mitarbeiter – im Amt gebliebene, eingefleischte Monarchisten – nicht gewachsen war. Sie erreichen beim sozialdemokratischen Innenminister Severing 1922 sogar eine Absetzung, weil er gegen reaktionäre, bewaffnete Banden vorging, die auf den großen Gütern ausgehalten und ausgebildet wurden. Rita erlebt nicht nur den inneren Zusammenbruch des Vaters, sondern auch die plötzliche Veränderung der Mutter, die sich fortan erzkonservativ zeigt, die Rita ständig vor den einfachen Menschen, dem „Pöbel" warnt, ihnen Dummheit, Stumpfheit und Niedertracht andichtet und somit Rita erst recht neugierig macht. Sie entfernt sich immer mehr von ihr, weil sie ihr zunehmend zum „negativen" Vorbild wird. Auf keinen Fall will sie so denken und handeln wie diese Frau! – Obgleich es ihm als Anwalt finanziell gut geht, bleibt der Vater fortan ein zutiefst unglücklicher Mann, der trotz seiner großen Familie einsam ist.

Sein ganzes Streben war jetzt darauf gerichtet, reich zu werden, um auf diese Weise Ansehen zu gewinnen. Und dazu gehörte es auch, daß seine einzige Tochter das Abitur machte und studieren sollte. Rita sehnte sich in jenen Jahren nach echten menschlichen Verbindungen, nach Gleichgesinnten sowie nach einer nützlichen Tätigkeit. Der große Garten am Wohnhaus bietet ihr ein sinnvolles Betätigungsfeld vor und nach dem Unterricht. Hier verfolgt sie mit viel Freude das Werden und Wachsen der Pflanzen von der Saat bis zur Ernte, probiert sie neue Anbaumethoden, übernimmt zusätzlich die Betreuung von Hühnern. Allmorgendlich steht sie im Frühling und Sommer um vier Uhr auf, um ihren selbstauferlegten Pflichten nachzukommen. Rat und Anleitung holt sie sich aus Fachbüchern und von sachkundigen Bekannten. Die Kombination von schulischer und körperlicher Arbeit findet sie großartig und wichtig. Überflüssige Zeit kennt sie nicht, ruhige Stunden nutzt sie vor allem zum Lesen. Rita Sprengel ist noch heute dafür dankbar, daß ihr die umfangreiche väterliche Bibliothek immer zur Verfügung stand.

Die Erfahrungen mit der Natur weckten in der Oberprimanerin den Wunsch, einen landwirtschaftlichen Beruf zu ergreifen. Um Neigungen und Möglichkeiten zu überprüfen, ging Rita in den letzten Sommerferien vor dem

Abitur auf einen etwa 225 Hektar großen Gutshof. Bisher weitgehend durch Schule und Wohnviertel von einfachen werktätigen Menschen abgekapselt, arbeitete sie nun fast täglich mit ihnen, den Landarbeitern – hier Instleute genannt –, acht bis zehn Stunden zusammen, bewunderte ihren Humor und Lebensmut, den sie trotz ihrer beinahe noch feudalen Lebensbedingungen entwickelten. Mit ihnen hatte sie mithalten können und war stolz darauf, denn sie wußte, gerade dadurch hatte sie sich die Achtung und das Vertrauen der „Instleute" erworben.

Den letzten Tag ihrer Praktikantenzeit verbrachte Rita auf einer von einem Schimmel gezogenen „Hungerharke", um liegengebliebene Halme eines abgeernteten Getreidefeldes zusammenzurechen. Da hielt der Gutsschmied sie an. Mit dem Gerät sei etwas nicht in Ordnung, sagte er, klopfte an der Hungerharke herum, nahm ein Rad ab und fragte die Praktikantin, ob es ihr auf dem Gut gefallen und was ihr nicht gefallen habe. Rita Sprengel erinnert sich genau: „‚Gut gefällt es mir', war meine prompte Antwort. ‚Also willst du hier bleiben?' ‚Nein'. Ernst und zugleich belustigt schaute er mich aufmerksam an. ‚Nun, was gefällt dir hier nicht?' Ich erklärte, es sei das Verhalten des Gutsbesitzers zu den ‚Instleuten'. Dann stellte der Schmied die ‚Gretchen-Frage': ‚Was meinst du, ist der Gutsbesitzer nötig oder nicht?' Ich redete drumherum. Dann kam meine Antwort: ‚Der Inspektor ist nötig, der Gutsbesitzer nicht; er ist ein fauler, gefräßiger Schmarotzer'." Daraufhin erfuhr sie vom Gutsschmied, einem ehemaligen Rotarmisten – als Kriegsgefangener des zaristischen Heeres hatte er nach 1917 in der Roten Armee gekämpft – Interessantes über die Instleute, über deren niedrige Löhne, schlechte Wohnverhältnisse, die Abhängigkeit vom Herrn usw. Und dann erzählte er Rita von der Erkrankung einer Instfrau, die an einer „Blinddarmentzündung" starb, weil der Gutsbesitzer für die erbetene Fahrt zum Krankenhaus die Pferde verweigert hatte. Als kurze Zeit später diese Pferde eingingen und in ihren Eingeweiden Stecknadeln und Glassplitter gefunden wurden, zeigte der Herr den Witwer an, die Pferde getötet zu haben, wofür er zu drei Monaten Gefängnis verurteilt wurde. „Mach's gut, Mädchen! Vergiß nicht, was du hier gesehen, erlebt und gehört hast", verabschiedete sich der Gutsschmied. Er stapfte davon, der Mann, der in nur einer knappen Stunde Ritas Leben stärker beeinflußt hatte als Vater und Mutter und alle Lehrer zusammen. Sie kannte nicht einmal seinen Namen, und sie vergaß, ihm zu danken. Doch sie wußte, er war der erste Kommunist, der ihr begegnet war. Und er hatte ihr Vertrauen entgegengebracht, in ihr eine künftige Verbündete vermutet. Er sollte Recht behalten! – „Mir war feierlich zumute", schreibt Rita Sprengel in ihrer Erinnerung an diesen Tag. „Mir schien, heute und hier auf dem Stoppelfeld hatte meine Jugendweihe stattgefunden, meine Aufnahme in den Kreis der Kämpfer für eine neue Zeit und ein neues Leben." – Rita hatte niemals zuvor weder an einer Konfirmation noch an einer Jugendweihe teilgenommen!

Eines konnte der Gutsschmied sofort erreichen: Ritas Studienwunsch stand von nun an fest. Sie würde Jura studieren und Anwalt der von der kapitalistischen Gesellschaft Benachteiligten werden. – Nach Hause zurückgekehrt, nahm sie „Das Kapital“ aus der Bibliothek des Vaters. Aber erst vom vierten Kapitel an begann sie, Marx zu verstehen. Spannung und Entdeckerfreude packten sie beim Lesen bis spät in die Nächte.

Ostern 1926 immatrikulierte die Königsberger Albertus-Universität Rita Bolck für das Studium der Rechts- und Staatswissenschaft. Ihre Anwesenheit als einzige Studentin bei der noch immer den Männern vorbehaltenen Studienrichtung erregte bei Studenten und manchen reaktionären Professoren Aufsehen. So meinten einige dieser Herren, ihre Vorlesung mit einer höflich-höhnischen Extra-Begrüßung für das einzige weibliche Wesen beginnen zu müssen. Mit Trampeln und Klopfen zollten die meisten Kommilitonen ihnen Beifall. Da Rita sich aber nicht vertreiben ließ, schlief diese „Extratour“ bald ein.

Rita suchte zuerst nach Gesinnungsfreunden, doch die Mitglieder der „Sozialistischen Studentengruppe“ enttäuschten sie. Heute sagt Rita Sprengel, sie habe gemeint, alle müßten so sein wie damals der Rotarmist auf dem Gut, besser und klüger als andere Menschen; sie habe sogar noch mehr erwartet: eine kampfentschlossene Begeisterung für den Fortschritt. Nichts war an dem! Fast alle wirkten lahm, unsicher und hoffnungslos.

Nachdem Rita das dritte und vierte Semester in Heidelberg absolviert hatte, kehrt sie nach Königsberg zurück und wird gebeten, die Leitung der „Sozialistischen Studentengruppe“ zu übernehmen, weil sie „der einzige Durchreißer“ sei. Sie sagt zu. Zwar hatte sie den Wahlkampf der SPD für die bevorstehenden Reichstagswahlen im Mai 1928 voll unterstützt, dessen Losungen, wie Verhinderung des Panzerkreuzerbaus, Ausbau der Sozialpolitik u. a., zugestimmt; war die SPD am 20. Mai auch als stärkste Partei aus den Wahlen hervorgegangen. Aber noch ist sie sich über ihren politischen Standort nicht ganz im klaren. Da hört sie während eines Aufenthalts im elterlichen Ferienhaus an der See in den Nachrichten vom 10. August 1928, die SPD habe dem Bau eines Panzerkreuzers zugestimmt und die Mittel dafür bewilligt. Ein Wahlversprechen wurde gebrochen.

Die Würfel waren für immer gefallen: Rita Bolck, Tochter des ehemaligen Regierungspräsidenten, bittet um Aufnahme in die KPD und begründet ihren Schritt im „Echo des Ostens“. Die Genossen nehmen Rita in ihre Reihen auf. Hans Kollwitz, erster Sekretär der Bezirksleitung der KPD, gratuliert: „Ich hoffe, du wirst eine verläßliche, aktive, disziplinierte Genossin werden und auch standhalten, wenn es schwer werden sollte ...“ Daneben steht Horst Sprengel, Ritas künftiger Mann, der als „Unvermögender“ und zudem KPD-Mitglied keineswegs den elterlichen Vorstellungen entspricht. Aber Rita ist durch ihre politische Entscheidung bei ihrem Vater ohnehin in Mißkredit geraten und hat die Lösung von der Familie und deren Klasse vollzogen. Mit diplomatischem Geschick bewegt sie sich durch die noch verbleibenden neunzehn Monate bis zum ersten juristischen Staatsexamen im Elternhaus. Horst Sprengel war als Mitglied der Bezirksleitung des KJVD von Hans Kollwitz beauftragt worden, Rita zu beraten und zu unterstützen. Das hatte er nicht nur aus Parteidisziplin mit Eifer getan.

Rita beginnt mit großem Engagement für ihre Partei zu arbeiten. Unterstützt durch die Bezirksleitung und den Kommunistischen Jugendverband (KJVD) erreicht sie die Zulassung einer „Roten Studentengruppe“ an der reaktionär geprägten Königsberger Universität und gewinnt unter den Studenten neue, zuverlässige Genossen. Anläßlich der Feier des KJVD zum zehnjährigen Todestag von Rosa Luxemburg und Karl Liebknecht 1929 hält sie das Referat.

Die junge Genossin vernachlässigt dabei aber nicht ihr Studium. Sie ist eine fleißige Hörerin, die das erste juristische Staatsexamen im Februar 1930 mit gutem Ergebnis besteht. – Rita und Horst gehen nach Berlin, wo sie am 30. April 1930 heiraten. Bei Aschinger nehmen sie das Hochzeitsmahl ein: Erbsensuppe und als Beigabe runde, frische Brötchen, die es umsonst gibt.

Im Amtsgericht Berlin-Lichtenberg beginnt Rita die Ausbildung als Referendarin. Sie hatte noch in Königsberg den Hinweis erhalten, unbedingt bei der jungen kommunistischen Anwältin Hilde Benjamin, der späteren Justizministerin der DDR, vorzusprechen. In ihrem Büro, in dem Rita Sprengel des öfteren als „amtlich bestellte Vertreterin“ tätig sein kann, erlebt sie praktisch, wie den von der Gesellschaft Benachteiligten und Unterdrückten geholfen wird – ein Gegenpol zur schändlichen Klassenjustiz der letzten Jahre der Weimarer Republik. Hier erlebt sie aber auch immer wieder den Mut, mit dem ihre Genossen der Klassenjustiz entgegentreten, wie stolz sie sich zu ihrer Überzeugung bekennen und schwere Strafen hinnehmen.

Nach dem 30. Januar 1933 stand es für Rita Sprengel fest: „Wir dürfen nicht so weiter arbeiten wie vor der Errichtung der faschistischen Diktatur. Wir müssen neue Wege und Methoden suchen und finden. Wir müssen legale und illegale Kontakte zu verläßlichen Genossen und Kollegen unterhalten, unsere Erfahrungen austauschen, die Entwicklung in Deutschland und in der Welt verfolgen.“

Am 31. Mai 1933 werden Rita und Horst von der Gestapo abgeholt. Offensichtlich hatte ein Spitzel an der letzten KPD-Versammlung drei Wochen zuvor teilgenommen. Ein Jahr „Schutzhaft“ steht ihnen ohne Vernehmung, ohne Urteil bevor. Im Berliner Frauengefängnis in der Barnimstraße wird Rita mitgeteilt, daß sie aus dem Staatsdienst entlassen sei und das zweite juristische Staatsexamen nicht mehr machen dürfe. Horst kommt in das KZ Esterwegen-Hümling und Rita von November 1933 bis Mitte April 1934 nach Moringen.

Die Bedingungen in diesem Frauen-KZ, das inmitten des kleinen Ortes lag, waren mit den späteren Frauen-Konzentrationslagern Lichtenburg und Ravensbrück nicht vergleichbar: Was dort geschah, konnte von den umliegenden Häusern aus gehört und beobachtet werden. Der Kommandant war bislang Direktor eines Arbeitshauses, also auf die Erziehung verwahrloster bzw. auf schiefe Bahnen geratener Frauen eingestellt. Rita Sprengel schrieb später: „Zu meinen stärksten, unerwarteten Eindrücken gehörte die Unsicherheit der Faschisten, einschließlich des Kommandanten und seiner Familie sowie der Aufseherin Hartung und ihres Ehemannes, des PG (Mitglied der NSDAP) Nr. 35, eines Invaliden. Sie alle hatten angenommen, wir würden so eine Art verwahrloster Raubtiere sein, heimtückisch und sehr gefährlich. In den ersten Tagen zuckte Frau Hartung zusammen, wenn ein Häftling zu ihr trat. Später gestand sie mir: ‚Sie fürchtete, erwürgt oder erschlagen zu werden ... Nun aber zeige es sich, daß wir die besten Menschen seien, die ihr bisher begegnet wären, so freundlich, so menschlich – auch zu ihr! –, so sauber, so diszipliniert!‘ – Auch der Kommandant Krack ließ mit sich reden: Er stimmte zu, daß wir einige schwarze Bretter vom Fußende unserer Betten abmontierten und als ‚Tafeln‘ in den Aufenthaltsraum brachten. Er spendierte uns sogar Kreide. Und nun ging der Unterricht los ... Das stärkte unseren Zusammenhalt und förderte den ‚historischen Optimismus‘.“ Die Lehrenden waren Frieda Winkelmann (ehemals Volksschullehrerin und Landtagsabgeordnete), Gertrud Satorius (bisher Parteiangestellte) und Rita Sprengel. Der Unterricht reichte von Gymnastik über Deutsch, Literatur, Rechnen bis zur sogenannten Religionsgeschichte, die aber in Wirklichkeit als Dialektischer Materialismus vermittelt wurde und ebenso Wirtschaftsgeschichte als Politische Ökonomie. Dieser pädagogische Eifer gefiel Hugo Krack und sollte auch seinen Kindern zugute kommen: Rita hatte seinen großen Sohn, einen Primaner, in Mathematik und Physik zu unterrichten. – Eine wichtige Erkenntnis nahm Rita Sprengel aus der fast einjährigen Haftzeit mit. Sie sollte ihr noch einmal sehr nützlich werden: „Unter allen Umständen läßt sich politisch arbeiten, unsere Kenntnisse verbreiten und lassen sich Menschen durch unsere Haltung für uns gewinnen.“

Mitte April 1934 waren beide Sprengels wieder zusammen, verdienten sie ihren Lebensunterhalt mit Stenographie- und Schreibmaschinearbeiten und Horst als Modell an der Kunsthochschule. Ab 1936 erhält Rita Anstellungen in den Fahrzeugwerken Gaubschat in Berlin und Dresden sowie nach Kriegsbeginn schließlich im Unternehmen Phrix, einem Forschungs- und Produktionskonzern für synthetische Fasern im schlesischen Hirschberg, wo sie durch den Firmenverantwortlichen und SS-Offizier Dr. Dr. Grom im Auftrag der Gestapo unter „ordentlicher“ Bewachung steht. – Wenige Tage nach ihrer Entlassung aus Moringen schloß sich Rita Sprengel einer Widerstandsgruppe unter Leitung von Gustav Mosbach an, den sie von der politischen Zusammenarbeit der kommunistischen Referendare kannte. Horst kann diesem Schritt nicht folgen. Für ihn war die Haftzeit schwerer. Er sehnt sich nach einem ruhigen Familienleben. So führt Ritas illegale Arbeit, mit der sich Horst nicht abfinden kann, zu Konflikten zwischen den Eheleuten. Rita ist über seine Haltung enttäuscht, vor allem über seine ständige Mutlosigkeit, die Ursachen hat: Er ist todkrank, weiß es aber nicht. Auch Rita erfährt davon erst nach seinem Tod.

Diese für die Antifaschisten allgemein schweren Jahre sind für Rita eine Zeit höchster Arbeitsintensität in der immer größer werdenden Gefahr. Und: Eine schwere persönliche Entscheidung steht ihr bevor. Rita wird 1937 schwanger. Da sie nie daran gedacht hatte, um eines Kindes willen die illegale Arbeit aufzugeben, suchte sie wochenlang unter Freunden und Bekannten nach einer „Ersatzmutter“, aber vergebens. „Schweren Herzens entschloß ich mich schließlich, die Geburt unseres Kindes zu verhindern.“ – Das war die einzige, wichtige Entscheidung ihres Lebens, die Rita Sprengel zutiefst bedauert. „Aber wir *mußten* damals auch gegen uns selbst und die uns Liebsten mitunter hart bis zur Grausamkeit sein“, ergänzt sie.

Im Spätsommer 1941 kündigte Rita ihre gutbezahlte Stelle bei der Phrix. Damit hatten die Wochenendfahrten zwischen Hirschberg und Berlin ein Ende. Ihre „Gruppe“ braucht sie: Um den Grenzübertritt für zwei jüdische Genossen in die Schweiz vorzubereiten, fährt sie im Dezember über Freiburg/Br. in den kleinen Grenzort Pfützen und nimmt im Gasthof Quartier, um die Möglichkeiten an der Grenze auszukundschaften. Sie versucht, einen der Grenzbewacher zur Unterstützung zu gewinnen. Der durchschaut ihr Vorhaben, zeigt sie an.

„Und es wird schwer werden. Vor uns stehen noch harte Klassenkämpfe“, hatte Hans Kollwitz ihr nach dem Glückwunsch zur Aufnahme in die Partei gesagt. Jetzt – mit dem 30. Dezember 1941 – begann für Rita Sprengel ein besonders schwerer Weg. Aber Selbstmitleid war nicht am Platze. Sie hatte in der illegalen Gruppe autogenes Training geübt; nun war es ihr hilfreich. Und noch etwas würde künftig von Nutzen sein: Ihr moralisches Mut-Training aus der Kindheit, mit dem sie nicht nur ihre Feigheit bekämpfte, sondern auch Entschlußkraft und Leistungsfähigkeit verbessern konnte.

Rita wird in das alte Gefängnis von Konstanz gebracht. Sie klebt hier Tüten, liest zum ersten Mal Courths-Mahler, arbeitet ein Mathematik- und Philosophiebuch durch. Sechs Monate Gefängnis lautet das richterliche Urteil im Januar 1942 für „Sprengel ohne Genossen“. Rita hatte mit Todesstrafe gerechnet. „Als (sie) in die Zelle zurückkam, tropften heiße Tränen in eine Schüssel mit kaltem Erbsbrei, Tränen der Erschütterung, der Hoffnung, der Freude.“

Auf dem Oberdeck eines Bodenseedampfers, eingeschlossen in einen Glaskasten, sitzen im April 1942 Gefangene, unter ihnen Rita Sprengel. Sie befinden sich „auf Transport“, der nach mehreren Zwischenstationen im Gefängnis Gotteszell in Schwäbisch Gmünd endet. Als die sechs Monate für Rita vorüber sind, läßt der Gefängnisdirektor sie zum Abgangsgespräch rufen. Er teilt ihr mit, daß sie jetzt „in Schutzhaft“ käme, ins Frauen-KZ Ravensbrück. Sie kehrt zu den fünfzig Gefangenen in ihre Abteilung zurück und erlebt eine wunderbare Solidaritätskundgebung: „Die meisten von ihnen, vielleicht sogar alle, diese ständig hungrigen Menschen, gaben mir etwas ab, damit ich mich noch einmal richtig sattessen konnte.“ Am nächsten Morgen, es ist Sonntag, geht die Tür zu Ritas Zelle auf. Die Tasche des Wachtmeisters Meyer – unter seiner Aufsicht hatte sie in den letzten Monaten gearbeitet – wird ihr hereingereicht, bis zum Rand gefüllt mit köstlichen Lebensmitteln. Rita ist glücklich zu erleben, daß nicht das ganze deutsche Volk faschistisch „verdorben“ ist.

„Ankunft in Ravensbrück: Als ich durch das Lagertor ging, fühlte ich: Jetzt verließ ich die mir bekannte Welt und betrat eine andersartige, eine unheimliche Welt.“

Am 7. August 1942 hat wieder ein Güterzug mit Frauen die Gleise von Ravensbrück erreicht. Aus einem der Viehwagen steigt Rita Sprengel. Sie sieht das weiträumige, gespenstige Lager vor sich. Die übliche Prozedur beginnt: Abgabe sämtlicher Sachen bis auf einen Kamm, ein Taschentuch und eine Zahnbürste; Kontrolle nach Läusen, Duschen; Antreten zur Selektion vor zwei SS-Offizieren und einer Aufseherin – nackt; Ausgabe der Häftlingskleidung. Rita wurde mit anderen Kameradinnen zum Zugangsblock geführt. In diesen Minuten ging ein Schwur durch ihren Kopf, an den sie sich genau erinnert: „All meine Kraft gegen den Faschismus, gegen Hitler bis zum letzten Atemzug einzusetzen." Dicht unter dem Barackendach, in der dritten Etage der jetzt dreistöckigen Betten, ist ihr Quartier. – In der „Politischen Abteilung" erfolgt die Ausgabe der Winkel. Rita – eigentlich eine „Rückfällige" – kommt nicht in den Strafblock; sie bleibt im Zugangsblock. Die Aufseherin, die Akte in der Hand und von vorn durchblätternd, schaut die so „super-arisch" aussehende Sprengel an und entscheidet: roter Winkel und Nummer 12867. – Es wird niemals ganz auszumachen sein, warum die SS solche Zuweisungen fällte. In nicht wenigen Fällen – so vermutet es Rita Sprengel auch – dürften im KZ-Alltag der erste Eindruck und das Auftreten keine unbedeutende Rolle gespielt haben. – Kurze Zeit später treffen Rita und ihre 19 Kameradinnen die Peitschenhiebe einer Aufseherin auf die nackten Waden; das Aufladen der Steine ging dieser zu langsam und die sich quälenden Frauen schienen ihr offensichtlich sadistisches Vergnügen zu bereiten.

Als vier Tage nach Rita „der" Häftling 12991 den Zugangsblock betrat und sich als Ilse Hunger vorstellte, wurde zwischen beiden auf den ersten Blick eine Freundschaft geschlossen, die bis heute fortdauert. Zusammen kamen Rita und Ilse in die Kolonne „Luftmuna". Außerhalb des Lagers – in Fürstenberg – befand sich der Arbeitsplatz, für den die Wehrmacht etwa 30 weibliche Häftlinge gemietet hatte. In zwölfstündiger Arbeitszeit, häufig auch sonntags, mußten die Frauen gebrauchte, z. T. kaputte Geschoßkästen hin und her stapeln. Rita und Ilse waren die einzigen „Schwerpolitischen" neben Zigeunerinnen, sogenannten Asozialen mit schwarzen Winkeln und Grünwinkligen, den „Berufsverbrecherinnen". Sie würden hier draufgehen, wenn sie nichts unternähmen, um aus der Kolonne herauszukommen.

Inzwischen waren sie in den Block verlegt worden, der sich durch Ordnung und Sauberkeit auszeichnete, in den Block 1, dem die österreichische Sozialdemokratin Rosl Jochmann als Blockälteste vorstand, und in dem Antifaschistinnen aus Österreich und Deutschland konzentriert waren. Hier teilte der Anweisungshäftling der „Luftmuna" – eine „Berufsverbrecherin" – Rita mit, daß sie und „die Hunger" aus der Kolonne geschmissen seien und sie die Lederschuhe und Schürzen sofort abzugeben hätten. – Wie aber kam es zu der Verlegung? „Ich vermute", sagt Rita Sprengel, „daß unsere Stubenälteste im Zugangsblock – mit rotem Winkel – da vermittelnd wirkte und Paula Lohagen, die so vielen Häftlingen half, vorgeschlagen hat, Ilse und mich auf den Block der Politischen zu verlegen."

Und wie kam es zu dem ersehnten Rausschmiß? „Schon längere Zeit hatten wir festgestellt, daß der Kübel mit der Mittagssuppe, den wir morgens aus dem Lager voll mitnahmen, mittags nur noch zu zwei Drittel gefüllt war – wir vermuteten eine Beteiligung des Feldwebels, der uns ‚fachliche Anleitung' geben sollte, und der Aufseherin, die Schweinefutter, also unsere Suppe, wohl gegen Wurst, Speck oder Schinken tauschten. Dazu mußten wir etwas sagen, beabsichtigten wir, die Auseinandersetzung zu provozieren. Aber wir hatten natürlich Angst davor und verschoben unser Vorhaben von einem Tag zum anderen. Andererseits spürten wir auch unseren zunehmenden körperlichen Verfall. So legten wir fest: Morgen! Als der Kübel geöffnet wurde, standen Ilse und ich ganz vorn, und da er wieder nicht voll war, empörten wir uns laut darüber, bestohlen worden zu sein. Ein fürchterliches Gebrüll entstand und endete damit, daß die Aufseherin, die an diesem Tag stellvertretend eingesetzt war, der Anweiserin empfahl: ‚Schmeißen sie die beiden raus, mit denen haben sie nur Ärger!' … Und später wurde ich zur Barackentür gerufen, um den Rausschmiß mit Freude zu empfangen."

Ritas und Ilses Leben waren also verlängert worden. Es galt nun, der Verpflichtung an das Leben und dem eigenen Schwur gerecht zu werden, nämlich weiter zu kämpfen. Um so wichtiger waren gegenseitige Hilfeleistungen, war Solidarität. Rita erlebt solch ein Füreinander mehrfach. Nur ein Beispiel: Cläre Rupp, eine Stuttgarter Volksschullehrerin, ebenfalls im Block 1, arbeitete in der Waschküche. Seit dieser Freundschaft gab es keine Probleme mehr mit der schmutzigen Unterwäsche. – Bevor der Siemens-Konzern unmittelbar neben dem Konzentrationslager den Aufbau eines Betriebes fertiggestellt hatte, in dem Rita dann tätig wurde, arbeitete sie in einer „Ernte-Kolonne", die in der Nähe von Gransee zum Einsatz kam. Von hier schleuste sie mit anderen Kameradinnen zeitweilig täglich Kartoffeln und manch anderes Nahrhafte ins Lager. Ilse erhielt in dieser Zeit Ritas Portion der Lager-Suppe. Tatsächlich besserte sich auch allmählich deren Gesundheitszustand.

Natürlich brachte nicht jede Kameradin die Kraft und den Mut zur Unterstützung Hilfsbedürftiger auf, reichte es bei der überwältigenden Mehrheit kaum zur Selbsterhaltung. Rita half, wo es ging, aber sie wehrte sich gegen ein Mit-Leiden, das niemandem etwas genützt hätte. Den Wahrheitsgehalt von Brechts Gedicht: „An die Nachgeborenen" dankbar bestätigend, schreibt sie: „Ich panzerte mein Herz, schirmte meinen Blick gegenüber dem *allgemeinen* Elend ab, gestattete, ja befahl mir aber das Eingehen auf und die Hilfe für die Kameradinnen … ‚Auch der Kampf gegen das Unrecht entstellt die Züge', heißt es bei Brecht. Wie recht er hat." – Die andersartige Welt verlangte Rationalität und Ökonomie auch im Gefühlsleben, ein Zeichen: Der Körper sparte sich die Menstruation.

Rita Sprengel war nach den Wochen der Erntearbeit zur Siemens-Kolonne gekommen. Der Siemens-Konzern hatte in Ravensbrück moderne Hallen errichten lassen. Zum Anlauf der Produktion suchten die Konzernvertreter – zum Teil durch Eignungsprüfungen – Häftlinge als Arbeitskräfte aus. Gute

Augen und trockene Hände waren Bedingung. Bald gehörten zur Siemens-Kolonne mehr als 2000 Frauen. Hauptanweisungshäftling wurde die Österreicherin Anni Vavak, die wiederum für den Einsatz der Bürohäftlinge sorgte. Rita Sprengel wurde mit weiteren sechs Frauen, unter ihnen Cläre Rupp, die Holländerin Noen Beuzemaker sowie Yvonne Useldinger aus Luxemburg, ab November 1942 im Büro der Baracke 2 des Siemens-Betriebes eingesetzt. In der Baracke selbst konnten 175 Frauen beschäftigt werden, die überwiegende Zahl mit dem Wickeln von Spulen. Sie erfuhren dabei nicht, wofür diese Verwendung fanden. Die Angst trieb die Häftlingsfrauen an den Spulenwickelmaschinen zu enormen Leistungen. Doch bald war ihnen die militärische Bedeutung dieser Spulen bekannt geworden, bei vielen entstand der Wunsch, dem Feind zu schaden, folglich die Arbeit zu sabotieren: „Also mußten wir Mittel und Wege finden, ihre Produktion zu stören und zu desorganisieren." Zunächst war es wichtig, die Arbeit kennenzulernen, die Schwachstellen herauszufinden, beim Meister von Siemens, namens Lombacher, den Eindruck eines zuverlässigen Bürohäftlings aufzubauen und untereinander gegenseitiges Vertrauen zu entwickeln. Erst wenn das erreicht war, erlaubte es von Fall zu Fall ein Zusammenwirken, eine „informale" Organisation, wie Rita Sprengel sie bezeichnet. Dafür waren wiederum Sprachkenntnisse erforderlich, da hier Häftlinge verschiedener Nationen arbeiteten.

Rita Sprengel hatte in der Schule Englisch und Französisch gelernt; jetzt aber brauchte sie russische Sprachkenntnisse für den Kontakt mit den sowjetischen Kameradinnen. Die ersten Vokabeln vermittelte ihr ein Mädchen, das im Materiallager arbeitete und ein wenig Deutsch sprach, sowie die österreichische Kommunistin Maja Günsburg, die perfekt Russisch konnte und Rita auch mit Regeln der Grammatik bekannt machte. Es erwies sich als vorteilhaft, daß Ritas Sprachkenntnisse nach vier bis fünf Monaten ausreichten, um nebenher als Dolmetscherin tätig sein zu können: „... ich übersetzte die Worte der Kameradinnen so, wie es mir nach Lage der Sache ‚günstig' erschien, konnte also zugleich als Dolmetscher und Advokat wirken", schreibt Rita Sprengel. Manches Mal war es auch eine Form der „Überlebenshilfe". Und nicht zuletzt wuchs auf diese Weise auch sowjetisch-deutsches Vertrauen, begann deutsch-sowjetische Freundschaft: Eines Tages informierte Noen Beuzemaker, die über die Lagerbestände der Baracke 2 Buch führte, Rita Sprengel darüber, daß die sowjetischen Mädchen massenhaft kleine Plaste-Spulenkörper verschwinden ließen. – Zu jener Zeit ging das Gerücht um, gerade diese Spulen würden für eine „Wunderwaffe" benötigt. – Noen fürchtete, Meister Lombacher könnte die offensichtliche Sabotage entdecken, wobei das Wort Sabotage unter ihnen niemals ausgesprochen wurde. Rita sprach mit den Mädchen und erklärte ihnen: Jede einzelne Spule werde gebucht; wenn sie weder gewickelte Spulen noch Spulenschrott ablieferten und auch keine Spulen mehr hätten, würde der Meister eine beabsichtigte Störung vermuten. Natürlich könnten Spulen kaputt gehen, aber diese müßten sie an Noen abgeben und abbuchen lassen. Jetzt dürfe Lombacher das Defizit keinesfalls bemerken, d. h., sie soll ten langsam arbeiten und sich gegenseitig mit Spulenkörpern aushelfen. Allen Spulenschrott, der ihnen noch erreichbar sei, sollten sie zurückgeben. Die sowjetischen Mädchen hatten Rita verstanden. Ihre Sabotage kam nicht heraus. Sie lief aber in „geordneten Bahnen" weiter.

Meister Lombacher ließ jedoch den hohen Anteil kaputter Spulen von einer „Fachfrau" aus Berlin überprüfen. Die sowjetischen Mädchen erfuhren vorher davon und informierten Maja Günsburg darüber. Diese räumte ihnen daraufhin ein, einige Spulenposten für die Kontrolle vorzubereiten. So bescheinigte die Kontrolleurin in der Tat eine allzu minderwertige Qualität, was nicht nur einen Streit zwischen Siemens und den Zulieferern nach sich zog, sondern verzögerte Spulenlieferung, Wartezeiten usw. Auf die Häftlingsmädchen fiel kein Verdacht!

Rita suchte auch selbst nach Möglichkeiten, die Siemens-Produktion zu stören. Ihre Aufgaben als Bürohäftling waren die Arbeitsvorgaben und die Berechnung des Akkordlohns für die Spulenwicklerinnen. Für jeden Häftling der Baracke 2 hatte sie eine Karteikarte zu führen und auf deren Rückseite fein säuberlich auf Millimeterpapier die durchschnittlichen Stunden-Akkordverdienste einzutragen, die dem Aufsichtspersonal mit einem Blick über die Leistung der Spulenwicklerin Auskunft gab – eine Kontroll- und Antreibemethode, die in vielen Rüstungsbetrieben, in denen KZ-Häftlinge beschäftigt wurden, Anwendung fand. „Als Meister Lombacher sich erstmals die Kurven anschaute, war er so überrascht, daß ihm wichtige Informationen entschlüpften", schreibt Rita Sprengel. Kein Wunder, denn die Häftlingsfrauen erreichten bei elfstündiger Arbeitszeit und gleichen technischen (!) Arbeitsbedingungen annähernd die gleichen Durchschnittsleistungen wie die Frauen im Berliner Werk bei achtstündiger Arbeitszeit. Die Erklärung lag darin, daß die Ravensbrücker Frauen „um ihr Leben arbeiteten". Aber weshalb arbeiteten sie um ihr Leben, fragte sich Rita. Es war bekannt: Arbeitsunfähige oder nur begrenzt Arbeitsfähige wurden „auf Transport" geschickt oder – nach Fertigstellung der Gaskammern – im Lager selbst vernichtet. Folglich strengten sich die Häftlingsfrauen der Spulenwickelei an, die hier während der Wintermonate in geheizten Räumen arbeiteten, weil die Hände warm sein mußten. Auch hier gehörte der Hunger zum ständigen Begleiter, aber das Kalorien-Defizit war geringer als bei den schweren Außenarbeiten. Die unzureichende, fast fettfreie Ernährung, die zunehmende Überfüllung des Lagers u. a. trugen nicht gerade zur Erholung der angestrengten Körper bei. Viele Kameradinnen litten unter Kopfschmerzen, und um die Augen selbst ganz junger Mädchen bildeten sich tiefe Falten. In wenigen Monaten wurde die erst so verlockende, leichte Arbeit zur Schwerstarbeit. Für Rita ergab sich daraus die Pflicht, das Kontrollsystem zu entschärfen, d.h. die Leistungskurven auf der Karteikarte zu manipulieren: „Ich schrieb leistungsschwachen Kameradinnen Arbeiten gut, die nicht sie, sondern Spitzenkräfte gemacht hatten, später auch Arbeiten, die überhaupt nicht gemacht worden waren." So wurden bei allgemein langsam sinkendem Leistungsniveau die ausgewiesenen Leistungsunterschiede vermindert, und der Druck auf die am meisten gehetzten, leistungsschwachen Frauen ließ nach.

Zum Antreibesystem gehörte auch die Verabreichung von Prämien oder einer besonderen Ernährungszulage. Für die Ravensbrückerinnen, die für Siemens arbeiteten, gab es ab Sommer 1944 nach der Schicht zusätzlich eine Brotschnitte und eine Scheibe Wurst. Als von den neu hinzugekommenen sowjetischen Frauen bewußt eine schlechtere Arbeitsmoral praktiziert wurde, verlängerte der Meister nicht nur deren Arbeitszeit um zwei Stunden, sondern wies auch an, daß sie auch keine Ernährungszulage erhalten. Um diese Kameradinnen zu unterstützen, verzichteten solche, die ab und an ein Lebensmittelpaket bekamen, auf ihre Zulage. – Rita erhielt die Aufgabe, die Sonderrationen auszugeben, und Lombacher beobachtete sie eines Tages dabei, wem sie die übriggebliebenen Rationen brachte. Das Image des superbraven Bürohäftlings mit dem scheinheilig-dienstbeflissenen Gesicht war auf einmal zerstört. „Jetzt war mir klar, daß ich nicht abwarten durfte, bis der Meister auch den Beweis meiner Sabotage in der Hand hatte. Ich mußte weg und zwar sehr schnell", berichtet sie heute.

Wieder funktionierte die informale Organisation: Kameradinnen des Reviers nahmen Rita wegen „mit Fieber verbundenen Durchfalls" in den Krankenblock auf. Dann setzte Ilse Hunger, die im Arbeitseinsatz-Büro arbeitete, Ritas Namen auf eine Transportliste nach Dresden. Hier hatte die Firma „Universelle" Häftlinge angefordert; eine ehemalige Zigaretten-Maschinen-Fabrik, die während des Krieges auf die Herstellung von Flugzeugmotorenteilen umgestellt war, und Rita kannte Dresden von ihrer Arbeit bei Gaubschat.

Am 11. Oktober 1944 trafen in der Dresdner Florastraße 500 Frauen aus Ravensbrück ein, unter ihnen Rita Sprengel. – Viele Gedanken bewegten sie in jenen Tagen vor dem Verlassen des Lagers und auf der Fahrt: Was wird aus Ilse, der hilfreichen, verständnisvollen Freundin? Aus Bibi, der zierlichen tschechischen Studentin aus Prag mit Namen Božená Svobodová, die so viele Fragen hatte, mit der sie fast einen philosophischen Kurs absolvierte. – Bibi war verhaftet worden, weil sie junge Landsleute, die in Frankreich gegen Hitlerdeutschland kämpfen wollten, über die ungarische Grenze geschleust hatte. Als Bibi nach Ravensbrück kam, sah sie gerade in Frankreich den einzigen wirklichen Verbündeten der Antifaschisten. Rita bat Bibi, der Wahrheit ins Gesicht zu sehen, die doppeldeutige, zwiespältige Politik der Westmächte – auch Frankreichs – zu begreifen. Sie befanden sich gerade auf dem Weg zum Siemensbüro, in dem auch Bibi arbeitete. Da vergaß Bibi ihre Umwelt und schrie auf. Der Fausthieb eines SS-Mannes traf sie; aus ihrer Nase spritzte Blut. Rita faßte ihre Hand und flüsterte Trostworte. Bibi aber forderte sie auf: „Mach' weiter! Wir haben keine Zeit zu verlieren! Wir lassen uns von diesen Schuften nicht stören!" Daraufhin hatten sich Bibi und Rita immer nebeneinander gestellt, hatten sie gelernt, leise und fast ohne Mundbewegung so miteinander zu sprechen, daß die Aufseherinnen nichts merkten. „Sag mir alles, was du weißt", bat die gerade 20jährige die um vierzehn Jahre ältere Rita. – Nach der Befreiung wurde Božená Svobodová, verehelichte Rotterová, Dozentin an der philosophischen Fakultät der Prager Karls-Universität und in ihrer Heimat auch als Schriftstellerin bekannt. Sie lebt nicht mehr. Als sie 1977 der literarischen Monatszeitschrift (Literární mesečnik) ein Interview gab, wies sie auf die Bedeutung dieser Gespräche „mit älteren ... politisch Reiferen" während des antifaschistischen Kampfes für ihre persönliche Entwicklung hin. Božená Rotterová schickte Rita Sprengel davon eine deutsche Übersetzung! – Ritas Gedanken vor dem Verlassen des Lagers gingen aber auch zu jenem „Ravensbrück-Lied" zurück, das hier umgegangen war:

So wollen wir, solang sich's fügt,
uns beugen vor dem Zwang, dem harten,
und gläubig auf das Leben warten,
das jenseits der Baracken liegt,

und das sie wegen seiner fatalistischen Haltung für sich so verändert hatte:

So müssen *wir, solang sich's fügt,*
uns beugen vor dem Zwang, dem harten,
doch ständig für das Leben wirken,
das jenseits der Baracken liegt.

Dann dachte sie an die Begegnung mit den vielen sowjetischen Kameradinnen, den ganz jungen Mädchen, die noch halbe Kinder waren; an Maja, der sie eine „Lager-Mutter" sein konnte, die von ihrem Landsmann, einem sowjetischen Kriegsgefangenen, einen Liebesbrief zugeworfen bekam, den die SS geschnappt hatte. Wie deutsche Frauen aus dem Lager dieser Maja das Leben retten konnten und sie am Tag der Roten Armee die Bürohäftlinge mit einer Brottorte von auf durchlöchertem Blech geriebenen Brot, Marmelade und Margarine bewirtete. – An viele großartige Gesten gegenseitigen Gebens und Nehmens dachte sie. Rita war dankbar für die Begegnungen mit den sowjetischen Menschen verschiedenen Alters, verschiedener Herkunft und Berufe, aus allen Gebieten des Riesenlandes. Und sie war dafür dankbar, daß es in Hitlers Konzentrationslagern Deutsche gab, die ihren Mitgefangenen beweisen konnten, daß sich auch unter dem deutschen Volk engagierte Antifaschistinnen befanden. Heute weiß sie: „Um meine Abreise aus Ravensbrück zu ermöglichen, haben mindestens zehn Kameradinnen verschiedener Nationalitäten zusammengewirkt, und jede von ihnen ging damit natürlich ein Risiko ein: Frauen aus Österreich, Polen, der Tschechoslowakei, deutsche Antifaschistinnen und die französische kommunistische Abgeordnete Martha Derumeaux, Textilarbeiterin und leitende Gewerkschaftsfunktionärin, eine großartige Genossin!"

Vor ihrem Transport nach Dresden hatte Mara Čepič, der politische Kopf der Sloweninnen, Rita darum gebeten, sich der sieben im KZ unerfahrenen, slowenischen Mädchen anzunehmen, denn sie wüßte, daß sie eine gute Genossin sei. Die sieben Mädchen sprachen gut deutsch. Bald entwickelte sich eine richtige Zusammenarbeit, die in der Schulungsarbeit ihre Krönung fand. Rita erinnert sich an ihre sieben Hörerinnen: „Trotz zwölfstündiger Arbeit,

Hunger, Mangel an frischer Luft und verbreiteter quälender Hautkrankheiten wüßte ich nicht zu sagen, daß auch nur eine der Sloweninnen an unseren Gesprächen auch nur ein einziges Mal nicht teilnahm ... Wir fanden uns in der Freizeit zusammen, saßen dann dicht beieinander auf unseren Betten ..." Und sie fährt begeistert fort: „Als diese jungen jugoslawischen Patriotinnen im Sommer 1945 heimkehrten, hatten sie die Grundlagen des Marxismus-Leninismus begriffen." Darinka Vizjak-Fortunat, Lehrerin in Celje, damals eine der eifrigsten Hörerinnen Ritas, schrieb darüber am 18. Dezember 1978 in einem Brief an Dr. Hans Brenner, Zschopau: „Obwohl wir Sloweninnen sonst (nur miteinander, S. J.) zusammen waren, gehörte zu uns auch die deutsche Kommunistin Rita Sprengel. Ich habe das Glück gehabt, neben ihr im 3. Stock unserer Betten zu schlafen ... Obwohl Rita schon lange in KZ-Lagern litt, war sie so real-optimistisch und klar orientiert über den Sinn unseres Kampfes, daß ich ihr sehr vertraute. Und so fingen wir mit der marxistischen Ausbildung an. Sie konnte mir die wichtigsten Kapitel aus Marx' ‚Kapital' so schlicht und überzeugend vorstellen, daß ich ... den Abend kaum erwarten konnte ... Ich war damals noch nicht Kommunistin, aber war so neugierig, weil die Abende mit intensivem ... Unterricht ausgefüllt waren. Gerade deswegen war mir Heimwehleiden erspart, und auch anderes überwand ich leichter im Glauben an ein gerechtes Leben auch in unserer Heimat ...".

Im Dresdner Lager der „Universelle" erlebte Rita Sprengel das Inferno des 13. Februar 1945. Sie kam mit dem Leben davon, aber mehr als 300 Tote wurden unter den Trümmern der Fabrik begraben. Wohin sollte sie sich wenden? Horst lebte nicht mehr. 1941 kam seine Einberufung zur Wehrmacht. In Ravensbrück hatten sie sich einmal sehen können; sein Besuch im November 1942 knüpfte für Rita wieder den Kontakt zwischen drinnen und draußen. Dann bekam sie regelmäßig Feldpostpäckchen aus Frankreich, immer mit einem Brief. Den vom April 1943 hatte der kontrollierende SS-Mann vor ihren Augen zerrissen; er enthielt die Todesnachricht. Im März 1945 steht sie im sorbischen Radibor vor dem Elternhaus von Maria Grollmuß. Cäcilia, Marias Schwester, öffnet. Rita möchte ihr von der Ravensbrücker Kameradin berichten. Sie muß es los werden, daß Maria nicht mehr lebt, daß sie bei ihrem Sterben dabei war.

Was war aus ihren slowenischen Freundinnen geworden, von denen sie weder Familiennamen noch Adressen wußte? Dieser Gedanke ließ Rita Sprengel über Jahre nicht los. Zum 30. Jahrestag der Befreiung kamen auch zwei Busse mit Jugoslawinnen nach Ravensbrück, unter ihnen Darinka Vizjak-Fortunat. Von ihr erfährt Rita: Ankidza Sviglj sei in der Bombennacht vom 13. Februar getötet worden. Die anderen sechs Mädchen seien entkommen. – Dort, wo bis zu dem Dresdner Inferno die Fabrik „Universelle" stand, befindet sich heute eine moderne Großwäscherei. Im Vorgarten erinnert ein Gedenkstein an die Häftlinge, die hier 1944/45 lebten, litten und starben. Eine Brigade der Wäscherei trägt den Namen „Ankidza Sviglj".

Nach der Befreiung wird Rita Sprengel in den Magistrat von Groß-Berlin gerufen, wo sie u. a. für den Einsatz deutscher Arbeitskräfte bei den vier Besatzungsmächten verantwortlich ist. Hier erlebt sie die Vereinigung ihrer Partei mit der Sozialdemokratie, ein bewegendes Ereignis in ihrem Leben. Bald benötigen die Universitäten eine zunehmende Zahl von antifaschistischen Lehrkräften. Rita Sprengel wird 1949 zu einem viermonatigen Lehrgang für kommende Hochschulkader an die Parteihochschule Kleinmachnow geschickt und anschließend zur Dozentin für Arbeitsökonomik an die Humboldt-Universität zu Berlin berufen. 1950 promoviert sie an der Leipziger Universität mit dem Thema „Tarifvertragsabschluß als Gesetzgebungsakt" zum Dr. rer. pol. Diese wissenschaftlich-pädagogische Arbeit entspricht ganz ihren Intentionen. Die Tage sind ausgefüllt mit Vorlesungen, Diskussionen, mit zahlreichen abendlichen Seminaren für Praktiker, insbesondere Leitungskader aus Betrieben und Wirtschaftsverwaltungen. Ihr pädagogischer Optimismus spiegelt sich auch im Privatleben wider: Rita Sprengel nimmt 1951/52 zwei Söhne an, in deren Erziehung es schon manche Störung gegeben hatte. „Das war nicht einfach! Ohne die Unterstützung eines Ehepartners, ohne ein väterliches Wort für die beiden", sagt sie mir, und so könne sie auch über ihren eigenen pädagogischen Erfolg schwer urteilen. „Immerhin sind beide Jungen fleißige, pflichtbewußte Menschen und liebevolle Familienväter geworden", ergänzt sie lächelnd.

1954 geht sie nach Dresden, um eine Aufgabe im neugegründeten Institut für Arbeitsökonomik zu übernehmen, dem späteren Zentralen Forschungsinstitut für Arbeit; eine Aufgabe, die sie bis zu ihrer Pensionierung wahrnimmt.

„Es ist immer gut, wenn man viel weiß", hatte damals der Gutsschmied der jungen Oberprimanerin gesagt. Auch jetzt nutzte sie jede ihr gebotene Möglichkeit der weiteren Qualifizierung, promovierte Rita Sprengel ein zweites Mal, 1971, zum Doktor der Wissenschaften (Dr. sc.).

Aufgrund ihrer pädagogischen Erfahrungen möchte sie viele Erkenntnisse ihres Lebens weitervermitteln, hält Rita Sprengel die Arbeit unter der Jugend und mit Namensträger-Brigaden für besonders wichtig. Hier sieht sie die Chance zum Aufbau von Zellen einer positiven Einstellung zum Geschaffenen und Noch-Zuschaffenden, zum Menschen, dessen Fähigkeiten und Leistungen, und damit zur Gesellschaft, „Zellen, die allmählich zusammenwachsen müssen", wie sie meint, und dabei denkt sie an den Gutsschmied, der ihr, der damals 18jährigen, die entscheidende Lebensrichtung gab.

Klingelt man an ihrer Haustür in Dresden, öffnet eine fröhliche Frau mit kurzgeschnittenem Haar. Die Gespräche mit ihr sind jedes Mal ein Gewinn. Aber eigentlich verläßt sie ihren Schreibtisch nur ungern, hat sie Furcht, die Erlebnisse, Eindrücke und Erfahrungen ihres Lebens nicht mehr zu Ende schreiben zu können. Eine Erfahrung hat sie in ihren Aufzeichnungen so formuliert: „Die gewaltsame Befreiung vom Elternhaus, diese Haltung, die nach Meinung der Verwandtschaft jeder Vernunft widersprach, verschaffte mir die schönsten Jahre meines Lebens und darüber hinaus noch ein durch Leistungen begründetes Selbstbewußtsein, eine große und nützliche Selbstgewißheit."

S. J.

Die große Familie

Rosa Thälmann

Sie geht mitten im Zug ihrer Kampf- und Leidensgefährten. Vor ihr die deutschen, hinter ihr die sowjetischen Genossinnen, die ihr in den vergangenen Monaten wie Schwestern zur Seite gestanden haben, ja, ihr Leben schützten vor mancher tödlichen Gefahr. Ihre Schritte sind schleppend und schwerfällig, die Gesichter und Leiber abgezehrt, tief liegen die Augen in ihren Höhlen. Doch in den Blicken ist Hoffnung. Irgendwo in der Ferne hört man den Geschützdonner, der Befreiung verheißt, und viele wünschen sich, daß er bald näher käme …

Es ist der 28. April 1945. An diesem Morgen hat die SS vor der heranrückenden Roten Armee das Frauenkonzentrationslager Ravensbrück räumen lassen. Doch als der Häftlingszug das naheliegende Fürstenberg erreicht, kommt Unruhe in die Reihen. Schreiend versuchen die SS-Begleiter und KZ-Aufseherinnen den Überblick zu behalten. Aber die Straße ist verstopft von Flüchtlingskolonnen und von Soldaten, die auf dem Rückzug sind. Am Straßenrand schieben sich die Menschen dichtgedrängt.

Plötzlich fühlt sie sich von beiden Seiten beim Arm genommen. Eine Stimme raunt dicht an ihrem Ohr: „Rosa, du mußt hierbleiben." Sie ist überrascht, zögert sekundenlang, doch dann geht alles sehr schnell. Ihre beiden Begleiterinnen haken sie unter, drängen sich mit ihr in die Menschenmenge, und der Transport zieht ohne sie weiter auf dem Weg, der für manche den Tod, für viele aber die Befreiung bringen wird. Die drei Frauen laufen, so schnell es geht, bis zu dem Haus eines Zimmermanns, wo sie im Keller Unterschlupf finden.

Rosa Thälmann, auf deren Leben es die Faschisten gerade in letzter Zeit besonders abgesehen hatten, ist der unmittelbaren Gefahr entronnen.

Zwei Tage danach, als die Soldaten der 49. Armee der 2. Belorussischen Front Fürstenberg erreichen, erfahren sie von dem nahegelegenen Konzentrationslager, in dem 3 000 schwerkranke Frauen und, wie man ihnen sagt, auch Rosa Thälmann zurückgeblieben sind. Die Sowjetsoldaten bringen Ravensbrück die Befreiung. Doch Rosa Thälmann ist nicht mehr dort.

Wenig später hat der sowjetische Offizier Makarow, nun Stadtkommandant von Fürstenberg, sie in ihrem Versteck aufgespürt. Für Rosa gibt es in diesem Augenblick nur eine Frage: „Lebt mein Mann?"

Als im September 1944 der KZ-Kommandant von Ravensbrück ihr mit schlecht verhehlter Genugtuung erklärte, Ernst Thälmann sei bei einem Bombenangriff ums Leben gekommen, war sie ganz sicher, daß er sie belog. Doch nun weiß sie, von dem sowjetischen Genossen wird sie die Wahrheit erfahren. Und als sie sieht, wie sich sein Gesicht verschattet, wie er nach Worten sucht, wird es für sie trauervolle Gewißheit, noch ehe ihr Besucher sagen kann, daß Ernst Thälmann im August des vergangenen Jahres im Konzentrationslager Buchenwald von den Faschisten ermordet wurde.

Sie schließt die Augen, um die Tränen zurückzuhalten. Und in ihren Gedanken ziehen die fast dreieinhalb Jahrzehnte vorüber, die sie seine Lebens- und Kampfgefährtin war – 11 1/2 Jahre davon durch Kerkermauern von ihm getrennt und doch stets unlöslich mit ihm verbunden.

Als es begann

„Frauenlob" hieß die Hamburger Wäscherei, in der Rosa Koch 1910 als Plätterin zu arbeiten begann. Sie war erst wenige Tage im Betrieb, da kam in der Mittagspause ein junger Mann auf sie zu und fragte sie, ob sie in der Gewerkschaft sei.

Rosa schüttelte den Kopf: „Gehört habe ich schon davon. Aber ich war ja bis jetzt Dienstmädchen bei einer Gnädigen. Die hatte ein Reitpferd, das hieß Rosa wie ich, und deshalb nannte sie mich nur Emma. Da war nichts mit Gewerkschaft." Er lächelte. Die junge Plätterin gefiel ihm auf den ersten Blick, und auf den Mund gefallen schien sie auch nicht zu sein. „Aber jetzt bist du Arbeiterin, und wenn wir Arbeiter uns fest zusammenschließen, dann können wir von den Unternehmern mehr Rechte für uns erzwingen." Er begann ihr von der Gewerkschaftsbewegung zu erzählen. So kurz war Rosa die Mittagspause noch nie vorgekommen. Sie hätte ihm gern noch länger zugehört.

„Na, hat dich unser Ernst schon in die Gewerkschaft aufgenommen?" witzelten die Kolleginnen, als Rosa wieder an ihren Arbeitsplatz kam. Doch dieses „unser Ernst" klang anerkennend und liebevoll. Rosa erfuhr, daß Ernst Thälmann in dieser Wäscherei durch seine zielbewußte Arbeit als Gewerkschafter schon manches für die Arbeiterinnen und Arbeiter durchgesetzt hatte. „Der läßt sich von seinem Ziel durch nichts abbringen", sagte ihr eine Kollegin auf dem Heimweg. „Stell dir vor, sein voriger Chef in der Wäscherei Welscher, wo Ernst erst Kutscher, dann Expedient war, wollte ihn sogar zum Geschäftsführer machen, wenn er bloß mit der Gewerkschaftsarbeit aufhören würde. Was macht unser Ernst? Nee, sagt er, kündigt und fängt bei uns wieder als Kutscher an!" Rosa hörte aufmerksam zu. Er interessierte sie immer mehr. Sie erlebte in der folgenden Zeit, mit welcher Leidenschaft er auf Versammlungen sprach, nahm teil an einem Streik, bei dem eine Lohnerhöhung für die Arbeiter der Wäscherei erkämpft wurde. Diesen Sieg feierten sie dann gemeinsam am 1. Mai.

Natürlich war Rosa inzwischen Mitglied der Gewerkschaft, und es dauerte nicht lange, da waren sie und Ernst auch Liebesleute geworden. Sie blieben es lange Jahre. Um zu heiraten und eine Familie zu gründen, reichte das Geld nicht. Doch das tat ihrem Glück keinen Abbruch. Die ganze Woche freute sich Rosa schon auf den Sonntag. Dann gingen sie zusammen zum Tanz oder sie fuhren in die grüne Umgebung von Hamburg, streiften durch die Wälder, rasteten am Ufer der Alster, manchmal zu zweit, manchmal mit anderen jungen Leuten.

In solchen Stunden erzählte Rosa von ihrer Kindheit, die ihr früh den Unterschied zwischen arm und reich deutlich gemacht hatte. Als eins von acht Kindern eines Schuhmachers wurde sie am 27. März 1890 in dem Dorf Bargfeld bei Hamburg geboren. Soviel auch Vater und Mutter arbeiten mochten, es reichte nicht, die acht hungrigen Mäuler sattzumachen. „Als ich zur Schule kam", berichtete Rosa, „wurde ich zu einem Gastwirt gegeben, um auf dessen kleines Kind aufzupassen. Wenn es schlief, half ich in der Küche." „Und dein Lohn?" wollte Ernst wissen. Rosa lachte: „Mein Lohn war die Verpflegung, weiter nichts. Aber die Eltern hatten dadurch einen Esser weniger am Tisch." Sie nahm das nicht so schwer. Viel schlimmer war es, als sie mit etwa neun Jahren zusammen mit Mutter und Schwester täglich auf den Feldern des Gutsbesitzers Rüben verziehen oder Kartoffeln auflesen mußte. Das hieß früh um 5 Uhr aufstehen und den ganzen Tag eine Arbeit verrichten, die viel zu schwer für Kinder war. Oft blieben die Mädchen zurück, dann griff die Mutter, die in der Mitte arbeitete, mit zu und half, den Rückstand aufzuholen. „Mutter hat wirklich für Drei gearbeitet", erinnerte sich Rosa, „und dann noch der ganze Haushalt, die Kinder, ein Stückchen Feld hatten wir auch noch. Sie hat es viel schwerer gehabt als ich."

Zur Schule konnten die Kinder der Landarbeiter und kleinen Leute des Dorfes nur im Winter gehen. Sobald die Feldarbeiten begannen, ließ der Gutsbesitzer das Schulhaus schließen. Nach einiger Zeit hatte Rosa das „Glück", auch für den Sonntag eine Arbeit zu finden. Im Dorf gab es eine Plätterin, die vor allem für den Gutshof arbeitete. Zu ihr ging Rosa jeden Sonntagmorgen für 6 Stunden, machte die Wohnung sauber, wusch ab, half auch gelegentlich beim Plätten, was ihr später für den Beruf recht nützlich war. Auch hier gab es keinen Lohn, dafür aber gut belegte Frühstücksbrote, von denen sie die Hälfte mit nach Hause nahm, und ein reichliches Mittagessen. „Danach fing mein Sonntag an" – Rosa sagte es ohne jede Klage, sie kannte kein anderes Leben. Durch sie erhielt Ernst manch tiefere Einblicke in die Not der Landarbeiter, die Härte der Ausbeutung durch die Gutsbesitzer, die selbst kleine Kinder ganz selbstverständlich einbezog.

Ernst stammte aus einem anderen Milieu. Er war in Hamburg groß geworden, hatte acht Jahre – das war damals mehr als üblich – die Schule besucht, und auch danach nicht aufgehört mit Lesen und Lernen. Rosa bewunderte sein Wissen, die Klarheit und Logik, mit der er Zusammenhänge des täglichen Lebens erklären konnte. Daß seine Eltern selbständige Geschäftsleute waren, schien ihr zuerst etwas Besonderes. Bis ihr Ernst dann schilderte, daß für einen kleinen Geschäftsmann der Aufbau und die Erhaltung einer eigenen

Existenz gleichfalls von morgens bis abends harte Plackerei bedeutete, und daß auch er schon als Schuljunge fest in dieses Joch eingespannt war. So hatte er mit 16 Jahren das Elternhaus verlassen und war Arbeiter geworden.

Über welche Themen sie auch sprechen mochten, irgendwann, und besonders, wenn sie mit anderen jungen Leuten zusammen waren, wurde schließlich über politische Fragen diskutiert. Schon seit mehreren Jahren war Ernst Funktionär der SPD und der Gewerkschaften. Rosa lernte viel von ihm und sah mit Genugtuung, daß er bei den arbeitenden Massen Gehör und Zustimmung fand. An den Abenden in der Woche sahen sie sich kaum. Wenn er nicht auf Versammlungen war, saß er daheim, las und studierte. Gewiß wäre sie gern öfter mit ihm zusammen gewesen. Aber daß es ihn immer wieder drängte, dabei zu sein im Kampf um die Rechte der Arbeiterklasse, seine Stimme zu erheben gegen die immer bedrohlicher werdende Kriegsgefahr, das lernte sie in dieser Zeit verstehen, es gehörte zu ihm.

Junge Ehe – meist getrennt

Von Anfang an hatte die Ehe, die Ernst und Rosa Thälmann am 13. Januar 1915 schlossen, ihre Besonderheiten. Nicht, weil es eine „Kriegstrauung" war. Die gab es zu jener Zeit oft, wenn die Männer ihre Einberufung als Soldat erhalten hatten. Und es erging auch anderen jungen Frauen ähnlich wie Rosa, die wenige Stunden nach der Hochzeit ihren Mann zum Bahnhof brachte und dem Zug lange nachwinkte, die Augen voller Tränen.

Doch dann mußte sie zwei Jahre warten, ehe er Urlaub erhielt. Andere kamen früher und öfter nach Hause. Ernst, der schon vor seiner Einberufung erbittert gegen die imperialistische Kriegspolitik und das Einschwenken der rechten SPD- und Gewerkschaftsführer auf diese chauvinistische Linie gekämpft hatte, rückte auch als Soldat kein Quentchen von seinem Standpunkt ab. Er setzte den Kampf gegen den Krieg auch an der Kriegsfront fort. Kein Wunder also, daß seine Vorgesetzten ihm nur dann Urlaub gewährten, wenn schwere Verwundungen oder Krankheiten es unumgänglich machten. Das war erst Ende Dezember 1916, dann im Juli 1917 und noch einmal im Jahre 1918. Rosa war jedes Mal froh, ihn wieder in die Arme schließen zu können. Seit Mai 1917 hatten sie ihre erste gemeinsame Wohnung in der Siemßenstraße in Hamburg-Eppendorf, und sie versuchte, es ihm dort so schön zu machen, wie es die notvollen Kriegsjahre erlaubten. Doch auch in den wenigen Urlaubswochen hielt es ihn nicht lange zu Hause. Er traf sich mit Genossen, besuchte illegale Versammlungen der Linken in der SPD, später der USPD, der er sich seit ihrer Gründung zugehörig fühlte. Die wenigen Abende, an denen er daheim war oder auch gelegentliche Theaterbesuche genoß sie wie ein Fest. Und sie lernte immer mehr, die Welt mit seinen Augen anzuschauen. Besonders prägte sich ihr ein, was Ernst schon lange, und seit der Oktoberrevolution in Rußland mit ganz besonderem Nachdruck sagte: Den Krieg beenden könne nur eine einzige Kraft – die revolutionäre Masse der Arbeiter und Soldaten.

Im November 1918 war es auch in Deutschland so weit. Rosa, die zu dieser Zeit auf einem Holzplatz schwer arbeiten, Holz hacken, Säcke schleppen und mit einem Handkarren ausfahren mußte, warf die Arbeit hin und lief mit vielen anderen auf die Straße, als am 5. und 6. November revolutionäre Matrosen und Arbeiter in Hamburg die Waffen gegen ihre Unterdrücker kehrten.

Endlich wird Frieden sein – Rosa war voller Freude und voller Sorge zugleich. Sie hatte seit längerer Zeit keine Nachricht von Ernst. Nachts lag sie oft schlaflos. Doch dann kam jener 11. November, da stand er vor ihrer Tür und alles war gut.

War alles gut für Rosa? Ernst Thälmann selbst schrieb später rückblickend auf diese Zeit: „In den Nachkriegsjahren waren die freien Stunden zu zählen, die mir in meinem glücklichen Familienleben zur Verfügung standen ...“. Nein, so hatte sich Rosa das Leben mit ihm doch nicht vorgestellt. Am Tage suchte er als Notstands- und Gelegenheitsarbeiter den kargen Familienunterhalt zu verdienen, an den Abenden und sehr oft auch an den Wochenenden war er unterwegs, in Versammlungen der Partei, der Gewerkschaft, der Jugend – unermüdlich kämpfte er um die Fortführung und Vollendung der Revolution. Da kamen für Rosa Augenblicke der Verzagtheit, auch der Eifersucht auf alle die Menschen, für die ihr Mann seine Zeit und Kraft gab. Doch da sie eine resolute Person und nicht gewohnt war, mit ihren Problemen lange hinter dem Berg zu halten, sprach sie sehr bald und ziemlich energisch mit ihm über das, was sie bedrückte.

Er sah sie fest an, das Gesicht ungewöhnlich ernst. Und nicht weniger energisch sagte er ihr, daß sie umlernen müsse. „Meine Partei, meine politische Arbeit werde ich niemals lassen. Wenn du diesen Weg mit mir gehen willst, mußt du mitarbeiten, mußt lesen und mit uns kämpfen. Dann wirst du dich auch nicht einsam fühlen, selbst wenn ich nicht bei dir bin.“

Noch wußte Rosa nicht, welche Bedeutung diese seine Worte in späterer Zeit für sie gewinnen sollten. In diesem Gespräch zwischen ihnen fiel auch zum ersten Mal das Wort von der „großen Familie“, als die er seine Genossen, seine Partei sah. Was soll ich anders tun, dachte sie, ich liebe ihn ja und möchte an seiner Seite bleiben.

„Ich will es versuchen“, sagte sie nach kurzem Bedenken. Und schon bald war auch sie ein Mitglied der „großen Familie“, fand man sie unter den Genossen, die mit der Verteilung von Flugblättern beschäftigt waren, Versammlungen organisierten, an Demonstrationen teilnahmen.

Da wuchs in ihr nicht nur das Verständnis, sondern auch der Stolz auf ihren Mann, der inzwischen Vorsitzender der Ortsgruppe Hamburg der USPD und Abgeordneter der Hamburger Bürgerschaft geworden war, auf dessen Wort die Massen hörten und das die Reaktion zu fürchten begann.

In dem bewegten Frühling des Jahres 1919 sagte sie ihm eines Tages, daß sie schwanger sei. Sie sah, wie er sich darüber freute, spürte, daß er sie besonders behutsam in die Arme nahm. Wir wollen alles tun, daß unser Kind es einmal besser hat, gelobten sie sich wie viele Eltern, doch mit dem Unterschied, daß sie wußten, welcher Weg allein dahin führen würde.

Der Winter kam besonders früh in diesem Jahr. Als Irma Thälmann am 6. November geboren wurde, war es schon bitter kalt. In den Wohnungen der Arbeiter, der kleinen Angestellten fehlte es an Kohlen. Auch bei Familie Thälmann in der Siemßenstraße waren Kälte und Hunger zu Gast. In der Küche brannte nur ein Gaskocher als einzige Heizquelle. Rosa saß davor. Dick eingemummt und doch vor Kälte zitternd, stillte sie ihr Kind. Mit geballten Fäusten lief Ernst in der Küche auf und ab: „So kann man unmöglich weiterleben, Rosa. Man muß alles verändern! So wie du und unsere Irma frieren jetzt Millionen. Viele Hafenarbeiter haben keine Arbeit. Für ein besseres Leben muß man kämpfen!"

In dieser schweren Zeit spürte Rosa aber auch voll Dankbarkeit die Solidarität der „großen Familie". Da kamen Genossinnen und brachten Babysachen, gebraucht oder selbstgenäht, Genossen legten ein paar Briketts vor sie hin, die sie sich selbst abgespart hatten, und die wenigstens für Stunden ein leidlich warmes Zimmer schafften. Auch als der Winter vorüber war, nahmen Rosas Sorgen kein Ende. Nun fürchtete sie um ihren Mann, der stets in vorderster Reihe stand, wenn es galt, den Kräften der Reaktion entgegenzutreten. So war es bei dem großen Hamburger Generalstreik in den Tagen des Kapp-Putsches im März 1920. Ein Jahr später, während der Märzkämpfe in Mitteldeutschland, schoß die Polizei bei den machtvollen Solidaritätsaktionen der Hamburger Arbeiter in die Menge, es gab Tote und Verwundete, viele Funktionäre waren verhaftet. Gewiß, als Abgeordneter der Hamburger Bürgerschaft genoß Ernst Thälmann Immunität, aber Rosa atmete jedes Mal auf, wenn sie seinen Schritt vor der Wohnungstür hörte.

An einem dieser Märzabende kam er mit der Nachricht nach Hause, daß er aus dem Arbeitsamt, in dem er 1919 eine feste Anstellung gefunden hatte, entlassen sei. Wieder Arbeitslosigkeit, wieder Gelegenheitsarbeiten, schließlich eine Anstellung auf der Abwrackwerft Kubatz, bis er 1923 diese Arbeit selbst aufgab, um in der „Hamburger Volkszeitung" tätig zu sein und sich damit seinen wachsenden Aufgaben in der Partei besser widmen zu können.

War die Wohnung in der Siemßenstraße seit langem ein Treffpunkt der Genossen, so wurde sie es erst recht während des Hamburger Aufstandes im Oktober 1923. Während der bewaffneten Kämpfe in den Straßen der Hansestadt, die Ernst Thälmann politisch leitete, arbeitete seine Frau als Kurier, oder sie stand – wie viele andere Arbeiterfrauen – in ihrer Küche am Herd und bereitete Essen und warme Getränke für die Revolutionäre.

Die kaum vierjährige Irma sah alles mit großen, ernsten Augen. Auf ihre Frage, wo denn der Vater sei, antwortete Rosa beruhigend: „Er wird bald wiederkommen." Sie ahnte, daß ihr Mann nach der Niederschlagung des Aufstandes und dem darauf folgenden Verbot der KPD in die Illegalität gehen mußte. Doch die „große Familie" ließ sie nicht im Stich – immer wieder brachten ihr Genossen die Nachricht, daß er noch in Hamburg sei und seine politische Arbeit trotz Verfolgung durch die Polizei unbeirrt weiterführte. Rosa nahm das nicht ohne Sorge, doch gefaßt auf. Es war nicht das erste Mal, daß ihr Mann illegal arbeiten mußte, und es würde nicht das letzte Mal sein …

Liebe zum Land Lenins

Aus ihrem Notquartier in Fürstenberg wird Rosa Thälmann noch in den ersten Maitagen 1945 in ein Krankenhaus gebracht, um ihre durch die KZ-Haft schwer geschädigte Gesundheit wieder herzustellen. Sie hat inzwischen ihre Tochter Irma wiedergesehen, voll Freude, daß auch sie den Terror überlebt hatte. Beide werden aufs liebevollste gepflegt und betreut durch die Rote Armee, durch die Befreier aus dem Lande Lenins.

Es gab, außer seiner Heimat, kein Land auf der Erde, mit dem sich Ernst Thälmann so verbunden fühlte wie mit der Sowjetunion, dem ersten sozialistischen Staat der Welt. Rosa erinnerte sich an seine erste Reise nach Moskau im Sommer 1921 zum III. Weltkongreß der Kommunistischen Internationale, die er, wie viele andere Delegierte, nur illegal, auf möglichst unauffälligen Umwegen, antreten konnte. Es dauerte mehr als einen Monat, bis er wieder zu Hause war. Doch was sollte Rosa von ihren Sorgen und Ängsten um ihn sagen angesichts der Begeisterung, mit der er von seiner Begegnung mit Lenin sprach und von der Kraft des befreiten Volkes, das trotz größter Schwierigkeiten die neue, freie, die sozialistische Gesellschaft aufzubauen begonnen hatte. Sie erlebte, wie durch seine mitreißenden Berichte auf vielen Versammlungen die Solidarität der Hamburger Arbeiter mit Sowjetrußland wuchs, die trotz eigener Not für ihre russischen Klassenbrüder spendeten und taten, was in ihren Kräften stand.

In der Erinnerung an das dann folgende Jahrzehnt vermochte Rosa nicht zu zählen, wie oft er nach Moskau reiste, zu den Kongressen der Kommunistischen Internationale und zu den Tagungen ihres Exekutivkomitees, dessen Mitglied er war, wie zu Begegnungen mit Arbeitern in sowjetischen Betrieben, denen sein Name lieb und teuer wurde als der eines glühenden Internationalisten und eines hervorragenden Führers der deutschen Arbeiterklasse.

Selbst bei angestrengter Arbeit vergaß er nur selten, einen Kartengruß an seine Frau zu schicken, ihr Grüße aus „dem roten Moskau" zu übermitteln, ja, er bat sie z. B. auch um die Ferienadresse der Tochter Irma, um ihr selbst schreiben zu können.

So kurz diese Grüße auch sein mochten, sie enthielten fast immer ein charakterisierendes Wort über die Situation, in der er sich befand, ob es eine Bemerkung über die „ungeheure Perspektive" im Sowjetland oder – ganz entgegengesetzt – auf einer Karte von 1928 aus München die Mitteilung war, daß er in der „jetzigen Hochburg der Konterrevolution … im größten Saal eine überfüllte und begeisterte Versammlung gehabt" hätte.

In diesem Jahrzehnt, in dem ihr Mann zu dem großen, von Millionen geliebten Führer der deutschen und internationalen Arbeiterbewegung heranwuchs, blieb Rosa still im Hintergrund. Sie war in Hamburg, als er Anfang 1925 die Leitung des Roten Frontkämpferbundes übernahm und im Herbst des gleichen Jahres an die Spitze der KPD trat, als er Reichstagsabgeordneter und schließlich Präsidentschaftskandidat wurde.

Dieses Leben, das auch jetzt überwiegend aus Trennung bestand, fiel Rosa gewiß nicht leicht. Doch sie bemühte sich, wie sie es einst versprochen hatte, immer Verständnis für Ernst zu zeigen. Rastlos tätig war sie in der unentbehrlichen sogenannten Kleinarbeit, als Kassiererin für die Partei und als Funktionär der Roten Hilfe, jener überparteilichen Organisation, die all jene unterstützte, die von der Reaktion verfolgt oder verhaftet wurden.

Das Beispiel der Eltern blieb nicht ohne Wirkung auf die Tochter Irma, die schon früh Mitglied des Pionierverbandes und mit zehn Jahren bereits Organisationsleiter der Pioniere von ganz Hamburg war. Der Vater verfolgte Irmas Entwicklung mit liebevoller Freude. Er kam nach Hause, wann immer er konnte; manchmal, z. B. nach einer anstrengenden Wahlkampfreise, um in Hamburg ein paar Tage Ruhe zu finden, manchmal auch, um eine Grippe auszukurieren, die durch Rosas Pflege meist schnell überwunden war. Doch stets fand er Zeit für Gespräche mit der Tochter, auch hin und wieder für einen Theaterabend mit Rosa oder für gemeinsame Spaziergänge.

„Ich denke an die glücklichen und auch an die bitteren Stunden, die ich gemeinsam mit Dir und Deiner tapferen Mutter verleben konnte. Ich denke an die seltenen, aber frisch in Erinnerung bleibenden Spaziergänge im Borsteler Moor und an der Alster, an die stillen, schilf- und binsenumstandenen Wasser, in denen versteckt die wilden Enten plätscherten ..." So beschwor Ernst Thälmann Jahre später in einem Brief an Irma das Bild solcher Tage herauf.

Doch noch gehörten diese Erlebnisse zur Gegenwart. Noch herrschte im Hause Thälmann große Freude, wenn Ernst nach Hause kam und die kleinen Aufmerksamkeiten und Überraschungen auspackte, die er für Frau und Tochter mitgebracht hatte. Eines Tages aber stellte Irma mit ihrer kindlichen Unbefangenheit ihrem Vater die Frage: „Warum ziehen wir nicht nach Berlin, wo du doch jetzt arbeitest?" Er sah ihr fest in die Augen und antwortete lächelnd: „In Hamburg sind die Hafenarbeiter. Sie sind unsere lieben Freunde, und wir wollen nicht ohne diese Freunde leben. Ich freue mich, wenn ich bei der Arbeit an euch denke. Dann denke ich zugleich an Hamburg und an den Hafen und an alle lieben Genossen, die so tapfer mit mir kämpfen. Deshalb wollen wir in Hamburg wohnen bleiben."

Daß Rosa ihren Mann im Herbst 1930 sogar für einige Monate daheim hatte, grenzte an ein Wunder, wenn nicht die Ursache wiederum eine diesmal recht langwierige Halskrankheit gewesen wäre. Doch er war und blieb ein unruhiger Patient. Weder mit Schelten noch mit Diplomatie gelang es Rosa, ihn von der Teilnahme an politischen Veranstaltungen abzuhalten, auf denen er meist auch das Wort ergriff. Und sie sah mit Sorge, wie seine Versuche, sich über die Krankheit hinwegzusetzen, seinen Zustand letzten Endes nur noch verschlechterten.

Doch als Genossin und Kampfgefährtin verstand Rosa seine Unruhe. Hatte er nicht frühzeitig vor der Gefahr des Faschismus gewarnt? Und bei den Reichstagswahlen am 14. September 1930 konnte zwar die KPD einen Stimmenzuwachs von 1,33 Millionen erringen. Aber zugleich hatten die Nazis außerordentliche Stimmengewinne erzielt. Der Terror gegen Antifaschisten nahm zu. Die KPD verstärkte in dieser Situation ihren Kampf um die Gewinnung immer breiterer Massen gegen Faschismus und Kriegsgefahr. Angesichts dessen war es für Rosa wie ein unverhofftes Geschenk, daß Ernst ihr den Vorschlag machte, zu Pfingsten 1931 allein zu zweit für ein paar freie Tage in den Harz zu fahren. Die Tochter wurde zu Hause vom Großvater betreut. Rosa, für die Urlaub oder Ferien nahezu Fremdwörter waren, erlebte diese Tage mit ihrem Mann, die Spaziergänge durch die Schönheit der Berge und Täler, seine Freude an der Natur und seine Hinwendung zu ihr wie einen Traum, den sie gerne festhalten wollte, und der, wie ihr ahnte, sich kaum so schnell wiederholen würde.

Es gab in der kommenden Zeit nichts Ähnliches mehr. Rosa sah selbst, daß die Arbeit für die von Ernst Thälmann geführte Partei und ihre Ziele, das Ringen um die Einheitsfront der Arbeiterklasse und ein Bündnis aller demokratischen Kräfte im Kampf gegen Faschismus, Militarismus und Reaktion ihn ganz in Anspruch nahmen. Kurze Besuche bei seiner Familie waren meist verbunden mit Versammlungen oder Kundgebungen in Hamburg.

So war es auch am 6. November 1932, dem Geburtstag von Irma, ein Tag zudem, an dem wieder Reichstagswahlen stattfanden. Ernst kam spät in der Nacht zum 6. von einer Kundgebung in Altona nach Hause, erschöpft vom vorangegangenen Wahlkampf, der ihm kaum eine Atempause gelassen hatte. Und doch hatte er an den Geburtstag seiner Tochter gedacht. Rosa sah mit Rührung, wie er ein Päckchen auswickelte und lächelnd sagte: „Den soll sie morgen auf ihrem Geburtstagstisch finden!“ Es war ein kleiner gebrauchter Fotoapparat, den sich Irma schon wünschte, seit sie in der Schule an einem Fotozirkel teilnahm.

Verbundenheit durch Kerkermauern

„Guten Tag, Nachfolger!“ Walter Trautzsch horchte auf bei der vertrauten Anrede, die er nur von einer einzigen Frau kannte – Rosa Thälmann. Er wandte den Blick, und da stand sie vor ihm, sie fielen sich in die Arme und waren froh und voll Trauer zugleich. „Du hast es also überstanden“, sagte Rosa. Und er: „Du also auch ... Wenn Ernst das nur noch erleben könnte!“ Rosa verschlug es die Stimme. Drei Jahre war es her, daß die Faschisten Ernst Thälmann ermordet hatten, doch sie hatte es noch nicht verwunden. Sie dachte oft, was Walter Trautzsch jetzt ausgesprochen hatte. Sie kannte ihn vorher nicht unter diesem Namen, sondern nur als den Parteikurier Edwin, mit dem sie vor Jahren zahllose heimliche Treffs hatte.

Nun waren beide Delegierte des II. Parteitages der Sozialistischen Einheitspartei Deutschlands. Der Kampf der Partei Ernst Thälmanns um die Einheit der Arbeiterklasse hatte mit der Vereinigung der KPD und der SPD im April 1946 seine Erfüllung gefunden. Sein Vermächtnis lag in guten Händen.

Der 5. März 1933 war wiederum ein Wahltag. Nach der Einsetzung Hitlers als Reichskanzler hatte der Reichspräsident Hindenburg den Reichstag aufgelöst und damit den Faschisten freie Hand gegeben, ihre Diktatur zu festigen und ihren blutigen Terror gegen alle fortschrittlichen Menschen, in erster Linie die Kommunisten, zur täglichen Methode zu machen.

Alle Versuche und Bemühungen der KPD, durch die Aktionseinheit der Arbeiterklasse den Machtantritt der Faschisten zu verhindern, waren fehlgeschlagen.

An diesem 5. März erfuhr Rosa Thälmann von der Verhaftung ihres Mannes. Ihr stockte der Atem, sie glaubte, ihr Herz müsse stehen bleiben. Wie war das nur möglich? fragte sie sich. Wer hatte ihn verraten? Noch im Februar war er einige Tage in Hamburg gewesen, um sich mit Funktionären der Partei zu treffen. Das vollzog sich in tiefer Illegalität. Auch die Besuche bei seiner Familie konnten nur in aller Heimlichkeit vor sich gehen. „Für uns kommt nun eine schwere Zeit", hatte er zu Rosa gesagt. „Aber du mußt ruhig sein. Ich habe in Berlin mehrere illegale Quartiere. Außerdem hat die Partei beschlossen, daß ich nicht mehr in der Öffentlichkeit auftreten soll ..." Nun war er den Nazis doch in die Hände gefallen. Der Schmerz, der Rosa durchzuckte, war tief und kaum erträglich.

Einige Tage später hielt sie seinen ersten Brief in der Hand. Sie las ihn immer wieder, versuchte zu verstehen, was zwischen seinen der Zensur wegen allgemein gehaltenen Zeilen stand und zeigte der Tochter Irma besonders einen Satz: „Wie geht es denn der kleinen Irma? Sie soll mutig und tapfer allen Anfeindungen, die doch unvermeidlich in der Schule kommen werden, Trotz bieten." Sie zeigte den Brief auch den Genossen und spürte wieder, trotz aller Gefahr, die Wärme und Stärke der „großen Familie". Dann setzte sie sich an den Wohnzimmertisch und begann ihren ersten Antwortbrief.

Mit dieser Information der Genossen über Ernst Thälmanns erstes Lebenszeichen war Rosa – ohne sich zunächst darüber ganz klar zu sein – in einen neuen Abschnitt ihres Lebens eingetreten. Inmitten der großen Kampagne, die für die Befreiung Ernst Thälmanns in Deutschland mit vielfältigen Mitteln der Illegalität, aber auch mit Streiks in vielen Betrieben, und die in der ganzen Welt mit unüberhörbaren, den Nazis sehr unangenehmen Forderungen in aller Öffentlichkeit geführt wurde, übernahm Rosa Thälmann ihre ganz persönliche Aufgabe. Sie tat es „ruhig, bewußt und, wie es einem ehrlichen Revolutionär gebührt, mit der größten Energie" – so hatte Ernst in seinem zweiten Brief aus dem Gefängnis über sich selbst geschrieben. Wie so viele vorher bezog Rosa auch diese Worte auf sich und handelte danach.

Nach außen hin blieb sie wie bisher nichts anderes als die Ehefrau Ernst Thälmanns, die ihm Briefe schrieb, Zeitungen und Päckchen sandte, ihn besuchte, wann immer es ihr gestattet wurde. Doch tatsächlich war sie – und wurde es mit den Jahren immer ausschließlicher – die Genossin, die zwischen der Partei und Ernst Thälmann ständige Verbindung hielt. Sie informierte ihn über die Politik und die Beschlüsse der Parteiführung und diese umgekehrt über seine Meinungen, seine Wünsche, seinen Gesundheitszustand.

So fühlte sie sich auch in den mehr als elf Jahren seiner Kerkerhaft fest verbunden mit der „großen Familie", die ihr selbst half und sie unterstützte, wo und wie es immer möglich war.

Am Anfang half ihr die Genossin Else Steinfurth (später Else Daub), die erste Besuchserlaubnis im Gefängnis des Polizeipräsidiums am Alexanderplatz in Berlin zu erhalten. Die Erschütterung dieses ersten Wiedersehens unter Polizeiaufsicht konnten Ernst und Rosa kaum verbergen. Doch die Fragen und Antworten über die „große Familie", die sich um ihn sorgte, waren für Ernst tröstend und aufschlußreich. Dann wurden ihm Kassiber, auf hauchdünnes Seidenpapier geschrieben, verborgen in Zigarren, Zigaretten und auf andere Weise übermittelt. In einem Augenblick, als der Überwachungsbeamte bei einem Besuch Rosas seinen Blick abwandte, spürte Ernst bei einem Kuß von seiner Frau, wie sie ihm eine kleine Stearinkapsel in den Mund schob, die wiederum Nachrichten der Partei für ihn enthielt.

Es gab noch vielerlei Wege und Methoden, um diese Verbindung bis in den zweiten Weltkrieg hinein nicht abreißen zu lassen. So gelang es Rosa u.a., ihm unter den Augen der Gestapo-Bewacher einen ausführlichen Brief von Wilhelm Pieck zu übermitteln, in dem dieser dem Eingekerkerten Hinweise für seinen noch ausstehenden Prozeß gab.

Das Wichtigste waren jedoch die Nachrichten, die die Eheleute mündlich austauschten, und die Rosa dann in geheimen Zusammenkünften dem Parteikurier übergab.

Die Kuriere wechselten mehrmals, und sie wußte immer nur ihre Decknamen. Der, mit dem sie sich zwischen 1935 und 1936 regelmäßig traf, nannte sich Herbert. Eines Tages, im August 1936, verabredete er sich mit Rosa in einem kleinen Hamburger Café. Zuerst war sie erstaunt, daß er einen Dritten mitgebracht hatte. Doch Herbert zerstreute ihre Sorge schnell mit den Worten: „Das ist Edwin, mein Nachfolger, der in der nächsten Zeit an meine Stelle treten wird."

Rosa lächelte ein wenig: „Also, Nachfolger, auf gute Zusammenarbeit!" Den Namen „Nachfolger" behielt „Edwin" nicht nur in den folgenden 2½ Jahren, in denen er alle 4 bis 6 Wochen zuerst aus Prag, dann aus Paris zu geheimen Treffs mit Rosa nach Hamburg oder Berlin fuhr, sondern auch über den Tag der Befreiung hinaus.

In seinen Erinnerungen an die Zusammenarbeit von 1936 bis 1938 schrieb Edwin – Walter Trautzsch: „Rosa war reaktionsfähig und hatte ein gutes Gedächtnis. Da sich Ernst Thälmann auch nur verschleiert ausdrücken konnte, mußte sie die Fähigkeit entwickeln, den Kern seiner Bemerkungen zu verstehen, ihn zu behalten und nach jedem Besuch mir alles zu schildern."

Rosa war sehr bald zu Hause in der, wie sie es nannte, „geheimen Zwiesprache“ mit ihrem Mann, in der zwischen die Unterhaltung über ganz allgemeine, harmlose Dinge unvermittelt Nachrichten von der „großen Familie“ eingeflochten wurden. Sie verstand auch solche Gleichnisse wie die Sage vom Trojanischen Pferd, die Ernst ihr erzählte und damit bedeutete, es käme jetzt darauf an, daß Antifaschisten in die „Deutsche Arbeitsfront“ und andere faschistische Organisationen eintreten und dort gegen das Naziregime arbeiten sollten.

Ganz unbemerkt blieb diese Geheimsprache auch bei den Überwachern im Gefängnis nicht. So schrieb ein Gefängnisbeamter in Moabit an den persönlichen Adjutanten Hitlers, Wiedemann, im Juni 1936: „In der letzten Sprechstunde hat die Frau Thälmann dem Gefangenen mit äußerlich unschuldigen Ausdrücken, Zeichen und Blicken zu verstehen gegeben, wie lebhaft man sich besonders im Ausland für sein Schicksal interessiert. Auch andere Mitteilungen wurden auf diese Art schon bei den vorhergehenden Besuchen gemacht. Beide Ehegatten haben im Laufe der Jahre eine solche Übung darin erlangt, daß es einem Außenstehenden unmöglich ist, die getarnten Mitteilungen zu erkennen.“

Wie gut Rosa ihre Arbeit zu tarnen vermochte, läßt sich auch aus einem Bericht der Gestapo vom 23. März 1936 über eine „illegale Hamburger Frauengruppe“ herauslesen. Es ist darin die Rede von drei Kommunistinnen, deren eine offensichtlich rechtzeitig in die Sowjetunion emigrieren konnte. Nun könne man, so besagte der Bericht weiter, die zweite sehr schnell verhaften, während der dritten, „der Thälmann eine aktive illegale Betätigung wohl kaum nachzuweisen ist.“

Das alles kostete Kraft. Auch wenn Rosa sich nach außen kaum etwas anmerken ließ, so zehrten doch Schmerz und Angst um ihren Mann, den wichtigsten Gefangenen der Nazis, an ihrer Gesundheit. Nachdem Ernst Thälmann im Mai 1933 in das Untersuchungsgefängnis Berlin-Moabit überführt worden war und sie ihn dort auch besuchen konnte, erfuhr sie eines Tages, daß seine Peiniger ihn in die berüchtigte Folterhölle der Gestapo in der Prinz-Albrecht-Straße gebracht hatten. Hier versuchten die Nazi-Schläger, den gefangenen Antifaschisten Geständnisse mit Methoden abzupressen, die viele das Leben kosteten. Rosa, erfüllt von eisigem Schrecken, beantragte sofort eine Besuchserlaubnis. Als man versuchte, sie ihr zu verweigern, nahm sie allen Mut zusammen und warf dem Beamten mit fester Stimme die Worte ins Gesicht: „Bekomme ich meinen Mann nicht zu sehen, dann ist das die Gewißheit, daß er tot ist. Die ganze Welt wird aufhorchen!“

Sie erhielt eine Erlaubnis und sah ihn – zerschlagen und zerschunden, rief voll Entsetzen: „Was hat man mit dir gemacht?“ „Maul halten!“ brüllte der Gestapo-Aufseher. Und auch Ernst machte ihr ein beruhigendes Zeichen, um diesen und ihre weiteren Besuche nicht zu gefährden.

Aufs äußerste an ihrer Kraft zehrte auch ein anderes Erlebnis: Gegen Ende des Jahres 1934 erhielt Rosa durch den Verbindungsmann zur Partei Kenntnis von den Vorbereitungen, die durch Genossen im In- und Ausland getroffen wurden, um Ernst Thälmann aus dem Gefängnis Moabit zu befreien. Rosas

Aufgabe war es, ihn aufs Genaueste über den Plan zu unterrichten. Sie tat es, ganz erfüllt von der frohen Hoffnung, daß er gelingen würde. Umso tiefer trafen sie Schmerz und Enttäuschung, als das Vorhaben lediglich durch einen unglücklichen Zufall mißlang.

Es gab noch viele solche Momente, in denen sie glaubte, sie würde es nicht durchstehen. Doch immer wieder siegte sie über eigene Schwäche, immer wieder auch half ihr die Gewißheit, daß die Genossen, die illegalen Widerstandskämpfer und viele andere Freunde, sei es in der Sowjetunion oder in der ganzen Welt, nicht nachließen, seine Befreiung zu fordern und sie selbst spüren zu lassen, daß sie nicht allein sei.

Da war die Schulentlassung von Irma, bei der so viele Blumengrüße und Geschenke in ihrer Wohnung abgegeben wurden, wie es aus solchem Anlaß nie üblich war. Sie verstand es als Grüße an Ernst.

Da war die Beisetzung von Ernst Thälmanns Vater. Ernst hatte dafür um Beurlaubung aus dem Gefängnis gebeten. Sie wurde verwehrt. Doch der Zug zum Friedhof wurde fast zu einer Demonstration. Zahllose Kränze wurden niedergelegt, deren rote Schleifen Aufschriften trugen wie: „Letzten Gruß dem Vater unseres Arbeiterführers Ernst Thälmann." Unter den Kränzen war auch einer der sowjetischen Handelsmission. Obwohl die Gestapo kurz darauf alle Schleifen abriß und vernichtete – sie wurden nicht vergessen.

Viel Trost und Stärkung gewann Rosa aus den Briefen ihres Mannes. So las sie im Dezember 1933: „Deine Zeilen erinnern mich an die glücklichen und doch oft schweren Stunden, die wir gemeinsam in der Siemßenstraße erlebt haben. Möge auch diese vielleicht schwerste Prüfung unseres Schicksals uns gemeinsam weiter so finden und verbinden, wie es in unserem Leben stets der Fall war." Und am 13. Januar 1935 schrieb er an seine Rosa: „Heute sind zwanzig Jahre vergangen, seit unsere überaus glückliche Ehe geschlossen wurde ... Eine sturmbewegte und abwechslungsreiche Zeit liegt hinter uns. Der Weg des Lebens war dornig und steinig und der Kampf des Lebens hart und schwer, und trotzdem waren wir glücklich und zufrieden. Heute bewährt sich noch viel stärker die Treue zueinander ...". Dies war ein besonders langer Brief. An die ganz persönlichen Worte schloß sich eine ausführliche Analyse der wirtschaftspolitischen Weltlage an, die sich Ernst aus dem aufmerksamen Studium selbst der faschistischen Zeitungen, so u. a. der „Berliner Börsenzeitung" erarbeitet hatte. Er verglich die krisenhafte Entwicklung in den kapitalistischen Ländern mit den Fortschritten in der Sowjetunion.

„Warum machst Du Dir darüber Gedanken, mir nicht so lange Briefe schreiben zu können?" schrieb er am 10. Februar 1935 als Antwort auf zwei Briefe Rosas. „Diese Plage nehme ich Dir gerne und bereitwillig ab ... Tröste Dich damit, daß die in Deiner Art an mich gerichteten Briefe, die im Stil schlicht familiär gehalten, kurz und von heimatlichen Erinnerungen erfüllt sind, zu lesen für mich stets eine große Freude war." Und drei Monate später schrieb er: „Deine Briefe machen mir mein Schicksal viel leichter. Du gibst mir damit mehr Ruhe und Kraft, als Du ahnst."

Von der Wahrheit dieser Worte möge hier nur ein Abschnitt aus einem gar nicht kurzen Brief Rosas an ihren Mann zeugen, den sie ihm 1936, nach dreijähriger Haftzeit schrieb: „Was mußt Du in diesen drei Jahren gelitten haben? Aber glaube mir, wir fühlen und leiden mit Dir, denn man müßte ja kein Herz im Leibe haben, wenn alles so spurlos an einem vorüberziehen würde. Auch unsere Irma hat Tage, wo ich merke, wie sie über alles nachdenkt. Sie will es mich immer nicht merken lassen, aber in diesen Tagen sagte sie: Weißt Du, Mutti, Papa hat doch niemandem etwas Böses getan. Warum läßt man ihn nach drei Jahren immer noch nicht raus? ... Du schreibst, wann wird die Quälerei ein Ende haben? Ich habe diese Frage schon oft gestellt, aber ich möchte Dir zurufen: Alles ist vergänglich, auch Du wirst eines Tages wieder bei uns sein können. Die Hauptsache ist, daß wir den Mut nicht sinken lassen und die Hoffnung nicht aufgeben ...".

Es ging wahrhaftig nicht spurlos an Rosa vorüber. Bei aller Tapferkeit und Energie, die sie aufbrachte, auch bei aller Hilfe und Unterstützung der „großen Familie" – die Sorge um ihren Mann, die Angst vor den Schikanen der Gestapo, den wiederholten, wenn auch dank ihrer Geschicklichkeit ergebnislosen Haussuchungen in ihrer Wohnung – auf die Dauer hielt ihr Herz diesen Belastungen nicht stand. Immer stärker entwickelte sich bei ihr ein Herzleiden, das sie Anfang 1937 zu einer schwerkranken Frau machte. Eine zuverlässige Hilfe hatte sie jedoch nun in ihrer jetzt 17jährigen Tochter Irma, auch bei der Verbindung zwischen Ernst Thälmann und der Partei.

Am 3. Februar 1937 war wieder ein Treffen mit dem Parteikurier Edwin vereinbart. Doch der, pünktlich zur Stelle, mußte diesmal warten und begann, besorgt zu werden. Endlich sah er sie, Rosa, auf Irmas Arm gestützt, ganz langsam auf sich zukommen. Rosa konnte kaum sprechen. Edwin sagte erschrocken: „Wäre es denn nicht besser gewesen, du wärst zu Hause geblieben und hättest Irma allein geschickt?" – „Ach, es geht schon", antwortete Rosa mit Mühe. „Was zu erzählen ist, wird Irma tun." Rosa hatte trotz ihrer Krankheit ihren Mann im Gefängnis besucht ...

Am 27. März, zu ihrem 47. Geburtstag, kam von ihm ein besonders liebevoller Brief, in dem er innige Worte für ihr gemeinsames Leben fand. Ein Satz bewegte sie besonders: „In einer Ehe, in der die Frau Kampfgefährtin des Mannes ist, ist man wirklich über alle Macht des Schicksals erhaben; denn ein solches Glück miterlebt, ja, nur gekannt zu haben, ist schon sehr viel für einen Menschen ...".

Es war der letzte Brief, den sie von ihm auf legalem Weg erhielt. Anfang April donnerte wieder einmal die Gestapo an ihre Wohnungstür und verlangte die Aushändigung aller Briefe Ernst Thälmanns. Rosa wehrte sich: „Was wollen sie von mir? Die Briefe gehören mir!" Und mit aller Schärfe kam die Erwiderung: „Geben sie die Briefe heraus. Wir machen keine Ausnahme. Haussuchung wird sowieso gemacht!" Sie übergab ihnen schweren Herzens einen Teil, hoffend, daß sie die anderen nicht finden würden. Doch sie kehrten wie üblich das Unterste zuoberst und fanden auch den Rest.

Ende April wurde sie zur Polizei bestellt, um dort einen Brief ihres Mannes zu lesen. Mit Wehmut erinnerte sie sich der Freude, die jeder Brief, der zu Hause eintraf, bei ihr, bei Irma und all ihren Freunden ausgelöst hatte, wie er wieder und wieder gelesen und liebevoll besprochen wurde. Nun sollte sie hier unter den hämischen und haßerfüllten Blicken der Polizisten nur kurze Zeit den Gedankenreichtum und die Liebe, die aus den Briefen sprachen, in sich aufnehmen können? Als Ernst Thälmann von dieser neuerlichen Schikane erfuhr, erklärte er – mit dem schmerzvollen Einverständnis Rosas – er werde an seine Angehörigen keine Briefe mehr schreiben.

Ihr Trost – sie und auch Irma konnten ihn weiter besuchen. So kam Rosa im Herbst 1937 wiederum zur Sprechzeit zum Gefängnis in Berlin-Moabit. Doch man ließ sie nicht hinein.

„Was ist mit meinem Mann?“ fragte sie nachdrücklich. Keine Antwort als ein Schulterzucken. Und wieder wandte sie das Mittel an, das schon einmal geholfen hatte: „Ich rühre mich nicht von der Stelle, bis ich es weiß! Und wenn ich keine Auskunft erhalte, muß ich annehmen, er ist tot. Das werde ich dann in die Welt hinausschreien.“ Sie wußte ja um die weiter anhaltenden millionenfachen Solidaritätsbeweise für Ernst Thälmann, die Appelle und Aktionen zu seiner Befreiung, und sie wußte auch, wie sehr die Nazis das alles fürchteten. So erfuhr sie dann doch, daß er inzwischen in die Strafanstalt in Hannover gebracht worden war – auch dies, um ihn noch strenger zu isolieren. Und sie erwirkte schließlich auch dorthin die Besuchserlaubnis.

Wie besorgt die Faschisten um die Geheimhaltung waren, bezeugt auch die Tatsache, daß Rosa ihre Besuche in Hannover bald nicht mehr unter dem Namen Thälmann, sondern nur unter ihrem Mädchennamen Rosa Koch machen durfte. Dazu erhielt sie bei ihrer Ankunft in der Stadt einen besonderen Ausweis. Doch es nützte nichts, auch unter dem Namen Koch sorgte Rosa dafür, daß die Partei den neuen Aufenthalt Thälmanns erfuhr. So wußten auch in Hannover bald viele um seine Anwesenheit.

Besorgt sah Rosa, daß sich der Gesundheitszustand ihres Mannes immer mehr verschlechterte. Sie erzwang schließlich, daß ihm einige Hafterleichterungen gewährt wurden. Als sie ihn im August 1938 besuchte, bemerkte sie staunend, daß sie in seine Zelle geführt wurde und daß keiner der sonst anwesenden Bewacher dabei war. Doch dies war keine „Erleichterung“, sondern der Versuch, die geheime Verständigung der Eheleute zu durchbrechen, den Kerkermeistern mehr Informationen zu verschaffen als bisher. Ernst bedeutete Rosa gleich zu Beginn ihres Besuches, daß vermutlich ein Abhörgerät in seiner Zelle angebracht und nun erst recht kein Grund war, etwa offen zu sprechen. Sie fanden dann eine Möglichkeit, sich mit Hilfe von kleinen Tafeln, auf die man schreiben und dann das Geschriebene sofort wieder löschen konnte, über die wichtigsten politischen Fragen zu verständigen, während sie laut über belanglose Dinge redeten. Auch Irma Thälmann lernte bei ihren Besuchen schnell, diese Methode zu beherrschen. Durch ihre Geschicklichkeit konnte sie in dieser Zeit sehr umfangreiche Aufzeichnungen ihres Vaters aus dem Gefängnis schmuggeln. Und mit dem kleinen Fotoapparat, den der Vater ihr zum 13. Geburtstag geschenkt hatte, machte das mutige Mädchen sogar eine Reihe Aufnahmen von ihm, von denen nur eine erhalten blieb, die später um die ganze Welt gegangen ist: das letzte Foto von Ernst Thälmann. Als die Kerkermeister merkten, daß sie auf solche Weise auch nicht erfuhren, was sie wissen wollten, stellten sich zu den Besuchen bald wieder Bewacher ein. Doch selbst unter deren Augen gelang es Rosa, ein ausführliches Memorandum Thälmanns in ihre Handtasche und aus dem Gefängnis zu bringen. So erhielt die Parteiführung wiederum Kenntnis von seiner Meinung zum Münchner Abkommen, durch das die Westmächte die Tschechoslowakei an die Faschisten auslieferten, nachdem Hitler schon Österreich annektiert hatte.

Ein Jahr später war bittere, grausige Wahrheit geworden, was Ernst Thälmann schon ein Jahrzehnt zuvor warnend ausgesprochen hatte: Hitler, das ist der Krieg! Es war nicht gelungen zu verhindern, was nun Leid und Tod über die Völker brachte. Besonders schmerzlich bewegte Ernst Thälmann der Überfall auf die Sowjetunion. Doch die Überzeugung von ihrem Sieg über den Faschismus verließ ihn nie. Zu einer Zeit, als die faschistischen Armeen noch im Vormarsch in der Sowjetunion waren und einer seiner Bewacher großmäulig vom „Blitzkrieg gegen die Russen" sprach, schleuderte er ihm entgegen: „Stalin bricht Hitler das Genick!" Irma, die bei ihm zu Besuch war, trug dieses Wort hinaus aus der engen Gefängniszelle, und es wurde zur Kampflosung für Tausende Antifaschisten.

Trotz der immer verheerender werdenden Angriffe angloamerikanischer Bomber auf Hamburg, Hannover und andere deutsche Städte kamen Rosa und Irma regelmäßig zu den Besuchszeiten. Doch eben diese Bombenangriffe waren der Anlaß für eine neuerliche Verlegung ins Zuchthaus Bautzen. Wenn Bomben auf das Gefängnis Hannover gefallen wären, hätten sie ja möglicherweise eine Flucht Ernst Thälmanns begünstigt.

Als Rosa ihn dort zum ersten Mal besuchte, erzählte er ihr, daß ihn unterwegs nach Bautzen eine junge Arbeiterfrau erkannt und ihm verstohlen zugenickt hätte. „Sie hatte ein Kind auf dem Arm und trug Trauerkleidung – sicher war ihr Mann gefallen." Er sprach leise und voller Bewegung, voll Trauer auch um das eigene Volk, das der Faschismus auf diesen Weg des Sterbens und der Vernichtung geführt hatte. Doch seine Zuversicht blieb unerschüttert. „Nun ist der Faschismus bald geschlagen", hörte Rosa von ihm in ihrer vertrauten Geheimsprache, als sie im Februar 1944 wieder einmal bei ihm war. Sie wußten beide noch nicht, daß es ihre letzte Begegnung war. Am 16. April 1944, seinem Geburtstag, stand sie vergeblich vor der Gefängnistür, man ließ sie nicht hinein, wie sie auch protestieren mochte. Schreck und Angst griffen ihr wieder ans Herz: Ob sie ihn umgebracht hatten? Doch immer wieder auch sprach sie sich Mut zu: Sie werden es nicht wagen. So fuhr sie nach Berlin zur Gestapo-Zentrale, nahm alle Kraft zusammen und forderte erneut Auskunft über ihren Mann. Doch diesmal mußte sie unverrichteter Dinge umkehren.

Neues Leid erwartete sie, als sie nach Hause kam – Irma war inzwischen verhaftet worden. Sie war gewiß, daß auch sie nicht verschont bleiben würde. Besonnen holte sie die Briefe und Aufzeichnungen ihres Mannes, die sie auf illegalem Wege erhalten hatte, aus ihrem Versteck und übergab sie unter Tränen Genossen, bei denen sie sicher waren. Wenige Tage später wurde auch sie von den Gestapo-Schergen abgeholt.

In Ravensbrück

Wir werden gemeinsam handeln,
um das Leben gegen den Tod zu verteidigen,
die Freundschaft gegen Haß,
den Frieden gegen den Krieg,
denn nichts wird uns daran hindern,
für das Glück und die Zukunft unserer
Kinder zu kämpfen.

ROSA THÄLMANN auf einem Treffen
ehemaliger Widerstandskämpferinnen
in Ravensbrück 1955

Im Gefängnis des Berliner Polizeipräsidiums erfüllte Rosa vor allem ein Gedanke: Daß hier auch Ernsts Weg durch die Nazikerker begonnen hatte. Sie selbst kam, nachdem man sie gleichfalls durch verschiedene Haftanstalten geschleppt hatte, am 26. September 1944 in die Hölle des Frauen-KZ Ravensbrück.

In den Morgenstunden des 28. September, knapp zwei Tage nach Rosas Einlieferung, wurde hier Katja Niederkirchner erschossen, die mutige junge Frau, die, aus der Sowjetunion kommend, mit dem Fallschirm abgesprungen war, um die deutschen Antifaschisten in ihrem Kampf zu unterstützen. Doch auch sie fiel in die Hände der Gestapo, die trotz unmenschlicher Folterungen Katja zu keinerlei Verrat bewegen konnte. „Ich hätte doch so gerne die neue Zeit erlebt. Es ist so schwer, kurz vorher gehen zu müssen ...“, schrieb sie in ihrem letzten Brief am Morgen ihres Todestages. Rosa Thälmann wußte nichts von der Tragödie, die sich kurz nach ihrer Ankunft hier abspielte.

So wie die Faschisten alles versucht hatten, Ernst Thälmann stets streng von anderen Häftlingen zu isolieren, geschah es nun auch mit seiner Frau. Die deutschen politischen Häftlinge sollten nicht wissen, daß Rosa hier war. Deshalb wurde sie in dem sogenannten „Nacht- und Nebel-Block“ untergebracht, dessen Name von einem faschistischen Erlaß für eine neuerliche große Verhaftungswelle herrührte. „In diesem Block“, so berichtete sie selbst später, „befanden sich alle diejenigen, auf deren Schein – von Heinrich Himmler unterzeichnet – stand: ‚Rückkehr unerwünscht‘. Es befanden sich mit mir in diesem Block junge polnische Frauen, an denen grauenhafte medizinische Versuche gemacht wurden ... Auf der anderen Seite des Blocks waren sowjetische Sanitäterinnen untergebracht. Mit diesen Frauen verband mich bald eine tiefe sozialistische Freundschaft.“

Wieder einmal hatten sich die Faschisten verrechnet. Auch hier spürte die nun schon 55jährige die „große Familie", die sie liebevoll und sorglich umgab.

Es kam der 7. November 1944. Trotz allen Terrors der SS-Wachmannschaften und der Aufseherinnen gelang es, zu einer Feier zusammenzukommen. Im Block der sowjetischen Kriegsgefangenen trafen sich Kommunistinnen, von jeder Nationalität zwei, unter ihnen Rosa Thälmann, die längst auch Kontakt zu den deutschen politischen Häftlingen bekommen hatte. Nun saß sie in diesem Kreis, hörte die Österreicherin Mela Ernst über die Große Sozialistische Oktoberrevolution und über die Aufgaben der Kommunistinnen im Lager sprechen. Die sowjetische Genossin Jewgenia Lasarewna Klemm verkündete die frohe Botschaft, daß die Rote Armee weiter auf dem Vormarsch war. Und schließlich sangen alle ganz leise: „Vaterland, kein Feind soll dich gefährden". Rosa lag danach auf ihrer Pritsche noch lange wach. An diesem Abend spürte sie nur wenig von der Krankheit, die immer stärker an ihren Kräften zehrte, so bewegt war sie über die auch unter dem Henkerbeil oder an der Schwelle der Gaskammer nicht versiegende Solidarität. Doch im „Nacht- und Nebelblock" drohte auch dem Leben Rosas täglich Gefahr.

Eines Tages erfuhr die Blockälteste, eine polnische Antifaschistin, daß auf der Liste für die nächsten Todeskandidatinnen auch der Name Rosas stand. Fieberhaft beriet sie sich mit zwei deutschen Kommunistinnen, wie man hier helfen konnte. „Der Krankenblock" – eine von ihnen sagte es als einen Vorschlag zur Rettung. „Dort gibt es einige Häftlingsärztinnen, die uns helfen werden." Die Gefahr für das eigene Leben nicht scheuend, brachten die mutigen Frauen sie zu einem Block, in dem eben eine der Kranken gestorben war. Rosa nahm ihren Platz ein, sie erhielt auf den Krankenlisten den Namen der Verstorbenen – und war vorerst gerettet. Und wieder sollen Rosas eigene Worte die Zustände dort bezeugen: „Ich erlebte das ganze Elend dieses Krankenblocks. Keine Medikamente, kein Verbandszeug für die eiternden Wunden, keine Taschentücher, kaum das notwendigste Essen, immer Hunger und nochmals Hunger. Die ganze Nacht rufen die Frauen nach Schiebern, die Betten werden schmutzig gemacht, die Luft ist verpestet. Leichen fallen aus den Betten, wenn die daneben liegenden Fieberkranken sie beiseitestoßen. Im Waschraum neben unserem Krankenzimmer liegen täglich viele Leichen ... abgemagert bis zum Skelett ... Teilweise haben die Ratten den Toten die Augen ausgefressen. Die Hände angenagt. Es ist ein grauenvoller Anblick, den man niemals mehr im Leben vergessen kann ...".

„Rosa, du mußt gesund werden, du mußt!" Immer wieder hörte sie diese hastig geflüsterten Worte an ihrem Krankenlager. Verstohlen wurde ihr dabei ein Stückchen Brot zugesteckt, ein Becher heißer Tee an ihre Lippen gebracht. Manchmal legte man ihr einen warmen Ziegelstein, in Tücher gewickelt, unter die dünne Decke. Antifaschistinnen hatten ihn heimlich auf einem elektrischen Kocher heiß gemacht. Sie kamen oft, die Genossinnen, die im Krankenrevier arbeiteten oder an anderen Stellen, die ihnen etwas Bewegungsfreiheit gestatteten, um ihr Mut und Kraft zu geben. Auch das würde sie nie vergessen.

Sie versteckten sie auch später, wenn die berüchtigten „Selektionen" für die Gaskammer bevorstanden. Einmal brachten sie Rosa in eine Halle, in der Berge von Pelzen lagerten, unter denen sie verborgen wurde. Auch die Hunde, mit denen die SS das Lager durchsuchte, haben sie dort nicht gefunden.

So überstand sie trotz Krankheit und Schwäche das KZ Ravensbrück, das gerade in den letzten Monaten, in denen die Niederlage des Faschismus immer näher rückte, zu einem wahren Inferno wurde. Und so wurde sie schließlich auch, als die SS angesichts der in unmittelbarer Nähe kämpfenden Roten Armee das Lager zu räumen begann, durch die Hilfe der „großen Familie" aus dem Häftlingszug heraus gerettet und in Fürstenberg versteckt, wo die sowjetischen Befreier sie dann fanden.

Erfülltes Vermächtnis

Ernst Thälmann ist jetzt unter uns,
weil wir uns geschworen haben,
in seinem Sinne unsere Republik zu festigen
und zu stärken und das Banner
der sozialistischen Revolution immer weiter
vorwärtszutragen.

ERICH HONECKER vor FDJ-Funktionären

Auch nach der Befreiung folgten für Rosa ruhelose Jahre. Nachdem ihre Gesundheit, u. a. auch in einem Sanatorium in der Sowjetunion, einigermaßen wiederhergestellt war, trug sie aus vollem Herzen und mit ganzer Kraft dazu bei, Ernst Thälmanns Vermächtnis zu erfüllen: „... dem wirklichen Sozialismus zum endgültigen Sieg zu verhelfen", wie er in einer seiner letzten Aufzeichnungen, dem „Brief an einen Kerkergenossen" geschrieben hatte. Sie war dabei, als die beiden Arbeiterparteien sich vereinigten. Sie gehörte seit 1950 zu den Abgeordneten der Volkskammer der jungen DDR und stimmte mit für die Gesetze, die die Grundlagen für eine bessere Zukunft juristisch untermauerten. Für die Gleichberechtigung der Frauen wirkte sie tatkräftig im Bundesvorstand des DFD. Und sie gehörte selbstverständlich dem Präsidium des Komitees der Antifaschistischen Widerstandskämpfer an. Man sollte meinen, daß die mit diesen Funktionen verbundene Arbeit vollauf ausgereicht hätte. Doch sie trug den Namen Thälmann, dem sie auf ganz persönliche Weise gerecht zu werden hatte. Betriebe, Schulen, Kinderheime und viele andere Kollektive, die den Namen „Ernst Thälmann" erhielten, luden natürlich die Frau ein, von der sie besonders unmittelbare und persönliche Auskunft über den unvergessenen Arbeiterführer erwarteten. Es gab kaum eine Einladung, die sie ausschlug.

Wenn auch ihr Herz schneller klopfte, als sie in Rostock ans Rednerpult trat, um anläßlich der Gründung der Arbeiter-und-Bauernfakultät „Ernst Thälmann" vor Professoren, Dozenten und Studenten zu sprechen – der herzliche Beifall, der sie empfing, vertrieb schnell alle Befangenheit.

Sie stand lächelnd und froh auf der Tribüne in Dresden, als Hermann Matern der Pionierorganisation den Namen „Ernst Thälmann“ verlieh. Herzlich und für alle Kinder verständlich war ihr Gruß an die Pioniere, in dem sie sagte: „Wir schauen auf euch mit Liebe, großer Zuversicht und Vertrauen. – Das Leben Ernst Thälmanns war reich im Kampf um ein besseres, glückliches Leben unserer Jugend und der ganzen Menschheit. Er war ein großer Freund der Sowjetunion. Wir haben die Früchte der Freundschaft geerntet: unsere Freiheit, die Möglichkeit unseres Aufbaues und ein neues, glückliches Leben …“

Ja, ihre Liebe galt besonders den Kindern und Jugendlichen, mit denen sie oft und gern zusammmen war, um sie auf ihre Zukunft vorzubereiten. Doch nicht nur in der Deutschen Demokratischen Republik, auch im Ausland war sie ein begeistert empfangener Gast. Viele Male reiste sie in die Sowjetunion, stand am 1. Mai 1952 auf der Tribüne des Roten Platzes. Angesichts der lebensfrohen Demonstration der Werktätigen des siegreichen Volkes erfüllte sie ganz der eine Gedanke: Wenn Ernst das hätte erleben können, wie glücklich wäre er gewesen! Sie sah nun alles mit seinen Augen …

Auch in die anderen sozialistischen Länder wurde sie eingeladen. So gaben sich eine Schule und eine LPG in Bulgarien in ihrer Anwesenheit den Namen „Ernst Thälmann“. Wollte man die vielen weiteren Ereignisse ähnlicher Art aufzählen, die Liste würde endlos sein. Mit ihrer Geradheit, ihrer Bescheidenheit, ihrer unerschütterlichen Überzeugung von der sozialistischen Sache erwarb sie sich nun selbst hohes Ansehen in der DDR und im Ausland. Die „große Familie“ kannte keine Grenzen. Das alles forderte Kraft. Manchmal war sie 20 Tage im Monat unterwegs. Wenn sie nach Hause kam, warteten Stöße von Briefen auf sie, meist von Schülern und Pionieren, die ihr berichteten, wie sie lernen und leben. Diese Briefe berührten sie tief. Sie beantwortete alle.

Tief besorgt war Rosa, ebenso wie ihre Genossen und Freunde, über die Entwicklung in der BRD, wo alte Kriegsverbrecher wieder in leitende Funktionen eingesetzt, wo neue Aufrüstung betrieben und in aller Öffentlichkeit die Absicht verkündet wurde, die friedliche Ordnung in der DDR zu zerstören. Wie stark dort die Vergangenheit lebendig geblieben war, mußte sie am eigenen Leibe erfahren. Im Mai 1957 fand in München der 4. Bundeskongreß der Vereinigung der Verfolgten des Naziregimes statt, der unüberhörbar seine Stimme für den Frieden erhob. Rosa nahm daran teil, mußte aber wegen einer bevorstehenden Volkskammersitzung vorzeitig abreisen. Bei der Kontrolle auf der Station Ludwigstadt lasen die westdeutschen Grenzbeamten auf ihrem Paß den Namen Thälmann. „Wo kommen Sie her?“ fragten sie barsch. Rosa antwortete wahrheitsgemäß, wies sich auch als Abgeordnete der Volkskammer der DDR aus. Doch die Beamten begannen, ihr ganzes Gepäck auszuschütten und zu durchwühlen. Sie scheuten auch vor einer Leibesvisitation nicht zurück. Rosa fühlte sich schmerzhaft in die Zeiten der faschistischen Vergangenheit zurückversetzt.

Das Material, das sie offiziell auf der VVN-Konferenz erhalten hatte, wurde beschlagnahmt. Als sie protestierte, entgegnete man ihr grob, daß sie den Zug verlassen müsse, wenn sie das Material nicht herausgäbe. „Solche Methoden kenne ich zur Genüge aus der Zeit, die ich längst vergangen glaubte", sagte sie, sich zur Ruhe zwingend, und blieb im Zug.

Wenige Tage danach, auf ihrer Sitzung am 22. Mai 1957, protestierte die Volkskammer offiziell durch eine Erklärung ihres Präsidenten Dr. Johannes Dieckmann gegen die unwürdige Behandlung ihrer Abgeordneten und kennzeichnete dies als Verletzung der Grundregeln einer jeden parlamentarischen Ordnung.

Angesichts solcher Erfahrungen versteht man umso besser den Stolz auf die Deutsche Demokratische Republik, die ihr nun Heimat geworden war, die wuchs und erstarkte. Bei einem Besuch in der alten Heimat Hamburg sprach Rosa auf einer Versammlung in einem der größten Säle der Hansestadt über den Kampf Ernst Thälmanns und ihren eigenen Weg an seiner Seite. Dann sagte sie mit Nachdruck: „Heute komme ich aus der DDR, wo das, wofür Ernst Thälmann gelebt und Millionen Deutsche gekämpft haben, verwirklicht wurde." Freude und Genugtuung schwangen mit in diesen Worten, und auch das Glück, das eigene Leben so erfüllt zu sehen. Für den sozialistischen Staat, der ihr diese Erfüllung brachte, wirkte sie unermüdlich, bis ihre Kräfte sie verließen.

Am 21. September 1962, im 73. Lebensjahr, schloß sie nach schwerer Krankheit für immer die Augen. An ihrem Grabe sagte Franz Dahlem: „Lebensbejahend, lebensfroh und stets aktiv, in schweren Zeiten stark und nie den Mut verlierend, so werden wir Rosa Thälmann in Erinnerung behalten."

L. T.-H.

Es begann schon in Odessa

Lisa Ullrich

Die Schule meines Lebens war ein Leben im proletarischen Klassenkampf, in dessen Verlauf ich zur Kommunistin wurde.

LISA ULLRICH

Während der Arbeit an diesem Manuskript starb Lisa Ullrich. Wir hatten uns erst ein reichliches Jahr zuvor kennengelernt. Stunden habe ich mit ihr und ihrer Schwester, Hedwig Rogge, in beider Berliner Wohnung verbracht; zu wenige, um all das zu erfragen, was jetzt unbeantwortet bleiben muß.

Nachdem Lisa Ullrich, Blockälteste der „Mutter und Kind"-Baracke, am 28. April 1945 als eine der letzten Gehfähigen aus dem KZ Ravensbrück getrieben wurde, schien es ihr fast sicher, daß die SS alle Frauen – jene, die sie auf den Todesmarsch geschickt hatte, sowie die im Lager zurückgelassenen – umbringen würde. Nur wußte niemand, wo und wie dieses Sterben geplant war. Als sich aber an jenem 28. April die Meldung verbreitete, daß die Rote Armee von der Oder her näher komme und Luft und Erde von zunehmenden Detonationen erschüttert wurden, nutzten Lisa Ullrich und mehrere ihrer Kameradinnen eine günstige Situation zur Flucht. Die etwa 50 Frauen erreichten den Hof eines Bauern, namens Chlebba, der den Häftlingen zunächst in seiner Scheune Unterschlupf gewährte. Doch die Anfrage eines SS-Mannes, ob er geflüchtete Häftlingsfrauen gesehen habe, war für Chlebba Warnung genug, den Geflohenen andere Verstecke zu zeigen und ihnen zu raten, sich so lange ruhig zu verhalten, bis er sie rufen würde. Zwei Tage und Nächte tobten über dem Versteck der entkommenen Frauen und immer dichter die Kämpfe. Nahte Rettung oder gar noch der Tod? Am Morgen des 1. Mai aber war es ruhig. Die Sonne ging strahlend auf. Lisa Ullrich verläßt das Versteck und hält Ausschau. Sie möchte den Soldaten der Roten Armee entgegengehen, denn sie beherrscht die russische Sprache. Da sieht sie schon an einer Böschung einen Rotarmisten. Sie ruft ihn auf russisch an. „Genosse Rotarmist!" Er läuft auf Lisa zu, sie umarmt ihn stürmisch und erzählt schnell von ihren Kameradinnen beim Bauern Chlebba. Zusammen laufen sie dorthin. Als Chlebba die beiden erkennt, ruft er laut: „Frauen, kommt heraus, der Iwan ist da!" Viele weinen vor Dankbarkeit und Freude.

Dieser 1. Mai ist für Lisa und die anderen Frauen der Tag ihrer Befreiung. Sie bekommen Lebensmittel und Kleidung, Decken, Kissen und andere Sachen, die zum Diebesgut der SS gehörten und nicht mehr weggeschafft werden konnten.

Auch Lisa Ullrich ist sehr glücklich, aber jetzt möchte sie so schnell wie möglich ins Lager zurück; sorgt sie sich doch um die dort Zurückgelassenen. Am fünften Tag gibt der sowjetische Kommandant Makarow ihrem Anliegen statt: Sieben Frauen dürfen in Begleitung eines Rotarmisten den Weg nach Ravensbrück zurückgehen, jene Strecke, über die Lisa Ullrich später schrieb: „Der Weg zurück war schon ein Weg zu einem neuen Leben."

Für dieses „neue Leben" hatte die inzwischen 45jährige, die schon als Kind „ein Revolutionär" werden wollte, viel eingesetzt. Bereits in den frühen Jugendjahren zählte sie zu den von der Reaktion Verfolgten, später sperrten sie dann die Faschisten in die Konzentrationslager Moringen, Lichtenburg und zweimal hinter die Mauern von Ravensbrück.

Lisa Ullrich war der Kampf für Frieden und Sozialismus, gegen Krieg, Unterdrückung und Unrecht geradezu in die Wiege gelegt. Als sie am 12. August 1900 im russischen Odessa geboren wurde, bot diese Stadt nicht nur das Bild einer bedeutenden Hafen- und Industriestadt, in der sich viel ausländisches Kapital konzentriert hatte; hier entwickelte sich sehr bald auch die russische Arbeiterbewegung so weit, daß Odessa ab 1905 ein Schwerpunkt der ersten bürgerlich-demokratischen Revolution Rußlands wurde.

Lisas Vater, Leopold Ullrich, aus Böhmen gebürtig, war nach Ableistung seiner Militärdienstzeit nach Rußland gewandert, wo der gelernte Schriftsetzer an der einzigen deutschsprachigen bürgerlichen Zeitung in Odessa eine Tätigkeit fand. Abends las er seiner Frau aus dieser Zeitung vor, während sie dabei zumeist Näharbeiten verrichtete. Lisas Bett stand im gleichen Raum des alten türkischen Hauses, das mit seinen dicken Mauern und dem großen, zweiflügeligen Tor einer Festung glich. So lauschte das wißbegierige Mädchen in seiner Kindheit weniger Märchen und Wiegenliedern, denn dem aus der Zeitung vorlesenden Vater oder den Gesprächen, die er mit Männern der russischen Revolution führte. Leopold Ullrich war Sozialdemokrat und in der russischen Arbeiterbewegung aktiv. So traf er sich zu Hause mit russischen Sozialdemokraten und Revolutionären, und dadurch kam auch Lisa mit ihnen zusammen. Diese Begegnungen, aber ebenso die Erlebnisse des Aufstands der Matrosen vom Panzerkreuzer Potemkin, der Pogrome gegen die jüdische Bevölkerung Odessas unmittelbar in ihrem Elternhaus, in ihrer Straße, prägten sich ihr fest ein. In diesem Erleben wurzelte der Wunsch: Wenn ich groß bin, werde ich auch eine Revolutionärin.

Obwohl Lisa darauf brannte, in die Schule zu gehen, und sie sich schon ab ihrem fünften Lebensjahr mit Schulbüchern beschäftigte; hier öffneten sich die Pforten der deutschen Schulen erst für Kinder, die das achte Lebensjahr erreicht hatten. Das galt natürlich auch für Lisa Ullrich, deren Eltern deutscher Nationalität mit österreichischer Staatsangehörigkeit waren. Die väterlichen Vorfahren – eine Weberfamilie, die über mehrere Generationen dieses Handwerk betrieb – stammten aus Gablonz (heute Jablonec nad Nisou) in Böhmen;

die mütterlicherseits trugen den Familiennamen Haß und besaßen im österreichischen Teil Galiziens eine kleine Bauernwirtschaft, zu klein, um die Familie ernähren zu können, so daß als Nebenerwerb die Herstellung von Strohhüten betrieben wurde. Als mit dem Aufkommen der Nähmaschine zum Ende des Jahrhunderts auch diese ausschließlich auf Handarbeit beruhende Fertigung nicht mehr die Existenz der Familie sichern konnte, verließen sie ihre Heimat und ließen sich in Odessa nieder, wo sich dann Lisas Eltern kennenlernten und 1897 heirateten. Lisa und ihre Geschwister wachsen zweisprachig auf, und bereits mit fünf Jahren kann das Mädchen manches in Deutsch und Russisch lesen und schreiben.

Vor allem die Verfolgungen nach der Niederlage der Revolution von 1905 in Rußland, an deren Kämpfen der Vater teilgenommen hatte, zudem der Tod zweier Kinder, veranlassen die Ullrichs, nach Österreich umzusiedeln. Doch in Wien findet Leopold Ullrich als Schriftsetzer keine Arbeit. So versucht er es in seiner Heimatstadt Gablonz, aber auch vergebens. Lisas Mutter bemüht sich, mit Heimarbeit die Armut der Familie zu lindern, denn der Vater erhält nur eine befristete „Schwarzarbeit" bei der Regulierung der Neiße. Hier in Böhmen wird dann die achtjährige Lisa eingeschult. Ihre Schulbücher liebt sie – sie scheinen ihr eine neue Welt zu eröffnen. Obwohl sie gut lernt, ist Lisa oft traurig. Die viel jüngeren Mädchen und Jungen ihrer Klasse hänseln sie, rufen ihr wegen des höheren Alters „Großmutter" nach, jedoch nicht lange. Die Ullrichs gehen 1909, in der Hoffnung auf Besserung der wirtschaftlichen Lage, nach Odessa zurück, weil sich die Armut mit der Geburt der Schwester Hedwig noch verschlimmert. Der Aufenthalt in Odessa ist aber nur kurz, so auch der Schulbesuch für Lisa.

Weihnachten 1909 zieht die Familie nach Riga, wo es deutschsprachige Zeitungen gibt. Dort bekommt der Vater auch Arbeit in einer der Druckereien. Aber mit dem Verdienst kann keinesfalls das Schulgeld für drei Kinder aufgebracht werden. Nur für den um zwei Jahre jüngeren Bruder Ferdinand reicht es gerade. Für die elfjährige Lisa finden die Eltern eine Lehrstelle bei der vornehmsten Schneiderin der Stadt. Lisa lernt viel als Putzmacherin und Modellschneiderin. Sie hört gespannt den Kundinnen zu, wohlhabenden Damen, die der Meisterin von ihren Auslandsreisen berichten. „Aber, wenn ich morgens zur Arbeit ging und sah, die Kinder haben Ranzen und gehen zur Schule, war ich sehr traurig, und abends war ich immer sehr müde. Wenn ich nach Hause ging, liefen mir die Tränen", erzählte mir Lisa Ullrich über diese Zeit. Nach drei Jahren beendet sie die Lehre, und jetzt wäre sie gern bei dieser Schneiderin geblieben. Aber sie muß gehen, weil die Meisterin wieder einen billigen Lehrling einstellen möchte. Die 14jährige erhält für sechs Rubel pro Woche Anstellung in einer Krawattenfabrik, in der etwa 20 Frauen arbeiten.

Durch den Vater bekommt sie Einblick in die Verhältnisse in Deutschland und erfährt sie auch von der dortigen Arbeiterbewegung. Als er 1913 am allrussischen Buchdruckerstreik teilgenommen hatte, und auf Streikposten stand, stellte sich Lisa stolz und bewußt an seine Seite.

Die Ullrichs wohnen jetzt nicht mehr im Arbeiterviertel von Riga, sondern im ländlichen Teil, wo sich alle Familienmitglieder sehr wohl fühlen. Selbst der einstündige Fußweg zur Arbeit macht Lisa nichts aus. Im Sommer 1914 – es muß der 31. Juli gewesen sein – wird die Familie nachts geweckt. Soldaten der zaristischen Armee holen den Vater ab. Niemand weiß den Grund. „Als ich aber am Morgen zur Arbeit kam", erinnerte sich Lisa Ullrich, „mußte ich erfahren, daß Kaiser Wilhelm dem Zaren den Krieg erklärt hatte und sich meine Kolleginnen – das waren Polinnen, Lettinnen und andere – weigerten, mit mir als einer Deutschen zusammenzuarbeiten, obwohl ich sonst ein sehr gutes Verhältnis zu ihnen hatte." – Deutsche und Russen werden über Nacht zu Todfeinden erklärt. Der erste Weltkrieg nahm seinen grauenvollen Anfang. Alle deutschen und österreichischen Männer wurden verhaftet und interniert, deren Angehörige, Frauen und Kinder aus Rußland ausgewiesen. Lisas Mutter ist wieder hochschwanger und bringt im November eine Tochter mit Namen Renate zur Welt. Renate soll nicht auf den Transport, weil man um die katastrophalen Bedingungen in diesen Zügen weiß. Eine Pflegemutter wird gefunden, und ohne den Säugling muß die Mutter mit den anderen Kindern im Januar 1915 Riga verlassen. „Mit einem kleinen Schlitten, einem Steintopf mit Schmalz und einem großen Brot, Decken und Kissen ... und einem Teekesselchen haben wir diese Reise angetreten", schrieb Lisa Ullrich später. Dank der Hilfe des Schwedischen Roten Kreuzes endet die entsetzliche Fahrt zunächst in Stockholm. Dort aber fordert man die Ullrichs auf, lieber nach Berlin weiterzureisen, wo sie mit ihren Sprachkenntnissen vielen anderen Ausgewiesenen hilfreich sein würden. „Wir wollten eigentlich nach Wien. Unsere Mutter konnte außer ihrer deutschen Muttersprache noch ein wenig Russisch und Polnisch, und wir Kinder hatten in Riga auch Lettisch gelernt."

Die ersten Wochen in Berlin verbringt die Familie im Obdachlosenasyl Prenzlauer Berg zusammen mit Hunderten von ausgewiesenen, größtenteils völlig verzweifelten Frauen und Kindern. In der Birkenstraße im Stadtbezirk Moabit bekommt die Familie dann eine Wohnküche zugewiesen. Die Mutter und Lisa werden zur Arbeit in die Rüstungsindustrie verpflichtet. – Ende 1915 steht völlig überraschend der Vater vor der Tür. Da er als annähernd 50jähriger nicht mehr der Kriegsdienstpflicht unterlag, durfte er ausreisen. In Stockholm erfuhr er den Aufenthalt seiner Familie. Doch die Familie ist nur kurze Zeit zusammen. Die österreichische Regierung braucht Kanonenfutter. Sie erhöht das Wehrdienstalter, und so muß der Vater 1916 doch in den Krieg ziehen.

Die schrecklichen Kriegsjahre werden für Lisa und ihre Angehörigen eine schwere Prüfung: „Unsere Familie durchlebte furchtbare Hungerwinter, und wir litten sehr unter Kohlenmangel. Da wir keine Beziehungen zu ländlichen Gebieten hatten, erhielten wir nie etwas an zusätzlichen Lebensmitteln. Kohlrüben waren unsere Hauptnahrung. Wenn meine 6jährige Schwester Hedwig die Brotmaschine klappern hörte, lief sie herbei in der Erwartung, es werde Brot geschnitten; aber mit der Brotmaschine zerkleinerten wir nur die Kohlrüben."

Die Kunde von der russischen Revolution 1917, zuerst von der Februarrevolution, vom Sturz des Zaren und dann von der Großen Sozialistischen Oktoberrevolution begeisterte Lisa und die Familie so sehr, daß sie am liebsten sofort nach Rußland zurückgekehrt wären. Aber der Vater schrieb von der Front, daß er dagegen sei; weil sie nicht an der Revolution teilgenommen hätten, gäbe es auch kein Recht für sie, die neuen Errungenschaften in Anspruch zu nehmen, jetzt müßten die Ullrichs die Revolution in Deutschland unterstützen.

Lisa war als Rüstungsarbeiterin der Firma Ludwig Loewe in Moabit zu Beginn des Jahres 1917 in die Gewerkschaft der Metallarbeiter eingetreten. Sie suchte Kontakt zu Kriegsgegnern, zu den linken Sozialdemokraten, zum Spartakusbund. Zu Hause las man den „Vorwärts" und nach Gründung der USPD „Die Freiheit". Die besonderen Sympathien der 17jährigen galten Karl Liebknecht und Rosa Luxemburg, deren Reden sie angehört hatte, und ebenso Clara Zetkin. Aber im Betrieb waren die Menschen verschlossen, distanzierten sich die Kolleginnen von Lisa. Erst mit dem Streik der Rüstungsarbeiterinnen und -arbeiter ab 28. Januar 1918 in Berlin, an dem sie begeistert teilnimmt, erscheinen ihr Arbeiterinnen und Arbeiter „wie gewachsen, aufrechter, umsichtiger und mitteilsamer als vorher". – Als im November 1918 einer der revolutionären Obleute des Metallarbeiterverbandes in die Maschinenhalle des Betriebes stürmt und dazu auffordert, die Fabrik zu verlassen, es sei Revolution, sieht Lisa Ullrich freudig erregte Gesichter, sich umarmende Menschen. Und sie ist dabei, folgt den Weisungen und nimmt unmittelbar teil an den Ereignissen der Novemberrevolution, zusammen mit ihrem unterdessen zurückgekehrten Vater und dem Bruder Ferdinand auf den Straßen, im Zeitungsviertel und in Versammlungen. Der Krieg ist zu Ende! Die Monarchie beseitigt! Die Republik ausgerufen! – Aber die Konterrevolution erstickt die Revolution! Am 15. Januar 1919 werden Rosa Luxemburg und Karl Liebknecht meuchlings von der Reaktion ermordet. Lisa geht im Trauerzug der vielen Tausend.

Nach der Niederschlagung des Kapp-Putsches im März 1920 tritt Lisa Ullrich der Unabhängigen Sozialdemokratischen Partei Deutschlands bei. Sie besucht am 28. März einen Zahlabend der USPD in ihrem Wohnbezirk Moabit und bittet bei dieser Gelegenheit um Aufnahme in die Partei. Als sie nach Hause kommt und von ihrem Eintritt berichtet, sagt der Vater: „Da hast du recht getan. Ich werde deinem Beispiel folgen!" Am nächsten Tag begleitete der Vater seine Tochter zur Versammlung.

Dieses Dazugehören bedeutet für Lisa Ullrich von nun an unermüdliche Parteiarbeit, Tätigkeit im Sinne der Kommunistischen Partei, mit der sich im Dezember 1920 der linke Flügel der USPD vereinigt. Lisa erhält ihren ersten Parteiauftrag, nämlich die Frauen der Mitglieder für die KPD zu gewinnen. Als Frauenleiterin im Stadtbezirk Moabit obliegen ihr weitere, vielfältige Aufgaben, die sie mit Gleichgesinnten zu bewältigen versucht.

Berlin ist in jener Zeit ein Zufluchtsort für viele Verfolgte, die dem blutigen Terror in München oder in Ungarn entkommen sind. Sie brauchten Hilfe. „Wir

Frauen organisierten Ausstellungen über den weißen Terror – und Geldsammlungen, beschafften Quartiere und sorgten für Bekleidung", schrieb Lisa Ullrich in ihren Erinnerungen. Dazu ist jene Zeit gekennzeichnet durch Lohnabbau, Massenentlassungen und durch die beginnende Inflation. Mit Hilfe von „Kontrollausschüssen" will die Partei gegen Preiswucher und die einsetzende Teuerungswelle vorgehen. Auf einer öffentlichen Kundgebung 1922 wird Lisa zur Leiterin des Kontrollausschusses von Moabit gewählt.

Zu diesem Ausschuß zählten vornehmlich Frauen, deren Männer in Großbetrieben beschäftigt sind; aber ebenso konnten Männer mit derartigen Aufgaben betraut werden. „Dies erwies sich als eine wichtige Rückenstärkung für die Frauen, weil sie so Seite an Seite mit den Männern und Ehemännern kämpften", betonte Lisa Ullrich. „Die gewählten Mitglieder hatten Ausweise mit Fotos, dem Stempel des Kontrollausschusses, und sie trugen gestempelte Armbinden ihres Stadtbezirks." Der Moabiter Kontrollausschuß wurde von zahlreichen Helfern unterstützt; erfaßte auch nach und nach Geschäftsleute und Gewerbetreibende, beinahe alle Handelsprodukte. Wurden verheimlichte Waren entdeckt, kamen sie sofort zum öffentlichen Verkauf. Die gute Organisation führte hier zur weitgehenden Unterbindung von Schiebungen und Preiswucher, förderte damit die Autorität des Kontrollorgans. Trotz zweimaligen Verbots der Kontrollausschüsse durch den Innenminister Severing konnte der Moabiter Ausschuß seine Funktion bis Oktober 1923 ausüben und ebenso an maßgeblichen Demonstrationen teilnehmen. Aber das revolutionäre Aufbegehren von 1923 endete mit einer Niederlage, und die Reaktion triumphierte noch einmal.

Am 21. Januar 1924 starb W. I. Lenin, der Führer des Weltproletariats. Für den Tag seiner Beisetzung in Moskau, am 27. Januar, organisierten die Berliner Kommunisten eine Massendemonstration, deren Ziel der Friedrichstadtpalast war. Doch die Polizei greift ein, verhaftet zahlreiche Teilnehmer, unter ihnen auch Lisa Ullrich, die zum Polizeipräsidium gebracht wird. Weil ihr als im Ausland Geborene die Ausweisung droht, tritt sie in einen achttägigen Hungerstreik. Damit erreicht sie zwar ihre Entlassung, soll aber innerhalb der nächsten 14 Tage Deutschland verlassen. „Meine Genossen entschieden anders: ‚Du bleibst hier, heiratest und erhältst die deutsche Staatsangehörigkeit.' Und sie beschafften mir in der Kösliner Straße im Wedding ein Quartier, mein erstes illegales", erinnerte sie sich. Die vierzehnjährige Schwester Hedwig – von der ganzen Familie Edel genannt – ist „Verbindungsfrau" zwischen ihr und der Parteileitung. Als die KPD im Moabiter Gesellschaftshaus eine große Wahlkundgebung anläßlich der Reichstagswahlen durchführt, verbieten es die Genossen Lisa, daran teilzunehmen. Lisa borgt sich aber Sachen von ihrer alten Wirtin und kann so als altes Mütterchen unerkannt der Versammlung beiwohnen.

Mit dem 30 Jahre älteren, bisher unverheirateten Adolf Dresler geht Lisa zum Standesamt Moabit, das unmittelbar neben dem Polizeirevier liegt, spricht sie, angekleidet mit einem großen Florentiner Strohhut und einem dichten

Schleier, am 24. Mai 1924 ihr „Ja" zu einer Pro-Forma-Ehe, durch die sie nun eine deutsche Staatsbürgerin geworden ist.

Im Juni des gleichen Jahres fährt die „illegale" Lisa als Hildegard Frobel nach Moskau. Sie ist zum V. Weltkongreß der Komintern delegiert, der vom 17. Juni bis 8. Juli stattfindet, sowie zur Teilnahme an der III. Internationalen Konferenz der Kommunistinnen, die vom 11. bis 19. Juli 1924 ebenfalls in Moskau tagt. Die 118 Frauen aus über 20 Ländern wählen die deutsche Kommunistin Lisa Ullrich in das internationale Frauensekretariat, das von Clara Zetkin geleitet wird. So kann Lisa hier mehrere Monate von den Erfahrungen Clara Zetkins lernen, von der sowjetischen Frauenbewegung, von den sowjetischen Menschen, mit denen sie in ihrer Freizeit oft zusammen ist, bis sie wieder nach Deutschland gerufen wird.

Der Klassenkampf verschärfte sich. Vor der KPD standen angesichts der nahenden Reichstagswahlen schwere Aufgaben. Auf Lisas engagiertes, mutiges Handeln und ihre in der Sowjetunion gemachten Erfahrungen konnten die Genossen nicht verzichten. Am 7. November reist sie von Leningrad auf dem Schiffsweg nach Hamburg, wo zahlreiche Plakate sie mit der Aufschrift ankündigen: „Es spricht Lisa Ullrich – Moskau – Berlin." In vielen Städten des Landes erwarten sie interessierte Menschen, ob in Chemnitz, Kolberg oder Berlin; überall sind die Versammlungen, in denen sie spricht, überfüllt. Und überall ist sie in Gefahr. Auf einen Besuch bei den Eltern und Geschwistern muß sie verzichten, da die Familie ohnehin ständig von der Polizei bedrängt wird. – Unmittelbar nach der Reichstagswahl vom Dezember 1924 kehrt sie nach Moskau zurück.

Als sie im Herbst 1925 wiederum nach Deutschland gerufen wird, reicht sie zuerst die Scheidung ein, so wie sie es mit Adolf Dresler von vornherein vereinbart hat. Sie findet eine Anstellung als Schneiderin für die Umarbeitung ehemaliger Uniformen in zivile Kleidung, gewinnt in diesen Werkstätten das Vertrauen der Belegschaft, begründet eine kommunistische Betriebszelle und entwickelt aus der verschüchterten Frauenbelegschaft ein kämpferisches Kollektiv. Nicht nur hier im Betrieb versucht Lisa Ullrich die Beschlüsse der Moskauer Internationalen Konferenz der Kommunistinnen des Vorjahres anzuwenden. Sie bemüht sich um die Durchführung marxistisch-leninistischer Schulungsveranstaltungen, auch auf dem Lande. Im Kreis Königs Wusterhausen z.B., in Niederlehme, Wildau, Senzig, Schenkendorf, gestaltet sie mehrere solcher politischen Bildungsabende.

1927 wird Lisa Ullrich als Instrukteurin in die Frauenabteilung des ZK der KPD berufen, deren Leitung Helene Overlach hat. Ernst Thälmann hatte auf dem 11. Parteitag im März die Forderung gestellt, die Arbeit unter den Frauen zu verstärken, und Helene Overlach dort betont, wie notwenig es sei, gerade Arbeiterinnen für den revolutionären Kampf zu gewinnen. Dies wird zur künftigen Hauptaufgabe für Lisa, wobei sie, entsprechend den „Richtlinien zur Mobilisierung der Frauen gegen den imperialistischen Krieg" – wie sie die Reichsfrauenkonferenz der KPD im Juni 1927 beschließt –, u. a. auch auf die

Gewinnung von Hausfrauen orientiert. Lisa Ullrich ist in jenen Monaten des sich zuspitzenden Klassenkampfs ständig unterwegs: von Berlin führen ihre Wege nach Hamburg, in den Ort des schlesischen Weberaufstandes Langenbielau, ins Ruhrgebiet, ins nahegelegene Hennigsdorf, zu den Kumpeln des Kupferbergbaus im Mansfelder Land, dorthin, wo die Zigaretten- oder Fischereiarbeiterinnen streiken, wo es gilt, einen Lohnabbau zu verhindern; auch in solche Orte, wo nur Männer streiken und die Frauen auf verschiedenste Weise ihre Solidarität bekunden, wo Mädchen und Frauen gegen die wachsende Kriegsgefahr demonstrieren. „Und überall, wo ich Frauen sah, die traurig waren oder schwer arbeiteten", erzählte mir Lisa Ullrich, „da dachte ich, für diese Frauen, für ihr Schicksal bist du jetzt mit verantwortlich ...". In ihren biographischen Aufzeichnungen ergänzte sie die Tätigkeit dieser Jahre mit der fast lapidaren Bemerkung: „abwesend von Zuhause". „Aber", so fragte ich sie, „was bedeutete das für eine Frau, die keine 30 Jahre alt war, auf ein privates Leben, auf Liebesbeziehungen, die Gründung einer Familie zu verzichten?" – „Die Arbeit für die Partei, für die arbeitenden Menschen und vor allem für die Frauen stand mir in diesen Jahren an allererster Stelle, und da mußte ich alles andere eben hintenan stellen", antwortete sie. Ein besonderer Höhepunkt in jener Zeit sei für sie der 1. Reichskongreß werktätiger Frauen Deutschlands im Oktober 1929 in Berlin gewesen, nicht etwa, weil sie maßgeblich bei der Vorbereitung und Durchführung geholfen und den Kongreß eröffnet habe. Vielmehr sei die Atmosphäre ganz großartig gewesen, ein Erfolg der vom Thälmannschen Zentralkomitee geführten Einheitsfrontpolitik: „Über 400 Frauen, davon über die Hälfte parteilose Arbeiterinnen, und Ernst Thälmann sprach zu uns. Er erklärte uns eindringlich, die KPD und die werktätigen Frauen müssen im Kampf für ihre Ziele zusammenstehen."

Vom 15. bis 30. August 1930 tagte in Moskau der Kongreß der Roten Gewerkschaftsinternationale (RGI). Unter den 41 Delegierten aus Deutschland sitzt Lisa Ullrich. Sie wird in das Internationale Gewerkschaftskomitee der Arbeiterinnen gewählt und damit zur Erfüllung internationaler Aufgaben verpflichtet. Holland, Belgien, Frankreich und die Tschechoslowakei werden Stationen ihres Einsatzes, wo sie ihre Erfahrungen bei der Organisierung von Frauen weitergeben und gleichzeitig neue Erfahrungen sammeln kann.

Die faschistische Gefahr wird immer spürbarer. Die KPD veröffentlicht ihr Programm der nationalen und sozialen Befreiung des deutschen Volkes und führt einen unermüdlichen Kampf gegen die Hitlerfaschisten und für die Schaffung der antifaschistischen Einheitsfront. Zur Reichstagswahl am 31. Juli 1932 wird Lisa von ihrer Partei im Bezirk Köln – Aachen als „Vertreterin der Betriebsarbeiterinnen" auf die Liste gesetzt, ebenso bei den Wahlen am 6. November des gleichen Jahres, bei denen die KPD trotz des zunehmenden Terrors 100 Mandate erhält. Eine der 13 weiblichen Abgeordneten der KPD ist Lisa Ullrich. Im Hinblick auf die drohende Illegalität erhält sie von Ernst Thälmann den Auftrag, einen Plan für die stärkere Einbeziehung der Genossinnen in die Parteiarbeit auszuarbeiten. Auf dem XII. Plenum des Exekutivkomitees der

Kommunistischen Internationale in Moskau, wohin Lisa Ullrich den Parteivorsitzenden begleitet hatte, war die breitere Massenarbeit unter den Frauen zur Forderung erhoben worden. – Auch Clara Zetkin hatte als Alterspräsidentin des Reichstags bei dessen Eröffnung am 30. August 1932 auf die zu beschleunigende Gewinnung von Frauen für die Einheitsfront aller Werktätigen im Kampf gegen den hereinbrechenden Faschismus verwiesen. Lisa Ullrich stand mit anderen Genossinnen und Genossen vor der Rednerin, um die alte, schwerkranke Clara Zetkin vor einem eventuellen Angriff der Faschisten zu schützen.

Als letzte Leiterin der Frauenabteilung des ZK der KPD vor dem Parteiverbot und der damit verbundenen Auflösung nimmt Lisa Ullrich am 7. Februar 1933 an dessen letzter historischer Tagung im Sporthaus Ziegenhals, südöstlich von Berlin, teil, auf der Ernst Thälmann die Strategie und Taktik der KPD zum Sturz der Hitlerdiktatur begründete. Hier sollte Lisa den etwa 40 Teilnehmern ihre Vorstellungen über die Frauenarbeit bei dem Übergang der Partei in die Illegalität unterbreiten. Es kam nicht mehr dazu. Nach ungefähr drei Stunden mußte die Zusammenkunft gegen 20 Uhr abgebrochen werden, weil Gefahr drohte. Noch können alle Beteiligten entkommen. Lisa Ullrich und Bernhard Bästlein gehen an diesem trockenkalten Winterabend schweigend durch den Fredersdorfer Forst zum Bahnhof Erkner. – Der Parteivorsitzende hatte sein Referat in Ziegenhals mit dem Hinweis begonnen, daß der bevorstehende Kampf der schwerste sei und die Verantwortung jedes Kommunisten jetzt am höchsten sein müsse. Es war für Lisa Ullrich selbstverständlich, sich nun erst recht dieser Verantwortung zu stellen.

Nach dem von den Nazis entfachten Reichstagsbrand am 27. Februar 1933 gehört auch die jetzt „vogelfreie" kommunistische Reichstagsabgeordnete Lisa Ullrich zu den Gesuchten. Bis zum Oktober 1933 kann sie jedoch noch in Berlin die illegale Arbeit unerkannt fortsetzen. Zusammen mit Emmy Damerius, die ab 1934 von der Partei nach Prag und ab 1939 in die Emigration nach England geschickt wird, organisiert sie u. a. ein als Hausfrauenkränzchen getarntes Treffen von ca. 30 Frauenleiterinnen der Berliner KPD im Grunewald, bei dem sie Gelegenheit nimmt, eindringlich auf die notwendige Zusammenarbeit mit Sozialdemokratinnen hinzuweisen, um so die antifaschistische Einheitsfront zu stärken.

Im Oktober 1933 wird ihr die politische Leitung der illegalen Parteiarbeit des Bezirkes Magdeburg-Anhalt übertragen. Lisa Ullrich kann aber kaum noch aktiv werden, denn hier in Magdeburg wird sie am 17. November, zusammen mit 6 Genossen der Leitung, verhaftet. Die Gestapomänner geraten in Ekstase: eine ehemalige Reichstagsabgeordnete der KPD, noch dazu aus Odessa, folglich eine „bolschewistische Agentin". Eine Kette von Verhören und Drangsalierungen beginnt – für Lisa Ullrich wird sie Jahre dauern. Dennoch erinnerte sie sich niemals nur an das Grauen dieser Zeit. Dankbar dachte sie an solche Frauen und Männer, die, obgleich im Dienste der faschistischen Machthaber, auf ihre Weise Solidarität mit den Antifaschisten übten, menschlich blieben, kleine Hilfen anboten, ein freundliches Wort hatten – für Magdeburg z. B. an den Hauptwachtmeister Görn, „… der im Gefängnis oft nach meinen Wünschen fragte und sogar die Verbindung unter uns Genossen herstellte".

Erst nach mehr als 8 Monaten Untersuchungshaft kam es am 2. Juli 1934 im Magdeburger Justizpalast zum Prozeß vor dem 5. Strafsenat des Kammergerichts Berlin. Die faschistischen Korrespondenten, die über diesen Prozeß berichteten, bezeichneten Lisa Ullrich als „interessanteste Gestalt", weil sie als in Odessa Geborene ausgezeichnet Deutsch spreche und mit ihren langen schwarzen Locken reichlich jüdisch aussehe. Zum Verteidiger hatte die Gestapo Rechtsanwalt Sens verpflichtet, der sich vergeblich zu weigern suchte, Kommunisten zu vertreten. Er erzählt seiner aufgezwungenen Klientin davon und daß er seine Meinung nach dem Kennenlernen von Kommunisten korrigiert habe. Mit Lisa im Prozeß sind u. a. Hermann Danz, Verlobter Eva Lippolds, deren gemeinsames Schicksal der großartige DEFA-Film „Die Verlobte" darstellt, und der Maler Hermann Bruse, in dessen Atelier man sich zu Teeabenden getroffen hatte. Lisa Ullrich wird wegen „Vorbereitung zum Hochverrat" zu $2\frac{1}{4}$ Jahren Zuchthaus verurteilt, obwohl ihr keinerlei antifaschistische Aktivitäten nachzuweisen sind.

Ab 4. Juli 1934 sitzt Lisa Ullrich hinter den Mauern des Frauenzuchthauses in Jauer in einer Einzelzelle, deren Fensterscheibe mit dunkler Farbe angestrichen ist. Nur beim Rundgang auf dem Hof begegnet sie anderen Inhaftierten. Trotz der strengen Isolierung hat sie keine Langeweile: „Ich bekam auch keine Arbeit, aber mein Tag war völlig ausgefüllt … Es gab zum Beispiel eine Gefangenenzeitung, die alle lesen durften, mit Rätseln und Schachaufgaben. Ich hatte mir aus Brot ganze kleine Schachfiguren gemacht, die weißen mit Zahnpaste, die schwarzen mit Tinte gefärbt. Durch Wiederholung der Schachaufgaben lernte ich die Aufstellung und die anderen Regeln kennen. Oder ich führte in Gedanken Gespräche mit meinen Genossen in der Sowjetunion …" Sie erinnert sich vor allem an die schreckliche Wanzenplage in der kalten Jahreszeit, die ihr viele schlaflose Nächte bereitete, aber wiederum auch zu ihrer Verlegung in den großen Saal führte, wo tagsüber politische Häftlinge untergebracht waren. „Abends kam ich in einen eisernen Käfig, aus dem keine Sicht in den Schlafraum der anderen, meist kriminellen Frauen, die in richtigen Betten schliefen, möglich war." – Im April 1935 bekommt Lisas Schwester Hedwig die erste Sprecherlaubnis von 15 Minuten in Jauer. „Es war schrecklich, aber Lisa war voller Hoffnungen, sie würde ja bald entlassen werden … Im März 1936 war die Zuchthausstrafe verbüßt. Es wurde uns der 2. März als Tag der Entlassung und die Ankunft des Zuges mitgeteilt", weiß sich Hedwig Rogge genau zu erinnern. „Wir wollten Lisa dann vom Bahnhof abholen, aber sie kam nicht; wir gingen zum nächsten Zug, sie kam nicht … Erst viel später erhielten wir den Bescheid, daß Lisa in das KZ Moringen überführt worden sei."

Über ein Jahr ist Lisa Ullrich als „Schutzhäftling" im KZ Moringen eingesperrt. Als im Dezember 1937 das wesentlich größere KZ Lichtenburg für die Aufnahme von weiblichen Häftlingen „empfangsbereit" ist, gehört auch Lisa zu den ersten Häftlingsfrauen unter dem Kommandanten Max Koegel, der bereits im KZ Dachau einschlägige Erfahrungen gesammelt hatte. Demzufolge gibt es in der Lichtenburg Häftlingsnummern, Zählappell mit stundenlangem Stehen, entwürdigende und schwerste Arbeiten u. v. a. m. – Lisa Ullrich bekam diese Ausweitung und Vervollkommnung des faschistischen Terrorsystems auch weiterhin unmittelbar zu spüren. Zweimal hatte die Schwester Edel die Anklage von Radio Moskau gehört: die Reichstagsabgeordnete Lisa Ullrich schmachtet noch immer in den faschistischen Kerkern.

Zwei Tage vor dem Abtransport aus Moringen brach sich Lisa Ullrich den linken Arm. Mit einem Notverband kam sie zur Lichtenburg, wo sie weiter behandelt werden sollte. Ein schwerer Gipsverband wurde angelegt, und an jedem Appell mußte sie teilnehmen. Doch obwohl sie nicht arbeitsfähig war, kam es nicht, wie in manch' anderen Fällen, zu ihrer Entlassung. Im Gegenteil: Monate vergehen! Zusammen mit mehr als 800 Frauen, unter ihnen die schwerkranke Hildeburg Weinert (Späth), die Ärztin Doris Maase und deren Revierhelferin Maria Zeh, wird Lisa in das neu errichtete Frauenkonzentrationslager Ravensbrück transportiert. Sie sind hier die ersten weiblichen Häftlinge. Es ist der 18. Mai 1939!

Am 24. Mai erhält sie einen Entlassungsschein. Lisa Ullrich kann es nicht fassen. Sie ist so benommen, daß ihr die Kameradinnen beim Umkleiden helfen. Mit einer Aufseherin und einer jüdischen Kameradin geht sie zum Bahnhof. Die Worte der Aufseherin konnte sie nicht vergessen: „Nun sind Sie frei! Sie können sich eine Fahrkarte kaufen und eine Tasse Kaffee trinken!"

In Berlin angekommen, fällt es ihr schwer, über die Straßen zu gehen, hat sie große Angst. Sie war es nicht mehr gewöhnt, allein den Weg zu bestimmen. Sie hörte vor sich und neben sich die Stimmen der Aufseherinnen, aber es war das Gemurmel der Menschen. Lisa sucht den Schrebergarten mit dem Häuschen ihrer Eltern in Grünau. Das Gelände hatte sich durch die Umbauten anläßlich der Olympischen Spiele 1936 sehr verändert. Lisa Ullrich muß sich seit ihrer Rückkehr aus Ravensbrück täglich bei der Gestapo melden, denn man hatte sie nur „auf Probe" entlassen. Sie wird streng überwacht, auch während ihrer Arbeit – zuerst als Näherin in der Uniformfabrik Willi Rippold, wohin sie ab 1. Juni 1939 vermittelt wurde. Am 31. August 1939 befahl Hitler den Überfall auf Polen für den 1. September 1939, 4.45 Uhr. Es begann der zweite Weltkrieg. Obwohl Lisa Ullrich die Arbeitsstelle nicht wechseln darf, muß sie – die ehemalige Metallarbeiterin – ab 22. April 1940 einer Dienstverpflichtung in einen Grünauer Rüstungsbetrieb folgen, der von einer Frau „geführt" wird. Lisa erhält durch sie erleichterte Bedingungen, aber die Werkstätten werden 1943 durch einen Bombenangriff vernichtet. Ab 1. August bekommt sie die Stelle einer Werkstattschreiberin bei der Maschinenfabrik Gustav Flesche. Der Prokurist jener Firma, ein Antifaschist namens Henry Meyer, hatte hierbei vermittelnd gewirkt. Gleich nach Lisas Einstellung werden diesem Zulieferbetrieb des AEG-Konzerns 18 sogenannte Ostarbeiterinnen zugeteilt. Aufgrund ihrer guten russischen Sprachkenntnisse soll Lisa Ullrich die Sprachvermittlung übernehmen. Sie kann auf diese Weise manche Erleichterung für die jungen Zwangsarbeiterinnen erreichen.

Allen Gefahren zum Trotz setzt Lisa in strengster Illegalität ihren antifaschistischen Widerstandskampf fort: Sie hält nicht nur ihre Beziehungen zu Bernhard Bästlein aufrecht, sondern hat über Gertrud Josek aus einer Gruppe des verbotenen KJVD Kontakte mit der illegalen Berliner Bezirksleitung der KPD, mit Genossen aus dem Bezirk Friedrichshain, mit einer Frauengruppe aus Moabit. Sie hört nachts Radio Moskau und übermittelt die Nachrichten mit Hilfe ihrer Schwestern Edel und Zita der illegalen Kreisleitung der KPD Köpenick, so daß auf diesem Wege u. a. Losungen des Nationalkomitees Freies Deutschland in die Flüsterpropaganda der Antifaschisten Eingang finden.

Nach dem mißlungenen Attentat auf Hitler am 20. Juli 1944 setzte eine große Verhaftungs- und Mordwelle in ganz Deutschland ein, der in kurzer Zeit über 1000 Kommunisten und mit ihnen verbündete Antifaschisten zum Opfer fielen. Als Hitler und Himmler am 14. August die Ermordung Ernst Thälmanns beschlossen, die 4 Tage später im KZ Buchenwald erfolgte, verfügten sie gleichzeitig, alle verdächtigen Regimegegner einzusperren. Dies geschah am 22. August 1944. Auch Lisa Ullrich wurde an jenem Tag von zwei Gestapo-Männern abgeholt und erneut nach Ravensbrück gebracht. Bei ihrer ersten Einlieferung am 18. Mai 1939 trug sie die Häftlingsnummer 103; jetzt mußte sie die Nummer 58 292 auf ihre Kleidung nähen!

Sie kam in die Handwerkerkolonne der österreichischen Kommunistin Hanna Sturm, die damals im Lager als „Sturmkolonne" bekannt war. – Unmittelbar vor Weihnachten ertappt Lisa mit einigen Kameradinnen die Blockälteste der Baracke für Hochschwangere und Neugeborene mit ihren Müttern, wie sie Milch und Haferflocken für sich und ihre Freundinnen verbraucht. Auf Drängen der Mütter wird Lisa Ullrich Blockälteste dieser 1944 eingerichteten „Mutter und Kind"-Baracke. Ihre „Mitarbeiterinnen" – eine tschechische Kinderärztin, eine tschechische Arztfrau und eine deutsche Säuglingsschwester – darf sie sich selbst wählen. Etwa 150 hochschwangere Frauen verschiedenster Nationalitäten, mehr als 100 Mütter und 96 Säuglinge waren zu jener Zeit zu betreuen. „Wir schworen uns, alles in unseren Kräften stehende zu tun, um die Kinder zu retten", schrieb Lisa Ullrich später in ihren Erinnerungen. Dennoch konnten in dieser Umgebung von Mangel an allem Lebensnotwendigen nur wenige Säuglinge überleben.

Als in der zweiten Märzhälfte des Jahres 1945 im Rahmen der „Aktion Bernadotte" die ersten „weißen Busse" des Schwedischen Roten Kreuzes in Ravensbrück eintrafen, um Frauen aus Skandinavien, Holland, Belgien und anderen westlichen Ländern nach Schweden zu holen, sollten unter den Französinnen weder bekannte kommunistische Widerstandskämpferinnen, noch Mütter mit Kindern sein. Am 11. März 1945 hatte die Französin Pienotte Poirot in Ravensbrück einen Sohn geboren. Sie weinte bitterlich, daß sie nicht nach Schweden dürfe. – Mit großer Begeisterung erzählte mir Lisa Ullrich von ihr: „Mit meinen Kameradinnen besprachen wir, wie Madame Poirot und ihrem kleinen

Sohn Guy zu helfen sei ... Daraufhin sagte ich der Mutter, wir müßten das Kind als gestorben melden, dann käme sie in den Block der Französinnen, und dort werde die Ausreise mit vorbereitet. Den kleinen Guy würden wir reisefertig machen, in eine Decke einwickeln, die so gefaltet und verschnürt wird, daß sie wie ein Paket aussieht, also wie die kleinen Bündel der anderen Frauen. Sobald wir erfahren, die Französinnen gehen zum Tor, bringe ich das Paket ans Tor ... Wir organisierten einen Beobachtungsposten. Aber der Abtransport der Frauen verzögerte sich um einige Tage. Wir hatten eine schreckliche Angst und Sorge; die Spannung wurde fast unerträglich. Da kam für die Französinnen der Befehl zum Antreten, Namen wurden aufgerufen und mit den Listen verglichen. Alles klappte. Die Frauen gingen zum Lagertor. Jetzt kam das Zeichen für uns. Ich nahm das Bündel in beide Hände und hatte nur einen Gedanken: ‚wenn er nur nicht schreit!'. Ich erreichte das Tor, rief der Wachmannschaft zu, daß die Frau ihr Gepäck vergessen habe, übergab es der Mutter. ‚Madame, bagage', sagte ich schnell. Gleich war sie zum Lagertor hinaus." – Guy Poirot ist heute Lehrer in Paris. Zum 35. Jahrestag der Befreiung von Ravensbrück kam er mit seiner Familie und mehr als 100 Französinnen zur Gedenkveranstaltung. Guy Poirot trug die Fahne für die ehemaligen Häftlingsfrauen aus Frankreich. Lisa Ullrich schaute überglücklich auf ihn, seine Frau und die drei Kinder – nach seiner Hochzeit hatte Guys Mutter Lisa das Hochzeitsbild mit der Widmung geschickt: „seiner zweiten Mama".

Ihre Gedanken kehrten zurück zu jenem 5. Mai 1945, an dem sie sich mit sechs Kameradinnen und einem Rotarmisten auf dem Weg zum befreiten Lager befand. Von einer Anhöhe erkannten sie damals die Dächer der Baracken; am Lagertor wehten rote Fahnen. Zum dritten Mal passierte Lisa Ullrich jetzt dieses Tor, hinter dessen Mauern Kranke – Schwerkranke lagen, die von ihren Befreiern gepflegt wurden. Der junge sowjetische Arzt, Dr. Bulanow, Offizier des medizinischen Dienstes, war zu ihrer Betreuung eingesetzt worden. Er benötigte viele Helfer, doch Lisa wird gebeten, zur Kommandantur zu gehen, um sich für den Heimweg eine entsprechende Bescheinigung abzuholen. Sie bekommt den Schein vom Adjutanten, der ihn langsam sprechend überreicht: „Heute ist der erste Tag des Friedens!"

Es muß also der 9. Mai gewesen sein, an dem sich Lisa Ullrich mit Hanna Sturm zu Fuß auf den Weg nach Berlin macht, nach Grünau. Ein Wiedersehen! Mit Edel, mit der fast erblindeten Mutter – der Vater war 1936 gestorben –, mit Genossen, Freunden. Ab 15. Mai ist sie bei den Aufräumungsarbeiten und der Normalisierung des Lebens dabei, denen eine Bestandsaufnahme von Menschen, darunter von Arbeitsfähigen, von Lebensmittelvorräten, Häusern und Wohnungen, Heizmaterialien u. a. vorausgeht. Ende August werden Lisas Erfahrungen beim Aufbau der Zentralverwaltung für Arbeit und Sozialversicherung benötigt. Sie wird gebeten, eine Abteilung „Mutter und Kind" zu begründen und als hauptverantwortliche Sekretärin die Aktion „Rettet die Kinder" zu leiten. „Es gab schrecklich viel zu tun", sagte sie, „aber mit dieser Losung konnten wir beinahe alle Frauen bewegen, sich an der Aktion zu beteiligen", und Lisa Ullrich ergänzte: „Für viele Frauen war die Hilfe für die Kinder der erste Schritt in das neue Leben." Kleidersammlungen wurden durchgeführt, Nähstuben eingerichtet und für die Kinder eine Weihnachtsfeier vorbereitet. Die sowjetische Militärverwaltung gab hierfür Extrarationen aus. Jedes Kind erhielt einen „bunten" Teller, einen praktischen Gegenstand und etwas zum Spielen. „Zum ersten Mal in dieser Zeit sahen wir strahlende Kinderaugen." Und auch Lisa strahlt auf dem Foto von dieser Weihnachtsfeier 1945 neben den sowjetischen Genossen.

Nach diesen schweren Monaten befragt, erinnerte sich Lisa Ullrich auch an die Fahrt auf einem LKW – beladen mit Kleidung und Geschenken – mit dem Ziel: Seelow und Kienitz im Oderbruch. Als sie aus Berlin wegfuhren, war es noch hell, aber bald brach die Dunkelheit herein, Straßen und Wege hörten auf; nirgends standen ein Haus, ein Baum, ein Strauch. Der Krieg hatte beinahe alles ausgelöscht. „Zuerst fanden wir auch keine Menschen. Mit dem Schein unserer LKW-Lichter verkrochen sie sich in Erdlöcher und kamen erst hervor, als wir ihnen sagten, woher wir kamen und wehalb wir zu ihnen gekommen sind ... Als wir die Geschenke überreichten, hatten die Frauen Tränen in den Augen."

Im August 1946 wird sie in die Frauenabteilung des ZK der SED berufen. Lisa soll die Instrukteurinnenabteilung übernehmen, d.h. solche Frauen anleiten, die für die Gewinnung und Einbeziehung der weiblichen Bevölkerung in die Aufbauarbeit wirken sollten, sowohl bei der Durchführung der demokratischen Bodenreform, der Enteignung der Kriegsverbrecher, als auch bei den Gemeinde- und Landeswahlen. Als wesentliche „Hilfsorgane" werden Frauen- und Jugendausschüsse gebildet. Lisa Ullrich kann überall und aktiv teilhaben an der Schaffung antifaschistisch-demokratischer Verhältnisse. Sie arbeitet in jenen Jahren des schweren Anfangs so manches Mal „rund um die Uhr", stellt auch jetzt Privates völlig hintenan. Besonders freut sie sich über die Möglichkeit, von November 1947 bis Mai 1948 die Parteischule „Karl Marx" besuchen zu dürfen, versäumte Bildung nachholen zu können. Wenn sie es auch aufgrund ihrer unzureichenden Schulbildung nicht immer leicht hat, versucht sie, mit viel Fleiß und hohem Einsatz mitzuhalten und gut abzuschließen. So nimmt sie auch das Angebot eines dreijährigen Fernstudiums an der Landwirtschaftlichen Fachschule in Weimar wahr, das die 56jährige als „Staatlich geprüfter Landwirt" beendet.

Seit 1950 ist sie nämlich für die Entwicklung der Landwirtschaft tätig, zuerst als Schulungsleiterin der neugegründeten Maschinenausleihstationen (MAS), dann im Ministerium für Land- und Forstwirtschaft bis 1958. Während dieser Zeit betreut sie u. a. zahlreiche ausländische Delegationen auf der Markkleeberger Landwirtschaftsausstellung „agra", ebenso in Moskau Bauerndelegationen aus der DDR auf der Allunionsausstellung. Mit besonderem Engagement widmet sie sich der Auswertung sowjetischer Erfahrungen für die Umgestaltung der sozialistischen Landwirtschaft, vornehmlich auf den Gebieten Geflügel- und Rinderzucht. Wer in jenen Jahren an ihrer Seite arbeiten durfte, hat

Lisa Ullrich schätzen gelernt, sie vielleicht auch manches Mal bewundert. Christian Hammer, ihr ehemaliger Mitarbeiter im Ministerium für Land- und Forstwirtschaft, schrieb über sie: „Für uns jüngere Genossen war Lisa Ullrich immer Vorbild und zwar durch ihre warmherzige mütterliche Art, mit den Menschen umzugehen, durch ihre Prinzipienfestigkeit und durch ihre glühende Liebe zur Sowjetunion, die sie uns ständig bewies."

Der Abschied vom Berufsleben 1960 ist für sie kaum ein Einschnitt. Sie bleibt der Landwirtschaft treu, beschäftigt sich mit der Fachliteratur, insbesondere auf dem Gebiet der Rinderzucht, übersetzt sie, wertet sie aus in enger Zusammenarbeit mit dem „Institut für künstliche Besamung" in Schönow bei Berlin. – Nach 1960 erfüllt Lisa Ullrich vielen ehemaligen Kameradinnen ihres Landes und in der Sowjetunion einen Herzenswunsch, hat sie einen wesentlichen Anteil am Zustandekommen unvergeßlicher Begegnungen zwischen deutschen und sowjetischen Ravensbrückerinnen in der Sowjetunion und in der DDR.

Im siebenten Jahrzehnt ihres Lebens konzentrierte sie sich dann auf die Mitarbeit in der Parteigruppe neben der in verschiedenen Organisationen und Gremien, dort, wo ihre reichen Erkenntnisse immer wieder gefragt waren, ob in der Kommission zur Erforschung der Berliner Arbeiterbewegung, im DDR-Komitee für Menschenrechte oder der Zentralen Lagerarbeitsgemeinschaft Ravensbrück. Außerdem widmete sich Lisa Ullrich verstärkt der Vermittlung von Erfahrungen ihres aufopferungsvollen Lebens an Schüler und Studenten, an Werktätige in Betrieben und Angehörige der Nationalen Volksarmee. Eine ihrer Erfahrungen hat sie einmal so formuliert: „Den Schwierigkeiten darf man nicht ausweichen, sondern muß nach einer positiven Überwindung und Lösung suchen. Das mobilisiert ungeahnte geistige und körperliche Kräfte im Menschen und führt in den meisten Fällen zu erstaunlichen Leistungen und Erfolgen."

In einem Epilog zu ihren Erinnerungen schrieb Lisa Ullrich: „Die Schule meines Lebens war ein Leben im proletarischen Klassenkampf, in dessen Verlauf ich zur Kommunistin wurde. Stationen auf meinem Wege waren: Die Revolution 1905 in Rußland, die Februarrevolution mit dem Sturz des Zaren 1917, die Große Sozialistische Oktoberrevolution, die eine Weltenwende einleitete, und die Novemberrevolution 1918 in Deutschland sowie die revolutionäre Umwälzung auf den Trümmern Hitlerdeutschlands dank der Befreiung durch die ruhmreiche Rote Armee der Sowjetunion und deren allseitige Hilfe beim Aufbau des ersten Arbeiter-und-Bauern-Staates auf deutschem Boden. Erzogen durch die Partei der Arbeiterklasse im Sinne des Marxismus-Leninismus, habe ich meine Parteiarbeit als Lebensaufgabe betrachtet, wurde ich zur Berufsrevolutionärin.

Die Hintergründe meines Lebenskampfes um Frieden und Sozialismus, um eine glückliche Zukunft der Menschen, waren die Verhältnisse, in die ich um die Jahrhundertwende hineingeboren wurde, und eine Reihe von Eigenschaften, die mir meine Eltern anerzogen hatten: Achtung vor jedem Menschen,

Hilfsbereitschaft, Ehrlichkeit, auch wenn es weh tun könnte; nie einem Menschen zuzumuten, was man selbst nicht zu tun bereit wäre, vor allem nicht auf Kosten anderer zu leben. Daher keine Duldung des Bösen, von Ungerechtigkeit, Ausbeutung und Unterdrückung ohne Gegenwehr. Diesen Eigenschaften treu zu bleiben, war oft unbequem, schwer und gefahrvoll. Aber im Bewußtsein, das Gute zu vertreten und das Schlechte zu bekämpfen, erwächst die Kraft und die Bereitschaft zur Gegenwehr, der Wille zum Kampf, der bis zum Einsatz des Lebens führen kann.

In der Beständigkeit des Einsatzes für das größte Ziel der Menschheit – Frieden, Sozialismus und Kommunismus – bildete sich ein Weltbild heraus, das man in sich trägt als Kompaß für das Verhalten und Tun unter allen Lebensumständen, als größtes Lebensglück!"

Erst in den letzten Jahren nahm sich Lisa Ullrich die Zeit, um manches aus ihrem Leben aufzuschreiben. Ihr Bruder, Dr. Ferdinand Ullrich, mit dem sie ein jahrzehntelanger gemeinsamer Kampf in der kommunistischen Arbeiterbewegung verband, sowie ihre Schwester Edel, mit der sie viele Jahre zusammengelebt hatte, die ihr in schweren und in guten Zeiten eine verläßliche Verbündete war, standen Lisa auch hierbei hilfreich zur Seite. Sie beide wissen am besten um Lisas verantwortungsvolles Handeln, um die Höhen und Tiefen im Leben der Schwester. Sie wissen aber ebenso, daß es für Lisa „ein erfülltes Leben" war.

S.J.

Quellen und Literatur

Aufgrund des Charakters der vorliegenden Porträts wurde auf einen Einzelnachweis von Zitaten im Text verzichtet. Die Quellen und die verwendete Literatur werden deshalb – geordnet vor allem nach der Wichtigkeit für das jeweilige Lebensbild – vollständig wiedergegeben.

Einleitung

Lynhard-Bericht über Ravensbrück von 1946. Nationale Mahn- und Gedenkstätte Ravensbrück.

Arendt, Hans-Jürgen: Faschistische Frauenkonzentrationslager in Deutschland 1933–1939. In: Faschistische Frauenkonzentrationslager 1933–1945. II. Kolloquium der Forschungsgemeinschaft „Geschichte des Kampfes der Arbeiterklasse um die Befreiung der Frau“ der Sektion Geschichte der Pädagogischen Hochschule „Clara Zetkin“ Leipzig. Leipzig 1984, S. 8–25.

Buchmann, Erika: Die Frauen von Ravensbrück. Komitee der Antifaschistischen Widerstandskämpfer in der DDR (Hrsg.). Berlin 1961.

Elling, Hanna: Frauen im deutschen Widerstand 1933–1945. Frankfurt am Main 1981.

Filter, Susanne; Sonntag, Ilona: Zu Ergebnissen einer Analyse der Masseneinlieferungen weiblicher Häftlinge in das KZ Ravensbrück und seiner Außenlager 1944. In: Faschistische Frauenkonzentrationslager, a. a. O., S. 40–47.

Frauen-KZ Ravensbrück. Von einem Autorenkollektiv unter Leitung von Guste Zörner. Komitee der Antifaschistischen Widerstandskämpfer in der DDR (Hrsg.). Berlin 1982.

Fritz, Mali; Jursa, Hermine: Es lebe das Leben. Tage nach Ravensbrück. Wien 1983.

Jacobeit, Sigrid: Selbstzeugnisse aus faschistischen Frauenkonzentrationslagern. In: Faschistische Frauenkonzentrationslager. a. a. O., S. 48–56.

KZ Moringen. Eine Dokumentation. Gesellschaft für christlich-jüdische Zusammenarbeit Göttingen e. V. und evang.-luth. Pfarramt Moringen (Hrsg.). Göttingen (o. J.).

Lippold, Eva: Ende und Beginn. In: Neue Deutsche Literatur. Berlin, 5/1985, S. 44.

Maur, Hans: Antifaschistische Mahn- und Gedenkstätte Lichtenburg. Heimatmuseum Jessen (Hrsg.). (o. J.).

Charlotte Eisenblätter

Institut für Marxismus-Leninismus beim ZK der SED. Zentrales Parteiarchiv (im folgenden IML, ZPA) IML, ZPA, NJ 1711.

IML, ZPA, St 62/61–324.

Buchmann, Erika: Die Frauen von Ravensbrück. a. a. O.

Hunger, Ilse: Über Charlotte Eisenblätter (Manuskript). Archiv Luise Kraushaar. Berlin.

Deutsche Widerstandskämpfer 1933–1945. Biographien und Briefe. Bd. 1. Berlin 1970.

Geschichte der deutschen Arbeiterbewegung in acht Bänden. Bd. 5: Von Januar 1933 bis Mai 1945. Berlin 1966.

Kraushaar, Luise: Berliner Kommunisten im Kampf gegen den Faschismus 1936 bis 1942. Robert Uhrig und Genossen. Berlin 1981.

Radetz, Walter: Der Stärkere. Berlin 1975.

Elsa Fugger

Akte Elsa Fugger. Archiv des Komitees der Antifaschistischen Widerstandskämpfer Bernau.
Tonband: Elsa Fugger mit Jugendlichen der Carl-Fugger-Oberschule Bernau. Archiv des Komitees der Antifaschistischen Widerstandskämpfer Bernau.
Leben und Kampf der Kommunistin Elsa Fugger (Manuskript). Erarbeitet von der Arbeitsgemeinschaft „Junge Historiker" der Carl-Fugger-Oberschule Bernau, März 1985.
Gespräch zwischen Margarete Kramer und Sigrid Jacobeit am 6. März 1986.
Gespräch zwischen Margarete Kramer, Gerda Hoffmann und Sigrid Jacobeit am 14. April 1986.
Gespräche zwischen Herbert Meyer und Sigrid Jacobeit am 11. und 13. Februar sowie 4. März 1986.
Abusch, Alexander: Der Deckname. Memoiren. Berlin 1984.
Frauen-KZ Ravensbrück. a. a. O.
Jacobeit, Sigrid: Bewußtsein und Handeln mußten bei uns eine Einheit bilden – Erna Almstadt im Widerstand gegen den Faschismus. In: Mitteilungsblatt der Forschungsgemeinschaft „Geschichte des Kampfes der Arbeiterklasse um die Befreiung der Frau". Leipzig, ... (1985) 2, S. 48–59.
Niebergall, Otto: Der antifaschistische deutsche Widerstandskampf in Frankreich – seine Leitung und Entwicklung. In: Résistance. Erinnerungen deutscher Antifaschisten, zusammengestellt und bearbeitet von Dora Schaul. Berlin 1985, S. 21–58.
Pech, Karlheinz: An der Seite der Résistance. Zum Kampf der Bewegung „Freies Deutschland" für den Westen in Frankreich (1943–1945). Berlin 1974.
Peters, Jan: Exilland Schweden. Deutsche und schwedische Antifaschisten 1933–1945. Berlin 1984.
Ruess, Paula: Hunderte Briefe wurden verschickt. In: Résistance. a. a. O., S. 109–112.
Wilhelmus, Wolfgang: Das faschistische Deutschland und Schweden im 2. Weltkrieg. Diss. B. Greifswald 1975.

Dr. Maria Grollmuß

IML, ZPA, NJ 1602, NJ 10387, NJ 11383.
IML, ZPA, St 62/61/584.
Deutsche Widerstandskämpfer 1933–1945. a. a. O.
Drobisch, Klaus; Fischer, Gerhard (Hrsg.): Widerstand aus Glauben. Christen in der Auseinandersetzung mit dem Hitlerfaschismus. Berlin 1985.
Leske, Birgid: Sie setzten ihr Leben im Kampf für den Frieden ein. Zum ehrenden Gedenken an Klara Schabbel und Maria Grollmuß. In: Neues Deutschland. Berlin 4./5. 8. 1984.
Kubasch, Maria: Maria Grollmuß. Reihe Christ in der Welt, Union Verlag. Berlin 1970.
Kubasch, Maria: Sterne über dem Abgrund. Das Leben von Maria Grollmuß. Berlin 1976.
Seydewitz, Max: Es hat sich gelohnt zu leben. Bd. 1. Berlin 1980.
Seydewitz, Ruth: Alle Menschen haben Träume. Berlin 1978.
Sprengel, Rita: Der rote Faden. Autobiographisches maschinenschriftliches Manuskript. V (4). Dresden 1986.

Emmy Handke

Mauer, Luise: Bericht über meinen Aufenthalt im KZ Auschwitz. Maschinenschriftliches Manuskript. Raunheim/BRD 1969, im Besitz von Emmy Handke, Berlin.
Volkskammer-Protokolle. 4. Wahlperiode. 11. Sitzung, 3. 2. 1965.

Gespräche zwischen Emmy Handke und Lieselotte Thoms-Heinrich 1985 und 1986.
Endert-Reinhardt, Gabriele: Eine Frau, die nie aufgab. In: Von Jahr zu Jahr. Jahrbuch für die Frau 1985. Leipzig 1984.
Zimmermann, Jutta: Weitermachen, Emmy! In: Für Dich, Berlin, Nr. 17 (1980).

Ilse Hunger

Akten des „Volksgerichtshofs", Ilse Hunger betreffend; vom 3.11.1941; 20.11.1941 und 18.12.1941. Im Besitz von Ilse Hunger, Berlin.
Briefe von Ilse Hunger aus Ravensbrück vom Mai 1944 und vom 4. Juni 1945.
Brief von Erika Buchmann an Helene Hunger, Leipzig, vom Juni 1945.
Erklärung von Marta Baranowska, Bydgoszcz, über Ilse Hunger.
Erklärung von Ilse Hunger über Liesel und Kurt Lange, Leipzig, sowie weitere Unterlagen im Besitz von Ilse Hunger, Berlin.
Sprengel, Rita: Der rote Faden. a. a. O., auszugsweise mit freundlicher Genehmigung zum Lebensbild Ilse Hunger für diesen Band.
Erzählte Geschichte. Berichte von Widerstandskämpfern und Verfolgten. Bd. 1: Arbeiterbewegung. Dokumentationsarchiv des österreichischen Widerstandes, Institut für Wissenschaft und Kunst (Hrsg.). Wien o. J. (1986).
Frauen-KZ Ravensbrück, a. a. O., S. 148 f.
Hunger, Ilse: Kampf und Solidarität der Antifaschistinnen im ehemaligen Konzentrationslager Ravensbrück gegen die Medizinverbrechen an Frauen und zur Rettung der Kinder. In: Thom, Achim; Spaar, Horst (Hrsg.): Medizin im Faschismus. Berlin 1985, S. 222–227 (= Medizin und Gesellschaft 26).
Kraushaar, Luise: Berliner Kommunisten im Kampf gegen den Faschismus. a. a. O., S. 273.
Szepansky, Gerda: Frauen leisten Widerstand: 1933–1945. Frankfurt am Main 1983. S. 179 f.

Margarete Jung

IML, ZPA, EA 0441 (Erinnerungen von Marga Jung).
IML, ZPA, NJ 14792, Bd. 1–2; NJ 11209, Bd. 1–4.
Bericht der DFD-Gruppe 1, „Marga Jung", Berlin-Friedrichshain (Manuskript).
Brief von Friederike Furch, Wien, an Sigrid Jacobeit vom 22. 7. 1985.
Gespräch zwischen Grete und Bruno Rausch, Berlin, und Sigrid Jacobeit am 22. 7. 1985.
Gespräch zwischen Lucie Ebeling, Berlin, und Sigrid Jacobeit am 30. 7. 1985.
Bergschicker, Heinz: Deutsche Chronik 1933–1945. Ein Zeitbild der faschistischen Diktatur. Berlin 1985.
Frauen-KZ Ravensbrück. a. a. O.

Anna Kassing

IML, ZPA, NJ 8816.
Akte Anna Kassing. Nationale Mahn- und Gedenkstätte Ravensbrück, RA – Nr. II/6-4-2.
Briefe von Hilde Fischer, Weimar, an Sigrid Jacobeit vom 20. 8. 1985 und 11. 4. 1986.
Useldinger, Yvonne: So starben zwei große deutsche Patriotinnen: Sophie Dehm und Änne Kassing. Archivsammlung Ernst Schmidt, Düsseldorf; Dokumentation Useldinger, Luxemburg, 19–249. Mit freundlicher Genehmigung von Yvonne Useldinger und Ernst Schmidt zum Lebensbild Anna Kassing für diesen Band.
Frauen im Düsseldorfer Widerstand. Trotz alledem. Demokratische Fraueninitiative (Hrsg.). Düsseldorf 1985. S. 20.
Müller, Charlotte: Die Klempnerkolonne von Ravensbrück. Erinnerungen des Häftlings Nr. 10 787. Berlin 1981.

Treiber, Rudi: Maler, Schauspieler, Journalisten – Verfolgung und Widerstand. In: *Schabrod, Karl: Widerstand gegen Flick und Florian.* Düsseldorfer Antifaschisten über ihren Widerstand 1933–1945. Frankfurt am Main 1978. S. 132–134.
Wilhelmus, Wolfgang: Das faschistische Deutschland und Schweden im 2. Weltkrieg. a.a.O.

Tilde Klose

IML, ZPA, NJ 2203, NJ 16161.
IML, ZPA, St 62/61-936.
Deutsche Widerstandskämpfer 1933–1945. a. a. O.
Goguel, Rudi: Es war ein langer Weg. Singen 1947.
Zetkin, Clara: Im befreiten Kaukasus. Berlin/Wien 1926.
Arendt, Hans-Jürgen; Scholze, Siegfried (Hrsg.): Zur Rolle der Frau in der Geschichte des deutschen Volkes (1830 bis 1945). Eine Chronik. Leipzig 1984.

Olga Körner

IML, ZPA, EA 0501.
KL und Hafta Ravensbrück, Nr. 52/4. Archiv des Dokumentationszentrums der Staatlichen Archivverwaltung der DDR (ADZ).
Akte Olga Körner. Bezirksparteiarchiv Dresden.
Briefe von Olga Körner an Ruth Ermer, Dresden, vom 28. 12. 1949 und 2. 8. 1951.
Gespräch zwischen Hanna Overlach und Lieselotte Thoms-Heinrich 1986.
Sächsische Zeitung. Dresden, 16. 11. 1956, 31. 12. 1969, 3. 7. 1977.
Petzold, Lisbeth: Lebensbild Olga Körner (maschinenschriftliches Manuskript). Mit freundlicher Genehmigung zur Verwendung für diesen Band.
Dornemann, Luise: Clara Zetkin. Leben und Wirken. Berlin 1974.
Frauen-KZ Ravensbrück. a. a. O.
Geschichte der deutschen Arbeiterbewegung. Chronik. Teil I–III, Berlin 1965/66.

Gertrud Marx

Unterlagen im Archiv der Arbeitsgemeinschaft „Junge Historiker" der POS und EOS für Körperbehinderte „Olga Benario-Prestes", Birkenwerder:
Protokoll der außerordentlichen öffentlichen Stadtverordnetenversammlung am 16. Dezember 1947 in Neuruppin (Abschrift).
Tonbandprotokoll: Junge Historiker der o. a. Schule fragen Inge Wiesenhütter, Rheinsberg, 1982.
Brief von Dr. med. Werner Neuparth, Neuruppin, vom 6. 4. 82 an Schüler der 10. Klasse der o. a. Schule.
Schüler der o. a. Schule über Trude Marx (handschriftliche Manuskripte).
Dokumente und Materialien Gertrud Marx betreffend, im Besitz von Gertrud Marx, Hohen Neuendorf.
Tonbandprotokoll: Barbara Rhode interviewt Trude Marx. 19. 4. 1985, Stimme der DDR.
Gespräche zwischen Trude Marx, Schülern der Körperbehinderten-Schule, Irene Hackethal und Sigrid Jacobeit 1985.
Gespräche zwischen Trude Marx, Irene Hackethal und Sigrid Jacobeit 1985 und 1986.
Gespräche zwischen Trude Marx und Sigrid Jacobeit 1985 und 1986.
Antifaschistischer Widerstandskampf in der Provinz Brandenburg 1939–1945. Ausgewählte Dokumente und Materialien zum antifaschistischen Widerstandskampf unter Führung der

KPD in der Provinz Brandenburg 1939–1945. SED-Bezirksleitung Potsdam u. a. (Hrsg.). Teil I und II. Potsdam 1985.

Rosa Menzer

Briefe, Sterbeurkunde und andere Unterlagen Rosa Menzer betreffend, im Besitz von Ruth Ermer und Ilse Menzer, Dresden.
Tonbandprotokoll: Ruth Ermer über ihre Mutter Rosa Menzer, 15. August 1985, im Besitz von Sigrid Jacobeit.
Gespräche zwischen Ruth Ermer und Sigrid Jacobeit 1985 und 1986.
Zum Höchsten der Menschheit emporgestrebt. Kurze Lebensbeschreibungen Dresdner Arbeiterfunktionäre und Widerstandskämpfer. (= Beiträge zur Geschichte der Dresdner Arbeiterbewegung, Heft 4), Dresden 1959, hrsg. v. Museum für Geschichte der Dresdner Arbeiterbewegung, S. 83–88.
Grundig, Lea: Gesichte und Geschichte. Berlin 1984.
Luxemburg, Rosa: Briefe aus dem Gefängnis. Berlin 1979.
Richarz, Monika (Hrsg.): Jüdisches Leben in Deutschland. Selbstzeugnisse zur Sozialgeschichte. Stuttgart 1982.
Werner, Ruth: Olga Benario. Berlin 1984.
Wolff, Emmy: Die Notwendigkeit erweiterten Mutterschutzes. In: Die Frau. … (1925) 10, S. 300–306.

Marie Pleißner

Akten Marie Pleißner. Archive des Parteivorstandes der LDPD Berlin und des Bezirksvorstandes der LDPD Karl-Marx-Stadt.
Gespräch zwischen Fritz R. Greuner, Berlin und Lieselotte Thoms-Heinrich 1986.
Gespräch zwischen Brigitte Meister und Lieselotte Thoms-Heinrich 1986.
Der Morgen. Berlin, 9. 6. 1975, 17. 5. 1976, 23. 12. 1983.
Sächsisches Tageblatt. Leipzig, 26. 5. 1976.
Standpunkt – Evangelische Monatsschrift. … (1975) 3, … (1981) 5, … (1984) 5.
Chemnitzer Aktivisten der ersten Stunde. Stadtleitung der SED Karl-Marx-Stadt, Kommission zur Erforschung der Geschichte der örtlichen Arbeiterbewegung (Hrsg.). Karl-Marx-Stadt 1985.

Anni Sindermann

Gerichtsakten der Straf- und Sicherungsanstalt Waldheim. Kopien im Besitz von Anni Sindermann.
Briefe, Reden und andere Unterlagen Anni Sindermann betreffend, im Besitz von Anni Sindermann, Berlin.
Gespräche zwischen Anni Sindermann und Lieselotte Thoms-Heinrich 1985 und 1986.
Deutsche Geschichte in Daten. Berlin 1967.
Frauen-KZ Ravensbrück. a. a. O.
Geschichte der deutschen Arbeiterbewegung. Chronik. Teil II. Berlin 1966.
Hakenbeck, Herbert: Mein Monteur ist die Kommunistische Partei. In: Der antifaschistische Widerstandskämpfer. … (1982) 3.
Hundert Jahre Kampf der Gewerkschaften der Arbeiter in der graphischen Industrie, Berlin 1966.
Malter, Friedel: Das Selbstbewußtsein der Frauen. In: Aufbruch in unsere Zeit. Berlin 1976.
Arendt, Hans-Jürgen, Scholze, Siegfried (Hrsg.): *Zur Rolle der Frau in der Geschichte des deutschen Volkes,* a. a. O.

Hildeburg Späth

Anklageschrift des Generalstaatsanwalts O.Is.250/36: Weinert, Erich, Kassel, den 3. Dezember 1936, im Besitz von Hildeburg Späth, Leipzig.

Anklageschrift des Generalstaatsanwalts O.Is.169/36, Kassel, den 21. Dezember 1936, im Besitz von Hildeburg Späth.

Briefe aus den Gefängnissen Kassel, Düsseldorf-Derendorf, aus dem KZ Lichtenburg und dem KZ Ravensbrück sowie diverse andere Briefe Hildeburg Späth (Weinert) betreffend, im Besitz von Hildeburg Späth.

Tagebuch vom 26. März 1942 bis 8. September 1943 und andere Aufzeichnungen von Hildeburg Späth (Weinert), im Besitz von Hildeburg Späth.

Tonbandprotokoll: Hildeburg Späth über ihre Jahre zwischen 1933 und 1945. 10. Juli 1985, im Besitz von Sigrid Jacobeit.

Gespräche zwischen Hildeburg Späth und Sigrid Jacobeit 1985 und 1986.

Späth, Hildeburg: Wie ich das KZ Lichtenburg erlebte (Manuskript).

Burkhard, Hans; Erxleben, Günther; Nettball, Kurt: Die mit dem blauen Schein. Über den antifaschistischen Widerstand in den 999er Formationen der faschistischen deutschen Wehrmacht (1942 bis 1945). Berlin 1986.

Maur, Hans: Antifaschistische Mahn- und Gedenkstätte Lichtenburg. a. a. O.

Späth, Hildeburg: Und dann ging ein Raunen über den Platz. In: Ernst Thälmann in Leipzig. Stationen seines Wirkens in unserer Heimatstadt. Bezirkskabinett für außerunterrichtliche Erziehung und Bezirkskomitee der Antifaschistischen Widerstandskämpfer der DDR (Hrsg.). Leipzig 1985, S. 9.

Dr. sc. Rita Sprengel

Sprengel, Rita: Der rote Faden. a. a. O., mit freundlicher Genehmigung zur Verwendung für diesen Band.

Briefe von Rita Sprengel an Sigrid Jacobeit 1985 und 1986.

Tonbandprotokoll: Rita Sprengel über ihre Jahre vor 1945. 19. September 1985, im Besitz von Sigrid Jacobeit.

Gespräche zwischen Rita Sprengel und Sigrid Jacobeit 1985 und 1986.

Buchenwald. Mahnung und Verpflichtung. Dokumente und Berichte. Nationale Mahn- und Gedenkstätte Buchenwald in Zusammenarbeit mit der Lagergemeinschaft Buchenwald-Dora beim Komitee der Antifaschistischen Widerstandskämpfer der DDR (Hrsg.). Berlin 1983.

KZ Moringen. Eine Dokumentation. a. a. O.

Cibula, Václav: Die gesellschaftliche Verantwortung des Einzelnen. Interview mit der Schriftstellerin Božena Rotterová. Literární měsičník. Prag (o. J).

Brenner, Hans: Zur Rolle der Außenkommandos des KZ Flossenbürg im System der staatsmonopolitischen Rüstungswirtschaft des faschistischen deutschen Imperialismus und im antifaschistischen Widerstandskampf 1942 bis 1945. Diss. A, Dresden 1982.

Sprengel, Rita: Wie Siemens an Häftlingen verdiente. Autobiographischer Bericht. In: Konsequent, ... (1982) 4, S. 55–61.

Sprengel, Rita: Arbeitssklavinnen. In: Szepansky, Gerda: „Blitzmädel", „Heldenmutter", „Kriegerwitwe". Frauenleben im Zweiten Weltkrieg. Frankfurt am Main 1986. S. 153–159.

Rosa Thälmann

IML, ZPA, EA 0927 (Erinnerungen von Rosa Thälmann).

Volkskammer-Protokolle. 2. Wahlperiode. 25. Sitzung, 22. 5. 1957.

Neues Deutschland. Berlin, 22. 5. 1957, 23. und 28. 9. 1962 (= Nachruf und Trauerrede von Franz Dahlem); 8./9. 9. 1984.

Berichte des Thälmann-Kuriers Walter Trautzsch. In: Beiträge zur Geschichte der Arbeiterbewegung. ... (1965) 5.

Deutschlands unsterblicher Sohn. Erinnerungen an Ernst Thälmann. Berlin 1961.

Ernst Thälmann – Eine Biographie. Berlin 1979.

Frauen-KZ Ravensbrück. a. a. O.

Hochmuth, Ursel; Meyer, Gertrud: Streiflichter aus dem Hamburger Widerstand 1933–1945. Berichte und Dokumente. Frankfurt am Main 1980.

Müller, Charlotte: Die Klempnerkolonne. a. a. O.

Seid bereit für die Sache Ernst Thälmanns. Dokumente und Bilder zur Geschichte der Pionierorganisation 1945–1952. Berlin (o. J.).

Thälmann, Ernst: Briefe aus dem Gefängnis. Berlin 1961.

Thälmann, Ernst: Antwort auf Briefe eines Kerkergenossen. Berlin 1961.

Thälmann, Irma: Erinnerungen an meinen Vater. Berlin 1974.

Lisa Ullrich

IML, ZPA, EA 0959 (Kurzbiographie Lisa Ullrich).

Autobiographische Aufzeichnungen (handschriftliche und maschinenschriftliche Manuskripte) und Lebensläufe Lisa Ullrichs, im Besitz von Dr. Ferdinand Ullrich, Berlin, mit freundlicher Genehmigung zur Verwendung für diesen Band.

Tonbandprotokoll: Lisa Ullrich. Radio DDR II. Sendung vom 15. 8. 1985.

Tonbandprotokoll: Lisa Ullrich berichtet aus ihrem Leben und antwortet auf Fragen von Sigrid Jacobeit, in Anwesenheit von Hedwig Rogge. 24. 4. 1985, im Besitz von Sigrid Jacobeit.

Gespräche zwischen Lisa Ullrich, Hedwig Rogge und Sigrid Jacobeit 1985 und 1986; zwischen Dr. Ferdinand Ullrich und Sigrid Jacobeit 1986.

Arendt, Hans-Jürgen: Der Kampf der Kommunistischen Partei Deutschlands um die Einbeziehung der werktätigen Frauen in die revolutionäre deutsche Arbeiterbewegung in den Jahren der Weltwirtschaftskrise (1929–1932). Diss. A, Leipzig 1970.

Deutsche Geschichte in drei Bänden. Bd. 3 (von 1917 bis zur Gegenwart). Berlin 1968.

Die illegale Tagung des Zentralkomitees der KPD am 7. Februar 1933 in Ziegenhals bei Berlin. Berlin 1984.

Arendt, Hans-Jürgen und Scholze, Siegfried (Hrsg.): *Zur Rolle der Frau in der Geschichte des deutschen Volkes.* a. a. O.

Klinger, Christian: Zum Anteil deutscher Frauen am antifaschistischen Widerstandskampf unter Führung der KPD (1933–1939). Diss. A, Leipzig 1975.

Kraushaar, Luise: Berliner Kommunisten. a. a. O.

Kühnrich, Heinz: Die KPD im Kampf gegen die faschistische Diktatur 1933–1945. Berlin 1983.

Recklies, Eberhard: Zur Frauenpolitik der KPD und zur Rolle werktätiger deutscher Frauen im antifaschistischen Widerstandskampf während des zweiten Weltkrieges (1939 bis 1945). Diss. A, Leipzig 1985.

Sturm, Hanna: Die Lebensgeschichte einer Arbeiterin vom Burgenland nach Ravensbrück. Verein kritische Sozialwissenschaft und politische Bildung (Hrsg.). Wien 1982.

Personenverzeichnis

Bildnachweis

ADN (5), Akademie der Künste der DDR, Berlin (1), Archiv der Antifaschistischen Widerstandskämpfer bei der SED-Kreisleitung Bernau (1), Bernd Heinz, Berlin (2), Institut für Marxismus-Leninismus beim ZK der SED, Zentrales Parteiarchiv (13), Werner Jagla, Berlin (1), Körperbehindertenschule Birkenwerder (1), LDPD-Archiv Berlin (1), Nationale Mahn- und Gedenkstätte Ravensbrück (4), Freimut Romanowski, Berlin (1), Sächsische Zeitung Dresden (1), Union-Verlag Berlin (2)
Die Porträtfotos von Emmy Handke, Ilse Hunger, Trude Marx, Anni Sindermann, Hildeburg Späth und Rita Sprengel verdanken wir Roger Melis.

Weitere Fotos und Dokumente stellten uns freundlicherweise zur Verfügung:

Ruth Ermer, Dresden (14), Friederike Furch, Wien (3), Fritz R. Greuner, Berlin (1), Emmy Handke, Berlin (3), Ilse Hunger, Berlin (13), Lore Horn, Berlin/West (6), Gretel Kramer, Schöneiche (8), Gertrud Marx, Hohen Neuendorf (10), Ilse Menzer, Dresden (7), Lisbeth Petzold, Dresden (1), Grete und Bruno Rausch, Berlin (2), Hedwig Rogge, Berlin (4), Anni Sindermann, Berlin (6), Hildeburg Späth, Leipzig (6), Rita Sprengel, Dresden (4), Ferdinand Ullrich, Berlin (4)